BIBLIOTHÈQUE GIDIENNE
sous la direction de Peter Schnyder
15

Musique et désir chez André Gide

Ouvrage publié avec le soutien de l'Institut de recherche en langues
et littératures européennes de l'université de Haute-Alsace (UR 4363)
et de la Fondation Catherine Gide

Augustin Voegele

Musique et désir chez André Gide

PARIS
CLASSIQUES GARNIER
2020

Augustin Voegele est lauréat du Prix de thèse 2017 des universités d'Alsace ainsi que du Prix 2017 de la Fondation Catherine Gide et de la Fondation des Treilles. Également titulaire du diplôme de concertiste de l'École normale de musique de Paris en piano, il est l'auteur de deux essais : *Morales de la fiction* et *De l'unanimisme au fantastique. Jules Romains devant l'extraordinaire.*

ISBN 978-2-406-10368-4 (livre broché)
ISBN 978-2-406-10369-1 (livre relié)
ISSN 2492-9697

ABRÉVIATIONS

EC	André Gide, *Essais critiques*, édition établie, présentée et annotée par Pierre Masson, Paris, Gallimard, « Bibliothèque de la Pléiade », 1999.
J, I-II	André Gide, *Journal*, t. I : *1887-1925*, édition établie, présentée et annotée par Éric Marty, Paris, Gallimard, « Bibliothèque de la Pléiade », 1996 ; t. II : *1926-1950*, édition établie, présentée et annotée par Martine Sagaert, Paris, Gallimard, « Bibliothèque de la Pléiade », 1997.
RR, I-II	André Gide, *Romans et récits, œuvres lyriques et dramatiques*, t. I, édition publiée sous la direction de Pierre Masson avec la collaboration de Jean Claude, Alain Goulet, David H. Walker et Jean-Michel Wittmann, Paris, Gallimard, « Bibliothèque de la Pléiade », 2009 ; t. II, édition publiée sous la direction de Pierre Masson, avec la collaboration de Jean Claude, Céline Dhérin, Alain Goulet et David H. Walker, Paris, Gallimard, « Bibliothèque de la Pléiade », 2009.
SV	André Gide, *Souvenirs et voyages*, édition présentée, établie et annotée par Pierre Masson, avec la collaboration de Daniel Durosay et Martine Sagaert, Paris, Gallimard, « Bibliothèque de la Pléiade », 2001.
BAAG	*Bulletin des Amis d'André Gide. Revue semestrielle.* Directeur : Pierre Masson.

AVANT-PROPOS

Cet ouvrage est le fruit d'un projet de recherche originellement intitulé « Les usages gidiens de la musique », qui a été récompensé en 2017 par le Prix de la Fondation Catherine Gide du Centre André Gide – Jean Schlumberger de la Fondation des Treilles.

Les objectifs de ce programme de recherche sont multiples : analyser le rôle que joue la musique dans la vie et l'œuvre d'André Gide (c'est ce que nous faisons dans le présent essai), étudier les relations de Gide avec les musiciens de son temps, relever et commenter les annotations que portent les partitions de l'écrivain, mais aussi tenter de restituer musicalement son Chopin si particulier.

La publication de ce livre constitue donc une étape importante dans ces recherches, mais sans en marquer la fin. Un disque, enregistré au Studio Alys avec la complicité du metteur en ondes Pascal Perrot, a déjà paru, en juillet 2019 : *Chopin par André Gide* (production Fondation Catherine Gide). Nous avons tenté d'y proposer une interprétation de quelques œuvres majeures du compositeur polonais – le premier *Scherzo* op. 20 en si mineur (1831-1832), la première *Ballade* op. 23 en sol mineur (1831-1835), les vingt-quatre *Préludes* op. 28 (1835-1839) et la *Barcarolle* op. 60 en fa dièse majeur (1845-1846) – qui eût pu agréer à Gide. D'autres publications sont par ailleurs à venir, qui mettront en valeur notre analyse des partitions de l'écrivain, ainsi que des lettres qu'il a échangées avec les grands compositeurs de son époque.

Nous tenons à exprimer ici notre vive reconnaissance à la Fondation Catherine Gide, qui favorise la sauvegarde et la diffusion du patrimoine littéraire et culturel d'André Gide, et à la Fondation des Treilles, qui a notamment pour vocation d'ouvrir et de nourrir le dialogue entre les sciences et les arts : nous n'aurions pu mener à bien ce projet sans la générosité de ces deux institutions.

INTRODUCTION

Eh ! pardigne oui, un peu, que je le suis,
musicien et pouat et le tremblement[1].

LA MUSIQUE COMME MADELEINE DE GIDE

La musique, pour Gide, est un objet complexe : à la fois sœur et concurrente de la littérature, elle lui est un laboratoire et une échappatoire, une discipline et un reposoir. Il voue aux œuvres musicales une affection presque sensuelle qui ne l'empêche pas d'en savourer, parfois, la rigueur et l'abstraction[2]. En témoigne, déjà, cette remarque d'André Walter : « Musique : Schumann et Bach seulement. – (Wagner accable trop). / – L'obsession du nombre. Dans Bach, la fugue obstinée – dans Schumann, le rythme têtu qui brutalise la mesure et persiste en dépit des temps ; puis devient une angoisse[3]. » Gide aime Chopin – le Chopin le moins spéculatif – autant que *L'Art de la fugue*[4]. Il demande à la musique de lui apprendre à construire un texte (c'est du moins ce que fait Édouard dans *Les Faux-Monnayeurs* : « Ce que je voudrais faire, comprenez-moi, c'est quelque chose qui serait comme *L'Art de la*

1 *J*, I, p. 59, 27 mars 1889.

2 Cette ambivalence dans le rapport de Gide à la musique reflète la dualité constitutive de l'écrivain, qui fit un effort constant pour se garder de Charybde comme de Scylla : il « refusait une conception purement formelle de la littérature autant que la complaisance dans une sensualité frelatée » (Michel Décaudin, *La Crise des valeurs symbolistes : vingt ans de poésie française, 1895-1914*, Genève, Slatkine, 1981, p. 53).

3 *Les Cahiers d'André Walter*, *RR*, I, p. 97.

4 Sur la relation de Gide à Bach et Chopin, voir notamment Pierre Brunel, « Gide et Chopin », dans *Basso continuo. Musique et littérature mêlées*, Paris, Presses Universitaires de France, 2001, p. 89.

fugue[5]. ») – mais il lui demande aussi, d'abord peut-être, de lui enseigner une manière de clairvoyance immédiate, et plus encore, un art de vivre :

> Gide cultive [...] le devoir d'être heureux, contre une spiritualité stérile, une morale trop étroite, [...] dans l'attente « d'une vie puissante et remplie », l'espoir d'une « joie à se sentir robuste et normal », exalté par la musique de Schumann et de Chopin[6].

Sans compter qu'il n'élit parfois la musique que pour la trahir, ou pour en célébrer l'effacement au profit d'un silence synonyme de licence : « Possibilité de musique, mais n'en pas faire[7] », lit-on dans *Les Nourritures terrestres.* C'est que sa passion pour la musique est envahissante, au point de lui faire douter de l'opportunité de la pratique du piano – ce qu'il ne tarde pas d'ailleurs à se reprocher : « M'imaginant, assez sottement, que l'étude du piano nuisait à mon travail, je résolus d'y renoncer complètement, et tins ferme cette résolution deux mois durant[8]. » La relation de Gide à la musique n'est pas sans rappeler à certains égards celle qui l'unit à Madeleine : chaste et ardente à la fois, jalonnée d'éloignements superficiels qui ne corrodent en rien le lien profond qui l'attache à ses compositeurs favoris. Et les lignes suivantes, si leur objet était l'épouse défunte et non la musique, seraient à leur place dans *Et nunc manet in te* :

> Quand je songe à cet adieu que j'ai dit à la musique,
> À peu que le cœur ne me fend
> et il ne me paraît pas que la mort puisse m'enlever rien à présent, à quoi j'aurai tenu davantage[9].

Le rapport de Gide à la musique est, à vrai dire, protéiforme. Il est à la fois un interprète et un auditeur, un dilettante et un savant – un *pianiste*[10] et un *musicien.* Certes, il affiche ses lacunes d'instrumentiste,

---

5 *Les Faux-Monnayeurs*, *RR*, II, p. 315-316.

6 Daniel Moutote, *Le* Journal *de Gide et les problèmes du Moi (1889-1925)*, Genève, Slatkine, 1998, p. 30.

7 *Les Nourritures terrestres*, *RR*, I, p. 417.

8 *J*, I, p. 354-355, 10 octobre 1902.

9 *J*, II, p. 637, 7 janvier 1939.

10 Sur Gide et le piano, il est indispensable de consulter Peter Schnyder, « André Gide – piano, musique, culture », *Les Cahiers du Littoral*, n° 6 : *Musiques dans le contexte européen*, 2007, p. 177-192 ; et Aliocha Wald Lasowski, « André Gide au piano », *Europe*, vol. 90, n° 995, mars 2012, p. 309-317.

et convient presque trop volontiers que la formation qu'il a reçue, avec ses professeurs successifs – Mlle de Gœcklin[11], M. Gueroult-Dorval[12], M. Merriman[13], M. Schifmacher[14] (ou Schifmacker) et Marc de La Nux[15] (le La Pérouse des *Faux-Monnayeurs*), sans oublier Youra Schiffrin[16] (entendez Georgette Guller) –, a été, malgré l'excellence des derniers de ses maîtres, insuffisante : « Mes premiers professeurs de piano ne m'enseignèrent que des fadaises [...]. C'est avec M. de La Nux (La Pérouse) que je pus commencer d'étudier sérieusement. Que ne l'ai-je connu plus tôt[17] ! » Toutefois, les documents filmés qui le montrent au clavier – que ce soit la fameuse leçon donnée à Annick Morice[18] ou les quelques images muettes datant de 1930[19], où l'on devine un pianiste élégant et habile – ne laissent pas de place au doute : il ne manque nullement de vélocité, et connaît les lois de l'harmonie (il n'eût pu, sinon, procéder, impromptu, à la réduction harmonique qui lui permet de guider la jeune Annick Morice à travers les méandres du *Scherzo* en si mineur de Chopin[20]).

Au-delà de cette pratique active, Gide est également un auditeur et un critique attentif à toutes sortes d'esthétiques : il n'est, pour s'en convaincre, que d'ouvrir son *Journal*, où l'on rencontre, entre autres, les noms d'Albéniz, de Berlioz (dont *Les Troyens* lui procurent « une de[s]

---

11 Voir Joachim Sistig, *André Gide : die Rolle der Musik in Leben und Werk*, Essen, Die Blaue Eule, 1994, p. 43.

12 Voir *ibid.*, p. 45-46. On pourra également se référer à Pierre de Boisdeffre, *Vie d'André Gide, 1869-1951*, t. I : *André Gide avant la fondation de* La Nouvelle Revue française, Paris, Hachette, 1970, p. 82 : « Nous l'avons vu, éveillé par les concerts Pasdeloup, puis par les leçons de M. Gueroult, l'organiste de Rouen (M. Dorval dans *Si le grain ne meurt*), prendre goût à la musique. Il admirait vivement son professeur qu'une "animation quasi céleste" paraissait transfigurer, dès qu'il se mettait au piano. »

13 Voir Joachim Sistig, *op. cit.*, p. 47.

14 *Ibid.*, p. 48.

15 *Ibid.*, p. 49-56.

16 À qui il fait l'honneur de considérer qu'elle joue bien Chopin (voir Maria van Rysselberghe, *Les Cahiers de la Petite Dame*, t. I : *1918-1929*, Paris, Gallimard, 1973, p. 272 : « Madame Schiffrin se met au piano. Elle joue [...] des *Mazurkas* de Chopin. Je sens Gide content, approbateur »).

17 André Gide, Justin O'Brien, *Correspondance*, Lyon, Centre d'études gidiennes, 1979, p. 24-26. Lettre du 17 novembre 1946. Nous mentionnons toujours les pages encadrantes de la lettre.

18 Voir Marc Allégret, *Avec André Gide*, film documentaire, 1952, 1 : 11 : 05.

19 *Ibid.*, 1 : 10 : 44.

20 *Ibid.*, 1 : 16 : 30.

plus fortes émotions dramatiques[21] » de sa vie), de Bizet, de Brahms, de Carissimi, de Chabrier, de Chausson, de Couperin (dont il apprécie fort le deuxième *Concert royal*[22]), de Debussy[23] (même si l'on est « en droit de s'étonner de l'absence [dans le *Journal*] d'allusions plus fréquentes au compositeur de *Pelléas et Mélisande*[24] »), de Dukas, de Duparc, de Fauré (dont, d'après lui, les mélodies sont aux *Poèmes saturniens* et aux *Fêtes galantes* de Verlaine ce que le *Pelléas et Mélisande* de Debussy est au drame de Maeterlinck – un très efficace vecteur de notoriété[25]), de Franck, de Granados, de Haendel, de d'Indy, de Liadov, de Liszt, de Mendelssohn, de Monteverdi[26], d'Offenbach, de Paganini, de Satie, de Schütz, de Tailleferre, de Schubert, de Schumann, de Richard Strauss, et bien sûr de Wagner, qu'il exécrait tant[27] (après l'avoir admiré tout jeune homme[28], au point

---

21 Voir une lettre de Gide à un critique musical non nommé, envoyée de Cuverville le 19 juillet 1921, *BAAG*, n° 109, janvier 1996, p. 139.

22 Voir *J*, II, p. 875, 6 janvier 1943.

23 Georges Jean-Aubry, *André Gide et la musique*, Paris, Éditions de la Revue musicale, 1945, p. 19. – Signalons que Gide est très satisfait de cet opuscule, comme en témoignent les lettres qu'il envoie à l'auteur : « Mon cher Jean-Aubry, / Je lis avec une attention soutenue et une satisfaction des plus vives votre *André Gide et la musique.* Cette étude me paraît de tous points excellente ; rien n'y manque et il n'y a rien de trop. Au surplus, j'avoue que me surprennent l'importance et l'excellence de nombre de vos citations. Je vous reste profondément reconnaissant d'avoir écrit cela » (lettre du 5 juillet 1945, publiée dans *Interférences*, n° 13, janvier-juin 1981, p. 77-79) ; « Mon cher Aubry, / Dans le hourvari du retour après quatre mois d'absence, je suspends tout par grand besoin de vous dire avec quelle satisfaction profonde j'ai lu (relu) votre *A. G. et la musique.* C'est *excellent.* Rien de trop, ni de pas assez. Tout y est ; et parfaitement dit » (lettre du 28 avril 1946, dans *ibid.*, p. 79).

24 Georges Jean-Aubry, *op. cit.*, p. 19.

25 André Gide, « Verlaine et Mallarmé » [*La Vie des lettres*, avril 1914], *EC*, p. 509.

26 Gide évoque aussi Monteverdi dans ses lettres : sa musique le fait « pleur[er] » (André Gide, Henri Ghéon, *Correspondance*, t. I, Paris, Gallimard, 1976, p. 817-818, lettre du 15 février 1913), elle le « boulevers[e] » (André Gide, Jacques Rivière, *Correspondance : 1909-1925*, Paris, Gallimard, 1998, p. 372-373, lettre du 21 février 1913).

27 Cela n'empêche pas qu'il faille donner entièrement raison à Éric Marty quand il mobilise une notion musicale typiquement wagnérienne, le *leitmotiv*, pour évoquer le fonctionnement poétique du *Journal* : « L'intime (le dévoilement intime du corps à l'intérieur du temps) offre ainsi un premier mode d'organisation au *Journal*, sur un ton presque musical, tant il fait songer parfois au *leitmotiv* wagnérien : toute une partition du *Journal* se structure, par exemple, autour de l'insomnie (thème fondamental chez Gide), des maladies, du nombre de cigarettes fumées : chacun de ces éléments valant comme une sorte de trait qui inscrit et répète une différenciation dans la suite des jours » (Éric Marty, *L'Écriture du jour : le* Journal *d'André Gide*, Paris, Seuil, 1985, p. 161).

28 « Je vous recommande un confrère, un vrai, en Mallarmé et Wagner, auquel j'écris en vous quittant, auquel je parle de vous. Il s'appelle Camille Mauclair », écrit Gide à Paul Valéry en septembre 1891 (André Gide, Paul Valéry, *Correspondance : 1890-1942*,

de désigner, dans une note diaristique, sa musique comme une sorte de stimulant, pour ne pas dire de fluidifiant intellectuel et artistique : « Cependant, m'arrivent par bouffées et comme du ciel des accords de Wagner ; vagues et mystérieux, ils bercent la rêverie et font onduler les pensées[29] »).

Pianiste, auditeur et critique, Gide est en outre (quoique discrètement, et malgré lui peut-être) un théoricien de la musique. Des remarques qu'il fait dans son *Journal* et dans ses lettres comme dans ses récits appert une conception de la musique comme discours immédiat. La musique divulgue et *raffine*, elle défait l'ordre des mots et publie ce que le langage celait : « Les mots perdaient leur sens précis, que je ne cherchais qu'à peine à comprendre ; chacun d'eux se faisait musique[30],

Paris, Gallimard, 2009, p. 129-130). En 1892, en voyage à Munich, il s'enthousiasme – mais non sans quelque réticence déjà – pour Wagner : « Avant-hier – pour la première fois – *Tristan et Isolde.* J'ai failli m'y embêter – mais c'était si sublime, que je n'ai pas osé. Je vous expliquerai plus tard pourquoi – *a priori* – j'ai horreur de cette musique-là (mais gardez cet aveu pour vous, n'est-ce pas – c'est affreusement compromettant) » (André Gide, Albert Mockel, *Correspondance : 1891-1938*, Genève, Droz, 1975, p. 59-64, lettre du 23 mars 1892) ; « Hier soir, *Le Vaisseau fantôme* m'a rempli de lyrisme ; j'ai trouvé ça toujours fort beau et certaines parties admirables » (André Gide, Pierre Louÿs, Paul Valéry, *Correspondances à trois voix : 1988-1920*, Paris, Gallimard, 2004, p. 590-591, lettre du 12 mai 1892) ; « Hier soir, je suis retourné à *Tristan et Isolde*, qui est quelque chose de décidément très fort » (André Gide, *Correspondance avec sa mère*, Paris, Gallimard, 1988, p. 150-151, lettre du 23 mai 1892) ; « Ici l'on joue admirablement *Tristan et Isolde*, et *Le Vaisseau fantôme* est bien beau ; – mais, que la musique d'après un livret est donc une forme d'art détestable [...]. [J]e dis qu'aucun art ne doit se *subordonner* à rien » (André Gide, Henri de Régnier, *Correspondance*, Lyon, Presses Universitaires de Lyon, 1997, p. 38-39, lettre du 29 mai 1892). – Comme Wagner, d'ailleurs, Brahms trouve grâce aux oreilles du jeune Gide : « Dites [à Jacques-Émile Blanche] que je le remercie de m'avoir fait connaître Brahms » (André Gide, Henri de Régnier, *op. cit.*, p. 32-35, lettre du 18 mai 1892) ; « Je découvre Brahms, et que c'est un des plus grands. On me l'avait déjà dit un peu à Paris. Beaucoup disent : le plus grand depuis Beethoven... enfin !... non, pas tout à fait, puis j'en connais si peu, mais c'est de la vraie Musique » (André Gide, *Correspondance avec sa mère*, *op. cit.*, p. 149-150, lettre du 21 mai 1892).

29 *J*, I, p. 7-8, 18 février 1888.

30 Gide, en somme, joue sur le fait que « *both music and literature are presented to the intellect and the emotions by means of sound, the principal difference being that musical sound is used only for itself and the sounds of literature have external significance* » (Calvin S. Brown, *Music and Literature. A Comparison of the Arts*, Athens, The University of Georgia Press, 1948, p. 50). Nous traduisons : « Et la musique et la littérature sont présentées à l'intellect et aux émotions par le moyen du son, la principale différence étant que le son musical n'est utilisé que pour lui-même, alors que les sons de la littérature ont une signification qui leur est extérieure. »

subtilement évocateur d'un paradis dormant ; et j'eus la soudaine révélation d'un autre monde dont le monde extérieur ne serait que le pâle et morne reflet[31] », écrit l'héroïne éponyme de *Geneviève*. La musique serait comme le langage à la fois incarné et impalpable de l'âme : « La musique propage l'ondulation de l'âme jusqu'à l'autre âme[32] », notait – non sans candeur – André Walter.

Gide musicographe est aussi, il faut l'ajouter, un moraliste. Il n'ignore pas le rôle que joue la vaine gloire dans son exaltation d'instrumentiste : « J'étudie mon piano jusqu'à cinq heures par jour autant pour ma passion d'harmonie que par furieux désir d'arriver par la musique aussi à contenter cette ambition qui me tourmente[33]. » Il sait que ce qu'il aime dans les *Fugues* de Bach, c'est aussi ce qu'elles révèlent de son habileté de pianiste, et de l'endurance de sa mémoire : « Par vanité sans doute, je donne au piano (j'entends : à l'étude) deux heures chaque jour, et me pique d'apprendre par cœur un paquet de *Fugues* du *Clavecin* [*sic*] *bien tempéré*[34] », écrit-il à Maria van Rysselberghe le 9 juin 1916. C'est le *virtuose que donc il est* que Gide vilipende ici. En somme, il rêve à un monde qui serait celui de la musique pure, de la musique préservée de tout contact avec ceux qui sont ses indignes célébrants : « Je réfléchissais que ces harmonies ineffables peignaient, non point le monde tel qu'il était, mais bien tel qu'il aurait pu être, qu'il pourrait être sans le mal et sans le péché[35] », fait-il dire au pasteur de *La Symphonie pastorale*.

31 *Geneviève*, *RR*, II, p. 1365.
32 *Cahiers d'André Walter*, *RR*, I, p. 39.
33 André Gide, *L'Enfance de l'art : correspondances avec Élie Allégret (1886-1896)*, Paris, Gallimard, 1998, p. 309-314. Lettre du 31 octobre 1890.
34 André Gide, Maria van Rysselberghe, *Correspondance (1899-1950)*, Paris, Gallimard, 2016, p. 503. Lettre du 9 juin 1916.
35 *La Symphonie pastorale*, *RR*, II, p. 19.

GIDE ET LES MUSICIENS DE SON TEMPS : AMITIÉS SINCÈRES ET COLLABORATIONS MANQUÉES

S'il préfère la musique aux musiciens, Gide n'en entretient pas moins un dialogue actif avec les compositeurs de son temps, de Raymond Bonheur à Maurice Ohana en passant, entre autres, par Florent Schmitt et Igor Stravinski[36].

Raymond Bonheur est sans doute le musicien dont il a été le plus proche, et avec lequel il a entretenu les relations les plus cordiales. Aussi bien Bonheur l'admirait-il grandement : « Certaines de ses pensées, disait ici Bonheur, parlant de toi, sont aussi fortes que Pascal[37] », lit-on dans une lettre de Francis Jammes à Gide datée d'octobre 1897. Les deux hommes s'entendent si bien, qu'à la fin des années 1890, ils songent à élaborer ensemble un opéra-comique, *Le Retour*[38]. En principe, nulle raison pour que le projet échoue, puisque le librettiste et le compositeur s'apprécient mutuellement. Tout, d'ailleurs, commence pour le mieux, comme en témoigne cette lettre de Bonheur à Gide datée d'octobre 1899 :

> Ô merveille, ô merveille ! mon cher Gide, ce que vous m'envoyez comble absolument mes vœux et je crois que cette fois-ci j'ai fini de vous ennuyer pour cet acte : je vous en remercie très fort et vais m'efforcer de n'être pas trop indigne de vous, mais du moins j'aurai rarement travaillé avec plus de plaisir[39].

Certes, Gide, déjà, quoiqu'il prenne plaisir à travailler (à distance) avec son ami compositeur, peine à suivre le rythme de Bonheur : « Cher ami Bonheur, / Pardonnez-moi de vous avoir fait un peu attendre. J'en suis bien plus ennuyé depuis que je sais que vous travaillez ; puissé-je

---

36 Précisons ici que cette section n'a pas l'ambition d'être exhaustive : il faudrait, sinon, la transformer en un volume complet. Notre but est d'essayer de décrire dans ses grandes lignes la posture qu'adopte Gide dans son dialogue avec les musiciens qu'il est amené à fréquenter ou auxquels il écrit. Pour davantage de précisions factuelles, nous renvoyons au remarquable ouvrage de Joachim Sistig, *op. cit.*

37 André Gide, Francis Jammes, *Correspondance (1893-1938)*, Paris, Gallimard, 1948, p. 123-125. Lettre de Francis Jammes à André Gide datée d'octobre 1897.

38 Voir *RR*, I, p. 1210-1219.

39 André Gide, *Le Retour*, suivi de *Lettres à Raymond Bonheur*, Neuchâtel et Paris, Ides et Calendes, 1946, p. 12. Lettre d'octobre 1899.

n'avoir pas arrêté votre essor[40]. » Mais le travail « à quatre mains » suit néanmoins son cours, musique et littérature dialoguant harmonieusement : « Pour la répétition dont vous parlez, ne vous inquiétez pas ; je crois qu'il sera très aisé de la corriger. Je vous en prie, ne vous donnez pas la peine de recopier tout pour cela. Ne pourrai-je même corriger sur la musique ? – et suivre, moi, l'harmonie, comme vous auriez suivi mon texte[41]. »

Hélas, cette belle unanimité ne durera pas longtemps. Dès mars 1900, Gide semble s'être éloigné de cette œuvre commune à laquelle lui et Bonheur rêvaient, et avaient commencé à travailler : « Cher Bonheur, / Votre lettre me touche, – mais croyez bien que je n'ai pas besoin d'elle pour penser à vous. Je voudrais pouvoir penser plus à notre drame ; le voici près de moi ; je l'avais emporté, plein des plus belles velléités, – mais mes articles et ma conférence vont prendre hélas ! tout mon temps[42]. » Gide, ici, avoue plus ou moins ouvertement qu'il donne la préférence à son œuvre strictement personnelle, négligeant sciemment de faire avancer *Le Retour* – et cet individualisme non synonyme d'égoïsme sera fatal au projet d'opéra-comique. Bonheur, d'ailleurs, du moins d'après Jammes (mais faut-il faire confiance à ce dernier ?), peinait à « mettre en musique » le livret de son ami : « Jammes ne s'avisa-t-il pas de s'écrier, au dîner où nous invitâmes avec lui les Maurice Denis et les van Rysselberghe : "Ainsi tenez : Gide – vous savez s'il est musicien, eh bien ! ses vers, – Bonheur m'a dit qu'il n'y avait pas moyen de les mettre en musique[43] !" »

L'amitié entre Gide et Bonheur, toutefois, devait survire à cet échec. Le 24 juin 1901, l'écrivain écrit au compositeur de la part de *L'Ermitage* pour lui « proposer de bien vouloir tenir la Chronique musicale ». Et il ajoute : « Inutile, n'est-ce pas, de vous dire quelle joie vous causeriez à quelques-uns et à moi-même en acceptant[44]. » Malgré cette amicale instance, Bonheur se dérobe, sous prétexte qu'il ne se sent pas digne d'un tel honneur. Mais Gide s'entête (« Je souffre, je vous assure, de vous voir vous retirer ainsi ; que vous soyez capable de tenir cette Chronique, de

40 *Ibid.*, p. 51. Lettre du 19 octobre 1899.
41 *Ibid.*
42 *Ibid.*, p. 56-57. Lettre du 12 mars 1900.
43 *Ibid.*
44 *Ibid.*, p. 63. Lettre du 24 juin 1901.

l'écrire, j'en suis persuadé de reste, et vraiment je me permets d'insister[45] »), et lui et Bonheur finissent par trouver une sorte de compromis : « Cher Bonheur, / Entendu ! Et décidément je suis heureux d'avoir osé insister puisqu'à défaut d'une chronique régulière, vous nous faites pourtant espérer votre collaboration[46]. »

On pourrait être tenté, cependant, de penser que cette proposition s'apparente à une manœuvre diplomatique. Car en juin 1901, le projet du *Retour* n'est pas encore tout à fait abandonné. Ce n'est qu'à la fin de l'été que Gide abdique. Dans une lettre du 30 août 1901, il reconnaît qu'il a, depuis un certain temps, renoncé à l'idée de poursuivre l'œuvre commune : « Ce serait au contraire à moi de craindre d'avoir pu déplaire – de vous avoir entraîné dans un travail où je ne vous accompagnais plus[47]. » Au terme d'un paragraphe d'excuses, il arrive à cette conclusion : « C'est à peine si j'ose espérer mener à bien l'affirmation la plus indispensable de moi-même[48]. » En d'autres termes, il avoue une fois de plus que cette œuvre à deux ne lui était pas essentielle – précisément parce qu'elle ne lui était pas purement personnelle. Aussi bien, ce qui l'avait séduit dans le projet de Bonheur, c'était qu'il était proche de ses propres préoccupations : « Ce n'est pas [...] que quelque dégoût me soit venu pour le sujet de votre drame, [...] et je continue à croire que l'on en peut faire une fort belle et intelligente œuvre. Bien plus : elle est tellement *dans mon sens* que je regrette beaucoup de ne trouver le temps de l'écrire[49]. » Cette lettre, donc, sert à briser un lien dialogique, pour (r)établir un double monologue. Gide va même plus loin, puisqu'il laisse entendre que l'effort pour établir un dialogue a pu nuire à l'élaboration des deux paroles et des deux œuvres personnelles, individuelles, que ce dialogue aurait dû réunir :

> Bannissez donc de votre esprit toute crainte de me déplaire, quoi que ce soit que vous fassiez de ce sujet, et quel que soit le parti qu'en tire celui que vous choisirez à ma place ; – soit qu'il tire parti de ce que j'en ai fait, soit même qu'il l'adopte entièrement, soit qu'il le rejette. Une chose domine et reste seule à envisager : votre travail à vous ; – le sentiment d'avoir pu le retarder,

45 *Ibid.*, p. 63-64. Lettre du 3 juillet 1901.
46 *Ibid.*, p. 64-65. Lettre du 10 juillet 1901.
47 *Ibid.*, p. 66-67. Lettre du 30 octobre 1901.
48 *Ibid.*
49 *Ibid.*

> lui nuire, espérant d'abord au contraire le favoriser, m'est des plus pénibles, et je vous saurai gré de le faire cesser[50].

Si le projet commun du *Retour* en restera à cet état d'inachèvement, le dialogue épistolaire entre Gide et Bonheur, en revanche, se poursuivra. Et il arrivera encore au compositeur de consulter l'écrivain sur des projets d'œuvres scéniques. Ainsi, il songe à tirer un « épisode musical en deux actes et trois tableaux » de la nouvelle *Malva* (1897) de Maxime Gorki. Et il demande à Gide s'il lui semble possible de tirer un livret de ce récit. Il ne va pas jusqu'à le prier de se charger de la rédaction du livret – mais il lui confie cependant la tâche de confirmer ou d'infirmer son choix, et de sélectionner les passages du texte de Gorki les plus aisément transposables sur la scène. Si Gide, dans une lettre du 3 mai 1903, rappelle encore une fois qu'il donnera toujours la priorité à son travail personnel, il accepte néanmoins de se charger de cette tâche qui lui convient d'autant mieux qu'elle est subalterne et ne réclame de lui aucun engagement :

> Mon cher Bonheur,
>
> J'étudierai *Malva* avant toute autre chose ; mais je ne puis m'en occuper qu'après avoir mis au net mes épreuves. Je ne sais d'ailleurs pas ce que je pourrai vous dire ; il m'a paru, relisant rapidement la nouvelle, qu'il n'y avait pour la porter sur la scène qu'à supprimer bien plus qu'à ajouter, car le dialogue, partout où il est indiqué, est excellent. Je pense, en le relisant, marquer au crayon tous les passages qui me paraissent à transcrire tels quels – au crayon bleu ceux qui sont à modifier légèrement, – et biffer ceux qui me paraissent disconvenir à ce que vous en voulez faire[51].

Une semaine plus tard, il s'est acquitté de sa tâche et récrit à Bonheur. Ce dialogue épistolaire rétabli n'est pas loin de lui donner envie de se lancer à nouveau dans la périlleuse entreprise d'une œuvre à deux. Mais il résiste à la tentation :

> Je viens donc de relire *Malva* [...]. [J]e me suis senti dans les dispositions exactement les mêmes que celles où je me trouvai à la suite de votre récit, à La Roque, de cette pièce dont le malheureux fragment se dresse devant ma pensée comme un monument de honte et de folle témérité. Cette fois, heureusement, prévenu, je résiste à toutes les propositions que le Diable veut me faire sous le masque de l'amitié[52].

50 *Ibid.*
51 *Ibid.*, p. 74-75. Lettre du 3 mai 1903.
52 *Ibid.*, p. 75-76. Lettre du 10 mai 1903.

Le projet du *Retour*, ainsi, est la première – mais non la dernière – tentative avortée que Gide fait pour collaborer avec les musiciens de son temps. Parmi les compositeurs avec lesquels il dialogue, Florent Schmitt occupe lui aussi une place de choix – même si à aucun moment il ne noue avec lui de relations à proprement parler amicales. En 1909, Gide et Schmitt échangent des lettres pour négocier les conditions (artistiques) de leur association pour une *Proserpine*[53] qui ne verra jamais le jour. Ils s'écrivent assez abondamment, car Gide, se souvenant sans doute de ses mésaventures avec Bonheur, tient à ce que les deux artistes, cette fois, expriment pleinement leur personnalité dans une œuvre qui, quoique élaborée à plusieurs, reste fortement teintée d'individualité. Témoin cette lettre du 16 juillet 1909 :

> Cher Monsieur Schmitt,
> Avant de me lancer dans mon travail, je voudrais être sûr que nous nous accordons sur quelques points essentiels. Tant que je n'avais pas entendu votre *Quintette*, je pouvais songer à vous cuisiner quelque agréable livret à la manière traditionnelle, où toute l'originalité fût restée de votre côté [...]. Mais [...] j'ai compris qu'on pouvait attendre beaucoup de vous [...]. C'est pourquoi je vous sors mon sujet de derrière les fagots, que je me réservais depuis nombre d'années ; je vous demanderai seulement, plutôt que d'y travailler à contrecœur, de m'arrêter aussitôt, s'il ne vous convient pas. Croyez que je ne m'en offusquerais nullement[54].

Gide, manifestement, tient à s'assurer que dans ce dialogue artistique, aucun des deux interlocuteurs/créateurs ne se retrouvera aliéné, ou si l'on préfère frustré de sa propre personnalité. Mais à vrai dire, il a déjà lui-même des idées très arrêtées sur *Proserpine*, et, s'il use d'une rhétorique de la conciliation, il se montre malgré tout très impératif :

> Consentez-vous à un opéra (op.-com.) qui ne soit pas une enfilade de morceaux ? mais un tout homogène, une manière de vaste symphonie. Envisageriez-vous volontiers la possibilité, si le livret vous y invite (et vous allez voir comment), d'une sorte d'interpénétration d'un acte dans l'autre (il y en aurait 3 + un prologue) ? Depuis que j'entrevois la possibilité de mettre en musique mon

53 Voir Jean Claude, « *Proserpine* 1909 », *BAAG*, n° 54, avril 1982. Mais aussi Maureen A. Carr, *Multiple Masks : Neoclassicism in Stravinski's Works on Greek Subjects*, Lincoln, University of Nebraska Press, 2002, p. 155-156.

54 André Gide, Florent Schmitt, « Correspondance », *BAAG*, n° 54, avril 1982, p. 260-261. Lettre du 16 juillet 1909.

> sujet, il ne me paraît plus comporter d'autre réalisation ; je ne le vois plus que symphoniquement[55].

On appréciera la gradation : après les très diplomatiques formules interrogatives initiales (« consentez-vous », « envisageriez-vous »), Gide passe à un ton plus directif, tout en usant de tournures modérées qui laissent croire encore à un dialogue (« si le livret vous y invite »), avant d'opter pour une tonalité bien plus péremptoire, malgré deux derniers marqueurs de subjectivité (« il ne me paraît plus comporter d'autre réalisation ; je ne le vois plus que symphoniquement »). Puis il décide de secouer le joug de la rhétorique épistolaire de la négociation, et annonce en quelque sorte la couleur : « Assez de précautions oratoires ! Le voici [le projet] tout frais dactylographié[56]. »

Un mois plus tard, le 16 août, le projet de *Proserpine* n'ayant pas avancé, Gide exprime à Schmitt son désir de le rencontrer : « Désolé d'avoir à renoncer à cette visite à Argelès [...]. Je pensais [...] que nous aurions pu causer de la manière la plus profitable, et que, mieux que par lettres, vous m'auriez dit si quelques objections au projet que je vous avais soumis[57]... » Schmitt, de son côté, éprouve le même besoin de rencontrer Gide. A-t-il été effrayé par le caractère quelque peu impératif des lettres de ce dernier ? Ou vraiment le projet de *Proserpine* ne lui convient-il pas ? Toujours est-il qu'il recule devant la réalisation d'un projet dont, après avoir pris quelques précautions rhétoriques, il finit par dire presque ouvertement qu'il ne le séduit guère :

> J'aurais été d'autant plus content de vous voir qu'un entretien avec vous m'eût peut-être facilité une détermination que jusqu'à présent il m'a été impossible de prendre. Car je suis balancé entre le désir de travailler sur une œuvre très belle et la crainte de m'embarquer pour plusieurs années dans le séjour des Ombres, sans savoir si j'arriverai jamais à pénétrer dignement votre pensée, et faire exprimer à la musique tout ce qu'un tel sujet comporte. Pour parler franc, j'aurais souhaité quelque chose de plus près de moi, plus vivant, plus humain[58].

Finalement, le projet ne se réalisera pas – et Gide sera reconnaissant à Schmitt d'avoir reconnu rapidement une incompatibilité de tempéraments

55 *Ibid.*
56 *Ibid.*
57 *Ibid.*, p. 262-263. Lettre du 16 août 1909.
58 *Ibid.*, p. 263-264. Lettre d'août 1909.

qui, diagnostiquée trop tard, aurait sans doute conduit à une collaboration pénible et infructueuse : « J'ai pu entendre à la Nationale votre *Salomé*, qui m'a [...] convaincu nettement que rien n'était plus éloigné de vous que le sujet que je vous avais inconsidérément proposé ; mais je voudrais que vous ne me gardiez pas rancune d'une inadéquation que je vous sais grand gré d'avoir aussitôt reconnue[59] », écrit-il à Schmitt le 13 juin 1910.

Le dossier *Proserpine*, cependant, n'est pas tout à fait clos. Car quelques années plus tard, en 1913, Florent Schmitt montera une autre *Proserpine*. Gide est abasourdi, et se montre, dans une lettre à Henri Ghéon, très offensif : « Tu juges de ma stupeur en voyant au programme d'Astruc une *Proserpine* de Florent Schmitt annoncée. Procès m'a l'air inévitable. Heureusement j'ai gardé toutes ses lettres[60]. » Suit un dernier échange de lettres sur (les deux) *Proserpine(s)*. Gide se montre modéré quand il demande des explications à Schmitt : « Le prospectus du théâtre Astruc m'apporte une vive surprise. Qu'est-ce que ce *Mystère de Proserpine* que vous annoncez ? Sans doute rien de commun avec le projet que je vous avais soumis et que votre lettre d'Argelès me disait ne point vous convenir[61] ? » Et Schmitt répond, avec une désinvolture dont, curieusement, Gide ne semble pas s'offusquer : « La *Proserpine* dont il s'agit est un spectacle chorégraphique sans aucun rapport avec ce que vous m'aviez montré[62]. » Les deux hommes finiront d'ailleurs par collaborer à un *Antoine et Cléopâtre* commandé par Ida Rubinstein[63], et qui sera donné en juin 1920 au Théâtre de l'Opéra. Gide, cette fois, se montrera très satisfait de la collaboration :

> Mon cher Schmitt,
> Le souci me tourmente de ne pas vous avoir dit assez, avant-hier, le plaisir que j'ai eu à entendre votre *Antoine*. L'horreur du compliment retenait ma louange, mais il faut pourtant que je vous l'exprime. Force naturelle, ampleur, exactitude des contours et cette sorte d'éloquence musicale, qui vous est si particulière, qui semble comprimer l'émotion au lieu de l'exagérer, – tout ce que j'espérais, que j'attendais de vous, je l'ai trouvé dans ces pages ; et

59 *Ibid.*, p. 265-266. Lettre du 13 juin 1910.
60 André Gide, Henri Ghéon, *Correspondance*, *op. cit.*, t. I, p. 817. Lettre du 27 février 1913. Voir aussi André Gide, Jean Schlumberger, *Correspondance (1901-1950)*, Paris, Gallimard, 1993, p. 507-508. Lettre du 27 février 1913.
61 André Gide, Florent Schmitt, *op. cit.*, p. 266. Lettre du 8 mars 1913.
62 *Ibid.*, p. 267. Lettre du 12 mars 1913.
63 Voir Jean Claude, « Gide et les artistes, *Antoine et Cléopâtre*, 1917-1920 », *BAAG*, n° 158, avril 2008, p. 149-208.

> me souvenant de la belle richesse de votre orchestre, je ne doute pas de leurs ressources nouvelles. Il me tarde de connaître les parties qui manquent encore et qui doivent compléter cette suite, déjà si importante[64].

Mais cette contribution somme toute bienvenue de Florent Schmitt ne doit pas faire oublier que ce dernier n'était que le troisième choix de Gide et d'Ida Rubinstein pour *Antoine et Cléopâtre* : Gide, ainsi, est dans un premier temps « chargé de prendre contact avec Paul Dukas pour lui donner plus de détails sur le projet. Paul Dukas est loin d'être un inconnu pour l'écrivain, qui avait en 1912 songé à collaborer avec lui pour sa *Proserpine*[65]. » Dukas, cependant, décline l'offre. C'est alors vers Stravinski que se tourne Ida Rubinstein. Le compositeur russe donne son accord de principe (« Stravinski a télégraphié qu'il nous ferait la musique », écrit Ida Rubinstein à Gide le 5 juillet 1917), avant de se rétracter. Dans un premier temps, Gide paraît s'entendre avec Stravinski : leur première rencontre « a lieu lors de l'escapade de l'écrivain en Suisse avec Marc et André Allégret. Ils se [voient] à plusieurs reprises entre le 11 et le 17 août 1917, aux Diablerets[66] », et ces premiers contacts semblent tout à fait courtois. Toutefois, Stravinski se montrera peu enclin au dialogue : il campera sur ses positions esthétiques, ce qui conduira Gide et Ida Rubinstein à revenir – sans succès – vers Dukas, puis à s'adresser à Florent Schmitt. Cette fois, le projet se réalisera – et le dialogue entre Gide et Schmitt se poursuivra même quelques années plus tard, autour d'une réadaptation de la version originale de leur *Antoine et Cléopâtre.* Le 23 octobre 1922, le compositeur écrit en effet à Gide pour lui faire une proposition :

> Cher André Gide,
> J'ai exprimé l'autre jour à Jacques Rouché le désir ardent de le voir monter en chorégraphie tragique votre *Antoine et Cléopâtre.* Il n'a pas du tout dit non, mais il demande s'il n'est pas possible que vous en tiriez, pour s'adapter étroitement à la musique, une façon de scénario[67].

Gide n'est pas convaincu au premier abord, mais il s'efforce tout de même de répondre à la demande de Florent Schmitt. S'ensuivra, jusqu'en mai 1924, une série de lettres entre Gide, Schmitt et Ida Rubinstein.

64 *Ibid.*, p. 197. Lettre du 15 février 1920.
65 *Ibid.*, p. 153.
66 *Ibid.*, p. 166.
67 Voir *BAAG*, n° 55, juillet 1983, p. 326-327.

On aura compris que, même si certains projets aboutissent, les relations de Gide avec les musiciens de son temps sont loin d'être toujours harmonieuses : c'est qu'aussi bien il est un écrivain à la personnalité accusée, qui tient à la préservation de son idiosyncrasie, et qui préfère la solitude à l'altération de son identité. Nul musicien n'était donc moins indiqué pour devenir un partenaire de création de Gide que Stravinski, artiste intransigeant, autoritaire, et dont les idées sont de plus, dans toutes les matières (politique, religion, mœurs – « *Stravinski* [...] *silenced Gide's pédéraste voice in the final moments of the narcissus-plucking scene*[68] », écrit Tamara Levitz à propos de *Perséphone* –, et surtout art), radicalement opposées aux siennes. Cette note diaristique du 19 août 1917 est révélatrice : « Je m'efforce de lire le *Journal intime* de Tolstoï, que j'ai fait venir ici sur les conseils de Igor Stravinski – mais je n'y prends aucun plaisir, n'en tire aucun profit[69]. »

Sur les relations complexes et problématiques entre Gide, Stravinski, Jacques Copeau, André Barsacq, Kurt Jooss et Ida Rubinstein au moment de l'élaboration de *Perséphone*, on peut considérer que Tamara Levitz et Andrea Hanft[70] ont tout dit ; à quoi il faut ajouter que les recherches éclairantes et érudites de Jean Claude[71] et de Patrick Pollard[72] ont rendu très difficile la tâche de qui prétend éclairer d'un jour nouveau le texte de Gide. Nous ne reviendrons donc pas sur la genèse plus que difficile de cette œuvre multiauctoriale qui ne fut guère comprise du public – et pour cause. Nous nous contenterons de rappeler les lignes d'*Ainsi soit-il* où Gide résume l'histoire de cette œuvre-malentendu : Ida Rubinstein, Stravinski, Copeau et Barsacq décidèrent, alors même que sa volonté formelle de librettiste était de monter un décor « naturaliste », de « procéder par allusions » : « – Oui, s'écriait alors Stravinski, c'est

68 Tamara Levitz, *Modernist Mysteries :* Perséphone, Oxford, Oxford University Press, 2012, p. 380. Nous traduisons : « Stravinski réduisit au silence la voix pédéraste de Gide à la fin de la scène où Perséphone cueille le narcisse. »

69 *J*, I, p. 1037, 19 août 1917.

70 Voir Andrea M. Hanft, *André Gide, Igor Strawinsky :* Perséphone. *Von der Idee zum vollendeten Werk bei Betrachtung der verschiedenen Denkweisen von Schriftsteller und Komponist*, Frankfurt am Main, Peter Lang, 2015.

71 Voir Jean Claude, « Autour de *Perséphone* », *BAAG*, n°73, janvier 1987, p. 23-55 ; et Jean Claude, « *Perséphone*, ou l'auteur trahi ? », dans Pascal Lecroart (dir.), *Ida Rubinstein. Une utopie de la synthèse des arts à l'épreuve de la scène*, Besançon, Presses Universitaires de Franche-Comté, 2008, p. 213-233.

72 Voir Patrick Pollard, *André Gide :* Proserpine, Perséphone, *édition critique*, Lyon, Centre d'études gidiennes, 1977.

comme la messe. Et c'est là ce qui me plaît dans votre pièce. L'action même doit être sous-entendue. » Gide, évidemment, ne l'entend pas ainsi : « – Mais, cher ami, tentai-je encore d'objecter : j'ai pourtant indiqué fort précisément, pour le premier acte : un rivage au bord de la mer... » Mais les interlocuteurs de l'écrivain sont peu ouverts au dialogue ; Stravinski, en particulier, « *disliked having to work with Gide's libretto, as we can see from his comments on his personal copy of the draft*[73]. » Et Gide ne semblant guère disposé à combattre la volonté inflexible du compositeur, la lassitude l'emportera bientôt chez lui sur le désir d'imposer son point de vue. C'est donc le parti des « symbolistes » qui triomphera, avec le résultat que l'on sait : « La musique [...] fut applaudie : quant au sujet même du drame, le public n'y comprit rien, il va sans dire [...]. » Sans compter que la voix d'Ida Rubinstein « ne passait pas le septième rang de l'orchestre[74] ». Pour autant, les collaborateurs de Gide ne sont pas les seuls responsables, et l'écrivain peut aussi s'en prendre à son inexpérience :

> Il n'avait pas suffisamment conscience des aspects concrets qui entourent la création théâtrale, à plus forte raison la création d'un spectacle complexe faisant appel à tous les arts. Car avec *Perséphone*, il y avait bien tous les ingrédients d'un spectacle total. Mais trop de difficultés ont surgi pendant son élaboration. Le projet d'Ida Rubinstein était, à n'en pas douter, ambitieux. Il a manqué dans sa réalisation un climat de confiance, une organisation stricte voire autoritaire capable d'aplanir les divergences[75].

Tout, pourtant, avait commencé sous les meilleurs auspices. Gide se souvenait encore de la rencontre de 1917, qui l'avait tant réjoui (et ses

73 Voir Anonyme, *Perséphone : an Interpretation by Igor Stravinski and André Gide*, Université de Manchester, 2000, en ligne : <www.musicteachers.co.uk/resources/stravpers.pdf>, consulté le 21 juillet 2019. Nous traduisons : « Stravinski n'aima pas avoir à travailler avec le livret de Gide, comme on peut le voir dans les commentaires que l'on trouve sur son exemplaire personnel du brouillon. »

74 *Ainsi soit-il ou Les jeux sont faits*, *SV*, p. 996-997. Voir aussi une lettre de Jean-Paul Trystram à Gide envoyée le 10 mai 1934 : « Hier soir j'étais à l'Opéra. Merci pour *Perséphone*, ce "projet endormi depuis plus de vingt ans". J'ai aimé surtout à lire votre poème. J'ai été déçu, je dois l'avouer, par cette représentation, déçu surtout par Madame Ida Rubinstein. J'avais espéré une grâce sans pareille, une majesté "divine", une jeunesse, une beauté inégalables. J'avais trop rêvé pour n'être point déçu. Déçu, mais cependant la musique parfois m'entraînait, bien des passages continuaient votre texte, évoquaient l'inexprimable » (*BAAG*, n° 95, juillet 1995, p. 314).

75 Jean Claude, « *Perséphone*, ou l'auteur trahi ? », art. cité, p. 233.

neveux également[76]). Admiratif de Stravinski (« Vous savez si j'admire Stravinski[77] », écrivait-il à Cocteau en 1923), c'est presque sur le ton de la flagornerie qu'il lui écrit pour lui présenter le projet :

> Ida Rubinstein me demande de vous écrire. Séduite par un projet de ballet symphonique que je viens de lui soumettre, s'il vous séduit également, elle me dit que vous accepteriez, avec moi, de travailler pour elle. À l'idée d'attacher mon nom près du vôtre, à une œuvre qui depuis longtemps me tient à cœur, mon orgueil et ma joie sont extrêmes[78].

Les premiers moments du travail, même, sont parfaitement harmonieux : « Que je vous dise d'abord l'excellent souvenir que j'ai rapporté de notre rencontre à Wiesbaden. J'ai pu redire à Mme Rubinstein que notre entente était parfaite – sans avoir eu besoin, me semble-t-il, d'exagérer en rien[79] », écrit Gide au compositeur le 8 février 1933. Le même jour, il note dans son *Journal* : « Voyage à Wiesbaden, où je retrouve Stravinski avec qui je dois travailler pour Ida Rubinstein. Entente parfaite[80]. » Et le lendemain, il écrit la même chose à François-Paul Alibert : « Viens de passer trois jours avec Stravinski [...] avec qui je m'entends fort bien[81]. » Stravinski n'est pas en reste – témoin cette lettre du 5 mars 1933 : « J'aime trop sérieusement et trop profondément votre œuvre et je suis trop séduit par la beauté de votre verbe magnifique célébrant le mystère de l'antique Perséphone pour ne pas aspirer de toutes mes forces à ériger un monument sonore très solide à côté du vôtre[82]. » Mais, encore une fois, Gide est trop peu enclin aux compromis, et Stravinski est trop peu diplomate, pour que cette heureuse

76 Nous renvoyons ici à une lettre inédite d'André Allégret à Gide, datée du 16 décembre 1917 : « Je vois encore ce délicieux Stravinski, qui en dévalant pour revenir disait : "Oh ! mais voyez-vous comme je suis léger, ça va tout seul... Grâce aux couches de beurre ! Tiens, les oreilles me bourdonnent ! C'est que nous sommes descendus de 100 mètres, tout simplement !" Ou bien se délectant du "Anatole, fais-moi peur !" C'était épatant. »

77 Jean Cocteau, *Lettres à André Gide, avec quelques réponses d'André Gide*, Paris, La Table Ronde, 1970, p. 135-136. Lettre du 24 janvier 1923.

78 Voir Igor Stravinski et Robert Craft, *Souvenirs et commentaires*, Paris, Gallimard, 1963, p. 186. Lettre du 20 janvier 1933.

79 André Gide, Igor Stravinski, « Correspondance », *BAAG*, n° 73, janvier 1987, p. 25-27. Lettre du 8 février 1933.

80 *J*, II, p. 400, 8 février 1933.

81 André Gide, François-Paul Alibert, *Correspondance*, Lyon, Presses Universitaires de Lyon, 1982, p. 393-394. Lettre du 9 février 1933.

82 André Gide, Igor Stravinski, *op. cit.*, p. 30-31. Lettre du 5 mars 1933.

harmonie se prolonge longtemps. Gide n'assistera pas même à la première donnée le 30 avril 1934 à l'Opéra, et Stravinski s'offusquera de le voir ainsi abandonner le navire dans les dernières semaines avant l'épreuve de la scène : « Perséphone délaissée vous envoie ses vœux de Pâques[83] », lui écrit-il dans un télégramme du 7 avril 1934. Il ne manquera pas d'ailleurs de se venger à sa façon dans ses mémoires : « *That Gide understood nothing whatever about music in general is apparent to anyone who has read his* Notes on Chopin[84]. »

Bref, on voit que Gide n'est pas fait pour les projets de création à plusieurs. Il fut pourtant en contact avec de nombreux autres compositeurs, dont quelques-uns qui s'inspirèrent de ses œuvres. Parmi les musiciens de son temps, un en particulier l'admirait : Darius Milhaud, qui mit en musique *La Porte étroite* dans *Alissa* (1913), le *Gitanjali* de Tagore-Gide (1914), *Le Retour de l'enfant prodigue* (1917), *Amal et la lettre du roi* (1936) et *Saül* (pour la version de la pièce montée à Toulon par Georges Douking). L'univers gidien (avec en particulier *Les Cahiers et les Poésies d'André Walter* et *La Porte étroite*[85]) est une source d'inspiration importante pour le compositeur aixois :

> En 1917, Milhaud compose à Rio sa deuxième *Sonate* pour violon et piano (op. 40). Il la dédie à André Gide[86], et Paul Collaer affirme qu'on y pressent l'atmosphère qui règne dans le roman *La Symphonie pastorale*, qui paraît ultérieurement en 1919. La référence est d'autant plus significative que cette allusion à la sixième *Symphonie* de Beethoven, certes allusive et postérieure, se double d'une citation, elle explicite, de la *Barcarolle* en fa dièse majeur, op. 60, de Chopin. C'était là marquer un double hommage, tout d'abord au compositeur franco-polonais, ensuite à Gide lui-même, connaisseur et interprète privilégié du musicien romantique[87].

---

83 Télégramme daté du 7 avril 1934, conservé à la Fondation Paul Sacher à Bâle (fonds Igor Stravinski).

84 Igor Stravinski et Robert Craft, *Memories and Commentaries*, New York, Doubleday, 1960, p. 71-72. Nous traduisons : « Que Gide ne comprenait rien à la musique en général est évident pour quiconque a lu ses *Notes sur Chopin*. »

85 Voir Jeremy Drake, *The Operas of Darius Milhaud*, New York, Garland, 1989, p. 22.

86 « Vous êtes exquis de me dédier votre *Sonate* », écrit Gide à Milhaud le 16 mai 1917 (*Darius Milhaud. Exposição*, Lisbonne, Festival Gulbenkian de Música, 1968, p. 21).

87 Pierre Cortot, *Darius Milhaud et les poètes. Musique, musicologie et arts de la scène*, thèse de doctorat, Paris, EHESS, 2003, p. 65. On consultera également avec grand profit la remarquable étude d'Éric Lysøe, « Darius Milhaud, lecteur de *La Porte étroite* », dans Greta Komur-Thilloy et Pierre Thilloy (dir.), *André Gide ou l'art de la fugue*, Paris, Classiques Garnier, 2017, p. 103-136.

C'est Claudel qui joue en 1913 le rôle d'intercesseur entre l'écrivain et le musicien : « Cher ami, / Il y a un jeune juif d'Aix nommé Darius Milhaud qui désire vivement faire votre connaissance. Il a fait des mélodies sur des poèmes de Jammes et de moi et il voudrait en faire sur les vôtres[88]. » Gide ne manque pas d'être surpris des projets de Milhaud : « Envoyé par Claudel pour mettre *La Porte étroite* en musique ! ! ! un jeune musicien juif sort d'ici[89]. » Si les relations entre les deux hommes ne seront jamais aussi chaleureuses que celles qu'entretinrent Gide et Bonheur, elles resteront toujours cordiales, Milhaud ayant bien soin de prendre l'avis de Gide quand il projette d'adapter une de ses œuvres : « Dîné chez Darius Milhaud qui me consulte au sujet de la *Cantate* qu'il veut faire avec mon *Retour de l'enfant prodigue*[90] », écrit ainsi Gide dans son *Journal* en date du 8 février 1916. Mais ce n'est pas pour autant qu'il apprécie la musique de son admirateur. En 1914, alors que Milhaud vient de lui faire entendre son *Gitanjali* musical, il note ainsi : « Darius Milhaud est venu hier, vers la fin du jour, jouer le poème symphonique qu'il vient de composer sur un des poèmes de Tagore que j'ai traduits. Où je n'ai entendu que du bruit[91]. » Il sera plus prudent, mais peut-être aussi plus caustique, et en tout cas guère plus enthousiaste, dans le jugement qu'il portera sur *L'Enfant prodigue* : « Audition de *L'Enfant prodigue* de Milhaud, hier matin, chez Gaveau. Quatre interprètes. [...] Deux pianos. Musique trépignatoire. C'est peut-être très beau. En tout cas ça force à écouter mon texte très lentement[92]. » Toutefois, il se montrera indulgent envers le compositeur : « Je tiens votre – notre *Enfant prodigue* pour une fort belle œuvre et il est peu de choses que je souhaitais aussi vivement entendre – ou réentendre car j'ai gardé un excellent et *pathétique* souvenir de l'exécution provisoire[93]. »

Bien entendu, Gide ne pouvait pas ne pas entrer par ailleurs en contact avec Debussy, à qui il est reconnaissant d'avoir renouvelé les horizons

88 André Gide, Paul Claudel, *Correspondance (1899-1926)*, Paris, Gallimard, 1949, p. 212. Lettre de Paul Claudel, 9 octobre 1913.

89 André Gide, Jacques Rivière, *op. cit.*, p. 400. Lettre du 16 octobre 1913.

90 *J*, I, p. 926-927, 8 février 1916.

91 *J*, I, p. 891, 28 septembre 1914.

92 André Gide, Marc Allégret, *Correspondance*, t. II : *1917-1949*, Paris, Gallimard, 2005, p. 303-305. Lettre du 27 décembre 1919.

93 Voir Jean Claude, *André Gide et le théâtre*, Paris, Gallimard, 1992, t. I, p. 99-100. Lettre du 28 octobre 1922.

de la musique : « Certes ! Je veux entendre et réentendre *Mélisande*. J'ai besoin de sentir notre ciel artistique changer. Je ne vis plus sous celui qui nous pèse[94] », écrit-il à Bonheur en 1902. Si le debussysme ne lui est guère sympathique (« Une attaque contre le Debussysme ne déplairait pas, en principe, à mon antiimpressionnisme[95] », lit-on dans une lettre à Jean Schlumberger du 2 août 1909), il goûte la musique de Debussy, dont il juge qu'il est un artiste singulier et classique à la fois :

> Votre *Pelléas* est admirable. [...]
> Il [me] paraît de plus en plus que vous avez non seulement ces qualités de force, de passion et de grâce, qui séduisent d'abord en vous, mais celles aussi de mesure, de composition, de décence que votre originalité si vive ne peut empêcher de reconnaître d'abord[96].

C'est ainsi qu'en 1913, Gide va proposer au compositeur de tenir la chronique musicale dans *La NRF*[97]. Mais les deux hommes ont beau s'apprécier et échanger des compliments, Debussy décline l'offre qui lui est faite :

> Mon cher Gide,
> *La Nouvelle Revue française*, son aimable secrétaire M. Jacques Rivière, votre aimable insistance me sont trop sympathiques pour ne pas me laisser sans excuses... Vous savez que j'écris des articles de critique musicale dans la revue *SIM*. Jusqu'ici ils ont suffi à occuper le temps que je puis consacrer au besoin singulier autant qu'inutile de donner mon avis.
> Il faudrait trouver quelque chose d'assez nouveau pour justifier ce double bavardage[98] ?

Vers la fin de sa vie, Gide connaîtra, après celle qui l'a unie à Bonheur, une nouvelle amitié musicale, qui le liera à Maurice Ohana, dont il considère qu'il est l'un des rares musiciens à être capable de comprendre Chopin. Aussi bien Ohana sait-il le flatter en lui demandant des conseils sur l'interprétation des œuvres – en particulier des *Ballades* et des *Préludes* – du compositeur polonais :

---

94 André Gide, *Le Retour*, suivi de *Lettres à Raymond Bonheur*, *op. cit.*, p. 69. Lettre du 8 mai 1902.

95 André Gide, Jean Schlumberger, *op. cit.*, p. 213. Lettre 2 août 1909.

96 Voir *BAAG*, n° 69, janvier 1986, p. 98. Lettre du 11 juin 1902.

97 Claude Debussy, *Correspondance*, éd. François Lesure et Denis Herlin, Paris, Gallimard, 2005, p. 1693. Lettre du 15 novembre 1913.

98 *Ibid.*, p. 1701-1702. Lettre du 24 novembre 1913.

> Voici ce que je voudrais savoir lorsque vous aurez le loisir d'y penser et de répondre.
>
> Dans la *Ballade* en fa mineur, après le mouvement fugué (suivant la cadence), vous m'aviez indiqué une admirable nuance dont le détail m'échappe [...]. Vous prenez ce do sans respirer auparavant, *pp* et sans accent, mais bien dans le halo sonore de l'harmonie du la bécarre qui précède. Est-ce ainsi[99] ?

Gide et Ohana ne sont pas d'accord sur tout – Ohana, par exemple, fait l'éloge du pianiste Dinu Lipatti, que Gide n'apprécie guère ; mais ils s'entendent néanmoins fort bien, au point que Gide désigne son jeune ami comme le seul pianiste dont l'interprétation de Chopin lui agrée :

> Mon cher Ohana,
>
> Quelle excellente soirée j'ai passée hier avec vous, grâce à vous. Mais, plus j'y pense, moins je me sens disposé à accepter la très aimable proposition de la Radio[100]. Si je m'y dérobe, ce n'est point tant en raison du travail que cela me coûterait et des inévitables redites de ce que j'ai déjà exprimé dans mes *Notes sur Chopin.* Je le ferais sans doute si *vous* deviez interpréter ensuite les œuvres de celui-ci (ou tout au moins certaines œuvres) ; mais mon texte semblerait servir de préface à des exécutions que *je sais* que je ne pourrais pas approuver et qui ne pourraient nullement venir en appui et exemple de ce que je pourrais en dire[101].

On remarquera que ce projet radiophonique d'hommage à Chopin subit, par la faute de l'intransigeance de Gide, le même sort que bien d'autres projets musicaux dans lesquels l'écrivain a pu être impliqué.

Parmi les musiciens que Gide fréquente ou avec lesquels il entre en contact, nous aurions pu citer d'autres noms encore : Georges Auric, dont il juge « remarquable » la « chronique musicale[102] » dans le numéro de janvier 1921 de *La NRF*, et dont il « aim[e] beaucoup[103] » les œuvres – à telle enseigne que le compositeur écrira la musique de l'adaptation cinématographique de *La Symphonie pastorale* par Jean Delannoy (1946) ; Pierre Boulez, qui, avec Josef Kosma, élabore les « fonds sonores » du *Procès* de Kafka adapté par Gide et Jean-Louis Barrault et mis en scène au

99 André Gide, Maurice Ohana, « Correspondance », *BAAG*, n° 71, juillet 1986, p. 26-27. Lettre de Maurice Ohana, 24 juin 1946.

100 Voir Francis Bayer, « André Gide et Maurice Ohana », dans *ibid.*, p. 21-22.

101 André Gide, Maurice Ohana, *op. cit.*, p. 28-29. Lettre du 1er juillet 1948.

102 André Gide, Marc Allégret, *op. cit.*, p. 389-390. Lettre du 22 janvier 1921.

103 André Gide, Jacques Rivière, *op. cit.*, p. 631-632. Lettre du 11 janvier 1921.

théâtre Marigny en 1947 ; Ernest Chausson, avec qui il dîne de temps à autre[104] ; Reynaldo Hahn ; Arthur Honegger, bien sûr, qui écrit la musique de *Saül* en 1922, mais aussi du *Hamlet* – traduction de Gide – monté par Barrault au théâtre Marigny en 1946[105] ; Jacques Ibert, qui s'occupe de la musique de l'*Antoine et Cléopâtre* monté par Barrault[106] en 1945 ; Vincent d'Indy, avec qui Gide tâche en 1916 « d'organiser un concert au profit de la Serbie[107] » ; Albéric Magnard, qui à la fin de 1906 lui envoie sa *Sonate* pour violon et piano[108] ; Francis Poulenc, qui en 1939 lui écrit que « [c]'est avec émerveillement[109] » qu'il lit son *Journal*, et à qui Gide répond que son « exquise lettre [lui] va droit au cœur », d'autant qu'il a pour lui et ses œuvres « une sympathie très vive[110] » ; Germaine Tailleferre, chez qui, en 1941, alors qu'il est privé de son piano, il a le plaisir de pouvoir travailler un peu son instrument[111] ; Giuseppe Vannicola, son traducteur italien, qui était premier violon de l'orchestre de la Scala de Milan ; ou encore Ricardo Viñes, à qui il demande de l'aider à choisir un piano au moment de se « réinstaller Villa Montmorency[112] » en 1919.

La liste est loin d'être complète, mais l'objet de ce livre n'est pas tant d'étudier les relations de Gide avec les musiciens de son temps, que d'analyser le rôle que joue la musique dans son œuvre et dans sa vie intime. Nous clorons donc cette section en mentionnant les œuvres que la production de Gide romancier, poète et traducteur[113] a

104 Voir *J*, I, p. 244, 8 décembre 1896 ; *J*, I, p. 245, 10 décembre 1896 ; ou encore *J*, I, p. 893, 2 octobre 1914.

105 « Pierre Boulez fut présenté à Jean-Louis Barrault par Arthur Honegger, pour tenir la partie d'ondes Martenot dans la musique de scène composée par ce dernier pour les représentations d'*Hamlet* dans la traduction d'André Gide (première représentation le 17 octobre 1946) » (Luisa Bassetto, « Orient-Accident ? *Pli selon pli*, ou l'eurexcentrisme selon Boulez », dans Philippe Albèra (dir.), Pli selon pli *de Pierre Boulez : entretiens et études*, Genève, Contrechamps, 2003, en ligne : <http://books.openedition.org/contrechamps/1834>, consulté le 2 août 2019).

106 Voir *BAAG*, n° 126-127, avril 2000, p. 248-252. Lettre de Jean-Louis Barrault, 4 mars 1945.

107 *J*, I, p. 928, 9 février 1916.

108 Voir *J*, I, p. 544, 1er janvier 1907.

109 Francis Poulenc, *Correspondance*, Paris, Fayard, 1994, p. 477-478. Lettre de Francis Poulenc, août 1939.

110 *Ibid.*, p. 478-479. Lettre du 25 août 1939.

111 *J*, II, p. 783, 11 septembre 1941.

112 Voir *BAAG*, n° 40, octobre 1978, p. 50-51. Lettre du 8 mars 1919.

113 Gide traducteur se comporte d'ailleurs en musicien : « [Gide] insiste sur la nécessité de dépasser la traduction littérale, d'affiner la saisie du sens. Il en appelle à la poésie, étant d'avis qu'il faut privilégier les éléments poétiques, créateurs de sons et de couleurs, fût-ce

inspiré aux compositeurs de son temps, puis de notre temps : Georges Auric, *La Symphonie pastorale* (1946) ; Gary Bachlund, *Trois chansons de Gide* (2006) ; Elsa Barraine, *L'Offrande lyrique* (1930), *Trois esquisses pour orchestre*, d'après *L'Offrande lyrique* (1931) et *Hymne à la lumière*, d'après *L'Offrande lyrique* (1935) ; Alfredo Casella, *Quatre airs*, d'après le *Gitanjali* (1915) ; Mario Castelnuovo-Tedesco, *Ballade des biens immeubles*, d'après *Les Nourritures terrestres* (1933) ; Jean Cras, *Six airs*, d'après le *Gitanjali* (1921) ; Alphons Diepenbrock, *Incantation* (1916) ; Will Eisenmann, *Bethsabé. Pantomimisches Oratorium* (1936) ; Louis Fourestier, *Quatre poèmes de* L'Offrande lyrique (1928) ; Arthur Honegger, *Saül* (1922) ; Charles Koechlin, *Hymne à la jeunesse, poème symphonique d'après le premier chapitre du* Voyage d'Urien *d'André Gide* (1935) ; Édouard Léon Théodore Mesens, *Un poème de Rabindranath Tagore* (1920) ; Darius Milhaud, *Alissa* (1913), *Poème du* Gitanjali (1914), *Le Retour de l'enfant prodigue* (1917), *Amal et la lettre du roi* (1936), *Saül* (deux versions, 1954) ; Tristan Murail, *Paludes* (2011) ; Jean Rivier, *Danse, d'après* Le Retour du Tchad *d'André Gide* (1929) ; Louis Saguer, *El Hadj* (1966) ; Henri Sauguet, *Le Retour de l'enfant prodigue* (1933) ; Florent Schmitt, *Antoine et Cléopâtre* (1920) ; Igor Stravinski, *Perséphone* (1934) ; Pierre Thilloy, *Ainsi soit-il ou Les jeux sont faits* (2009), *Notes sur Chopin* (2010), *Voyage au Congo* (2010) et *Les Faux-Monnayeurs* (2014) ; Roger Vuataz, *Deux chants spirituels, sur des poèmes de* L'Offrande lyrique (1922) et *La Flûte de roseau* (1937) ; Alexander von Zemlinsky et Antony Beaumont, *Der König Kandaules*[114] (1935-1996). Même la *pop music*, d'ailleurs, s'intéresse à Gide : des musiciens anglais ont ainsi choisi de former un ensemble nommé *The Vatican Cellars*.

au détriment de leur littéralité brute. Musique et colorations des mots sont des instances majeures dans ce type de translation » (Peter Schnyder, « D'une langue l'autre. André Gide traducteur : entre théorie et pratique », dans Peter Schnyder et Martine Sagaert (dir.), *André Gide : l'écriture vive*, Pessac, Presses Universitaires de Bordeaux, 2008, p. 65-79, p. 70).

114 Voir Uwe Sommer, *Alexander Zemlinskys Oper* Der König Kandaules *: Analyse und Deutung*, München, Edition Text + Kritik, 1996.

GIDE VIRTUOSE MALGRÉ LUI ?

Ce qui nous intéressera dans le présent essai, c'est donc principalement, on vient de le dire, la place que Gide accorde à la musique à la fois dans ses textes et dans sa vie intérieure. Nous tenterons, en nous penchant sur ses poèmes, ses récits, ses soties, ses romans, ses drames[115], ses textes diaristiques et sa correspondance, et en adoptant – afin d'éviter autant que possible les anachronismes psychologiques et les déformations herméneutiques – une perspective dans l'ensemble chronologique et cursive, de montrer que, s'il défend une esthétique musicale classique dont il se sert comme d'un garde-fou, Gide se laisse surtout, quoique ce soit parfois comme malgré lui, initier par la musique au désir : la musique, en somme, sert d'intercesseur entre l'écrivain et son propre corps[116].

Qu'il y ait pour Gide quelque chose d'équivoque dans la musique, c'est évident dans un passage comme celui-ci (extrait d'une lettre à Paul Valéry datée de juillet 1891) :

> En quittant Louis, je fus au café-concert ; vous dirai-je que maintenant j'y vais sans cesse, moi qui les fuyais il y a un mois encore et qui les croyais, enfant, des lieux damnés. [...] Et vers minuit les femmes saoules, et cette odeur de prostitution !
>
> Ces refrains encore et toute cette impudique ivresse me roulent en de suprêmes lyrismes. Je savoure sauvagement l'amertume des solitudes, le regret frémissant des caresses pourtant offertes[117].

Gide voudrait se laisser emporter par la sensualité de la musique : il voudrait céder à la tentation de la promiscuité. Mais toujours, au moment de s'abandonner, un spasme de la volonté le retient au bord du gouffre obscur. En témoigne une lettre à Henri de Régnier, envoyée le dimanche 20 novembre 1892 :

---

115 Nous ne parlerons pas bien entendu de toutes les œuvres, certaines – notamment la trilogie « féministe » et *Thésée* – n'accordant à la musique qu'une place dérisoire.

116 Voir Pierre Masson, « La Vie du corps », dans *Les Sept Vies d'André Gide*, Paris, Classiques Garnier, 2016, p. 17-104.

117 André Gide, Paul Valéry, *op. cit.*, p. 110-112. Lettre du 15 juillet 1891.

> La grande marche dans les rues de Paris, le bois de Boulogne au matin – dans le wagon il y avait de belles ivresses : on chantait du Bruant ; j'ai voulu chanter avec eux, mais la sympathie est alors par trop une déchéance[118].

La complexité de ce rapport à la musique, où il entre de la tentation, de l'aveu, du refoulement, du déni, se manifeste tout particulièrement dans la relation pour le moins problématique de Gide à la virtuosité. Nous serions tenté de dire que Gide était, en quelque sorte, virtuose malgré qu'il en eût. La thèse peut surprendre, mais elle mérite d'être défendue. D'abord parce que le répertoire pianistique qu'il maîtrise est celui d'un virtuose – nous y reviendrons sans tarder. Mais aussi parce que, le 5 janvier 1942, il note ceci dans son *Journal* :

> J'ai de nouveau rêvé cette nuit, que, devant un piano, je retrouvais mon agilité des meilleurs jours. Je jouais la première *Étude* de Chopin d'une manière étourdissante. Un peu comme un aveugle rêverait qu'il a soudain recouvré la vue[119].

Ce rêve, bien sûr, appelle une interprétation freudienne[120] : il demande à être lu comme la mise en scène de la réalisation d'un désir ou d'un souhait. C'est précisément cette lecture que propose Frédérique Toudoire-Surlapierre : « Gide décrit un *rêve de virtuosité* qui n'est autre chose qu'un rêve de compensation, suggérant que sa pratique du piano [...] renvoie à un désir inassouvi dans la réalité[121]. » On ne saurait mieux dire, et il serait malvenu de contester un tel commentaire, à la fois subtil et pertinent. D'autant que, dans *Si le grain ne meurt*, Gide a ces mots amers :

---

118 André Gide, Henri de Régnier, *op. cit.*, p. 68-69. Lettre du 20 novembre 1892.

119 *J*, II, p. 798, 5 janvier 1942.

120 André Gide aurait-il approuvé une telle interprétation ? « Ce qui est sûr, c'est que [la] première lecture que Gide fait de Freud suscite en lui un véritable enthousiasme », suivi bien entendu de réserves (Alain Goulet et Claude Maillard, « Gide et Freud, et après... Gide dans l'*Almanach der Psychoanalyse* 1930 », *BAAG*, n° 157, janvier 2008, p. 33-48, p. 36). Sur Gide et Freud, voir aussi David Steel, « Gide et Freud », *Revue d'histoire littéraire de la France*, janvier-février 1977, p. 48-74 et « Gide lecteur de Freud », *Littératures contemporaines*, n° 7, 1999, p. 15-36 ; Jean-Yves Debreuille, « La psychanalyse en question dans *Les Faux-Monnayeurs* », *Semen*, n° 9, 1994, en ligne : <https://journals.openedition.org/semen/3166>, consulté le 31 juillet 2019 ; et Jean-Michel Wittmann, « Gide (André) et Freud », dans *Dictionnaire Freud*, Paris, Robert Laffont, 2015, p. 385-388.

121 Frédérique Toudoire-Surlapierre, « "Il y a un Gide intime qu'on ne connaît pas. Coupez." », dans Jean-Michel Wittmann (dir.), *Gide ou l'identité en question*, Paris, Classiques Garnier, 2017, p. 77-100, p. 82.

> Il y avait bien dans le salon un piano, fort médiocre, mais sur lequel j'aurais pu m'exercer un peu chaque jour ; hélas ! n'avait-on pas recommandé à ma mère d'éviter soigneusement tout ce qui m'eût coûté quelque effort ?... J'enrage, comme M. Jourdain, à rêver au virtuose qu'aujourd'hui je pourrais être, si seulement en ce temps j'eusse été quelque peu poussé[122].

Réflexions presque acrimonieuses qu'il reprendra dans son *Journal* en 1929 : « Excellente étude du piano. Ah ! si seulement j'avais été mieux conseillé, guidé, soutenu, forcé, dans ma jeunesse[123] ! » Et en 1945, il notera, toujours dans le *Journal*, un autre rêve mettant en scène la réalisation d'un désir musical : « J'ai rêvé que je jouais *Prélude, Choral et Fugue* (la *Fugue*) de Franck. Non seulement j'entendais, mais je voyais le texte, note à note, avec une précision extraordinaire ; ayant complètement oublié que j'avais renoncé au piano[124]. »

Toutefois, pour en revenir à la note diaristique de 1942, il est possible de *décaler* légèrement l'interprétation que Frédérique Toudoire-Surlapierre donne du songe que Gide y rapporte : ce rêve, plus que la mise en scène d'un désir inassouvi, pourrait être l'aveu d'une identité refusée de virtuose. Gide parle en effet de son « agilité des meilleurs jours » : il avoue donc qu'il lui est arrivé d'être virtuose, ou presque (dans une lettre à sa mère datée du 17 mars 1895, il écrivait d'ailleurs ceci : « Mon piano [...] depuis deux jours me fait penser à neuf qu'il ne me manque qu'"un peu plus de doigts" pour dégoter les plus fameux virtuoses[125] »). Ce dont le rêve triompherait, ce serait d'un déni (je suis un virtuose, mais je ne peux affronter cette identité) plutôt que d'un refoulement (j'ai le désir d'être un virtuose, mais je ne peux l'accepter). Certes, Gide semble ici s'avouer qu'il aurait aimé être un virtuose, et même qu'il a failli en être un ; mais peut-être l'objet de l'aveu n'est-il pas tant un souhait non tout à fait exaucé qu'une aptitude non tout à fait acceptée : le temps d'un rêve, il aurait ainsi découvert qu'il était un virtuose malgré qu'il en eût. Mais, sur la foi d'un rêve, peut-on oublier les innombrables charges gidiennes contre les virtuoses ? Non certes – et c'est précisément cette apparente contradiction entre le discours du rêve et celui de la veille qui est intéressante.

---

122 *Si le grain ne meurt*, *SV*, p. 163.
123 *J*, II, p. 165-166, 18 novembre 1929.
124 *J*, II, p. 1008, 6 janvier 1945.
125 André Gide, *Correspondance avec sa mère*, *op. cit.*, p. 638-640. Lettre du 17 mars 1895.

Chacun sait que les virtuoses sont, dans tous les domaines[126], et tout particulièrement en musique, les grands ennemis de Gide. Dans une remarque diaristique datée du 8 janvier 1939, il reproche par exemple aux pianistes virtuoses d'accorder la priorité au *brio* ; d'être imperméables au classicisme qui vient informer le romantisme apparent de Chopin ; et de se tenir « pour satisfaits s'ils exécutent le morceau avec cette agilité souveraine, imperturbable, qu'ils ont presque tous et qui nous laisse éberlués et insensibles[127] ». Et il ajoute : « Quant au secret de ce poème [il parle, en l'occurrence, des *Nocturnes* de Chopin], quant au mystère, au problème d'art qui préside à la composition et à la genèse même du morceau, il semble qu'ils ne l'aient pas entrevu ; en tout cas, ils ne nous le font en rien entrevoir[128]. » Le grief n'a rien de nouveau, mais il s'inscrit de façon parfaitement cohérente dans l'esthétique musicale gidienne : la virtuosité est constitutivement superficielle, et le virtuose est insensible aux aspects poétiques de l'œuvre musicale, l'adjectif « poétique » devant toujours, chez Gide, être entendu simultanément dans ses deux sens.

Seulement, Gide reconnaît qu'il serait plus à l'aise au moment de dénigrer les virtuoses s'il n'avait rien à leur envier. C'est ce qu'il écrit dans son *Journal* le 14 mai 1921 : « Je hais la virtuosité, mais toujours elle m'en impose et je voudrais pour la bien mépriser en être d'abord capable[129]. » En somme, il voudrait être en mesure de prouver que ses partis-pris d'interprétation ne lui sont pas dictés par la nécessité, et par son incapacité à faire face aux difficultés que présentent certaines œuvres. Ces scrupules, toutefois, ne sont-ils pas excessifs ? Bien entendu, qui veut juger de la virtuosité de Gide ne peut se fonder que sur de maigres données – à savoir les deux documents filmés que nous avons

126 « Il y a certaine virtuosité du cœur, si je puis dire, qui d'ordinaire ne s'acquiert qu'au détriment des qualités les plus exquises, et qui, comme toutes les autres virtuosités, entraîne une certaine froideur d'exécution », écrit Gide dans l'appendice du *Journal des Faux-Monnayeurs* (voir en ligne : <www.dhi.ac.uk/gide-les-caves-du-vatican/data/sommaire/avatar-fr.htm>, consulté le 3 août 2019). Sur le sujet, voir aussi Alain Goulet, « Gide et la chasse au "brillant" », dans *La Littérature et le Brillant. En l'honneur de Pierre Malandain*, Arras, Artois Presses Université, 2002, p. 231-240.

127 *J*, II, p. 638, 8 janvier 1939.

128 *Ibid.*

129 *J*, I, p. 1125, 14 mai 1921. Gide reconnaît d'ailleurs que parfois il parvient à se montrer virtuose, ou peu s'en faut : « Repris la *Barcarolle* de Chopin, qu'il n'est pas si malaisé que je croyais de jouer plus vite ; et j'y parviens (je me laisse beaucoup trop vite intimider par le brio des autres) » (*J*, I, p. 1128, 3 juin 1921).

déjà mentionnés : l'enregistrement vidéo de 1930[130] où on le voit au piano, et dont le son a été « détruit pendant la guerre[131] » ; et la leçon filmée par Marc Allégret[132]. Malgré le caractère peu substantiel des informations fournies par ces deux films, quelques remarques s'imposent. Sur la vidéo de 1930, Gide se montre très à l'aise devant le clavier : ses gestes sont d'une grande souplesse, ses doigts ont l'air véloces. Quant à la leçon, elle est également révélatrice. Lorsqu'il se met au piano pour jouer un extrait du premier *Scherzo* de Chopin, on voit qu'il a une idée extrêmement claire des lignes mélodiques qu'il veut dégager de la masse des arpèges (ce qui, soit dit en passant, contredit certaines des remarques qu'il fait dans les *Notes sur Chopin* et dans son *Journal*, quand il reproche aux pianistes de forcer certains effets, notamment dans le premier, le huitième et le dix-septième des vingt-quatre *Préludes*, et de sacrifier certaines formules d'accompagnement afin de bien montrer qu'ils ont compris où se trouve la mélodie). Malgré les fausses notes, ses doigts semblent habiles. Bien sûr, il y a de petites maladresses, mais elles tiennent à trois choses : d'abord, Gide dit lui-même qu'il a « les doigts tout engourdis[133] » ; ensuite, il n'a pas joué la pièce depuis longtemps ; à quoi il faut ajouter son âge. Il n'en demeure pas moins que ce qu'il joue – que ce soit le *Scherzo* de Chopin ou l'extrait du deuxième mouvement de la *Sonate* op. 90 de Beethoven – est très bien mené musicalement : les phrases sont irréprochablement construites, Gide maîtrisant à la perfection l'art du *legato* et du *cantabile*.

Certes, ces indices sont loin d'être concluants. Mais il en est d'autres qui paraissent plus décisifs : ce sont les passages de son *Journal* et de sa correspondance où Gide détaille son répertoire – qui est, incontestablement, celui d'un virtuose (dans le sens le plus ordinaire du terme, bien entendu, et non selon la flexion péjorative que lui impose Gide). Comme le note plaisamment Pierre Masson, « à vingt ans, [Gide] fait preuve d'une boulimie tranquille, annonçant par exemple à Pierre Louÿs qu'il apprend par cœur tout Beethoven, tout Bach et tout Chopin[134]. »

130 Voir Marc Allégret, *Avec André Gide*, 1 : 10 : 46.

131 *Ibid.*

132 Voir *ibid.*, 1 : 11 : 05.

133 Voir *ibid.*, 1 : 16 : 52.

134 Pierre Masson, « Les *Notes sur Chopin*, ou le livre impossible d'André Gide », *BAAG*, n° 166, avril 2010, p. 161-182, p. 166.

Il n'est que de lire le *Journal* pour se convaincre qu'en effet, le jeune Gide était avide de musique, voire de virtuosité : « À La Brévine, [...] j'apprenais par cœur tout Chopin[135]. »

Il serait absurde de soupçonner Gide d'être fanfaron. Dans l'ensemble, il est très modeste au contraire, et on n'a aucune raison de ne pas le croire quand il affirme jouer avec aisance et connaître par cœur des œuvres que seul un virtuose peut aborder, et mémoriser. Citons, comme un exemple particulièrement frappant, cette note du *Journal* datée du 12 octobre 1926 (Gide est à Cuverville, et travaille son piano « six à sept heures chaque jour[136] ») :

> Revu la *Sonate* en si bémol mineur de Chopin (moins la *Marche funèbre* [c'est-à-dire moins le mouvement le plus accessible des quatre qui composent la deuxième *Sonate* de Chopin], nombre d'*Études* et de *Préludes* [les *Études* de Chopin, nul ne l'ignore, constituent de véritables morceaux de bravoure, et certains des *Préludes* sont particulièrement virtuoses], les deux *Prestos* de Bach en sol mineur (Brahms) [il s'agit de deux pièces extraites des *Cinq exercices* de Brahms, qui sont loin d'être accessibles au commun des pianistes], et le *Lavapies* d'Albéniz[137] [c'est-à-dire la neuvième pièce d'*Iberia*, qui est d'une très grande complexité].

La liste semble s'arrêter là ; mais le point qui clôt la phrase ne clôt pas l'énumération, qui se poursuit immédiatement :

> Repris également nombre de pièces de Schumann que je sais encore par cœur [...]. Joie de savoir encore complètement par cœur toutes les

135 *J*, I, p. 288-289, automne 1899.

136 *J*, II, p. 18, 12 octobre 1926.

137 *Ibid.* Sur Gide et Albéniz, voir notamment Joachim Sistig, *op. cit.*, p. 256. Gide rencontre chez Albéniz des difficultés qu'il ne connaissait pas encore (ce qui s'explique par les harmonies espagnoles inhabituelles que mobilise le compositeur) : « J'étudie à la fois trois ou quatre morceaux d'Albéniz et n'étudie plus que cela ; les difficultés y sont de nature si particulière qu'il y faut d'abord une sorte d'acclimatation générale avant de se prendre à chacune d'elles en détail. Je n'ai du reste rien maîtrisé qu'en l'apprenant du même coup par cœur, et l'étrangeté de ces harmonies semble un défi à la mémoire. J'ai pourtant déjà réussi à m'en mettre quelques pages dans la tête. Puissent-elles y demeurer. » (*J*, I, p. 789, 14 juin 1914.) Son goût pour Albéniz le déroute d'ailleurs lui-même – témoin cette lettre à Jacques-Émile Blanche : « Après le génie allemand, c'est certainement le génie espagnol pour lequel je me sens le plus réfractaire. Une des grandes surprises de ma vie, c'est le goût extrêmement vif que j'ai pu prendre pour Albéniz. » (André Gide, Jacques-Émile Blanche, *Correspondance : 1892-1939*, Paris, Gallimard, 1979, p. 188-189, lettre du 19 mai 1916.)

> *Variations symphoniques* [qu'on appelle aussi les *Études symphoniques*[138]] – (du moins je les retrouve complètement après deux heures d'étude) – moins le milieu du finale [il s'agit certes d'un passage complexe, mais ce n'est en aucune façon de l'extrait le plus ardu de l'op. 13 de Schumann], que j'abandonne[139].

Ce qui étonne ici, c'est d'abord, bien sûr, que Gide joue, et avec aisance semble-t-il, les *Études symphoniques*, œuvre longue (entre 22 et 35 minutes selon les versions – car il y a plusieurs états successifs de l'œuvre, Schumann ajoutant et retranchant à plusieurs reprises des variations), exigeante, que les jeunes pianistes du XXIe siècle présentent volontiers dans les concours. Mais ce qui surprend encore plus, c'est cette remarque : « je les retrouve complètement après deux heures d'étude ». Pour retrouver les *Études symphoniques* en deux heures, il faut être totalement familier du clavier, et il faut avoir tant travaillé que l'œuvre est intégrée en profondeur à la mémoire corporelle. Gide semble d'ailleurs coutumier de pareils exploits, puisque, le 31 mars 1930, il écrit dans son *Journal* :

> Je me suis remis au piano, que je n'avais pas rouvert depuis trois mois ; joie de retrouver ma mémoire aussi bonne, meilleure peut-être qu'aux meilleurs jours. Il m'a suffi de retravailler quelques heures pour me remémorer tous les *Préludes* et *Fugues* du *Clavecin* [*sic*] que j'avais appris, et même certains que je n'avais pas revus depuis longtemps et que je joue certainement mieux que jadis[140].

Ce n'est que vers la fin de sa vie que sa mémoire commencera à être par moments moins efficace :

> Ayant ouvert le piano des Reymond, par désœuvrement (car l'électricité est coupée et, passé 5 heures du soir, la lecture devient impossible), je constate avec désolation que je ne puis me souvenir complètement d'aucune *Fugue* de Bach, d'aucun *Prélude*, et ne retrouve plus en tête que des bribes de Chopin ou de Schumann[141]...

138 Le fait que cette œuvre ait plusieurs titres déroute d'ailleurs certains lecteurs de Gide, dont Justin O'Brien (voir André Gide, Justin O'Brien, *op. cit.*, p. 41. Lettre du 29 septembre 1947).

139 *J*, II, p. 18-19.

140 *Ibid.*, p. 194, 31 mars 1930.

141 *Ibid.*, p. 858, 22 décembre 1942.

Mais ce n'est pas seulement la difficulté des pièces maîtrisées par Gide qui, associée à sa capacité à se remémorer des œuvres complexes longtemps après les avoir apprises, étonne : c'est aussi l'étendue de son répertoire qui surprend. En 1896, il note qu'il joue « un fragment du *Déluge* de Saint-Saëns, des *Préludes* de Franck[142] », ainsi qu'un « *Panis angelicus* » du même compositeur – sans oublier une *Suite* de Grieg pour deux pianos. En 1899, il apprend, de Bach (dont il connaît déjà « la *Fantaisie* en ut mineur »), la « *Fugue chromatique*[143] ». En 1900, il note qu'il a étudié à Lamalou :

> *Prélude, Choral et Fugue* de Franck.
> *Concertos* de Mozart.
> *Symphonies* de Mozart[144].

En 1902, il revient à César Franck, avec les « *Trois Chorals* » et le « *Prélude, Aria, Finale*[145] ». La même année, il étudie en outre « la *Fantaisie en ut* et des *Impromptus* de Schubert[146] ». Grâce à une note du 17 janvier, on sait aussi qu'il a à son répertoire la réduction pour piano de l'*Alceste* de Gluck[147].

Une lettre à Henri Ghéon nous apprend par ailleurs qu'en février 1905, il fait l'acquisition des partitions suivantes : « les *Promenades* de Magnard, la *Sonate* piano et violon de Castillon et les *Barcarolles* de Fauré[148] ». En 1907, c'est une autre pièce de Magnard qu'il met à son programme : « Après dîner, déchiffré la *Sonate* piano et violon que vient de m'envoyer Magnard[149]. » Dukas également fait – on l'aura compris – partie des compositeurs qui l'intéressent : « Perfectionné et poussé plus avant les *Variations* de Dukas sur un thème de Rameau[150]. » Sans oublier Debussy, dont il « perfectionne quelques pièces[151] » ; ni bien sûr Chopin, dont apparemment il connaît tous les *Préludes*[152], et dont

---

142 *J*, I, p. 238-239, 24 novembre 1896.
143 *Ibid.*, p. 283, 22 juillet 1899.
144 *Ibid.*, p. 293.
145 *Ibid.*, p. 341-342, 5 février 1902.
146 *Ibid.*, p. 353, 23 mars 1902.
147 *Ibid.*, p. 325-326, 17 janvier 1907.
148 André Gide, Henri Ghéon, *op. cit.*, t. I, p. 587-588. Lettre du 28 février 1905.
149 *J*, I, p. 544, 1er janvier 1907.
150 *Ibid.*, p. 550, 9 janvier 1907.
151 *Ibid.*, p. 554-555, 13 janvier 1907.
152 *Ibid.*, p. 574, 22 juin 1907.

l'année suivante il travaille certains *Nocturnes*, ainsi que la *Sonate* en si bémol mineur (le *Finale* du moins[153]).

En avril 1910, il note ceci : « Bonne étude de piano depuis le retour de Cuverville. J'ose réaborder Beethoven – après avoir mené à bien la *Barcarolle* de Chopin et le *Nocturne* (en sol) en tierces et sixtes[154]. » Le 14 juin de la même année, il est à Cuverville, et demande à Jacques Rivière de lui faire parvenir des partitions depuis Paris :

> Si vous passez sous l'Odéon, peut-être aurez-vous la gentillesse de me faire envoyer ici contre remboursement le cahier III de Schumann piano (collection Litolff) qui contient le *Carnaval*, et le *Prélude, Choral et Fugue* de Franck que je ne puis retrouver – ou de les prendre à mon compte et de me les apporter quand vous viendrez[155].

Chopin l'occupe beaucoup ces années-là. Début janvier 1911, il écrit dans son *Journal* : « Bonne étude de piano. Première et troisième *Ballades* de Chopin que je commence à jouer comme je veux ; comme je crois qu'elles doivent être jouées[156]. » Début 1912, il travaille le « premier *Prélude* pour orgue Bach-Liszt[157] ». En juin 1913, il reprend « la *Barcarolle* de Chopin et les *Inventions à deux voix* de Bach[158] ». Puis, un an plus tard, en juin 1914, il apprend « les deux premiers morceaux d'*Iberia*, qui sont bougrement difficiles ». Mais il souffre : son « poignet reste [...] douloureux et [...] raide[159] » en raison d'une inflammation des « gaines synoviales[160] ». Aussi bien le répertoire qu'il étudie alors est-il terriblement difficile : « J'ai repris les *Études* (deuxième cahier) de Chopin et ses *Scherzos*, l'*Allegro* de Schumann, les *Variations* en mi bémol et en ut majeur de Beethoven – et le premier cahier d'*Iberia* d'Albéniz[161]. » Si seule l'*Étude* en la bémol de Chopin semble lui résister, cette pratique forcenée, presque fébrile, le meurtrit dans sa chair : « Étudié une heure l'*Étude* en la bémol, pour voir si je ne triompherai pourtant pas de cette gêne dont je parlais hier ; mes doigts restent tremblants et paralysés

153 *Ibid.*, p. 596, 16 mai 1908.
154 *Ibid.*, p. 634, 24 avril 1910.
155 André Gide, Jacques Rivière, *op. cit.*, p. 121-122. Lettre du 14 juin 1910.
156 *J*, I, p. 671, 6 janvier 1911.
157 *Ibid.*, p. 708, 31 janvier 1912.
158 *Ibid.*, p. 745, 24 juin 1913.
159 *Ibid.*, p. 787, 12 juin 1914.
160 *Ibid.*, 11 juin 1914.
161 *Ibid.*

jusqu'à la fin. M'obstinerai-je davantage ? J'y perds de la force et du temps[162]. » Il est en proie, pour reprendre le mot de Pierre Masson, à une véritable « boulimie » pianistique, qu'il peine à contrôler : « Comme j'achève d'écrire ces lignes, on m'apporte de la gare un gros colis expédié par *La NRF*. Ce sont les autres cahiers d'Albéniz, les *Symphonies* de Beethoven (Liszt), les *Impromptus* de Fauré, les transcriptions de Bach (J. Herscher), et l'œuvre complète de Chopin dans la grande édition Ricordi. Je me cramponne à ma table[163]. » En septembre, il revient à une œuvre qu'il connaît déjà : « Je réapprends par cœur les *Variations* de Dukas[164]. »

En 1916, il étudie du Granados[165], un compositeur dont il juge « la mort dans la catastrophe du *Sussex* [...] désolante[166] » (on retrouve le nom du musicien espagnol dans une note diaristique du 13 décembre 1917[167]). À la fin de la même année, il s'attaque aux « *Symphonies* de Beethoven, arrangées par Liszt[168] », pièces qui présentent d'effroyables difficultés. En 1917, il apprend « par cœur quantité de *Fugues* et de *Préludes*[169] » de Bach, tout en travaillant des *Suites* (anglaises ou françaises, il ne le précise pas). Mais il revoit aussi plusieurs des premières « *Sonates* de Beethoven » (dont la *Sonate* dite *pathétique*[170]), qu'il juge « d'un jaillissement irrésistible, d'une nouveauté et d'une vérité d'accent qui culbute les objections[171] ». On apprend cependant, au détour d'une note du 12 novembre, que les « trilles[172] » lui posent un problème.

En janvier 1921, il dit réapprendre « le *Lavapies* et l'*Erituña* d'Albéniz[173] » ; en juin, il révise la *Barcarolle* de Chopin[174] ; puis, en octobre, il revoit « les pièces 1 et 4 des *Goyescas*[175] » de Granados. En 1924,

---

162 *Ibid.*, p. 791, 18 juin 1914.
163 *Ibid.*, p. 787, 11 juin 1914.
164 *Ibid.*, p. 872, 28 septembre 1914.
165 *Ibid.*, p. 938, 11 mars 1916.
166 André Gide, Jacques Copeau, *Correspondance (1902-1949)*, Paris, Gallimard, 1988, p. 123-124. Lettre du 29 mars 1916.
167 *J*, I, p. 1050, 13 décembre 1917.
168 *Ibid.*, p. 980, 16 décembre 1916.
169 *Ibid.*, p. 997, 27 février 1917.
170 *Ibid.*, p. 1029, 19 avril 1917.
171 *Ibid.*, p. 1031, 21 avril 1917.
172 *Ibid.*, p. 1047, 12 novembre 1917.
173 *Ibid.*, p. 1119, 8 janvier 1921.
174 *Ibid.*, p. 1128, 3 juin 1921.
175 *Ibid.*, p. 1135, 3 octobre 1921.

il se « [r]eplong[e] dans Bach (*Suites pour orgue* et *Art de la fugue*[176]) ». Le 15 septembre 1926, il se plaint d'en être « [r]éduit à étudier les *Mazurkas* de Chopin en imagination[177] ». Mais le 26 du même mois, ayant eu l'occasion, à Tunis, de passer quelques heures devant « un excellent petit Pleyel », il revoit « les *Nocturnes* et les *Barcarolles* de Fauré[178] ». L'automne suivant, en 1927, il note dans son *Journal* qu'il « laisse pour un temps Bach et Chopin, ou du moins leur étude exclusive, et reprend[...] avec le plus grand profit le *Menuet* de la *Symphonie* en fa majeur (Beethoven-Liszt) [et] les *Concertos* de Mozart[179] ». À la même époque, il étudie « la *Barcarolle* et *Le Roi des aulnes* » de Schubert dans la transcription pour piano de Liszt ; mais aussi « les *Scherzos* de Chopin (abandonnés depuis longtemps), et surtout le dernier, la *Barcarolle* et les *Ballades*[180] » (vaste programme !). En 1928, il « revoi[t] les *Novelettes* de Schumann[181] », la « *Grande Fugue* (et *Prélude*) pour orgue en si mineur, de Bach (Liszt) » et la « quatrième *Ballade* de Chopin[182] », sans négliger « les *Inventions* de Bach à deux et trois voix (dans l'édition Busoni)[183] ».

Le 25 janvier 1929, il écrit avoir « revu le *Caprice* en si mineur de Paganini-Schumann[184] ». Le 10 avril, il note :

> Dans le seul *Clavecin* [*sic*] *bien tempéré*, j'ai fait le compte. Je connais par cœur, à présent, du premier cahier : parfaitement, onze *Préludes* et douze *Fugues* ; imparfaitement (c'est-à-dire non sans quelque hésitation), quatre *Préludes* (à revoir encore) et deux *Fugues*.
>
> Du second cahier : sept *Préludes* et une *Fugue* ; à revoir, deux *Préludes* et deux *Fugues*[185].

En octobre de la même année, il travaille la « *Fugue* pour orgue (la seconde en ut majeur, arrangement de Liszt[186]) », avant de reprendre

176 *Ibid.*, p. 1259, 26 octobre 1924.
177 *J*, II, p. 11, 15 septembre 1926.
178 *Ibid.*, p. 17-18, 26 septembre 1926.
179 *Ibid.*, p. 49, 13 octobre 1927. « Il n'y a rien que j'aime autant que ça », confia un jour Gide à Maria van Rysselberghe à propos des *Concertos* de Mozart (Maria van Rysselberghe, *op. cit.*, t. I, p. 60).
180 *J*, II, p. 58, 10 novembre 1927.
181 *Ibid.*, p. 90, 25 septembre 1928.
182 *Ibid.*, p. 87, 31 juillet 1928.
183 *Ibid.*, p. 96, 15 novembre 1928.
184 *Ibid.*, p. 115, 25 janvier 1929.
185 *Ibid.*, p. 126-127, 10 avril 1929.
186 *Ibid.*, p. 151, 11 octobre 1929.

en novembre les *Études* de Chopin. Il note à ce propos : « Il en est bien peu que je ne possède par cœur[187]. » En 1931, retour à Granados et à son « *Fandango de Candil*[188] », mais aussi aux *Concertos* de Mozart, aux *Orgelchoralvorspiele* de Bach transcrits par Busoni[189] et aux *Nocturnes* de Chopin.

Bref, Gide a beau le nier : il est un virtuose, ou du moins il domine un répertoire que seul un virtuose peut dominer. Et il lui arrive de constater en lui-même le réveil du virtuose. Témoin cette lettre à André Ruyters du 3 juillet 1910 :

> J'ai repris le *Prélude, Choral et Fugue*, et me suis convaincu à neuf que pour bien jouer Chopin il faut consentir à ne plus jouer que cela, car depuis qu'il cohabite mes doigts avec Franck et Beethoven, je le joue comme un tapageur[190].

Ici, la substitution du mot « tapageur[191] » au mot que tout gidien attend – à savoir « virtuose » – n'est, nous semble-t-il, que le résultat de l'économie du déni qui organise le rapport de Gide à la virtuosité.

Mais pourquoi ce refus, chez Gide, d'avouer et de s'avouer sa propre virtuosité ? Et ce alors même que, jeune homme, il ne semblait guère manquer d'ambition, puisqu'il notait dans son *Journal*, en date du 28 février 1889 : « Il faut songer à tenter le Conservatoire dimanche en huit[192]. » Pour répondre à une telle question, peut-être est-il nécessaire de faire un détour par un autre art de la scène, à savoir le théâtre. Pierre Masson[193] se demande ceci dans un article intitulé « André Gide et le théâtre : la mise en scène d'un rapport » : pourquoi Gide promeut-il un théâtre où les émois du corps comme ceux de l'esprit sont mis à distance ? La réponse que propose Pierre Masson est éclairante pour qui s'interroge sur la relation problématique de Gide à la virtuosité. Comme chacun

187 *Ibid.*, p. 165, 16 novembre 1929.

188 *Ibid.*, p. 253, 2 février 1931.

189 *Ibid.*, p. 246, 22 janvier 1931. Gide, selon Maria van Rysselberghe, a « horreur » de Busoni (Maria van Rysselberghe, *op. cit.*, t. I, p. 154).

190 André Gide, André Ruyters, *Correspondance*, t. II, Lyon, Presses Universitaires de Lyon, 1990, p. 84-85. Lettre du 3 juillet 1910.

191 Le mot « tapageur », d'ailleurs, n'est pas innocent : Gide, dans *Saül*, évoquera – on le verra – le « tapage réglé » des Démons.

192 *J*, I, p. 49, 28 février 1889.

193 Voir Pierre Masson, « André Gide et le théâtre : la mise en scène d'un rapport », dans Robert Kopp et Peter Schnyder (dir.), *Gide, Copeau, Schlumberger. L'Art de la mise en scène*, Paris, Gallimard, 2017, p. 17-38.

sait, *Saül*, *Le Roi Candaule* ou *Œdipe*[194] sont des drames où s'entend une confidence cryptée : de la sorte, les filtres allégoriques dont l'écrivain fait usage dans son théâtre ont la même fonction que les procédés figuraux qui, dans un rêve, permettent à l'inexprimable de s'exprimer. C'est là sans doute qu'il faut chercher l'origine de l'aversion qu'il affiche pour les aspects scéniques du théâtre : probablement était-il inquiet de voir incarnés, sur la scène, ses spectres intimes. Or, il lui arrive de comparer les acteurs et les metteurs en scène, qu'il aime tant vilipender, aux virtuoses qu'il ne cesse de vitupérer. Comme le note Pierre Masson, parmi les acteurs, « bien peu, pas plus que les pianistes, trouvent grâce aux oreilles de Gide[195] » ; et, de même que Gide, à l'instar du « père abbé, directeur du Monte Cassino[196] », préfère lire la musique « sur la partition plutôt que de l'entendre sous les doigts d'un interprète[197] », de même il préfère le texte d'une pièce à sa représentation. On se rappellera à ce propos une lettre à Henri Ghéon[198] du 8 août 1900 :

> J'attends le piano avec impatience et m'amuse déjà à lire les *Concertos* de Mozart. C'est un excellent exercice ; il faut arriver à en jouir *ainsi*. J'estime que le meilleur moyen d'étudier l'interprétation d'un morceau est de l'étudier *aussi* sans instrument, de tête. On arrive à *entendre* distinctement toutes les voix[199].

---

194 Il faudra consulter la remarquable édition critique d'*Œdipe* par Clara Debard (Paris, Champion, 2007).

195 Voir Pierre Masson, « André Gide et le théâtre : la mise en scène d'un rapport », dans Robert Kopp et Peter Schnyder (dir.), *op. cit.*, p. 21.

196 André Gide, *Notes sur Chopin*, Paris, Gallimard, 2010, p. 35.

197 Pierre Masson, « André Gide et le théâtre : la mise en scène d'un rapport », dans Robert Kopp et Peter Schnyder (dir.), *op. cit.*, p. 21.

198 Christine Petcoff note que « plusieurs de ses amis, Pierre Louÿs, Paul Laurens, Jacques-Émile Blanche, notamment, auront des rapports étroits avec la musique, mais c'est avec Henri Ghéon que Gide va le mieux partager ses idées sur la musique. Dans leur correspondance, on devine un épanchement mutuel et une grande liberté de pensée. Ils se fortifient mutuellement en échangeant des idées et des partitions, susceptibles de leur plaire et de les exalter. » (Christine Petcoff, *André Gide et les beaux-arts*, Mémoire de master, Montréal, Université McGill, 1984, p. 13.) De fait, la musique joue un rôle important dans l'intimité entre Gide et Ghéon. Témoin, par exemple, cette note diaristique du 2 décembre 1897 (*J*, I, p. 272) : « Ghéon à déjeuner. Je lui joue les *Préludes* de Chopin ; il me raconte son excellent projet de roman. » Un autre interlocuteur important pour Gide en matière de musique est Fédor Rosenberg, comme en témoigne la correspondance des deux hommes, inédite pour le moment, mais qui sera publiée dans les mois à venir par les soins de Nikol Dziub.

199 André Gide, Henri Ghéon, *op. cit.*, t. I, p. 279-281. Lettre du 8 août 1900.

Ou encore cette autre lettre au même Ghéon, du 24 juin 1901 : « Je n'ai pas encore de piano [...]. J'en suis réduit à jouer en imagination les *Cantates* ; cela se fait fort bien, et je goûte à cette exécution silencieuse presque autant de joie qu'à les jouer[200]. » Sans oublier cette lettre à Bonheur du 6 mars 1903 : « C'est à Cuverville, cher ami, que je reçois votre musique. Heureusement depuis longtemps je me suis appris à me passer d'instrument pour la lire, de sorte que l'absence provisoire de piano ne m'a pas trop gêné[201]. »

Gide, donc, préfère le silence au tapage ou à la virtuosité. Cette note du *Journal*, datée du 28 avril 1922, est révélatrice : « Cette après-midi lecture de *Saül* par Copeau [...]. Rien n'était plus à sa place, à sa valeur. Il lisait exactement comme on joue Chopin quand on le joue mal[202]. » Ce parallèle entre les acteurs-déclamateurs qui défigurent les textes et les virtuoses qui transforment les pièces de Chopin en morceaux de bravoure et de concours fait sens, et on peut en tirer cette équation : *on sait que* Gide a peur de la représentation théâtrale parce qu'il voit s'y manifester, en chair et en os, ses spectres intérieurs ; *or*, son aversion pour les virtuoses est comparable à son hostilité à l'égard des acteurs et plus généralement des gens de théâtre ; *donc*, lorsqu'il voit ou qu'il entend jouer un virtuose, il voit se manifester devant lui quelque chose qui le hante, et qu'il voudrait réduire au silence.

Mais qu'est-ce que ce « quelque chose qui le hante » ? Cela peut être, tout simplement, sa propre qualité de virtuose, la musique, contrairement au théâtre, n'ayant pas pour vocation de *représenter*. Toutefois, ce pourrait bien être quelque chose de plus secret encore. Arrêtons-nous sur les quelques mots que Gide dit des virtuoses à Annick Morice. Au cours de cette leçon mémorable, il fait l'éloge, successivement, de Paderewski[203] et du « grand Rubinstein[204] » (c'est-à-dire

200 *Ibid.*, p. 335-336. Lettre du 24 juin 1901.

201 André Gide, *Le Retour*, suivi de *Lettres à Raymond Bonheur*, *op. cit.*, p. 73. Lettre du 6 mars 1903.

202 *J*, I, p. 1175, 28 avril 1922.

203 Voir aussi *J*, II, p. 637, 7 janvier 1939 : « Songes-tu à faire valoir (mais as-tu seulement remarqué ?) les faibles battements répétés de la tierce, au sommet de l'accompagnement du *Nocturne* en ré bémol (op. 27) ? [...] Fais qu'elle soit pareille à cette goutte de cristal que la rainette (ou le crapaud peut-être) laisse tomber au cœur des plus pures nuits de l'été. Chopin y pensait-il lui-même ?... En tout cas, Paderewski, lorsqu'il jouait ce morceau. »

204 Voir Marc Allégret, *Avec André Gide*, 1 : 18 : 55.

d'Anton Rubinstein), dont il dit – ce qui est pour le moins curieux – qu'il ferait « sourire les virtuoses d'aujourd'hui[205] », avant d'ajouter qu'il n'a pas « l'impression qu'il ait été lui-même un virtuose, un acrobate[206] ». Cette comparaison entre le virtuose et l'acrobate revient un peu plus loin, quand Gide évoque un concert où il a entendu « le nouveau Rubinstein[207] » (c'est-à-dire Arthur Rubinstein) donner le premier *Scherzo* de Chopin : on ne pouvait qu'« applaudir », dit-il, « comme à un tour bien exécuté d'un acrobate qui fait un saut périlleux, un triple saut périlleux[208] ».

Le virtuose, donc, est un acrobate : ce rapprochement ne mériterait pas de retenir l'attention si la figure de l'acrobate ne revenait pas si régulièrement dans l'œuvre de Gide. Lafcadio, ainsi, a des talents d'acrobate. Lorsque, sous les yeux admiratifs de Geneviève, il sauve les deux enfants menacés par l'incendie, il se comporte en acrobate – ce qui d'ailleurs l'exaspère : « On me prend pour un clown[209]. » Et, au moment où il retrouve Geneviève dans l'escalier de la demeure de Julius, il tient un discours qui laisse entendre que réduire au silence l'acrobate, c'est respecter les lois d'un monde auquel sa naissance lui interdit d'appartenir :

> J'allais, Mademoiselle, vous supplier [...] de garder le silence sur le rôle absurde que vous m'avez vu jouer. Je suis comme vos parents : je ne le comprends guère, et je ne l'approuve pas du tout. Vous avez dû me prendre pour un terre-neuve. Je n'ai pas pu me retenir... Excusez-moi. J'ai à apprendre encore... Mais j'apprendrai, je vous assure[210]...

Aussi bien Lafcadio est-il acrobate de formation, pour ne pas dire *de naissance* :

> Jongleur, escamoteur, prestidigitateur, acrobate ; les premiers temps qu'[Ardengo Baldi] vint chez nous, mon imagination sortait à peine du long jeûne à quoi l'avait soumise Heldenbruck ; j'étais affamé de merveilles, crédule et de tendre curiosité. Plus tard Baldi m'instruisit de ses tours[211] [...].

205 *Ibid.*, 1 : 19 : 35.
206 *Ibid.*, 1 : 19 : 45.
207 *Ibid.*, 1 : 22 : 27.
208 *Ibid.*, 1 : 22 : 38. Voir également *J*, II, p. 1086, novembre 1949.
209 *Les Caves du Vatican*, *RR*, I, p. 1037.
210 *Ibid.*, p. 1047.
211 *Ibid.*, p. 1051.

Être acrobate fait en quelque sorte partie de l'économie de la bâtardise[212], et plus généralement de l'*ethos* de ceux que Tamara Levitz, dans son essai sur *Perséphone*, appelle les *queer*, c'est-à-dire, dans le sens très large qu'elle donne à ce mot, de tous ceux qui sont en porte-à-faux entre un ordre social rigide et une identité intime ou communautaire marginale[213]. Or, il y a chez Gide un rapport évident entre la figure de l'acrobate et la question du désir homosexuel[214]. C'est flagrant dans le cas de Lafcadio, puisqu'à l'oncle Baldi succède l'oncle Faby (Fabian Taylor, lord Gravensdale), qui garde « sous clef » tous les « costumes », et le « linge même[215] » du jeune garçon. C'est patent aussi dans *Les Faux-Monnayeurs*, où l'ambigu Passavant écrit *La Barre fixe*, ce qui constitue une allusion au *Grand Écart* de Cocteau[216]. Et il n'en va pas différemment dans *Thésée*, où le héros éponyme, quand il assiste aux jeux que Minos organise en son honneur, ne « laiss[e] pas d'être surpris par la souplesse, la prestesse et l'agilité des acrobates qui se risqu[ent] dans l'arène[217] ».

Les preuves textuelles à l'appui de la thèse de l'équivalence entre l'acrobate et l'homosexuel sont nombreuses. Considérons les écrits intimes de Gide. Le 10 juin 1892, il envoie à Paul Valéry une lettre où on lit ceci : « J'écris des phrases qui m'enthousiasment ; j'allais au cirque et je me retenais de sangloter aux jeux des jongleurs et

212 Sur la figure du bâtard, voir Annie Le Bertre, *Le Thème du bâtard et de l'enfant prodigue dans l'œuvre de Gide*, Thèse de doctorat, Université de Nice, 1973. On consultera aussi avec grand profit l'étude de Patrick Pollard, « *Le Roi Candaule* et *Œdipe* : l'importance des sources », dans Peter Schnyder et Martine Sagaert (dir.), *Actualités d'André Gide*, Paris, Champion, 2012, p. 75-86, p. 83 ; Marie-France Rouart, « Gide, *Les Faux-Monnayeurs* : le bâtard ou le monde comme quête », dans *Les Structures de l'aliénation*, Paris, Publibook, 2008, p. 87-112 ; sans oublier la thèse de David Steel, *Le Thème de l'enfance dans l'œuvre d'André Gide*, Thèse de doctorat, Université Paris VII, 1974.

213 Sur le rapport entre musique et différence chez Gide, voir Frédéric Boulesteix, « Définies, différées ou différentes : lecture flottante de quelques musiques gidiennes », *BAAG*, n° 109, janvier 1996, p. 69-85.

214 On pensera ici au texte de Daniel Durosay, « Gide homosexuel : l'acrobate », publié en 1999 dans le septième numéro de *Littératures contemporaines* (p. 55-85), dirigé par Pierre Masson.

215 *Les Caves du Vatican*, *RR*, I, p. 1052.

216 De Cocteau, Gide écrit d'ailleurs en 1922 que certaines de ses phrases « sont belles comme des tours de clown mais [que] le trapèze de sa diplomatie, qu'il voudrait invisible, et sur lequel il opère son savant rétablissement, crève les yeux avertis » (André Gide, Marc Allégret, *op. cit.*, t. II, p. 484-485. Lettre du 3 septembre 1922).

217 André Gide, *Thésée*, Paris, Gallimard, 1946, p. 31.

des acrobates[218]. » L'acrobate, ici, est une figure émouvante, presque troublante. Dans le *Journal*, le lien entre la figure de l'acrobate et le désir homosexuel est bien plus manifeste encore. Le 24 janvier 1902, Gide note :

> Aux bains, quoique sans grand désir, mais pour être sûr que Ghéon y trouve Émile mardi prochain.
>
> Curieuses acrobaties d'Émile et d'un autre. Ils sont là trois qui nagent admirablement. Je m'efforce de mon mieux dans la piscine ; je fais pourtant quelques progrès[219].

Gide semble se sentir inférieur aux acrobates, aux virtuoses de la natation ; et ce qui s'exprime là, presque explicitement, c'est un complexe d'infériorité érotique, dont l'origine se trouve peut-être dans la « scène du bal » décrite dans *Si le grain ne meurt* – nous y reviendrons très bientôt.

Quant aux « acrobates » qu'il rencontre en Afrique, eux aussi sont des êtres désirables. À Kaolack (Sénégal), acrobatie et musique sont associées. Dans une note du 19 janvier 1938, Gide écrit :

> Extraordinaires acrobaties de certains Noirs du tam-tam ; grâce et beauté d'un contorsionniste, qui ramène un pied vers son front, puis prenant en bouche le gros orteil, reste devant nous sur le sable, bras étendus, torse ployé... Cela pourrait être hideux ; c'est d'une grâce étrange, admirable[220].

Mais les épisodes les plus significatifs se trouvent peut-être dans *Si le grain ne meurt.* Au mépris de l'ordre chronologique (et textuel), nous évoquerons d'abord le passage où Gide rapporte les propos de Wilde, à qui on renvoie à Alger les « lettres d'amour » qu'il reçoit à Londres. Wilde s'attarde sur une lettre en particulier : « Celle-ci est d'un jeune... *How do you say ?...* acrobate ? oui ; acrobate ; absolument délicieux[221]. » L'hésitation même sur le mot est révélatrice : si elle peut s'expliquer par le fait que le français est une langue étrangère pour Wilde, sa mise

---

218 André Gide, Paul Valéry, *op. cit.*, p. 221-222. Lettre du 10 juin 1892. Comme l'a noté Jean-Michel Wittmann (« Écriture de soi et sacrifice du moi », dans Jean Claude et Pierre Masson (dir.), *André Gide et l'écriture de soi*, Lyon, Presses Universitaires de Lyon, 2002, p. 55-72, p. 70), Gide reprendra un segment de cette phrase dans *Le Voyage d'Urien* : « Moi j'aimais Bohordin qui sanglotait aux jeux du cirque » (*Le Voyage d'Urien*, *RR*, I, p. 187).

219 *J*, I, p. 336, 24 janvier 1902.

220 *J*, II, p. 595, 19 janvier 1938.

221 *Si le grain ne meurt*, *SV*, p. 306.

en scène par Gide fait sens. L'acrobate – c'est-à-dire l'homosexuel – est une figure *qui n'ose dire son nom*[222].

Encore plus importante est la « scène du bal ». Gide y raconte comment, enfant, il est tombé « amoureux » d'un petit garçon déguisé en « clown » (souvenons-nous qu'il met ce même mot dans la bouche de Lafcadio), et doué de talents d'acrobate[223] :

> Je tombai amoureux, oui, positivement amoureux d'un garçonnet un peu plus âgé que moi, qui devait me laisser un souvenir ébloui de sa sveltesse, de sa grâce et de sa volubilité. Il était costumé en diablotin ou en clown, c'est-à-dire qu'un maillot noir pailleté d'acier moulait exactement son corps gracile : tandis qu'on se pressait pour le voir, lui sautait, cabriolait, faisait mille tours, comme ivre de succès et de joie ; il avait l'air d'un sylphe ; je ne pouvais déprendre de lui mes regards. J'eusse voulu attirer les siens, et tout à la fois je le craignais, à cause de mon accoutrement ridicule ; et je me sentais laid, misérable[224].

À l'évidence, là encore, Gide exprime un complexe d'infériorité esthétique et, plus simplement, physique à l'égard du petit clown. Mais ce qui retient l'attention, c'est surtout que ce petit clown-acrobate vêtu d'un « maillot noir » pourrait aussi bien être un « diablotin ». Or, dans une lettre envoyée de Cuverville le 27 juillet 1898, Gide écrivait à Paul Valéry : « Je t'aurais l'air de bafouiller si je dis que ce qui fait différer *mes* démons des autres, c'est qu'ils ne sont pas extérieurs à Saül [...]. Il les faut faire jouer par une troupe de petits clowns de cirque complètement emmaillotés de noir – donc ne paraissant jamais nus – ou toujours[225]. » La description des Démons reprend point par point celle du petit garçon du bal – et la superposition entre le démon (ou le diablotin), le clown et l'acrobate est d'autant plus avérée que, quelque cinquante ans plus tard, dans l'un des entretiens réalisés en 1949, Gide déclarera à Jean Amrouche que, pour jouer les Démons de Saül, il faudrait, plutôt que des acteurs mûrs, « une troupe de petits acrobates[226] ».

---

222 Voir François Porché, *L'Amour qui n'ose pas dire son nom*, Paris, Bernard Grasset, 1927.

223 Nous remercions Pierre Masson d'avoir attiré notre attention sur cet épisode.

224 *Si le grain ne meurt*, *SV*, p. 143.

225 André Gide, Paul Valéry, *op. cit.*, p. 498-499. Lettre du 27 juillet 1898.

226 Voir Éric Marty, *André Gide, qui êtes-vous ? Avec les entretiens André Gide-Jean Amrouche*, Paris, La Manufacture, 1987, p. 189.

On pourrait presque dire que *tout est dans ces deux phrases* de la lettre que le jeune Gide envoie à Valéry. Gide souligne le possessif : « *mes* démons ». Les démons ne sont pas seulement les siens en tant qu'il est leur créateur, ou en tant qu'il est l'auteur qui les met en scène ; ils sont aussi ses démons intimes : il est, à cet égard du moins, Saül. Ces démons ne doivent jamais paraître nus : belle image du déni (du refoulement ?) ; ou plutôt, comme le suggère l'épanorthose finale – « ou toujours » –, belle image du mécanisme de *figuration* qui permet d'exprimer l'inexprimable, d'avouer l'inavouable, de manifester ce qui doit être caché. Car le « ou » doit être entendu comme un « et » : les démons sont à la fois jamais et toujours nus. Or, les démons de Gide, à la fois habillés et nus, sont des clowns (comme Lafcadio), c'est-à-dire des acrobates (l'équivalence est établie à cinquante ans de distance, mais elle est incontestable), c'est-à-dire des virtuoses. D'où l'on peut conclure que, tout compte fait, quand Gide se rêve en virtuose, c'est bien un refoulement, et non un déni, qu'il surmonte : il ne s'avoue pas uniquement qu'il est, au piano, un virtuose ; il réalise aussi, dans le monde du rêve, son désir d'être non seulement un être désirant, mais aussi un être désirable (de même qu'il voudrait, au bain, être aussi vigoureux et agile que les jeunes nageurs qu'il admire).

Dans son *Goethe et Tolstoï*, Thomas Mann écrit :

> La nature qui ne se donne pas de peine c'est grossièreté, c'est barbarie. L'esprit qui ne se donne pas de peine c'est chose creuse et sans racines. Mais, au contraire, que l'esprit et la nature se rencontrent en se cherchant passionnément, et voici l'homme[227].

Gide fut, sans aucun doute possible, un enfant de l'esprit, qui dut faire un effort vers la nature ; la musique, avec son ambiguïté (elle semble pétrie d'esprit, et pourtant elle est sensuelle), fut l'un des moyens de cet effort humaniste vers le corps. Effort que l'écrivain dut se cacher à lui-même, et ce d'autant plus que la musique fut un médiateur non seulement entre Gide et le corps de l'autre, mais aussi et surtout entre Gide et son propre corps[228] – un corps qu'une musicienne lui révéla

227 Thomas Mann, *Goethe et Tolstoï* [*Goethe und Tolstoi*, 1922], traduit de l'allemand par Alexandre Vialatte, Paris, Payot et Rivages, 1999, p. 113.

228 « Cela peut sembler étonnant de prime abord, mais la musique s'incarne dans l'interprète, elle prend chair, et le physique de l'interprète révèle les qualités du musicien », écrit

désirant et désirable : cette musicienne, c'est la « tantatrice[229] » Mathilde Rondeaux-Lucile Bucolin[230], qui jouait, pour citer *La Porte étroite*, « avec complaisance de lentes *Mazurkas* de Chopin[231] » – d'où peut-être le dédain curieux (et qui serait donc feint) que Gide affiche pour le Chopin polonais, c'est-à-dire pour le Chopin des *Mazurkas*[232].

Anne-Claire Gignoux dans « Les figures de l'interprète dans *Si le grain ne meurt* d'André Gide », dans Nathalie Vincent-Arnaud et Frédéric Sounac (dir.), *Figure(s) du musicien. Corps, gestes, instruments en texte*, 2017, en ligne : <www.fabula.org/colloques/document4026.php>, consulté le 21 décembre 2017.

229 « J'étais entrée dans le salon de Cuverville sans savoir qu'elle était seule. J'allais me retirer aussitôt, mais elle m'appela près d'elle et s'étant mise au piano : "Puisque tu aimes la musique, me dit-elle, je vais te jouer quelque chose de très beau." Ouvrant la partition d'*Hérodiade*, elle joua quelque phrases de cette musique voluptueuse, fort à la mode encore à cette époque et qui n'avait pas encore eu le temps de se faner. » (Cette variante a été reproduite par Pierre Masson, l'éditeur scientifique de *Si le grain ne meurt* dans la Pléiade, voir *SV*, p. 1136.) « L'effroi face au désir féminin était-il trop fort pour figurer dans le texte final, auquel il n'a finalement pas été intégré ? », s'interroge Jean-Michel Wittmann dans « André Gide et Jean-Baptiste ou le portrait de l'artiste en précurseur », dans Liana Nissim et Alessandra Preda (dir.), *La Figure de Jean-Baptiste dans les Lettres françaises*, Milano, Cisalpino, 2012, p. 265-275, p. 275.

230 Voir Jacques Lacan, « Jeunesse de Gide ou la lettre et le désir », *Critique*, n° 131, avril 1958, p. 291-315 ; et Philippe Hellebois, *Lacan lecteur de Gide*, Paris, Michèle, 2011.

231 *La Porte étroite*, *RR*, I, p. 815.

232 Dans les *Notes sur Chopin* (*op. cit.*, p. 32), Gide écrit : « Si je reconnais, dans l'œuvre de Chopin, une inspiration, un jaillissement polonais, il me plaît de reconnaître également à cette étoffe première une coupe, une façon françaises. » Mais il s'agit d'une expression atténuée de sa pensée et de son jugement sur les aspects polonais de l'œuvre de Chopin. D'une part, la *Polonaise-Fantaisie* fait (avec l'*Allegro de concert* et la *Fantaisie* en fa mineur) partie des rares œuvres de Chopin qu'il ne goûte pas. D'autre part, quand, le 5 mars 1932, paraît dans la rubrique « Âmes et visages » des *Nouvelles littéraires* un article peu amène d'André Suarès sur Chopin, Gide note, le jour même, avec un dédain significatif : « Suarès ne laisse que malgré lui paraître son ignorance. Il appert, à la lecture de cet article, qu'il ne connaît de Chopin que ses *Valses*, ses *Polonaises* et ses *Mazurkas* (ajoutons la *Marche funèbre*) » (*J*, II, p. 355). – Que la *Mazurka* ait partie liée avec le désir, cette notation du petit texte intitulé *Acquasanta* (1938) le signale d'ailleurs éloquemment : « [La] nage extraordinairement rapide [de Bernardino] était comme une danse, participant du crawl et de la mazurka » (*Acquasanta*, *SV*, p. 878).

POUR UNE HERMÉNEUTIQUE MUSICALE DE L'ŒUVRE GIDIENNE

Ce que nous voudrions mettre en évidence dans cet essai, c'est précisément ce rôle d'intermédiaire que joue la musique entre Gide et lui-même, entre Gide et son « moi » physique, sensuel, érotique – mais aussi entre Gide et une esthétique *littéraire* qui lui permet de négocier avec cet *autre moi* dont il envisage l'existence avec une parfaite lucidité, mais dont il peine parfois à accepter l'identité avec lui-même.

Ce sera aussi pour nous l'occasion de proposer une herméneutique renouvelée des traités, des œuvres lyriques, des soties, des récits, des romans et des drames de Gide, les éléments musicaux sur lesquels nous avons choisi de nous focaliser fournissant à notre sens une précieuse clef d'interprétation. Nous avons ainsi divisé l'œuvre gidienne en plusieurs phases, la cohérence de chacun de ces micro-*corpus* étant assurée par une certaine façon d'aborder la question musicale.

C'est d'abord sur l'œuvre d'André Walter que nous nous sommes penché. Ses *Cahiers* (1891) et ses *Poésies* (1892) sont matriciels du point de vue qui nous intéresse, puisque la pratique de la musique conduit le jeune poète à découvrir le monde du corps, tout en l'empêchant de céder à la tentation charnelle – de telle sorte que c'est par le biais du thème de la musique que le désir fait son entrée dans l'écriture gidienne.

Si cet affrontement entre érotisme et censure est éthique, il est aussi ontologique, puisqu'il se superpose à une autre tension, entre réel et irréel, qui parcourt le second micro-*corpus* qui nous intéressera. Dans *Le Traité du Narcisse* (1891) et *Le Voyage d'Urien* (1893), en effet, Gide, se comportant en symboliste, situe la musique du côté de la chimère. Mais bientôt, dans *La Tentative amoureuse* (1893), il fera montre de ce qui sera l'une de ses vertus majeures dans les œuvres de la maturité : un sens aigu du réel – auquel viendra s'adjoindre, dans *Paludes* (1895) puis dans *El Hadj* (1896), une sorte de culte (notamment musical) de la singularité. Et c'est ainsi qu'il développera une approche idiosyncrasique des *nourritures terrestres* (1897) et musicales.

C'est ensuite sous un angle quasi social que Gide aborde la musique dans *Philoctète* (1899), dans *Le Prométhée mal enchaîné* (1899) et dans *Le*

Roi Candaule (1899-1901), puis dans *L'Immoraliste* (1902) et dans *Saül* (1903). L'*écart* est en effet le maître mot de la posture que Gide prête aux musiciens – voire à la musique elle-même – dans ces œuvres. Pour autant, la tension essentielle qui structure dynamiquement le discours gidien sur la musique est loin de se résoudre : car, si le chant de Philoctète ne peut prendre son essor que loin des hommes, si Michel l'immoraliste se laisse entraîner à transgresser les normes éthiques occidentales par les troublants musiciens qu'il rencontre en Afrique du Nord, si Saül prête complaisamment l'oreille à la cacophonie organisée par ses Démons, un personnage comme celui du harpiste David, par ailleurs, incarne une musique tentatrice peut-être, mais fondamentalement orthodoxe.

Le recours à l'hypotexte biblique annonce d'ailleurs un tournant religieux dans l'appréhension gidienne de la musique. Dans *La Porte étroite* (1909) puis dans *La Symphonie pastorale* (1919), en effet, Gide racontera l'histoire de pieuses créatures que la musique vient troubler. Mais, sa pensée étant constitutivement dialectique, entre ces deux récits s'intercale, avec *Les Caves du Vatican* (1914), une sotie qui met en scène un personnage *sans foi ni loi*, et où la musique semble avoir partie liée avec la gratuité.

L'œuvre la plus dialectique de Gide est sans doute *Les Faux-Monnayeurs* (1925) : dépassant ou intégrant à sa poétique l'opposition entre récit et sotie, l'unique roman de l'écrivain organise *polyphoniquement* un discours contradictoire sur la musique – et en particulier sur celle, polyphonique justement, de Bach. Car si Édouard fait l'éloge des vertus poétiques de *L'Art de la fugue*, c'est peut-être parce que cet hypotexte musical lui permet de fuir devant lui-même ; et le silence que célèbre son maître La Pérouse (lequel n'est que le jumeau de fiction de Marc de La Nux, le professeur tant aimé de Gide) pourrait bien être l'équivalent des bouchons de cire homériques – car tout fonctionne comme si le vieil homme voulait s'empêcher de prêter l'oreille à d'inavouables dilections.

Qu'il y ait une dimension de confession dans *Les Faux-Monnayeurs*, l'ordre de publication des œuvres de Gide le suggère, puisqu'au roman succèdent les mémoires de l'écrivain. D'Albert Démarest à la figure du joueur de flûte en passant par Anton Rubinstein et Marc de La Nux, la plupart des musiciens qu'évoque Gide suscitent chez lui une intense admiration esthétique, quand ce n'est pas un violent désir érotique. C'est toute une trajectoire psychanalytique de libération du carcan maternel et de découverte d'un *espace autre*, d'une sorte d'hétérotopie libératoire – à savoir l'Afrique du Nord, avec ses deux lieux-clefs que sont le café et le jardin – que l'on peut suivre dans *Si le grain ne meurt* (1926).

Gide, cependant, dépassera cette appréhension égocentrée de l'espace africain dans le *Voyage au Congo* (1927) et *Le Retour du Tchad* (1928). Dans ce diptyque viatique où il semble sur le point de céder à la tentation de l'écriture engagée, il se déprend de son approche subjective et désirante des musiques exotiques pour poser sur elles un regard d'ethnomusicologue. Cette tension entre éthique (objective) et esthétique (subjective) se retrouvera dans *Perséphone* (1934), avant d'être résolue – au profit de l'esthétique bien sûr – dans *Les Nouvelles Nourritures* (1935). Puis, dans *Retour de l'URSS* (1936), Gide – qui n'a d'ailleurs jamais essayé de politiser la musique, mais qui en revanche a tenté de faire entrer une composante éthique dans sa réception – dénoncera les ravages de l'esthétique soviétique officielle.

Ce sont les *Notes sur Chopin* (1948 pour l'édition définitive) qui sans doute constituent la station ultime de ce cheminement, qui fournissent le *fin mot* de la réflexion gidienne sur la musique. Il n'est pas question pour Gide d'engager la musique – ce serait pour lui la plus coupable des hérésies ; toutefois, il l'enrôle discrètement en faveur de ce qu'on peut appeler l'*idéal homosexuel*. Certes, quand, dans les *Notes sur Chopin*, il fait, à la suite de Marc de La Nux, dit La Pérouse, l'éloge d'une musique réduite au silence, on peut penser qu'il veut, selon une logique du refoulement sublimatoire, empêcher le compositeur polonais d'accomplir son œuvre d'*inquiéteur*. Mais dans le même temps, quand il rend hommage au classicisme de Chopin, qui selon lui sait ne pas outrepasser les limites de son art et évite ainsi de tomber dans la rhétorique et dans le pathétique, on ne peut s'empêcher de penser que cette réduction de la musique du compositeur à sa dimension esthétique est un geste essentiellement pédérastique – les amours du pédéraste relevant justement, selon Gide, de l'esthétique pure.

Et c'est ainsi que la limpidité – celle de la polyphonie de Bach, celle du classicisme de Chopin, celle aussi du silence vers quoi tend toute musique – dont Gide se fait le chantre apparaît bien plus *inquiète*, et bien plus *inquiétante*, qu'il ne peut sembler au premier abord. Et on verra qu'il est sans doute possible d'appliquer à tous les musiciens (ou presque) que Gide admire ces mots par lesquels il explique sa vénération pour Goethe :

> Goethe aborde aux régions sublimes avec tant de naturel que l'on s'y sent, avec lui, toujours de plain-pied. Pour tempéré, pour raisonnable qu'il soit et s'efforce d'être, c'est dans l'inexpliqué, l'inexplicable et ce qu'il appellerait : le démoniaque, qu'il m'apparaît le plus grand[233].

233 *J*, II, p. 706, 26 juin 1940.

ÉCRIRE EN MUSIQUE AVEC ANDRÉ WALTER

Gide, donc, laisse, non sans quelques réticences, la musique l'initier aux choses du corps. Aussi bien la musique est-elle omniprésente dès son « coup d'essai » – dès les *Cahiers d'André Walter* (1891), ce livre signé d'un pseudonyme transparent, puis renié, mais où Gide déjà se devine, et se dévoile même, dans sa complexité, dans sa dualité d'écrivain sensuel[1] épris de pureté[2] (pour ne pas dire : de virginité). On verra ici que, dès *André Walter*, la musique se révèle ambiguë, puisqu'elle accompagne à la fois les élans religieux du poète et sa (timide) initiation aux transgressions sensuelles (sinon à proprement parler charnelles). En outre, dans les *Cahiers*, Gide construit (de façon bien entendu non systématique) une réflexion sur *ce que la musique fait à la littérature* – ce qui est d'un intérêt capital pour nous qui étudions la façon dont la musique l'aide à se forger une poétique littéraire lui permettant d'assumer sa propre identité d'être de désir.

MUSIQUE ET SENS

La musique a accompagné Gide durant la genèse de son premier livre[3]. C'est ce qui appert de ces lignes de *Si le grain ne meurt* :

---

1 Sur le sujet, on pourra consulter Rosemary Hamilton Yeoland, *Le Rapport entre la musique et l'éveil de la spiritualité et de la sensualité chez André Gide*, Mémoire de licence, Université de Tasmanie, 1999.

2 On se reportera sur le sujet à l'étude de Pierre Masson, « Gide et la musique. De l'impur au pur », dans Greta Komur-Thilloy et Pierre Thilloy (dir.), *op. cit.*, p. 37-52.

3 Voir Penna Rankin Moler, *The Music of* Les Cahiers d'André Walter *: its Sources and its Germinal Role in the Fiction of André Gide*, Thèse de doctorat, University of Kansas, 1976.

> Je découvris, près d'Annecy et presque sur les bords du lac, à Menthon, un charmant cottage entouré de vergers, dont le propriétaire accepta de me louer au mois deux chambres. Aménageant en cabinet de travail la plus grande, je fis aussitôt venir d'Annecy un piano, sentant que je ne pourrais me passer de musique[4].

À vrai dire, c'est peut-être dans les *Cahiers* que, parmi tous les livres de Gide (à l'exception, bien entendu, des *Notes sur Chopin*), il est le plus question de musique. Certes, « la musique se révélera un triple piège : elle ne saurait donner accès au roman, elle est menaçante et refuse d'accueillir Walter [...], et elle se désintégrera elle-même, enfin[5] ». Il n'en demeure pas moins qu'« André Walter est un musicien-né », « la musique [étant] le langage rêvé de ses émotions[6] » ; et que, d'une façon plus générale, le premier Gide se soucie d'écrire en musicien[7] : « La musique m'occupait à l'excès ; j'en oignais mon style[8]... »

Dans les *Cahiers*, la musique est saisie d'emblée dans son ambiguïté d'art à la fois « naturel » (si tant est qu'il ne soit pas contradictoire de parler d'*art naturel*) et humain :

> Berceuses, escarpolettes, barcarolles,
> Le chant des pleureuses alanguit les chutes[9].

Ambiguë, la musique l'est à plus d'un égard. Ou plutôt, c'est bien souvent l'attitude du jeune poète à l'endroit de la musique qui manque d'évidence. Agacé par ses propres facilités littéraires, le jeune André Gide / Walter s'attaque à ce que les mots ont de plus rhétorique – à savoir leur aspect *sonore* : « J'ai peur qu'une rhétorique, d'ailleurs impuissante, ne

4 *Si le grain ne meurt*, *SV*, p. 241243.

5 Walter Geerts, *Le Silence sonore : la poétique du premier Gide, entre intertexte et métatexte*, Namur, Presses Universitaires de Namur, 1992, p. 44.

6 Jean Delay, *La Jeunesse d'André Gide*, Paris, Gallimard, 1956, t. I, p. 551.

7 Voir Florent Albrecht, *Gide et l'écriture de la musique*, Mémoire de maîtrise, Université Paris-Est, 1998 ; Claude Alos-Vicens, *Gide et la musique*, Thèse de doctorat, Université de Montpellier, 1980 ; George Demello, *André Gide et la musique*, Mémoire de licence, University of Massachusetts, 1954 ; Martha Jean Faragher, *The Influence of Music on the Life and Works of André Gide*, Mémoire de maîtrise, University of Kansas, 1949 ; Jean-Claude Granger, *Gide et la musique*, Mémoire de licence, Université de Genève, 1987 ; Susana Mottino, *La Musique dans l'œuvre de Gide et dans celle de Marcel Proust*, Thèse de doctorat, Université Paris III, 1993 ; Robert Thomas Neely, *André Gide and Music*, Mémoire de maîtrise, University of Colorado, 1957 ; et Dolores Pala Berdejo, « André Gide et la musique », *Bulletin de l'Institut français en Espagne*, n° 58, avril-mai 1952, p. 65-68.

8 *Si le grain ne meurt*, *SV*, p. 252.

9 *Cahiers d'André Walter*, *RR*, I, p. 5.

profane ; par haine des mots que j'ai trop aimés, je voudrais mal écrire exprès. Je romprais les harmonies, fussent-elles fortuites[10]. » Pourtant, peu après, le voici qui célèbre la vacuité évocatrice des toponymes, dont l'exotisme sonore fait sens aux oreilles du jeune poète – au point qu'il s'invente des souvenirs, ou qu'il s'attribue des réminiscences qui appartiennent bien plutôt à un imaginaire collectif : « Les noms seuls, ces noms grecs aux terminaisons larges, éveillaient en nous des souvenirs si splendides, que d'avance ils soulevaient les enthousiasmes latents, aux éclats de leurs sonorités[11]. » Il vide ainsi les mots de leur pouvoir immédiatement référentiel, pour en faire les véhicules privilégiés d'un contact diffus avec une nature dont les chants semblent compléter celui, lacunaire, du poète qui ne parvient pas à voir clair en lui-même :

> Allain ! l'œuvre rêvée ; – d'abord je la voyais mélancolique et romantique, lorsqu'à l'éveil des sens, j'errais dans les bois, cherchant les solitudes, plein d'inquiétudes inconnues ; lorsqu'un chant de vent dans les pins balancés me semblait chanter mes langueurs au gré des strophes récitées ; que je pleurais aux feuilles tombantes, aux soleils couchants, à l'eau fuyante des ruisseaux, et qu'au bruit de la mer je restais songeur tout le jour[12].

Exprimant (au sens littéral du terme) ces inquiétudes indéfinissables, la musique naturelle (il faudrait dire *animale*, tant, on le verra, la musique a partie liée, chez Gide, avec *l'animal que donc est l'homme*) apaise le jeune poète : « Déjà une rive est dans l'ombre, incertaine, mystérieuse. La nuit monte dans la vallée – et bientôt tout s'endort au chant nocturne des grenouilles[13]. » Adoptant une posture mélancolique qui n'est pas tant la sienne que celle d'une génération héritière d'un symbolisme lui-même encore fortement teinté de romantisme, Gide goûte à la triste douceur d'une communion retrouvée avec l'environnement naturel – et, surtout, avec la compagne à laquelle il s'adresse :

> Tout dort autour de nous et par la fenêtre grande ouverte aux étoiles, dans le repos de cette nuit d'été, nous viennent bien parfois quelques chants tristes d'oiseau nocturne ou le frémissement des feuilles mouillées quand un souffle les agite, si doucement qu'on croit un murmure d'amour[14].

---

10 *Ibid.*, p. 6.
11 *Ibid.*, p. 12.
12 *Ibid.*, p. 11.
13 *Ibid.*, p. 14.
14 *Ibid.*, p. 16.

Au terme d'un parcours musical jalonné d'angoisses et de cauchemars, ce sont d'ailleurs des vers célébrant l'harmonie retrouvée avec un environnement évoqué en des termes musicaux qui viennent couronner les *Cahiers* :

> De mystiques accords fondent du haut des nues ;
> Des caresses qu'on sent des bois sombres venues
> Montent avec la nuit et les parfums des fleurs ;
> Mots subtils murmurés par des voix inconnues[15]...

Musique « naturelle » et musique « humaine » ne cessent de se répondre, et contribuent à parts égales à entretenir (tout en l'apaisant parfois) l'exaltation du poète, que le souvenir des musiques entendues poursuit alors qu'il parcourt ardemment la campagne[16] :

> Je me suis mis à courir sous les branches basses lourdes de rosée ; lorsque je passais, elles secouaient sur mon front des gouttelettes ruisselantes. J'allais comme un homme ivre ; à mes oreilles chantaient, avec tous les bruissements de l'orchestre, les fureurs du *Scherzo* d'ut mineur[17].

Il ne faudrait pas croire, pourtant, que la musique walterienne est purement *immédiate*. Si elle est un principe de *réunion*, c'est avant tout dans le sens symbolique du terme : la musique comprend une dimension liturgique qui invite le jeune poète à penser ensemble l'homme et ce qui le dépasse, les sons et l'entité transcendante vers laquelle ils font diffusément signe. De plus, la musique et la poésie ont ceci de commun, qu'elles sont mobiles à l'instar de l'âme qu'elles bercent, et qu'elles encouragent à ne se point fixer :

---

15 *Ibid.*, p. 107.

16 S'agit-il vraiment de l'évocation d'une promenade à travers la campagne ? C'est du moins ce que tout lecteur pensera en lisant les *Cahiers* eux-mêmes. Mais telles lignes préparatoires laissent à penser que les « branches basses lourdes de rosée » pourraient être (quoique cela ne soit guère probable) celles des arbres du jardin du Luxembourg, à Paris : « Entendu au Luxembourg le finale d'ut mineur, joué par les cuivres militaires. L'émotion était trop forte pour que la jouissance fût entière ; au milieu de la foule, je marchais, ivre à crier, tremblant de tous mes nerfs. Et je voyais, au souffle envahissant de l'inspiration, je voyais tout tourner autour de moi, seul centre, comme dans un rêve ; il me semblait que seul j'étais, et que j'étais cette harmonie. » Sur la question de l'harmonie, nous renvoyons à Peter Schnyder, « André Gide et l'harmonie. Comment une catégorie musicale devient une catégorie existentielle », dans Greta Komur-Thilloy et Pierre Thilloy (dir.), *op. cit.*, p. 53-69.

17 *Cahiers d'André Walter*, *RR*, I, p. 100. S'agit-il du troisième mouvement de la cinquième *Symphonie* de Beethoven ? C'est probable.

> Je voulais parler de bien des choses ; mais toutes se pressent ensemble. Je voulais fixer un peu ma symbolique qui se dessine ; puis cette vision dans Notre-Dame, à travers les grilles du maître-autel, d'enfants de chœur en surplis blancs, à la lueur des lampes : tous chantaient, des chants clairs ; l'impression de chœur d'anges ; – une chute en mineur obstinément répétée, inattendue toujours, montait jusqu'à la voûte… – et je voulais parler aussi… mais ma pensée ondule incertaine, bercée sur les sonorités récentes d'un quatuor entendu. – J'écris parce que la poésie déborde de mon âme, – et les mots n'en sauraient rien dire : l'émotion plane sur la pensée ; – l'harmonie seule… Alors des mots, des mots sans suite, des phrases frémissantes, quelque chose comme de la musique.

« L'harmonie seule », « quelque chose comme de la musique » – le langage se fait frémissement, tendant vers ce qui l'abolit ; la logique se renonce, et les phrases se suivent, incohérentes, à la semblance des états du poète qui semble confondre repos, douleur, folie, extase :

> Il est minuit ; j'ai sommeil, mais je ne pourrai pas dormir : je me consume d'amour. Tout dort autour de moi ; – je suis seul et je pleure. L'air est tiède ; dehors il pleut, une pluie de printemps qui féconde toute la nature. Et ce chant de violoncelle[18], dont je me souviens dans la nuit, alanguit mon délire, berce, apaise et console ; la pensée s'endort reposée : douleur, folie, amour, extase[19] !

La musique, cependant, ne triomphe pas toujours. Ce pouvoir symbolique, ce pouvoir de réunir, quoique indéniablement actif, paraît, d'après les indications que fournissent les textes préparatoires, voué à l'échec : « Les tristesses de nous deux seuls connues, la musique, sentiments mornes, les caresses, prières l'un pour l'autre, tristesse de ne pouvoir s'enlacer l'âme[20]. » En outre, il est des musiques qui ne sauraient faire goûter à l'homme aucun repos, fût-il illusoire ou trompeur ; des musiques qui « énervent » parce que, loin de tendre vers l'immatériel, elles semblent s'être compromises avec la chair la plus corrompue. C'est ce que suggèrent ces lignes qui évoquent une scène à la fois fondatrice et traumatique pour le jeune Gide :

---

18 Parmi les airs musicaux qui bercent les extases printanières du jeune Gide, il y a ceux, pastoraux, du Wagner de *Tannhäuser* : « Un dessin de Willette et l'air du pâtre du second acte de *Tannhäuser* m'ont donné une impression exquise du printemps » (*J*, I, p. 55, 16 mars 1889).

19 *Cahiers d'André Walter*, *RR*, I, p. 18.

20 *Cahier préparatoire (En marge d'*André Walter*)*, *RR*, I, p. 146.

> C'était il y a deux ans, pour la première fois et l'unique d'ailleurs, car maintenant je suis attentif et je marche loin d'elles, – une chantait un refrain triste ; un peu moqueur mais tendrement, et d'une voix si frêle, alanguie… Comme je passais auprès d'elle, elle s'est retournée, avec un geste, sans cesser de chanter. – C'était la première fois, une première nuit de printemps ; l'air était si tiède et la mélodie énervante… […] [M]algré moi, je me suis écarté, j'ai pris le large. […] [L]e sang m'est monté au visage ; une rougeur de honte […] ; – l'impression d'une souillure […].
>
> Mais je me souviendrai […] de cette ombre chantante […] puis cet éclat de rire, aigu comme une chose qui se brise […].

On appréciera l'« éclat de rire, aigu comme une chose qui se brise », réminiscence anticipée, si l'on peut dire, de la « Nuit rhénane » d'Apollinaire. Gide sent en lui comme une rupture – et le voici qui fuit la femme, pour se réfugier dans Chopin, comme si le compositeur polonais était celui qui devait le préserver du contact corrupteur avec le péché incarné par la prostituée :

> J'écris ces choses ce soir parce que la saison est la même, que l'air est aussi tiède […]. J'avais joué le *Scherzo* de Chopin […], puis j'ai couru dans la campagne, grisé de sonorités, d'harmonies. […] [L]a pluie s'est mise à tomber, une pluie tiède, presque une rosée ; –
>
> Et le parfum est monté dans l'air, de la poussière d'été qui se mouille[21].

Ce n'est pas que Chopin ne soit pas sensuel : car c'est bien une émotion quasi charnelle que goûte le jeune poète qui *bat la campagne*, et dont tous les sens semblent en éveil. Mais certaines musiques ont ce pouvoir, de dissocier les sens de l'idée de chute, ou de déchéance. La musique n'est pas loin d'apparaître comme un dérivatif amoureux, comme un vecteur de sublimation – sans compter que Gide en fait son Nord magnétique, puisqu'il la compare à Béatrice, qui, comme chacun sait, incarne chez Dante la théologie :

> Quand j'étais enfant, très jeune, dans l'ignorance des choses pourtant entrevues : – « Plus tard, pensais-je, plus tard je n'aurai pas de maîtresses ; mes amours tout entières iront vers l'harmonie. » Je rêvais des nuits d'amour devant l'orgue ; la mélodie m'apparaissait, presque palpable fiction, comme une Béatrice nuageuse[22].

21 *Cahiers d'André Walter*, *RR*, I, p. 20.
22 *Ibid.*, p. 22.

Mais les amours du jeune exalté qui s'unit à la musique ne sont bientôt plus solitaires. Car il y a, d'une part, le souvenir musical de la voix de la (chaste) compagne qui le hante (ce qui, d'ailleurs, n'entre pas en contradiction avec l'éthique de la pureté que Gide/Walter développe, la « destinatrice » des *Cahiers* ressemblant elle-même fort à Béatrice) : « En mon âme j'ai gardé la musique de tes paroles, et, sur mon front, le souvenir de ta fraîche caresse[23]. » Et surtout, il y a, d'autre part, le besoin d'affichage ou de publicité, le besoin de réussite (anonyme, il est vrai) au sein du champ littéraire : « Arriver tout à coup, et, sans qu'on vous ait prévu, sonner haut son cri de trompette ; – ou plutôt rester inconnu, mais entendre l'œuvre acclamée – car je ne me nommerai pas[24]. » Ailleurs encore, le jeune poète crie son désir d'être écouté : « Quand tant de chansons chantent encore dans ma tête lassée ! ! Seulement jeter un grand cri… que l'on entende[25] ! » Pourtant, Walter affirme aussi son indifférence à l'égard du public, son dédain même pour ceux dont il pressent qu'ils ne sauront pas le lire comme il faudrait. C'est qu'aussi bien il ne parle pas pour être compris – d'où l'aspect musical d'un verbe (en partie biblique, du point de vue intertextuel du moins) qui frémit aux moindres soubresauts de l'âme dont il semble tout à la fois reproduire et infléchir les mouvements :

> Pour moi seul ! pour moi seul !
> Ils ne comprendront pas – que m'importe ?
> Mon cœur déborde : il faut chanter.
> Un peu d'harmonie plutôt que des mots – pas de phrases – ô les phrases pour qu'ils comprennent.
> « Des paroles pleines de charme bouillonnent dans mon cœur. » Mon âme se balance sur les ondulations moduleuses, les arpèges rompus, soulevés comme un vol inquiet d'ailes furtives, sans cesse retombant sans jamais se résoudre.
> La passion se rythme, se scande et s'apaise… la passion s'endort, l'âme médite[26].

Toujours est-il que, si la musique invite à la communion avec Dieu, elle invite aussi à la communion (purement psychique, s'entend) entre les hommes. Quoique toujours symbolique, elle semble néanmoins bel

23 *Ibid.*, p. 29.
24 *Ibid.*, p. 36.
25 *Ibid.*, p. 80.
26 *Ibid.*, p. 45.

et bien s'affirmer comme un langage immédiat de l'âme (idée somme toute ordinaire, et que reprendront, *mutatis mutandis*, aussi bien Jules Romains, dans certains passages du dernier volume de ses *Hommes de bonne volonté*[27], que le Georges Duhamel de la *Chronique des Pasquier*[28] – soit deux auteurs bien peu proches du cœur de Gide) : « Ton âme chante dans tes yeux sombres[29] » ; « L'harmonie plutôt – la musique ! La musique propage l'ondulation de l'âme jusqu'à l'autre âme[30]. » Gide dessine alors un système du sens musical. Comme les mots, les sons de la musique « contiennent » le sens – mais le contenant est si fragile, et le contenu si intense, que le premier bientôt se brise, laissant au second toute licence de se déployer. « Émotion pure », la musique telle que la conçoit le premier Gide se confond avec l'âme dont elle épouse les mouvements :

> V*** se mit au piano et commença la *Sorcière* de Schumann, en s'accompagnant elle-même. Sa voix n'était plus qu'un souffle, vase fragile de l'émotion – c'était l'émotion pure, – sans même rien qui la contienne, et qui s'échappait immatérielle ; l'âme y transparaissait : il semblait que l'âme même chantât, et fit la voix inutile. – Dans la plainte ensorceleuse, sur les notes frêles suraiguës : « *Es ist schon spät ; es ist schon kalt* », elle tremblait, frémissant comme une chose brisée[31].

Ce système du sens, d'ailleurs, n'est guère rigoureux, et conduit, plutôt qu'à l'activation de la faculté herméneutique, à un sommeil (passager) du sens critique. C'est ce qui transparaît dans ces lignes préparatoires, qui ne seront pas reprises dans les *Cahiers* :

> Quand tout s'est endormi, dans le silence de la nuit, je me sens envahir d'étranges ivresses ; c'était parfois quelques notes d'un chant de Schumann ; j'entendais la mélodie se plaindre avec une tristesse si désespérée, si mystérieuse que mon âme s'en effrayait comme d'un ensorcellement. Puis, longtemps obsédé par la plainte, je me perdais dans des rêveries si profondes que j'y perdais la notion du réel ; je songeais aux baisers glacés de la Loreley des légendes, au repos qu'il y aurait à oublier entre ses bras, couchés sous les eaux du fleuve, à oublier que l'on pensait[32].

---

27 Sur le sujet, nous nous permettons de renvoyer à Augustin Voegele, *De l'unanimisme au fantastique. Jules Romains devant l'extraordinaire*, Oxford, Peter Lang, 2019, p. 139-152.

28 Voir le septième tome de la *Chronique des Pasquier*, *Cécile parmi nous*, Paris, Mercure de France, 1938.

29 *Cahiers d'André Walter*, *RR*, I, p. 37.

30 *Ibid.*, p. 39.

31 *Ibid.*, *RR*, I, p. 41.

32 *Cahier préparatoire (En marge d'*André Walter*)*, *RR*, I, p. 142-143.

Par ailleurs, au-delà de ce système du sens, Gide rêve à une stylistique et à une poétique qui soient dépouillées de tout oripeau verbal – à une stylistique et à une poétique sans métrique en somme. Il s'agit de promouvoir la musique à la fois comme véhicule expressif, comme principe structurel et comme *langue*. Il ne s'agit pas simplement, pour le poète, de prêter attention aux sons, au détriment du sens. Car il ne lui suffit pas de partir des mots, qu'il dépouille de leur pouvoir référentiel ; il rêve à une langue qui passerait directement de l'âme ou de l'esprit aux sons, sans passer par un sens dont, par suite, elle n'aurait plus à se défaire. Dès lors, ce sont toutes les règles, à commencer par les plus élémentaires, celles de l'orthographe, qui semblent vaines, et négligeables :

> La forme lyrique, la strophe – mais sans mètres ni rimes – scandée, balancée seulement – musicale plutôt.
>
> Et non point tant l'harmonie des mots que la musique des pensées – car elles ont aussi leurs allitérations mystérieuses.
>
> Que le rythme de phrases ne soit point extérieur et postiche par la succession seule des paroles sonores, mais qu'il ondule, selon la courbe des pensées cadencées, par une corrélation subtile.
>
> L'orthographie ! j'ai d'abord cru qu'il fallait s'y plier, mais j'ai bientôt regimbé sous ses fausses entraves : alors j'ai désiré m'en faire maître, mais elle n'a pas voulu se soumettre – et comme aucun des deux ne voulait céder, que je me souciais fort peu d'elle, je l'ai laissée enfin : je me suis fait une langue à mon gré. En français ? non. Je voudrais écrire en musique[33].

Mais ces mouvements musicaux de l'âme (et du verbe), quoique désincarnés, ne sont-ils pas, néanmoins, coupables ? Ils troublent en tout cas l'irréprochable « interlocutrice » d'André Walter – ce dernier affirmant déjà, ici, son indépendance, puisqu'il jouit du souvenir de son exaltation musicale, quand sa compagne, au contraire, semble éprouver du remords :

> Ton émotion fut trop forte ; [...] puis, honteuse de ce trouble, inquiète de te sentir l'âme aussi vibrante malgré toi, tu t'enfuis brusquement. [...]
>
> Je m'en allai ; dans la campagne j'errai jusqu'au soir, l'esprit balancé sur des exaltations infinies ondulant au gré des harmonies ressouvenues[34].

33 *Cahiers d'André Walter*, *RR*, I, p. 53.

34 *Ibid.*, p. 41-42.

Commence alors une lutte entre le poète et sa Béatrice : la musique est une arme pour Walter, qui a le sentiment que sa compagne, drapée dans sa robe d'irréprochabilité, lui devient inaccessible. Le trouble seul – le trouble que répand, par exemple, la musique – rend l'âme perméable aux émotions de l'âme voisine (sinon sœur). C'est, par conséquent, une musique traîtresse que pratique le poète partagé entre son admiration pour la vertu impeccable de celle à qui il s'adresse et une ardente tentation de vivre. Se muant en pianiste, il va jusqu'à se comporter en « tapageur » pour tromper, dans un premier temps, la défiance d'une âme pure qui, tant que la musique ne se fera pas insinuante, ne percevra pas le danger :

> [Q]uand je commence à jouer, aussitôt tu t'enfuis, craintive.
> Une nuit d'été, [...] [q]uand je vis que tu ne pouvais plus fuir, [je] commençai le premier Scherzo de Chopin ; brutalement, bruyamment, comme pour préluder, ne voulant pas d'abord effaroucher ton âme. Au *più lento*, je mis la sourdine, et la mélodie pleura, morbidement douce : comme les perles d'un jet d'eau s'égrènent, les notes d'en haut tombaient, obstinément les mêmes, mais différemment éloquentes, tandis qu'alternait l'harmonie. – Je repris l'*agitato*, mais avec toute la passion de mon cœur, faisant tressaillir l'inquiétude des dissonances. – Je m'arrêtai brusquement avant que tu n'aies pu te dégager du charme. Et je vins près de toi ; je te trouvai tremblante[35] [...].

À l'évidence, « le premier *Scherzo* de Chopin produit chez Emmanuèle la plus profonde émotion[36] » :

> – « André, pourquoi jouais-tu cela ? » dis-tu, et ta voix était altérée [...]. – Nous nous taisions ; – alors toi, comme distraite : – « Regarde cette nuit ! N'est-ce pas qu'elle est surnaturelle ? » [...] Je voulus prendre ta main ; elle était brûlante ; mais tu me repoussas. – « Ô André ! tu as agi lâchement ce soir[37]. »

Ici, la musique pose un problème moral au Walter personnage de ses propres *Cahiers*, mais elle pose aussi un problème poétique, pour ne pas dire narratif, au Walter écrivain. En effet, l'usage perfide que le jeune homme fait de Chopin introduit une double rupture : la rupture de la confiance entre le poète-musicien et sa compagne se double d'une rupture dans le discours psycho-musical. Le jeune Gide en est parfaitement

35 *Ibid.*, p. 42.
36 Danièle Pistone, *Le Piano dans la littérature française*, Paris, Champion, 1975, p. 122.
37 *Cahiers d'André Walter*, *RR*, I, p. 43.

conscient, comme on peut le constater dans ces lignes préparatoires : « Il faut trouver transition entre nuit de Chopin où il veut la troubler et les résolutions plus hautes. [...] Il dira : "L'inquiéter ? De quel droit m'efforcer de troubler son âme ? Pourrai-je la satisfaire après que je l'aurai altérée[38] ?" »

À la suite de cette rupture, l'*ekphrasis* musicale[39], qui se superpose à l'art du paysage psychique, se substitue, ou peu s'en faut, au(x) dialogue(s). Les mots qu'échangent le poète et sa compagne ne sont que des commentaires lacunaires et laconiques sur leur dialogue profond et non verbal (quoique sonore). Allusifs, les mots semblent se soumettre à l'économie du sens qui règne dans le champ musical :

> Je m'étais assis au piano ; je n'avais plus tenté de jouer devant toi depuis l'autre soir... [...] [J]e jouais au hasard des *Novelettes* de Schumann. [...] [T]u vins m'écouter. Je n'avais pas vu ta venue ; je te sens tout à coup près de moi, au fin frôlement de ta robe. L'étonnement me trouble si fort, que, tout tremblant, je ne peux plus rien faire, et je te dis : « Vois ! que tu viennes ainsi m'écouter, cela m'émeut tant... je tremble. » – « Oh ! pourquoi donc, André ? » – tu souriais interrogeante. – Tu ne partais pas ; tu restais toute proche, – et tu me regardais ; – je sentais ton regard sans le voir[40]. –

On appréciera le lexique discrètement charnel : « fin frôlement », « je tremble », « toute proche », « je sentais ton regard ». Si la musique trouble[41] les amants, elle est de surcroît suspecte aux yeux du chaperon maternel – et l'on sait sur quel fondement biographique s'appuie un passage tel que le suivant : « Ils nous surveillent [...]. Ma mère surtout observe. [...] [H]ier, au piano, quand tu t'es approchée, j'ai bien vu son inquiétude[42]. » La musique, donc, *inquiète* – on connaît l'importance, chez Gide, de ce mot, et de la posture à laquelle il renvoie[43].

---

38 *Cahier préparatoire (En marge d'*André Walter*)*, *RR*, I, p. 148.

39 Sur le sujet, voir Anne-Claire Gignoux, « André Gide et la description musicale », dans Francis Buil, Belén Hernández Marzal et Paloma Otaola (dir.), *Musique et littérature au XX*e *siècle*, Lyon, Éditions de l'Université Lyon 3, 2011, p. 45-56.

40 *Cahiers d'André Walter*, *RR*, I, p. 48.

41 Plus tard, au contraire, la musique apaisera Gide : « Et, dans le doute, je retourne à l'étude du piano, comme vers un opium, où se calme la turbulence de ma pensée et s'apaise mon inquiet vouloir. » (*J*, II, p. 246, 22 janvier 1931.)

42 *Cahiers d'André Walter*, *RR*, I, p. 49.

43 Voir Frank Lestringant, *André Gide l'inquiéteur*, t. I : *Le Ciel sur la terre ou l'inquiétude partagée (1869-1918)* ; et t. II : *Le Sel de la terre ou l'inquiétude assumée (1919-1951)*, Paris, Flammarion, 2011 et 2012.

La musique, qui semblait pourtant apporter au poète une manière de paix tourmentée, sème autour de lui le trouble. Elle introduit dans un monde bien ordonné, sinon absolument tranquille (car la compagne semble bien facilement émue), le doute, l'instabilité, le porte-à-faux ; dans l'immuable, elle fait entrer le spontané, l'inconstant, l'éphémère, le primesautier. Elle accueille toutes les émotions, joyeuses comme funèbres, quand l'éthique que respectent et qu'incarnent les deux figures féminines qui prétendent jouer pour le poète le rôle de garde-fous est fondée (comme toutes les éthiques) sur un choix, une sélection, un tri. Mais comment le poète, que tout sollicite, et qui n'est insensible à aucun appel, pourrait-il choisir avant d'avoir goûté ? Deuil et triomphe alternent à un *tempo* déconcertant – la joie prenant d'ailleurs le pas sur la souffrance :

> Quelque soir, revenant en arrière, je redirai les mots de deuil… – mais aujourd'hui […] trop d'oiseaux chantent. J'ai du printemps plein la tête, et de fraîches chansons où ton nom tout tendrement vient à la rime et s'allitère avec des noms de fleurs ; c'est une douce mélodie : un chant de flûte – on croirait des oiseaux qui gazouillent – et des bruits d'ailes sous les feuilles, dans l'ombre claire – ô les flûtes ! – les hautbois qui s'envolent[44].

Déjà le motif ambigu de la flûte – si important par la suite – fait son entrée dans l'œuvre du poète. Le sentiment du renouvellement, l'expérience de la palingénésie – voilà ce qui compte aux yeux du poète épris de musique, qui célèbre, en un hymne psychique dont les mots sont presque exclus, ce qui renaît chaque jour, insoucieux des tourments de la veille : « *Par-dessus le deuil et la mort, l'amour plane. Les grands chagrins sont assoupis et les pleureuses* se sont tues. – *Chante, mon âme, aux nouvelles aurores. Tous les espoirs ont refleuri*[45]. »

44 *Ibid.*, p. 50.
45 *Ibid.*, p. 51. Voir aussi Walter Geerts, *op. cit.*, p. 83.

DONNER FORME À L'IRRÉEL

Toujours le discours du jeune Gide sur la musique est fondé sur des contrastes ou des oppositions dialectiques. Le piano fait ainsi partie des premiers intermédiaires entre le poète et un monde de la matière qui l'émeut certes, mais dont systématiquement il spiritualise les plaisirs. Ces joies (parfois angoissées), il apprend à les apprivoiser (et peut-être à les pressentir, sinon à les accepter, pour ce qu'elles sont : des joies sensuelles) au piano :

> Au piano.
>
> La nuit – très faiblement, une mélodie douce et comme ensommeillée berce la rêverie – se *la* figurer présente – oublier les choses – rêver.
>
> Je suis resté longtemps dans cette sorte d'ivresse énervante. L'air était chaud pour la première fois, et les parfums de l'acacia m'arrivaient par la fenêtre ouverte[46].

André Walter tisse un réseau complexe de relations, de résonances et de correspondances avec le monde extérieur, dont il apprend à connaître les événements en en observant les répercussions musicales à l'intérieur de son âme. La musique, alors, c'est le possible (« *Alternative* : SCHUMANN[47] »), c'est l'autre et les autres en soi qu'on réveille, c'est l'inconnu dont on fait l'expérience en soi, c'est le risque pris de se perdre (aussi bien mentalement que moralement) pour partir à l'aventure dans ses propres terres psychiques : « Mais les moindres perceptions du dehors ébranlent en moi des systèmes compliqués à l'infini de vibrations qui se répondent au physique comme dans l'âme, – qui réveillent des conceptions dormantes, latentes, et dont l'écho longtemps résonne au travers des émotions nouvelles[48]. »

Ces aventures intimes font grandir le poète, qui toujours fuit les « créatures » aux (sou)rires musicaux, mais à présent sans trouble, et par l'effet d'une décision bien plutôt que d'une impulsion – par force, semble-t-il suggérer, et non par faiblesse : « Les soirs d'été, les nuits de

46 *Cahiers d'André Walter*, *RR*, I, p. 57.
47 *Ibid.*, p. 38.
48 *Ibid.*, p. 60.

fête, sous les marronniers comme à l'ombre des antiques térébinthes, dans les chants, les rumeurs d'ivresse – les courtisanes ont appelé, les courtisanes errantes ; de loin j'entendais leur sourire… mais nous avons fui les amours faciles[49]. » Ce n'est d'ailleurs pas seulement les courtisanes que la musique et ce qu'elle lui apprend invitent Walter à fuir : c'est toutes les formes de sociabilité facile. Cette solitude, ce sentiment d'exclusion qui, on le sait, firent tant souffrir l'enfant puis l'adolescent Gide, il semble que la musique l'aide à s'en parer comme d'un *ethos* caractéristique sinon revendicateur. Walter n'est pas exclu – il fait le choix de se maintenir à l'écart, préférant les sons de son piano aux rires bruyants de ses camarades :

> Je me souviens aussi quand on rentrait la nuit de chez Ar***, après le parler franc et les rires, et les plaisanteries fatiguées qu'ils criaient dans la rue déserte. – « Viens-tu ? disaient-ils, on va s'amuser ! » – Je les quittais ; je regagnais tout seul ma chambre ; puis, au piano, je jouais bien avant dans la nuit, bercé d'une langueur songeuse[50].

Cette priorité accordée à la musique exclut néanmoins le poète du monde que l'on nomme réel. C'est le songe et la rêverie qui abritent le pianiste solitaire, qui, par moments oublieux même des *stimuli* que peuvent constituer les sons, les parfums et plus généralement les sensations qui l'assaillent quand il communie avec le monde naturel, ne semble guère soucieux que des rythmes et des harmonies qui traversent et modèlent (modulent ?) son âme :

> « *De la musique avant toute chose…*
> *De la musique encore et toujours…* »
>
> Elle occupe la rêverie et la promène et la balance. – La raison s'endort, le cœur veille – et l'âme ? – l'âme frissonne tout entière. Voilà ce qu'il faut : engourdir la raison et que la sensibilité s'exalte.

Dans les phrases qui suivent s'esquisse cependant une discipline, qui bientôt soutiendra toute l'éthique littéraire gidienne :

> Pourtant, pour que la volonté demeure attentive et que l'effort toujours subsiste, ce sera l'étude encore. – Les gammes sont trop espiègles – mais

49 *Ibid.*, p. 61.
50 *Ibid.*, p. 61-62.

> les arpèges envolés et les syncopes haletantes, mais les accords rompus, les cadences scandent la pensée commencée et la rythment et la conduisent. – L'étude plutôt que la mélodie vague et complaisante où les nerfs s'alanguissent ou s'exaspèrent[51].

Walter porte un jugement moral sur les phénomènes musicaux – et il semble juger avec plus d'indulgence les éléments de rupture que les éléments de continuité. Déjà, on pressent un certain *refus de profiter de l'élan acquis*[52]… Au fond, il ne découvre rien d'autre que les vertus de la contrainte, et surtout de la *pratique* (de ce que les anglophones nomment *practice*). Loin de dédaigner la *technique*, Walter pianiste travaille au contraire à acquérir une certaine aisance digitale – de même que Gide s'efforcera de maîtriser sans faille l'outil linguistique qui est le sien. Bien entendu, le Bach des *Fugues* du *Clavier bien tempéré* lui sert alors de maître. Plus qu'une figure tutélaire, c'est un modèle éthique (sinon poétique) qu'il trouve là : Walter, déjà, semble comprendre que « l'art naît de contrainte, vit de lutte et meurt de liberté[53] ».

Mais la maîtrise elle-même n'est-elle pas périlleuse ? N'offre-t-elle pas au pianiste, comme à l'écrivain, une trop grande licence à l'intérieur même du licite ? Le jeune poète, sans en souffrir encore, constate en tout cas que l'aisance conduit au « bavardage » :

> Le tumulte amusé de ces notes bavardes s'éveillant sous les doigts devenus plus agiles.
>
> J'ai travaillé forcenément : les harmonies agitées entourent d'une atmosphère toute vibrante. Puis l'effort constant et surtendu : en ces trois jours derniers j'ai retenu deux *Préludes* et deux *Fugues* nouvelles du *Clavecin* [*sic*] *bien tempéré*.
>
> Malgré que la raison sommeille, quelle activité de pensée ! et dans l'irréel, quels voyages[54] !

51 *Ibid.*, p. 66.

52 Voir le *Journal des Faux-Monnayeurs*, *RR*, I, p. 549.

53 « De l'évolution du théâtre » [*L'Ermitage*, mai 1904], *EC*, p. 436. Voir aussi *J*, I, p. 1143-1144, 7 décembre 1921 : « Chaque soir je me replonge, une demi-heure durant, dans le *Kunst der Fugue*. […] Non, l'on ne sent plus là, souvent, ni sérénité ni beauté ; mais tourment d'esprit et volonté de plier des formes, rigides comme des lois et inhumainement inflexibles. C'est le triomphe de l'esprit sur le chiffre ; et, avant le triomphe, la lutte. Et, tout en se soumettant à la contrainte, tout ce qui se peut encore, à travers elle, en dépit d'elle, ou grâce à elle, de jeu, d'émotion, de tendresse, et, somme toute, d'harmonie. »

54 *Cahiers d'André Walter*, *RR*, I, p. 66-67.

Bien entendu, cette dernière ligne retient l'attention : Gide fait la distinction entre la pensée et la raison, et semble suggérer que la musique permet à l'esprit de franchir les frontières du rationnel. Mais qu'est-ce, exactement, que cet « irréel » qu'évoque le volubile Walter ? Sans doute ne faut-il pas chercher à définir trop précisément les notions que mobilise le premier Gide, qui manquait, de son propre aveu, de rigueur conceptuelle au moment de composer *André Walter*. Toutefois, on songe irrésistiblement, malgré le caractère anachronique de cette association d'idées, à l'irréel malrucien : « L'irréel [...] prend forme par l'art comme la lumière par ce qu'elle éclaire[55]. » On dirait en effet que, chez Gide, la musique donne forme sonore à un flux créateur jaillissant de l'obsession volontaire du poète. Gide révoque la réalité, et convoque l'hallucination :

> Si j'arrivais à contempler la chimère avec assez de fixité pour que mes yeux éblouis du mirage n'aient plus un seul regard pour les réalités ambiantes, la chimère inventée m'apparaîtrait réelle ; et si c'est une image évoquée d'autrefois, j'oublierais que c'est autrefois, je la ferais toute présente, usurpatrice des réalités. Ce qui manque, c'est la puissance d'attention continue : elle est trop souvent défaillante, et l'image évoquée redevient aussitôt mirage[56].

Or, ici, ce qui vient soutenir le poète trop faible pour fixer sans discontinuité l'entité irréelle dont il souhaite voir l'image se cristalliser devant ses yeux – ce qui vient soutenir le poète dans son effort, ce n'est rien d'autre que la musique. La musique est à la fois l'environnement privilégié où apparaissent et évoluent les créatures « surnaturelles », le support d'une incantation pour faire surgir l'irréel, la substance dont se nourrissent les apparitions et la forme même qu'elles prennent :

> Il faut que la musique intervienne.
>
> Hier soir, j'ai joué, longtemps, jusqu'aux heures silencieuses où seules les cordes frémissantes faisaient tressaillir l'air tranquille. Peu à peu, sans y penser, je m'enivrais d'extase et la nuit s'éclairait devant mon œil visionnaire. « *Ici chimère ; arrête-toi !* » La musique est évocatrice ; c'est la souveraine enchanteresse ; elle soutient l'essor du rêve[57].

---

55 André Malraux, *L'Irréel*, Paris, Gallimard, 1975, p. 131.

56 *Cahiers d'André Walter*, *RR*, I, p. 67.

57 *Ibid.*

Vient un moment, pourtant, où ce pouvoir qu'a la musique de donner forme à l'irréel déplaît à Walter. C'est qu'il a repris la Bible. Mais ne nous y trompons pas – ce qu'il prétend congédier, ce n'est pas tant l'irréel et le chimérique, que la forme en laquelle ils s'incarnent, et qui en affaiblit la puissance : « Vers le matin, j'ai lu de ma Bible, je me suis approché du piano, mais je n'ai pas osé jouer : les harmonies sont trop précises[58]. » À l'irréel intime, hallucinatoire, succède donc un irréel religieux, le poète puisant alors son inspiration musicale dans la Bible. Il quitte le piano pour des instruments bibliques (le luth, la harpe) qui réapparaîtront dans *Saül* en particulier ; et il quitte par la même occasion l'écriture pour la réécriture, ou plus exactement pour la citation (en l'occurrence, il s'agit du *Psaume* 108 de David) : « *Mon cœur est affermi, ô Dieu ! mon cœur est affermi. Je chanterai, je ferai retentir mes instruments d'harmonie. / Réveille-toi, mon âme ! réveillez-vous, mon luth et ma harpe*[59] ! »

RÊVES D'HARMONIE
ET HALLUCINATIONS MUSICALES

Mais de tels élans ne préservent pas le jeune homme qu'est Walter du péché, ou de ce qu'il considère, dans son intransigeance, comme le péché. Or, où est le péché n'est pas la musique ; ou du moins, qui a péché ne saurait goûter aux joies musicales. Car, quand bien même la musique trouverait son origine dans la nature, quand bien même elle serait chant d'oiseau ou bruissement du vent dans les arbres, elle passe toujours par l'âme avant d'arriver à l'oreille du poète ; et seule une âme pure (sinon impeccable) laisse parvenir à l'oreille une musique délectable :

> Se lever le matin avec un brouillard triste dans la tête [...]. Les chansons d'hier à mon oreille frémissent encore, comme assoupies et venues d'un écho lointain ; – et, dans le néant des courages sombrés, [...] l'écœurement de mon péché me monte aux lèvres. [...]

58 *Ibid.*, p. 71.
59 *Ibid.*, p. 72.

> Et je pensais que jamais plus peut-être, je n'entendrais, par les nuits de printemps, chanter les espoirs en mon âme[60]...

Cette idée d'une interaction constante entre les « ondes » ou les « vibrations » musicales et les faits psychiques conduit Walter à développer une cosmologie qui fait écho à telle phrase célèbre de Lavoisier, et qui, surtout, affirme l'interdépendance constante de tout. Dès lors, l'univers doit être pensé en termes musicaux, en termes d'harmonie notamment. La moindre perturbation dans l'harmonie intime d'une âme – dans le microcosme, si l'on veut – dérange l'harmonie générale de l'univers psychique – du macrocosme :

> Nous ignorons la seconde signification de nos actes ; leur portée dans l'immatériel nous échappe ; ils ne s'arrêtent pas où nous croyons. – La moindre vibration d'une âme agite longtemps les espaces autour d'elle ; les moindres cris éveillent des retentissements très lointains. On n'altère pas impunément les rapports mystérieux des êtres ; rien ne s'éteint, rien ne meurt de ce qui a une fois commencé ; tout se succède et se propage à l'infini – les frémissements s'amplifient comme des ondes.
>
> C'est le refrain de quelque premier chant d'extase qui m'emporte ainsi l'âme vers des adorations inconnues[61]...

Mais l'extase et l'harmonie laissent parfois la place à la lutte ; ou plutôt, elles ne peuvent être atteintes que par la lutte. Car l'univers n'est pas tout entier pétri d'âme, et il y a des jougs – ceux de la chair et des passions, en particulier – que l'homme doit secouer s'il veut atteindre à l'harmonie. Gide semble ici se souvenir de la plume salvatrice de Lucifer-Satan dont parle Hugo dans *La Fin de Satan*, et peut-être aussi (surtout ?) de la « Sainte » mallarméenne qui promène son doigt « Sur le plumage instrumental / Musicienne du silence » :

> Elle secoue si fort ses entraves qu'elle les brise ou bien qu'elle est brisée. Le ciel la tente, et l'inaccessible ; elle rêve des essors toujours plus sublimes ; oublieuse des liens, elle s'élance... Et les plumes s'envolent au vent de l'esprit, de ses grandes ailes déchirées et qui retombent.
>
> Ce sont les chansons, les plumes qui s'envolent, de sang et de larmes éclaboussées – les plumes mélodieuses[62].

60 *Ibid.*, p. 73-74.
61 *Ibid.*, p. 78-79.
62 *Ibid.*, p. 82.

L'harmonie, donc, plus que l'objet d'une quête, est la récompense au terme d'une conquête. Jamais acquise, elle se brise bien facilement, comme en témoigne le passage souvent commenté des *Cahiers* où, soudain, le pianiste Walter se laisse douloureusement fasciner par les conséquences sonores de la rupture d'une corde. Subitement, la musique se libère, elle échappe au musicien, qui, quoique dépossédé, ou plutôt parce que dépossédé, a le privilège d'assister aux phénomènes vibratoires les plus authentiques qui puissent être :

> Je jouais, et le piano surmené frémissait de toutes ses cordes. Mais, à trop vibrer, soudain une s'est rompue. Je m'arrêtai, tremblant à l'incisif éclat de cette corde métallique. Elle s'est tue, mais, comme une onde harmonieuse ondulant sur tous les degrés, longtemps ont répondu, douloureusement émues, les plus lointaines harmoniques. Puis l'onde aérienne soulevée s'est épandue plus subtile. Tout se rendort. Le silence un instant déchiré se referme, qui m'enveloppe de peur et de ma solitude[63].

Le poète-musicien n'est pas loin de peindre son portrait en nécromant. Et, surtout, il oublie la réalité triviale de la corde de piano brisée pour se projeter dans un espace biblique, puisque soudain le luth est à nouveau convoqué :

> Je suis resté tremblant, craignant, sur le clavier muet, de réveiller les deuils de la note défunte. J'ai tâché de lire, rêver – et maintenant que j'écris, sans cesse encore dans la nuit j'écoute un sanglot – la corde d'un luth qui se brise[64].

L'analogie entre lois vibratoires et lois psychiques qui structure la théorie de la musique qui se développe implicitement dans les *Cahiers* est à nouveau mobilisée un peu plus loin. Sans doute Gide se souvient-il de Pythagore plus encore que de la Bible – mais les mathématiques ici ne sont convoquées que pour soutenir un propos que l'on peut qualifier, littéralement, de *théo-logique*, et qui en outre est poétique. Car, au-delà du champ lexical musical (« résonance », « unisson », « vibrations », « accords », « harmonieux », « sons », « harmoniques », « chant »), s'introduit un terme, « allitération », qui, lui, appartient au champ de la poésie et de la poétique (voire de la rhétorique) :

---

63 *Ibid.*, p. 85.
64 *Ibid.*

> Pour les âmes, de même, il est des lois de résonance. Le frémissement d'une seule émeut aussitôt alentour toutes celles capables d'un parfait unisson. Les vibrations de subtils accords les agitent ; elles sont dans un constant rapport harmonieux – peut-être bien mathématique ; – chacune rend un son distinct, car chacune a ses harmoniques. Et Dieu les connaît à ceci : comme un cristal très pur, l'âme la plus exquise a des sons tout lucides. Et c'est ce qui fait que parfois nous nous sentons émus de mystérieuses tendresses : c'est qu'un accord épars dans l'air aura fait frissonner notre âme ; un chant subtil, imperceptible, en elle aura réveillé quelque allitération latente[65].

Il ne faudrait pas penser, pourtant, que dès lors le poète-musicien a vaincu la chair. Car il se souvient, soudain, d'une « caresse » donnée par l'aimée ; chaste caresse, et innocente autant qu'une caresse peut l'être, mais caresse pourtant, contact entre deux chairs – contact qui désoriente : « Pourquoi ? », demande le poète. Et c'est dans une atmosphère musicale que ce geste, quoique anodin apparemment, est venu troubler le jeune homme :

> Le souvenir de ta caresse me tourmente…
> C'était au soir, près du piano, tu venais m'écouter – et puis voici ta main, ta main fraîche, qui doucement sur mon front me caresse – pourquoi ?
> Ce soir qu'il fait si doux, je pleure ; la caresse de l'air m'a rappelé ta caresse ; le souvenir de ta main sur mon front m'alanguit ce soir jusqu'à l'âme[66].

La dualité – la duplicité ? – de la musique ne semble que trop évidente. Il est des musiques qui troublent, qui « accablent ». D'autres valent par leur perfection formelle, qui interdit à l'âme de se laisser aller à elle-même. D'autres, encore, valent par leur discontinuité constitutive qui, elle aussi, quoique selon un mécanisme différent, interdit à l'esprit de *profiter de l'élan acquis* (et l'on se souviendra que chez Gide, « l'art comme l'avènement de la personne » résultent « d'une désobéissance […] à l'abandon[67] »). Cette éthique musicale de la contrainte et de l'inconfort s'incarne doublement en deux musiciens, Bach et Schumann, qui, on l'a vu plus haut, sont les compositeurs de prédilection du jeune Walter – lequel, déjà, se déprend du wagnérisme ambiant :

---

65 *Ibid.*

66 *Ibid.*, p. 90.

67 Voir Sandra Travers de Faultrier, « La longueur de temps qu'il a fallu à l'homme pour élaborer l'homme », dans Pierre Masson et Serge Cabioc'h (dir.), *Gide aux miroirs : le roman du XXe siècle. Mélanges offerts à Alain Goulet*, Caen, Centre de recherche Textes, Histoire, Langages, Université de Caen Basse-Normandie, 2002, p. 51-60, p. 57.

> Musique : Schumann et Bach seulement. – (Wagner accable trop). – L'obsession du nombre.
>
> Dans Bach, la fugue obstinée – dans Schumann, le rythme têtu qui brutalise la mesure et persiste en dépit des temps ; puis devient une angoisse. – La basse proteste par syncopes, les altos se déchirent, et, quand les parties se raccordent, il en reste quelque chose de lassé qui fait mal[68].

Ces dernières lignes, quoique encore imprécises, se rapprochent d'une *ekphrasis* musicale – *ekprasis* musicale qui sera développée un peu plus loin. Walter décrit une polyphonie *rêvée*, comme si le rôle du rêve était de mettre en scène la réalisation d'un désir de polyphonie plus encore que d'harmonie :

> Voici comment cela commence :
>
> Dans le silence de la nuit, sitôt couché, la bougie soufflée, au lieu du sommeil, ce qui vient c'est une mélodie, une mélodie courte, simple et capable d'être fuguée[69].

Mais soudain, la chimère musicale, dont le poète faisait un peu plus haut l'objet de sa quête, semble intolérablement angoissante – alors même qu'elle paraît obéir aux lois de la fugue et/ou du « canon ». Quelque chose, au-delà de ces lois structurelles, dérange, inquiète le rêveur : c'est un problème de timbre, ou un problème d'orchestration si l'on veut. Du point de vue de l'absolu – du point de vue des notes elles-mêmes –, la polyphonie est parfaitement harmonieuse ; mais du point de vue du relatif – du point de vue de la personnalité sonore de chaque ligne mélodique –, les voix ne parviennent pas à s'accorder. À quoi il faut ajouter que c'est le caractère *irréel* de cette polyphonie qui est le premier sujet d'angoisse du poète en proie à l'obsession hallucinatoire – comme si déjà le futur Gide, amoureux de la réalité, fût-elle dissonante ou malsonnante, s'éveillait en Walter :

> D'abord [la mélodie] se développe simplement, puis, à la reprise, il en surgit, comme un écho, une adjacente qui se développe en canon parallèlement à la première ; puis une troisième se greffe à la troisième mesure… une quatrième veut s'élancer ; elle grimpe sur la première, à l'unisson mais avec un timbre différent ; je les distingue, – elles pressent – tout s'embrouille. – C'est à recommencer. – La première hasarde une fioriture ; la seconde suit ; puis la

68 *Cahiers d'André Walter*, *RR*, I, p. 97.

69 Pour cette citation et celle qui suit, voir *ibid.*, p. 97-98.

> troisième ; – la première se hâte ; – les autres suivent scherzando… Bientôt c'est une obsession insupportable ; je me lève, et, pour la taire, je plaque très fort sur le piano des accords au hasard ; – et, la mélodie agaçante chante si fort, qu'elle fait heurtant l'accord plaqué, une dissonance RÉELLE.

On s'étonne de voir André Walter recourir à la cacophonie comme à un remède ; mais c'est que la cacophonie est à la polyphonie (et à l'harmonie) ce que la réalité est à l'hallucination – pour paraphraser Lacan, la réalité, en musique, c'est quand on cogne sur le piano. Toutefois, dans cette lutte pour la réalité contre la chimère, pour la veille contre le sommeil – pour l'esprit critique contre l'adhésion, contre la foi aveugle ? –, le poète ne l'emporte pas toujours. Il cède parfois aux hallucinations musicales, qui, du fait de leur aspect terriblement systématique et excessivement cohérent, forcent paradoxalement la raison à abdiquer :

> Ou bien une marche chromatique, qui s'élève implacablement, malgré moi, durant des gammes entières.
>
> Chaque nuit, c'est une obsession nouvelle.
>
> Hier, – une gamme qui fuyait indéfiniment, parcourant tous les registres jusqu'à des hauteurs inadmissibles ; elle continuait encore ; elle devait par un saut brusque en arrière se ramorcer plus bas pour recommencer à nouveau sa montée – mais où ? car la gamme semble ininterrompue – et mon oreille attentive s'agace à chercher le degré précis de cette secousse en arrière ; – elle va trop vite, elle presse furieusement – je veux l'arrêter – je me cramponne – enfin elle m'emporte avec elle dans un étourdissement de vertige ; c'est le sommeil[70]. –

À mesure que l'on s'avance dans les *Cahiers*, les *ekphraseis* musicales sont de plus en plus précises, de plus en plus factuelles[71] (et de moins en moins herméneutiques, donc), comme si la chimère prenait forme, véritablement, et gagnait au fil des pages en consistance. Entre spéculations rythmiques et calculs mathématico-musicaux, Gide semble presque oublier ce vers quoi la musique fait signe, ou ce sur quoi elle ouvre. Mais une dernière notation laisse entendre que le poète se contente ici de démonter le mécanisme de la chimère obsessionnelle, ou du « cauchemar » :

---

70 *Ibid.*

71 De telle sorte qu'il n'est que partiellement juste d'écrire que Gide refuse « de décrire ou de transcrire le musical », et se contente « de l'évoquer ou de le suggérer par des analogies ou des tropes » (Anne-Claire Gignoux, « Linguistique, rhétorique, stylistique, musique », *Musurgia*, vol. 23, n° 1, 2016, p. 5-10, en ligne : <www.cairn.info/revue-musurgia-2016-1-page-5.htm>, consulté le 23 juillet 2019). C'est là l'un des rares points sur lesquels nous ne sommes pas d'accord avec les remarquables travaux d'Anne-Claire Gignoux.

> La mesure est à trois temps ; des noires ; la succession de quatre notes, de sorte que la quatrième tombe sur le premier temps de la mesure suivante et rejette au second la note initiale. On continue quand même ; la voilà sur le troisième, – de nouveau sur le premier. – On recommence.
>
> La mesure est à quatre temps ; le groupe est de cinq notes. – Je calcule : cinq fois quatre, vingt ; donc vingt notes et cinq mesures pour se retrouver au point de départ.
>
> On recommence.
>
> Sept notes avec trois temps ; soit en tout vingt et une...
>
> Il faut suivre cela pendant les heures de la nuit, au lieu de dormir – et s'en obséder jusqu'au cauchemar[72].

Curieusement d'ailleurs, quand le cauchemar semble insurmontable, la musique, qui pourtant a contribué à sa formation, à sa fixation, à sa cristallisation, apparaît, sinon comme un antidote, du moins comme un recours, ou comme un refuge. La musique liturgique semble avoir le pouvoir d'apaiser le poète en proie aux hallucinations – jusqu'à ce moment terrible où elle lui révèle la raison véritable de son angoisse : le sentiment de la solitude morale, mentale, psychique. Gide, alors, semble faire, avec plus d'acuité que jamais, l'expérience de l'exclusion, qui fut l'un des drames de sa vie :

> Les nuits surtout sont terrifiantes [...].
>
> ... ou bien à l'orgue, lentement, pour occuper mon inquiétude, des sarabandes religieuses, au rythme grave, aux sonorités reposées – jusqu'à ce que je m'effraie du bruit même, comme moi perdu dans la solitude muette.
>
> Les âmes sont seules !
>
> Les âmes sont seules[73] !

Certes, nous l'avons dit, Walter tentera de terminer ses *Cahiers* sur une note moins angoissée, en célébrant à nouveau l'harmonie musicale et métaphysique[74] entre l'homme et ce qui l'environne. Mais, néanmoins, ce long *crescendo* angoissé ne se laisse pas oublier. D'ailleurs, au seuil des

72 *Cahiers d'André Walter*, *RR*, I, p. 103-104.

73 *Ibid.*, p. 104-105.

74 Car ce sont encore des émotions métaphysiques que le Gide des *Cahiers* cherche dans la fréquentation de la musique : « Gide formule [...] sa première conception de la musique à partir d'une appréciation d'ordre surtout métaphysique, en imaginant le rôle de cet art comme un moyen d'atteindre l'au-delà » (Pamela A. Genova, « L'Orphée mal enchaîné : André Gide et la polémique de la musique », *BAAG*, n° 131-132, juillet 2001, p. 459-472, p. 464).

Poésies (1892) d'André Walter, c'est l'évocation d'une musique réduite au silence qui accueille le lecteur : « Il n'y a pas eu de printemps cette année, ma chère ; / Pas de chants sous les fleurs et pas de fleurs légères[75]. » Certes, ce silence ne dure guère, et rapidement, Walter reprend, en vers cette fois, l'analogie qu'il développait dans ses *Cahiers* entre paysage musical et paysage psychique. Mais il ajoute un troisième terme – la « clarté », qui « atteste » la sonorité. Qu'est-ce à dire ? On songe encore une fois à la définition malrucienne de l'irréel, dont la lumière, informe tant qu'aucune œuvre n'en est venue cristalliser l'apparence, joue en retour le rôle d'un *révélateur* :

> Je sais qu'une âme implique un geste
> D'où vibre une sonorité
> Qu'harmonieusement atteste
> La très adéquate clarté[76].

La musique, toutefois, n'est pas toujours limpide, et le discours gidien sur la musique est parfois déroutant pour le lecteur. Que penser, par exemple, des vers suivants ?

> Tes mains s'ouvrirent dans un geste fatidique
> Les paumes offertes à la lune qui luit,
> Pendant que de ses vocalises mécaniques
> Un rossignol faisait des trous dans la nuit[77].

Ces deux derniers vers semblent irréductibles à aucun système du sens, comme si, soudain, le poète était sensible, au-delà du discours lisible de la musique considérée comme parole de l'âme, à l'impondérable sonore. Néanmoins, le poète et sa compagne reviennent bien vite à une posture herméneutique, comme en témoignent ces vers chers à Gide, qui les récitera (non sans hésiter) à Jean Amrouche lors de leurs entretiens radiophoniques de 1949 :

> Un chant de cor a retenti dans l'air sonore.
> Nous avons compris qu'il ne fallait pas bouger ;
> Et le cor s'est tu, mais la vibration monte encore
> Vers l'horizon cuivré[78].

75 *Poésies d'André Walter*, *RR*, I, p. 121.
76 *Ibid.*, p. 125.
77 *Ibid.*, p. 129.
78 *Ibid.*, p. 130-131.

Cette herméneutique musicale, cependant, aboutit à ce qui semble bien s'apparenter à un échec. Les questions que la musique pose au poète, ou plutôt les questions que la musique soulève dans l'esprit du poète, et que le poète pose ensuite à la musique, semblent destinées à rester sans réponse. C'est tout un système de conventions et de convenances (éthiques – au sens comportemental du terme – autant que mentales) qui semble mis en péril par une musique trop insistante :

> Pourquoi ce cor a-t-il vibré dans le silence ?
> Quelle heure est-il que ce soleil ne dorme pas ?
> Les corneilles, sur les halliers que le soir balance,
> Ces corneilles ne se tairont donc pas[79] ?...

Mais le premier Gide, le Gide qui signe encore Walter, ne se résout pas à l'inquiétude. De même que ses *Cahiers* réaffirmaient, après la montée irrépressible de l'angoisse, la possibilité d'un sentiment d'harmonie cosmique, de même les *Poésies* convoquent, pour faire taire ces questions qui, un temps, semblent ne devoir trouver de réponse que dans une musique équivalant, sur le plan du sens, à un vaste silence, l'Orient moral qui apparaît comme le recours suprême dans toute l'œuvre de Walter – Dieu :

> Des cloches tout à coup sonnèrent. Lumières qu'on voit courir sur la colline,
> – vers des chants d'orgue, au loin, dans l'église illuminée[80].

79 *Ibid.*
80 *Ibid.*, p. 134.

L'IRRÉEL ET LE TERRESTRE

Du *Narcisse* aux *Nourritures*

Le dialogue entre musique et irréel (un irréel protéiforme, qui peut être celui de la chimère comme celui de l'inspiration divine, celui de l'hallucination comme celui de l'idéal) est donc central dans la production d'André Walter. Il l'est aussi dans les textes de la même époque (*Le Traité du Narcisse*, *Le Voyage d'Urien*), même si la place qui y est accordée à la musique est beaucoup moins importante. Mais bientôt la vision gidienne de la musique évolue : *La Tentative amoureuse* rompt, comme son titre l'indique, avec la chimère ; et surtout, dans *Paludes* et dans *El Hadj* se développe une éthique de la dissonance qui met Gide sur la voie des *nourritures terrestres*, c'est-à-dire d'une musique incarnée faisant signe non pas vers l'idéal, mais vers la réalité de la matière terrestre, et en particulier des corps. C'est ce glissement, dans le discours gidien sur la musique, de l'irréel le plus chimériquement symboliste à un véritable *sens du réel*, que nous voudrions décrire dans ce chapitre.

MIRAGES MUSICAUX

Il ne faudrait pas penser, cependant, que l'idée de dissonance est absente des œuvres encore symbolistes de Gide. Déjà esquissé dans les *Cahiers d'André Walter*, le motif de la fausse note revient dans *Le Traité du Narcisse* (1891), et ce même si l'écrivain s'y ébat encore dans l'irréel symboliste.

Dans le *Narcisse*, les notations musicales se font discrètes. L'enjeu principal du (mince) discours sur la musique y est la question de l'harmonie, et surtout la mise en scène d'une tentation : celle de la dissonance volontaire. « Éden ! où les brises mélodieuses ondulaient en courbes prévues[1] », s'exclame le narrateur : ces courbes « prévues » renvoient à l'idée d'une harmonie, sinon des sphères, du moins mathématique. Il y aurait en quelque sorte des lois géométrico-musicales dont dépendrait ce qu'on peut nommer le *sentiment édénique* ou paradisiaque. Mais précisément, cette quiétude au premier abord bienfaisante se révèle bientôt déplaisante : car ces « lois », quoique apparemment purement esthétiques, ne sont pas moins contraignantes que des lois sociales. Et le jeune Gide (qui sait déjà que l'art *vit de lutte*, et qui semble répondre par anticipation aux rêves d'harmonie continue du La Pérouse des *Faux-Monnayeurs*) est bien tenté de prendre le risque de la dissonance, afin de découvrir *de quoi il est capable* :

> Car c'est un esclavage enfin, si l'on n'ose risquer un geste, sans crever toute l'harmonie. – Et puis, tant pis ! cette harmonie m'agace, et son accord toujours parfait. Un geste ! un petit geste, pour savoir, – une dissonance, que diable ! – Eh ! va donc ! un peu d'imprévu[2].

Il n'y a guère plus à dire de la musique dans le *Narcisse*. *Le Voyage d'Urien* (1893) offre en revanche plus de matière – c'est qu'il met en scène des figures-clefs de l'imaginaire musical : les sirènes. Dès l'abord, le « paysage[3] » marin est partiellement musical. Des voix sans corps, quasi acousmatiques, s'élèvent dans un environnement visuel où l'irréel semble prendre discrètement le pas sur le tangible : « Et maintenant voici le soir ; le soleil cramoisi disparaît entre les cordages ; des chants crépusculaires montent ; et dans le port tranquillisé le vaisseau fabuleux qui va nous emporter se balance[4]. » Ici, ce sont des éléments musicaux exotiques que Gide convoque. Aux cloches se substituent des muezzins, qui saluent, dans une polyphonie troublante, la naissance du jour. Mobilisant une rhétorique du jamais-vu (ou de l'inouï), Gide ne cherche guère la précision dans les adjectifs qu'il emploie. « Pathétique » (on s'étonne que ce mot, ici, ne semble pas connoté péjorativement), « bizarre », « merveilleu[x] »,

1 *Le Traité du Narcisse*, *RR*, I, p. 171.

2 *Ibid.*, p. 172.

3 Dans ses entretiens de 1949 avec Jean Amrouche, Gide désigne « l'épisode des sirènes [...] et de leur chant qui construit un paysage » comme l'un des passages réussis du *Voyage d'Urien*. Voir Éric Marty, *op. cit.*, p. 161.

4 Pour cette citation et celle qui suit, voir *Le Voyage d'Urien*, *RR*, I, p. 183.

le chant des muezzins contribue à maintenir le récit dans l'atmosphère d'irréalité, on serait presque tenté de dire d'irréalisme, qui justifie qu'on qualifie *Le Voyage d'Urien* de symboliste :

> Mais par l'aube encore trop fraîche, rien ne bruissait que des frémissements inconnus qui se perdaient dans l'air vide, lorsque soudain, comme le soleil paraissait, un chant partit d'un minaret, du premier vers le soleil qui se lève, un chant pathétique et bizarre [...]. La voix vibrait sur une note aiguë. Un nouveau chant jaillit, puis un autre ; et une à une les mosquées se réveillaient mélodieuses sitôt que d'un rayon les avait touchées le soleil. Bientôt toutes chantaient. C'était un appel inouï que finissait un éclat de rire sitôt qu'un autre commençait. Les muezzins dans l'aurore se répondaient comme des alouettes. – Ils jetaient des questions auxquelles succédaient d'autres questions, et le plus grand, sur le plus haut minaret, ne disait rien, perdu dans un nuage[5].

Ce qui retient l'attention, c'est le silence du muezzin suprême : faut-il y voir un symbole mineur (ou minoré) du silence du Créateur dans un monde où la musique n'a plus tant pour fonction de célébrer une entité transcendante, que d'assurer une harmonie immanente ? Il va de soi qu'on peut voir là également une figuration du fonctionnement du sens dans le récit : c'est aux voix des personnages, plus qu'à celle de l'auteur (qui n'est d'ailleurs rien d'autre qu'un personnage parmi les autres, plus haut placé certes, mais nullement transcendant), qu'il faut prêter attention. La suite semble justifier cette lecture autoréflexive :

> Cette musique était si merveilleuse, que nous étions demeurés immobiles, en extase, étourdis ; puis, comme les voix baissaient et se faisaient plus douces, nous voulûmes nous approcher, insensiblement attirés par la beauté de la ville et par l'ombre mobile des palmes. Les voix baissaient toujours, – mais comme elles retombaient, voici que la cité s'éloigna, se défit, chancelante avec une strophe ; les minarets, les palmiers grêles s'éperdirent ; l'escalier croula ; derrière les jardins des terrasses décolorées transparurent la mer et le sable. C'était un mirage en allé qui palpitait au gré d'un chant. Le chant se tut ; l'enchantement finit et la cité miragineuse. Notre cœur affreusement serré s'était cru s'écouter mourir.

On dirait que Gide dénonce le caractère chimérique, purement verbal, purement sonore même, de sa propre fabulation symboliste. De

---

5 *Ibid.*, p. 189-190.

même que la ville se réduit à un mirage sonore, le texte se défait sous les yeux du lecteur qui y cherche plus qu'un séduisant échafaudage de sons. Non seulement les mots ne sont pas les choses, mais les phrases qui construisent un récit symboliste semblent privées de tout pouvoir référentiel : *Le Voyage d'Urien* n'est pas loin de se réduire à un « bibelot d'inanité sonore » bien vite « aboli ».

Aussi bien Gide convoque-t-il les figures qui, par excellence, « incarnent » (le mot prend ici des allures paradoxales) l'inanité du chant : les sirènes. Ce sont des fragments sonores, eux-mêmes insaisissables, acousmatiques, qui font naître la vision des sirènes. Mais les voyageurs sont avertis, comme l'était Ulysse : ils savent quel danger mortel menace ceux qui se laissent enchanter par elles. Mieux : ils savent que leur chant a le pouvoir d'irréaliser, de *dés-intégrer* le monde. Le mouvant se substitue au solide, et l'évanescent au tangible. Le sol se dérobe sous les pieds des voyageurs :

> – À peine un bout de vision qui danse encore sur un trille, sifflement d'haleines, – et c'est alors que nous les vîmes, couchées dans les algues ; elles dormaient. Alors nous avons fui, si tremblants que nous pouvions à peine courir. Heureusement, nous étions très près du navire ; nous l'avons aperçu derrière un promontoire : seul il vous séparait des sirènes. Quel n'était pas votre danger si elles eussent pu vous entendre – et nous n'avons osé crier que déjà tout près de vous de peur que le cri les éveille. – Je ne sais pas la route que nous avons pu faire la veille pour avoir avancé si peu ; je crois maintenant que nous avons marché sur place et que ces collines mobiles qui se déplaçaient sous nos pas, que ce plateau, que cette vallée, étaient déjà l'effet de l'enchantement des sirènes[6].

Une nouvelle fois, la musique équivaut à un mirage ; et il semblerait bien que Gide figure à nouveau la vacuité de son récit. Les voyageurs pourraient bien être les doubles des lecteurs qui se laissent séduire par les charmes sans consistance du récit symboliste. Toujours est-il que la tentation est grande d'écouter les sirènes. À défaut de répondre à leur appel, ceux qui sont restés à bord du navire demandent qu'on leur décrive le chant de ces créatures trompeuses. Mais l'*ekphrasis* musicale, ici, ne peut se développer rigoureusement. Seules quelques métaphores peu précises viennent sous la plume de Gide ; quant à

6 *Ibid.*

ses personnages, ils ne semblent guère capables de dissocier discours objectif sur la « nature » des sirènes et discours subjectif sur « leurs ensorcellements » :

> – Mais leurs voix, leurs voix, dites-nous, leurs voix comment étaient-elles ? Et chacun souhaitait les avoir entendues.
>
> – Elles étaient, dit Morgain, comme une vallée d'ombre et comme l'eau fraîche aux malades.
>
> Puis chacun parla de la nature des sirènes et de leurs ensorcellements ; Morgain se tut et je compris qu'il regrettait les belles sirènes[7].

Après les muezzins et les sirènes viennent les derviches : encore une fois, Gide prend le parti de recourir à l'exotisme musical. Encore une fois, aussi, la musique est associée à des états mentaux proches de l'hallucination, et qui coupent en tout cas celui qui en fait l'expérience de ce que l'on nomme communément la réalité. La musique semble un élément-clef de l'irréalisme du premier Gide, encore nettement symboliste. Ici, d'ailleurs, elle dégénère en cris (et l'expérience spirituelle en débauche). Elle joue ainsi, quoique en négatif, et avec moins d'évidence, le rôle qu'elle jouera plus tard, notamment dans les *Notes sur Chopin* : celui de garde-fou à la fois éthique et esthétique. La musique est associée aux valeurs de pureté et de virginité. Une musique qui accompagne des démonstrations obscènes est une musique qui est sortie de son rôle, et plus fondamentalement encore d'elle-même :

> Nous étant dressés contre le mur, nous avons pu voir, au centre de la foule, deux derviches hurleurs commençant leur extase ; ils tournaient lentement au son d'une musique que faisaient quatre hommes accroupis, mais qu'on n'entendait pas à cause des cris de la foule ; et périodiquement, à la fin d'un couplet des instruments de musique, ils poussaient un hurlement guttural suraigu, auquel la foule répondait par un trépignement enthousiaste[8].

L'*ekphrasis* chorégraphique se développe donc sur le ton de la désapprobation :

> Comme la musique les pressait, ils ont commencé de tourner plus vite ; [...] comme ils tournaient plus vite encore, ils ont rejeté leurs sandales et dansé pieds nus sur la pierre ; [...] ils devinrent frénétiques et, poussant des cris

7 *Ibid.*, p. 191.

8 Pour cette citation et celle qui suit, voir *ibid.*, p. 192.

désordonnés, ils tournèrent si follement vite que leur robe, toujours plus tendue, devenait presque horizontale, les découvrait tout nus, obscènes… Nous partîmes.

Mais ce glissement vers les « cris désordonnés » et vers l'obscénité dénonce peut-être un vice constitutif de la musique. Car il est des musiques frénétiques ou langoureuses qui ne semblent guère inviter à la discipline. Toutefois, c'est toujours quand la musique cesse d'être musique et se fait cri ou silence que l'âme s'abandonne à la débauche ou à la facilité : « Ce soir, les danses et les musiques même étaient retombées trop lasses. Jamais les vents n'avaient soufflé plus tièdes[9]. »

Si la musique sort parfois d'elle-même pour devenir cri ou silence, la parole aussi sort de ses gonds quand elle doit évoquer des entités qui échappent à toute logique. Cessant d'être *logos*, elle tend à devenir *melos*, afin d'épouser l'incohérence des objets, des faits ou des événements dont elle rend compte. Dès lors, le récit se fait poétique, la paronomase prenant le pas sur la logique narrative, ou sur l'intention référentielle :

> À des choses inordonnées il faut des phrases incohérentes ; je terminerai par quelques allitérations – et laissant retomber ma voix soudain jusqu'à n'être plus qu'un murmure, je chuchotai pour la cadence :
> … Chantera
> la sauterelle
> des sables[10].

Le récit symboliste semble provoquer une désintégration profonde du sens. Ce sont des éléments purement sonores qui orientent les voyageurs d'une part et les lecteurs d'autre part ; éléments suspects, cependant, d'inexistence, ou du moins d'inconsistance :

> Comme une forme vaporeuse, une blanche femme naissait, […] s'élevait au-dessus du marais ; elle agitait une clochette […]. Notre geste d'abord fut de fuir, puis rassurés […] à cause de sa délicatesse, nous l'eussions peut-être implorée, mais voici qu'elle n'était plus déjà qu'une vapeur défaite, […] et la petite sonnerie qu'elle faisait s'en allait se perdre avec elle ; mais elle persista toujours et nous commencions à croire à quelque illusion […], lorsque marchant de ce côté, nous l'entendîmes plus proche, de nouveau précise, rasant la terre, incertaine parfois, promenée, puis hésitante, puis plaintive,

9 *Ibid.*, p. 205.
10 *Ibid.*, p. 212.

> un appel, et penchés dans l'ombre pour voir, nous avons trouvé une pauvre brebis perdue par la lande, perplexe, la laine humide de ténèbres. Elle portait au cou la clochette[11].

Ici encore, Gide figure le fonctionnement du sens dans son récit par le biais d'un phénomène acousmatique : le sens, qui semble n'être plus que sonore, est mobile au point qu'il semble illusoire. La résolution « réaliste » qui réduit le fantastique à l'étrange n'y change rien, car elle est incongrue, et par suite déceptive : le sens circule de phonème en phonème, mais le véhicule, bientôt, semble plus important que ce qu'il abrite, au point de paraître, au terme du récit, vidé de toute substance.

Entre *Le Voyage d'Urien* et *La Tentative amoureuse* (1893 également), l'écart est flagrant : dans *La Tentative*, la musique, loin de défaire les apparences d'un monde qu'elle dénoncerait comme illusoire, célèbre les joies d'une nature certes encore esthétisée, mais bien moins irréelle que les paysages toujours sur le point de se défaire, de se dissoudre, qu'évoque Gide dans le *Narcisse* et dans *Urien*. C'est une renaissance musicale que chante Gide au début de *La Tentative* : « L'aurore frémissait d'une joie infinie et le printemps naissait d'un appel de sourires. Des chants vibrèrent et parut une ronde de jeunes filles[12]. » C'est un sentiment religieux que goûtent les créatures gidiennes quand elles communient avec une nature qui, cette fois, n'a plus rien de malsain ou de morbide : « Été ! Été ! Il faudrait chanter cela comme un cantique[13]. »

Une fois de plus, cependant, la musique a partie liée avec la question amoureuse. Rachel, pour Luc, est d'abord une voix musicale : « Une allée de lilas menait à sa demeure ; puis c'était un jardin plein de roses, enclos d'une barrière basse ; dès l'abord, Luc entendit Rachel chanter. » Mais cette idole musicale, Luc semble hésiter à la posséder. Ou du moins, l'auteur, s'il avait été Luc, aurait hésité à la posséder. Car la musique semble proférer un *Noli me tangere* bien puissant pour le jeune Gide : presque systématiquement, elle est associée à un refus de la chair. C'est grâce à la projection dans un personnage qu'il décide, explicitement, de ne pas concevoir entièrement à sa semblance, qu'il va trouver le courage de transgresser cet interdit éthico-musical :

11 *Ibid.*, p. 213.
12 *La Tentative amoureuse*, *RR*, I, p. 242.
13 *Ibid.*, p. 247.

> Des jours passèrent ; Luc n'osait rien ; Rachel se livra la première. – Un matin, ne l'ayant pas trouvée sous la charmille accoutumée, Luc décida de monter à sa chambre. Rachel était assise sur le lit, [...] presque nue, [...] ; certes elle attendait. Luc arriva, rougit, sourit [...]. Luc souhaitait l'amour mais s'effrayait de la possession charnelle comme d'une chose meurtrie. Triste éducation que nous eûmes, qui nous fit pressentir sanglotante et navrée, ou bien morose et solitaire, la volupté pourtant glorieuse et sereine. Nous ne demanderons plus à Dieu de nous élever au bonheur. – Puis, non ! Luc n'était pas ainsi ; car c'est une dérisoire manie que de faire toujours pareil à soi, qui l'on invente. – Donc Luc posséda cette femme[14].

Bientôt, les sons de la nature rythment les plaisirs amoureux, mi-innocents, mi-sensuels, et que Gide ne semble pouvoir dire que par le biais de tournures neutres : « Il y eut des poursuites amoureuses sous les feuilles et des rondes d'insectes dans l'air : on entendait des vols d'abeilles et sur les gazons s'ouvraient les nouvelles fleurs butinées. Des murmures délicieux s'élevèrent[15]. » *La Tentative amoureuse*, donc, porte bien son titre : Gide y met en scène sa propre tentative de dire la chose amoureuse, malgré une sorte de prohibition musicale.

UNE ÉTHIQUE DE LA DISSONANCE ?

Que dire, à présent, de *Paludes* (1895) ? On y est bien loin des trois textes que nous venons d'évoquer – mais on peut dire malgré tout que s'y poursuit le mouvement de libération esquissé dans *La Tentative amoureuse.*

Le livre a été écrit dans une atmosphère de recueillement musical, durant un séjour à La Brévine qui vit Gide vivre « dans un état de solitude parfaite, avec pour seul compagnon un piano[16] ». Pourtant, la musique, à première lecture, n'y joue qu'un rôle très secondaire. Et même une lecture approfondie ne permet guère d'accorder plus de place au fait musical dans la sotie. Quelques passages, néanmoins, font allusion, plus

14 *Ibid.*, p. 244.

15 *Ibid.*, p. 250.

16 Voir Éric Marty, *André Gide, qui êtes-vous ? Avec les entretiens André Gide-Jean Amrouche*, *op. cit.*, p. 167.

ou moins discrètement, à la musique, qui apparaît d'abord comme une pratique sociale associée à la bourgeoisie[17] (grande ou petite) :

> Mes tiroirs restaient à peu près vides, et pour payer la cuisinière il fallait priver Albert de ses leçons de violon. J'en étais désolé, car ce sont les seules distractions de sa longue convalescence. Je ne sais comment, la cuisinière eut vent de la chose ; cette pauvre fille nous est très attachée ; – vous la connaissez bien, c'est Louise. Elle vint nous trouver en pleurant, disant qu'elle se priverait de manger plutôt que de peiner Albert. Il n'y avait qu'à accepter, pour ne pas froisser cette brave fille ; mais je pris la résolution de me relever deux heures chaque nuit, lorsque ma femme me croit endormi, et de ramasser, à l'aide de quelques traductions d'articles anglais que je sais où placer, l'argent dont nous privions la bonne Louise[18].

Faire de la musique (en amateur), c'est tenir son rang ; cesser la pratique du violon, ce serait déchoir : voilà tout ce que semble suggérer ce passage, où la musique est présentée comme un divertissement, comme un passe-temps, rien de plus. Néanmoins, on remarquera que jouer du violon est un plaisir de convalescent. Or, *Paludes*, ne l'oublions pas, est précisément un livre de convalescent : le violon dérisoire d'Albert pourrait donc être une miniature autoréflexive (et faussement dépréciative) du livre de Gide.

Deux scènes musicales retiennent encore l'attention dans *Paludes*. Toutes deux présentent la musique comme une pratique bourgeoise que le narrateur vient interrompre – avec toujours cette idée, implicite, que l'art ne naît que du refus de céder à sa pente, ou à celle des autres : l'artiste a le devoir de briser constamment l'élan acquis, que ce soit le sien propre ou celui d'autrui. Quand Marceline joue Mozart, le compositeur semble un attribut parmi d'autres de l'intérieur bourgeois où se passe la scène :

> Elle était seule. Comme j'entrai elle jouait avec exactitude une sonatine de Mozart sur un piano fraîchement accordé. Il était déjà tard, et l'on n'entendait pas d'autre bruit. Elle avait allumé toutes les bougies des candélabres et mis une robe à petits carreaux[19].

---

17 Et l'on sait la haine que Gide portait à l'art bourgeois – on pourrait même dire qu'il considérait cette idée d'*art bourgeois* comme oxymorique : « Il faudra dire cela, mais mieux – l'écœurante bourgeoisie de Hugo dans ses débauches et dans son œuvre par conséquent [...] – les vibrations extraordinaires des vrais artistes au contraire qui tous ont eu quelque déviation du sens génésique : Dante, Pascal, Vigny, Schumann, Michelet, Gustave Moreau, les préraphaélites » (*J*, I, p. 135, 10 juillet 1891).

18 *Paludes*, *RR*, I, p. 269.

19 *Ibid.*, p. 274.

L'ironie descriptive, ici, vient briser l'harmonie mesquine de cet intérieur. Plus significatif encore est le passage anti-wagnérien qui suit : « Le soir, après le dîner, [...] je me rendis chez Angèle. Elle était assise au piano ; elle aidait Hubert à chanter le grand duo de *Lohengrin*, que je fus heureux d'interrompre[20]. » Cette joie critique, cette *Schadenfreude*, comme diraient les Allemands, est éloquente : le rôle de l'écrivain est d'interrompre le bavardage verbeux d'une musique qui se laisse trop facilement réduire à un objet de salon. En somme, le narrateur de *Paludes* maîtrise l'art du contretemps. Jamais accordé à ce qui l'entoure, il se réjouit de n'être pas comme les autres. Le fait que ses livres tombent dans le silence ne semble guère attrister Gide (ou du moins il n'en laisse rien paraître). Jouer de la flûte dans le désert : telle est la posture de l'artiste, qui préfère le mutisme de la lune et la disharmonie du coassement des crapauds à l'harmonie bavarde mais sans élan d'une musique embourgeoisée sinon essentiellement bourgeoise. C'est peut-être la morale qu'on peut tirer des vers qui couronnent ironiquement *Paludes* :

Nous vous avons joué de la flûte
Vous ne nous avez pas écouté.

Nous avons chanté
Vous n'avez pas dansé.

Et quand nous avons bien voulu danser
Plus personne ne jouait de la flûte.

Aussi depuis notre infortune
Moi je préfère la bonne lune.

Elle fait se désoler les chiens
Et chanter les crapauds musiciens[21].

Au fond des étangs bénévoles
Elle se répand sans paroles ;

Sa tiède nudité
Saigne à perpétuité[22].

20 *Ibid.*, p. 299.

21 On reconnaîtra ici une parodie du « Clair de lune » de Verlaine, qui évoque le « calme clair de lune triste et beau, / Qui fait rêver les oiseaux dans les arbres / Et sangloter d'extase les jets d'eau, / Les grands jets d'eau sveltes parmi les marbres. »

22 *Paludes*, *RR*, I, p. 314-315.

Mais cette posture critique est loin d'être le *fin mot* de Gide en matière de musique : car, dès la « Postface pour la nouvelle édition de *Paludes* et pour annoncer *Les Nourritures terrestres* », il se réapproprie (avec plus de maturité certes, et une bien plus grande maîtrise de ses élans intimes comme littéraires) la posture lyrique qui était celle d'André Walter déjà. À vrai dire, on a le sentiment que Gide prétend, dans un mouvement dialectique, enter la critique sur l'adhésion, et le comique sur le lyrique. Mieux, développant une sorte de *théorie de l'histoire lyrico-musicale*, il affirme que tout lyrisme nouveau apparaît dans un premier temps comme critique, de même que toute harmonie inouïe semble d'abord une dissonance :

> Ô nature perpétuellement semblable à tout et à toi-même, qui donc, qui donc en ta monotonie épuiserait le goût de tes formes nouvelles, l'intarissable élan de tes rires et de tes harmonies – source d'amour que j'aime, inépuisable provision ! Tout comique naissant du sentiment d'une inadéquation, chaque harmonie nouvelle perçue permet, promet un nouveau rire. Le comique évolue toujours en rapport avec le sentiment de l'harmonie[23].

Cette veine lyrique réapparaîtra, mais désenchantée, dans *El Hadj* (1896 pour la première publication dans la revue *Le Centaure*), ce *Traité du faux prophète* qui préfigure *Les Faux-Monnayeurs*, dans la mesure, notamment, où il met en scène une manière de *dévaluation* de la parole – et de la musique en outre. Dès le début, le prophète peint son autoportrait en mercenaire musical ; si ses chants plaisent, c'est parce qu'il feint d'être solidaire des sentiments collectifs de ses auditeurs. En d'autres termes, si le narrateur n'est pas un prophète authentique, c'est parce qu'il ne joue pas ouvertement son rôle critique : il épouse en apparence la cause de ceux pour qui il chante, au lieu d'introduire dans cet environnement humain unanime la *fausse note* qui donnerait tout son prix à la musique. On voit donc que la morale socio-musicale d'*El Hadj* est la même, ou peu s'en faut, que celle de *Paludes* :

> On partait en troupe pressée, on ne savait ni pour quoi, ni pour où. Ils me payèrent afin de les distraire ; ainsi je me joignis à eux ; je leur chantais des chants d'amour dans l'ennui de la longue route et pleurais avec eux les femmes que nous n'avions pas emmenées ; ainsi je me fis aimer d'eux[24].

23 « Postface pour la nouvelle édition de *Paludes* et pour annoncer *Les Nourritures terrestres* » [1896], *RR*, I, p. 324.
24 *El Hadj*, *RR*, I, p. 330.

Le tort du faux prophète est peut-être de préférer le familier à l'inconnu. Il choisit, parmi ses auditeurs, de s'adresser à ceux qui, *a priori*, peuvent le comprendre aisément plutôt qu'aux étrangers : « Parfois, plus pour les nôtres que pour ces étrangers qui me comprenaient mal [...], je chantais et prolongeais mon chant dans la nuit jusqu'à l'approche du sommeil[25]. » Le chant du prophète est un chant intéressé : le musicien calcule ses effets afin d'entrer en faveur auprès du prince. Conscient, trop conscient du charme de son chant, il en fait un instrument de pouvoir. Sa ferveur est politique, voire économique ; ce qui manque à son chant, c'est cette gratuité (on connaît l'importance de cette valeur dans l'économie morale et conceptuelle gidienne) qui non seulement le ferait libre, mais qui surtout le ferait authentique :

> Le lendemain, [...] je pensais : que me sert de chanter, si je ne chante pas pour le prince ? – Cette nuit, non loin de sa tente, j'irai ; eux tous fatigués dormiront ; le prince qui n'a pas peiné doit peu dormir ; il m'entendra, et je chanterai si suavement qu'il voudra de nouveau m'entendre. À cela durant tout le jour je songeai ; une ferveur soutint ma marche, et le désir de cette nuit me la faisait lente à venir, que j'allais emplir de mon chant[26].

L'*ekphrasis* musicale qui suit est révélatrice : la poétique choisie par le prophète-musicien est fondée sur des calculs de réception qui la discréditent (au sens économique du terme, encore une fois). Jouant sur des effets acoustiques, il veut faire de son chant un objet de désir. La musique, ici, se donne le tort de jouer sur le principe érotique de l'apparition-disparition, ou du bâillement – alors que la morale esthétique gidienne impose *a priori* à la musique de demeurer toujours du côté de la chasteté la plus intransigeante :

> Quand vint la nuit :
> Ô nuit ! chantai-je – et dans le camp tout se taisait. La tente du prince, hors du camp, faisait un isolé promontoire, puis le vaste désert s'étendait.
> – Ô nuit ! – et je rompais mon chant de pauses, comme si du vent l'emportait qui ferait regretter au prince de ne l'entendre pas tout entier[27]...

Le prophète prend le risque d'irriter ses compagnons – d'irriter la multitude pour séduire le prince, ou pour du moins attirer son

25 *Ibid.*, p. 331.
26 *Ibid.*, p. 332-333.
27 *Ibid.*

attention : « Quand le jour revint, je craignis qu'à cause de mon chant ne m'importunassent les autres[28]. » Mais il se prend à son propre jeu, et celui qu'il voulait séduire par calcul finit par le séduire par sa supériorité – supériorité qui s'exprime sur un plan vocal, d'abord, la voix du prince étant « plus subtile qu'aucun chant ». À nouveau, mais cette fois par amour et non par calcul, le musicien se donne le tort d'adhérer à la foi de celui pour qui il chante :

> Et de lui peu à peu je me sentais m'éprendre au gré même de mes paroles, de sorte que, dans la troisième nuit, quand, dès mon chant, je le vis sortir de sa tente, à la clarté du ciel, couvert de vêtements somptueux, mais la face cachée d'un voile – et, comme encore je demandais et pensais demander en vain : Prince ! qu'êtes-vous allé voir au désert ? – lorsque, d'une voix plus subtile qu'aucun chant que j'eusse entendu, je l'ouïs inespérément me répondre :
>
> Un prophète – et plus qu'un prophète[29].

El Hadj, ne se satisfaisant plus de son rôle esthétique, va donc aspirer à occuper une fonction prophétique – ce qui, en soi, constitue un tort : car l'on sait que Gide désapprouve toute musique qui ne sait pas se contenter d'être musique, et qui prétend être douée d'un pouvoir visionnaire ou d'une portée métaphysique. La voix du prince, qu'El Hadj va écouter en résiliant tout sens critique, est trompeuse précisément parce qu'elle est « plus subtile qu'aucun chant ». L'art doit sa valeur au sens de ses propres limites : et la rhétorique superlative ou hyperbolique du prince, qui veut « plus qu'un prophète », aurait dû alerter le musicien. Mais ce dernier oublie que la musique n'a pas vocation à représenter ; en somme, les musiques entendues par les voyageurs dans *Urien*, si elles semblaient morbides, avaient peut-être ce mérite de ne pas prétendre à une consistance qui n'appartient qu'à la réalité, ou éventuellement à ses doubles mimétiques. Or, El Hadj prête à la musique une valeur quasiment performative : il n'est pas loin de laisser entendre que le chant *réalise* ce qu'il conte. Non seulement il continue à modeler son art en fonction de son auditoire (ou de son auditeur unique en l'occurrence), mais il devient de plus la dupe de sa propre musique. Il devient le récepteur crédule qu'il voulait manipuler au moyen de son chant :

28 *Ibid.*, p. 334.
29 *Ibid.*, p. 334-335.

> Prince, à force d'amour, je t'ai cru.
> – Chante, El Hadj ! chante maintenant les jardins où m'attend l'amante – mais d'elle ne me parle pas.
> Songeant à la monomorphie des palmes : pour faire rêver l'habitant du désert, me disais-je, il faut parler des nombreuses ramures du Nord et des troncs variés des arbres ; et je chantais les profondes forêts, les ravins, l'odeur des feuilles et des mousses [...]. Le prince m'écoutait lentement. Je disais [...] l'azur plus clair, l'air moins brûlant, la nuit moins enflammée. [...]
> – Chante encore, El Hadj bien-aimé ! [...]
> À chanter, la moitié de la nuit se passait.
> Je ne sais si mon chant donnait de l'assurance au prince, mais moi j'en étais extraordinairement fortifié. Ce que je chantais devenait ; après l'avoir chanté j'y croyais[30].

Se met alors en place une relation mimétique entre l'attitude du récepteur et l'aspect sonore du chant : pour peu que l'auditeur fasse la sourde oreille, le musicien réduit son chant à un quasi-silence. Et non seulement El Hadj chante en fonction du prince, mais en outre, il intègre les paroles du prince à son chant, comme s'il se laissait déposséder de sa *fonction critique de créateur*. Sa réaction à son propre chant est d'ailleurs significative. Le créateur qui adopte une posture critique ne saurait se laisser émouvoir, de quelque façon que ce soit, par son propre art ; or, El Hadj est « effray[é] » par son propre chant, précisément parce qu'il s'est fait, littéralement, le porte-parole ou le porte-chant du prince :

> Le lendemain entre les marches du long du jour, près de sa tente encore déployée, espérant qu'il m'entendrait, je chantais [...].
> Mais [l]e prince dormait tout le jour et ne m'entendait pas chanter. Alors je reprenais d'une façon plus murmurée [...].
> Comprenant à peine pourquoi, je m'effrayais, ainsi chantant, à cause du silence même du désert, de ces étranges paroles du prince, que je rapportais dans mon chant[31].

Si le faux prophète doublé d'un musicien dévoyé s'inquiète ainsi, c'est précisément parce qu'il ne joue pas son rôle critique d'inquiéteur, c'est parce qu'il chante à l'unisson avec le prince, alors que son rôle politique serait d'introduire dans la mélodieuse monophonie princière une fausse note, une dissonance qui l'ouvrirait sur la richesse de la polyphonie.

30 *Ibid.*, p. 336.
31 *Ibid.*, p. 337-338.

LES CHANTS DE LA TERRE

La polyphonie – une polyphonie qui conduit la parole à sortir d'elle-même pour devenir musique – est précisément le principe structurant des *Nourritures terrestres* (1897) :

> Le narrateur [des *Nourritures terrestres*] circule entre les divers disciples, mais ne retient que des « propos sans suite » ou des « phrases éparses », avant d'ajouter qu'il lui semblait que chacun parlait « sans s'inquiéter s'il n'était par aucun autre écouté ». Lui-même, ainsi que tous les autres participants, finit par écouter les parleurs ou les parleuses attardés « sans plus les comprendre ». Les nombreuses paroles d'autrui deviennent des voix qui se mêlent comme une expression de la plus pure musique. Et voilà, à notre sens, l'état privilégié pour le Gide des *Nourritures*, état vers lequel tout concourt dans cette composition hétérodoxe[32].

Toutefois, discrète dans *Le Traité du Narcisse*, dans *Le Voyage d'Urien*, dans *Paludes* et dans *El Hadj*, la musique n'occupe pas non plus une place prépondérante dans *Les Nourritures terrestres*[33]. Certes, il y est fait régulièrement allusion aux jouissances sonores, mais l'ouïe n'est pas le sens auquel Gide accorde le plus d'attention. La vue, le toucher, l'odorat et le goût semblent occuper bien plus le « locuteur » (il est difficile de parler de « narrateur ») du plus sensuel, incontestablement, des ouvrages gidiens : aussi bien, nous l'avons dit, et nous le verrons encore bien souvent, ce que cherche Gide dans la musique, ou plus précisément chez les musiciens qu'il distingue, c'est une esthétique qui fasse pendant à l'éthique de la chasteté avec laquelle il lutte, et qui en même temps lui sert de garde-fou. Et pourtant, les plus naturels, les plus authentiques des musiciens – les rossignols – ne goûtent-ils pas une « volupté » inégalable au moment de chanter, saisis par l'ivresse « des nuits d'été » ? Oui, mais c'est que leur chant est une « action parfaite », qu'il n'outrepasse à aucun moment ses propres bornes, qu'il est irréprochablement accordé à

32 Michael Tilby, « Écriture et émancipation dans *Les Nourritures terrestres* », dans David H. Walker et Catharine Savage Brosman (dir.), *Retour aux* Nourritures terrestres, Leiden, Brill, 1998, p. 164.

33 Sur le sujet, voir Antoine Spacagna, « Présence de la musique dans *Les Nourritures terrestres* », *BAAG*, n° 109, janvier 1996, p. 21-28.

sa propre essence. La juste mesure est la valeur fondamentale de l'éthique du tuteur de Nathanaël :

> Est-ce de vin que se grise le rossignol ?
> [...] Le rossignol s'enivre des nuits d'été. [...]
> Chaque action parfaite s'accompagne de volupté. À cela tu connais que tu devais la faire. [...] La joie que l'on y trouve est signe de l'appropriation du travail et la sincérité de mon plaisir, Nathanaël, m'est le plus important des guides.
> Je sais ce que mon corps peut désirer de volupté chaque jour et ce que ma tête en supporte. Et puis commencera mon sommeil. Terre et ciel ne me valent plus rien au-delà[34].

La musique, dans *Les Nourritures*, a pour fonction de célébrer ; cette fonction est même par moments religieuse au sens le plus strict du terme. Mais toujours, même si c'est *a posteriori*, le geste d'adhésion se double d'un mouvement critique : « Nathanaël, préfère-leur ton Dieu. Moi aussi j'ai su louer Dieu, j'ai chanté pour Lui des cantiques, – et je crois même, ce faisant, l'avoir parfois un peu surfait[35]. » D'où vient, d'ailleurs, que parfois la musique se révèle lassante, ou agaçante ? C'est peut-être qu'elle vient troubler l'accord qui unit l'homme à sa destinée, l'harmonie consciemment et résolument précaire que le poète parvient à établir entre lui-même et sa propre finitude :

> *Adriatique (3 h du matin).*
> Le chant de ces marins dans les cordages m'importune.
> Oh ! si tu savais, si tu savais, terre excessivement vieille et si jeune, le goût amer et doux, le goût délicieux qu'a la vie si brève de l'homme[36] !

Curieusement, cependant, la musique et la poésie allemandes semblent jugées avec une certaine indulgence dans *Les Nourritures*. Certes, à Munich, même le chant des rossignols semble « pathétique ». Mais ici, pas plus que dans *Le Voyage d'Urien*, l'adjectif (qui d'ailleurs, dans une subtile hypallage, est appliqué à l'oiseau lui-même, et non à son chant) ne semble impliquer aucun jugement, aucune condamnation, aucun rejet. L'inélégance du public, par ailleurs, si elle reflète sans doute l'inélégance

34 *Les Nourritures terrestres*, *RR*, I, p. 364.
35 *Ibid.*, p. 367.
36 *Ibid.*, p. 371.

de la musique militaire, semble pardonnable eu égard à l'amour que montrent les auditeurs pour la musique. Sans compter que Gide paraît prendre plaisir à la *morbidesse* (pour reprendre un mot qui lui est cher[37]) de l'environnement sonore dans lequel il est plongé :

> C'est dans les jardins royaux de Munich que j'allai, un printemps, goûter les glaces à l'herbe de mai, près d'une obstinée musique militaire ! Un public inélégant, mais mélomane. Le soir s'enchantait de pathétiques rossignols. Leur chant m'alanguissait, comme celui d'une poésie allemande[38].

Mais cet « alanguissement » ne semble que passager. Car ce que cherche(nt) celui (ou ceux) dont on entend la voix dans *Les Nourritures terrestres*, c'est une forme de clairvoyance musicale. Et, comme le souligne Ménalque, les lois de l'harmonie constituent une sorte de grammaire du cosmos. Les lignes qui suivent sont intéressantes à plus d'un titre – d'une part, Gide y opère un syncrétisme implicite entre logique harmonique et causalité (narrative ?) ; d'autre part, et surtout, il y développe un discours sur l'herméneutique comme art de lire la trace :

> Avec [Hilaire], vers le soir, je parlais ; il était lui-même poète ; il comprenait toutes les harmonies. Chaque effet naturel nous devenait comme un langage ouvert où l'on pouvait lire sa cause ; nous apprenions à reconnaître les insectes à leur vol, les oiseaux à leur chant, et la beauté des femmes aux traces de leurs pas sur le sable.

La musique, dès lors, est bien loin de se réduire à celle des salons bourgeois, à celle que les enfants apprennent sur des pianos qui se laissent trop facilement couvrir de housses. Certes, il arrive au poète de grand chemin de retrouver avec un certain plaisir les espaces confinés de sa « studieuse enfance ». Mais la valeur de persévérance semble bien loin de lui désormais ; et ce qui pourrait l'attrister quand il ne parvient pas à retrouver les « airs » qu'il apprenait enfant, ce n'est pas de constater les lacunes de sa mémoire : c'est au contraire de revenir à ce mode de vie où la continuité est la valeur maîtresse. Le Gide des *Nourritures* se refuse à profiter de l'élan acquis, quand bien même cet élan serait celui de l'effort :

---

37 Il l'applique notamment aux *Sonnets* d'Emmanuel Signoret (voir « Lettre à Angèle, IV », *EC*, p. 23).

38 *Ibid.*, p. 375.

> Parfois, retraversant Paris, je retrouvais pour quelques jours ou quelques heures l'appartement où s'était écoulée ma studieuse enfance ; tout y était silencieux ; des soins de femme absente avaient jeté des linges sur les meubles. Tenant à la main une lampe, j'allais de pièce en pièce sans rouvrir les volets clos depuis plusieurs années, ni soulever les rideaux pleins de camphre. L'air y était pesant, saturé d'odeur. [...] [P]arfois [...], rouvrant le grand piano, je cherchais dans ma mémoire le rythme d'anciens airs ; mais je ne m'en souvenais que de façon trop imparfaite et, plutôt que de m'y attrister, je cessais. Le jour suivant j'étais de nouveau loin de Paris[39].

Certes, il ne faut pas – ce serait une grossière erreur – confondre Gide et Ménalque : le créateur, s'il ne désapprouve pas formellement sa créature, est loin d'adhérer aux valeurs qu'elle défend et pratique. Néanmoins, il peut être intéressant de lire *Les Nourritures* en prenant la figure de Ménalque comme une incarnation, non exactement de ce qu'aurait pu être Gide, mais de *ce qu'il pouvait.* Cet élan qui s'apparente à l'instinct de la fugue, donc, est sans doute commun à Gide et à Ménalque ; mais ce n'est qu'un moment provisoire dans une existence incontestablement dialectique : vient un moment où l'homme se convainc qu'il est temps de laisser des êtres plus jeunes, plus neufs, plus vierges peut-être jouir des délices qui chaque jour renaissent, sous des apparences nouvelles, à la surface du monde sensible. Dès lors, l'appartement, cet espace clos sinon imperméable au monde extérieur, apparaît, non exactement comme un refuge, mais comme l'espace d'exercice de la seconde phase de cette existence dialectique. À l'écoute passive du chant des oiseaux succède une phase, active, d'expérimentation instrumentale qui tient plus d'ailleurs de l'érudition que de l'inspiration, de l'exercice que de l'œuvre :

> Pourtant, à vingt-cinq ans, non lassé de voyages, mais tourmenté par l'excessif orgueil que cette vie nomade avait fait croître, je compris ou me persuadai que j'étais mûr enfin pour une forme nouvelle.
>
> Pourquoi ? pourquoi, leur disais-je, me parlez-vous de partir encore sur les routes [...] ? Je rentrai dans l'appartement délaissé. [...] Durant quinze ans, je thésaurisai comme un avare ; [...] j'appris les langues épuisées et pus lire dans beaucoup de livres ; j'appris à jouer de divers instruments[40] [...].

Puis vient le temps, à nouveau, de disperser ce que l'on a thésaurisé – savoirs et richesses ; mais non tant pour faire l'expérience de la pauvreté,

39 *Ibid.*, p. 383.
40 *Ibid.*, p. 384-385.

que pour se dépouiller, sinon de soi-même, du moins de ses attributs et de ce qu'Henri Michaux aurait appelé ses « propriétés » : « À cinquante ans, l'heure étant venue, je vendis [...] absolument tout, ne voulant rien garder de *personnel* sur cette terre ; pas le moindre souvenir d'antan[41]. » Avec sa « fortune réalisée », Ménalque part à nouveau, il part jouir des plaisirs les moins particuliers, et, sinon les plus universellement accessibles (car ce sont au contraire des plaisirs d'élite), du moins les plus unanimement compréhensibles. Ce sont en somme des plaisirs esthétiques (notamment musicaux) quasiment convenus que goûte un Ménalque byronien qui a décidé, pour un temps, de renoncer à toute *personnalité* (pour ne pas dire : à toute *singularité*) : « J'habitai quelques mois dans un palais du lac de Côme, où les musiciens les plus doux s'assemblèrent. J'y réunis aussi de belles femmes, discrètes et habiles à parler ; et nous causions, le soir, tandis que les musiciens nous charmaient[42]. »

Il ne faudrait pas penser, cependant, que ce mouvement dialectique est l'apanage de Ménalque. Tous les *Je* que Gide fait parler dans *Les Nourritures* semblent osciller entre clôture et ouverture, entre introversion et projection, entre quête d'un refuge et désir d'aventure. Prenons le *Je* – inidentifiable – qui invite le fermier à chanter sa ferme. On remarquera tout d'abord qu'il est demandé au fermier d'ouvrir « une à une [...] chaque porte » : l'acte d'ouverture est retourné contre lui-même, puisqu'il s'agit d'ouvrir la porte *de l'extérieur*, pour pénétrer dans des espaces clos sinon confinés. Dès lors, la musique n'a d'autre fonction que d'accompagner un mouvement bienheureux (et nullement égoïste) de thésaurisation :

> Fermier ! Chante ta ferme. [...]
> Prends tes clefs ; une à une ; ouvre-moi chaque porte...
>
> La première est celle des granges...
>
> *Ah !* [...] *que dans la chaleur des foins ne reposé-je près de la grange !... au lieu de, vagabond, à force de ferveur, vaincre l'aridité du désert !... J'écouterais les chants des moissonneurs, et je verrais, tranquille, rassuré, les moissons, provisions inestimables, rentrer sur les chariots accablés – comme d'attendantes réponses aux questions de mes désirs. Je n'irais plus chercher de quoi les rassasier dans la plaine : ici je les gorgerais à loisir*[43].

41 *Ibid.*, p. 385.
42 *Ibid.*, p. 386.
43 *Ibid.*, p. 405.

Ce plaisir de la clôture, ce bonheur que l'homme peut trouver à se contenter de son refuge, d'où lui parviennent, mais étouffés, amoindris faudrait-il dire, les bruits du monde, Gide le célèbre à nouveau plus loin :

> J'y suis ; là, j'occupe ce trou, où s'enfoncent :
> dans mon oreille : ce bruit continu de l'eau ; grossi, puis apaisé, de ce vent dans ces pins ; intermittent, des sauterelles, etc.[44].

Ce sont donc les chants bien réels de cette terre que Gide fait entendre dans *Les Nourritures.* Dans le « Livre sixième » par ailleurs, un passage retient également l'attention, dans la mesure où, cette fois, les fenêtres et les portes y ouvrent sur l'extérieur, et où la musique (que ce soit le chant des oiseaux, les clochettes qui sonnent ou le chant des marins) est *appel* :

> Je pris l'habitude de dormir en face de ma fenêtre grande ouverte [...]. Dans les trop chaudes nuits de juillet, [...] dès l'aube le chant des merles me réveillait [...]. Dans le Jura, [...] de bon matin me réveillaient les clochettes des troupeaux [...].
> [...] À Belle-Isle, les chants des marins m'éveillaient ; je courais à ma fenêtre et voyais les barques s'éloigner ; puis je descendais vers la mer[45].

La fenêtre, du fait de son ambivalence (elle ouvre et clôt à la fois, sans compter qu'elle ouvre sur le dedans comme sur le dehors) est un dispositif visuel (et auditif, sinon acoustique) essentiel dans *Les Nourritures terrestres.* À vrai dire, tous les dispositifs spatiaux qui permettent à l'individu de se ménager la possibilité d'une communication tout en préservant son isolement volontaire semblent agréer au Gide des *Nourritures* :

> Je te parlerai des fenêtres encore : à Naples, [...] les rideaux à moitié retombés nous isolaient de la société bruyante du bal. Il y eut des paroles échangées, d'une si désolante délicatesse qu'après on restait quelque temps sans parler ; puis montait du jardin l'intolérable parfum des fleurs d'orange, et le chant des oiseaux des nuits d'été ; et puis ces oiseaux mêmes, par instants, se taisaient ; alors on entendait très faiblement le bruit des vagues[46].

Le paysage sonore, ici, semble traversé par une dynamique du *decrescendo* : au tapage de la « société bruyante » succèdent des paroles délicates,

44 *Ibid.*, p. 421.
45 *Ibid.*, p. 417.
46 *Ibid.*, p. 418.

qui elles-mêmes laissent la place à un silence peuplé d'abord de chants d'oiseaux, puis du simple bruit des vagues. Outre le fait que les sons, d'humains, deviennent animaux, puis aquatiques, on remarquera que, d'un environnement sonore provenant d'un producteur collectif (les musiciens, les oiseaux), on glisse vers un environnement sonore provenant d'un producteur, non pas individuel, mais bien plus radicalement non personnel (la mer).

On le voit néanmoins, la musique n'est presque jamais convoquée, dans *Les Nourritures terrestres*, que comme un exemple parmi d'autres des savoirs (ou des savoir-faire) que l'on peut acquérir, ou des jouissances que l'on peut goûter. Thématiquement, elle ne joue pas un rôle particulièrement important dans le livre : mais peut-être est-ce qu'elle constitue à la fois la substance et la forme de l'œuvre. Le livre dans son entier s'apparente à une célébration lyrique, et parfois explicitement musicale, du monde, de ses beautés et de son amertume. Aussi la prose est-elle entrecoupée de vers qui « chantent » (c'est-à-dire à la fois célèbrent et mettent en musique) les délices parfois déceptives de la terre :

> – *Chante à présent la figue, Simiane,*
> *Parce que ses amours sont cachées.*
>
> – *Je chante la figue, dit-elle,*
> *Dont les belles amours sont cachées.*
> *Sa floraison est repliée.*
> […]
>
> *J'ai chanté la figue, dit-elle,*
> *Chante à présent toutes les fleurs.*
>
> – Certes, reprit Hylas, nous n'avons pas chanté tous les fruits.
> Don du poète : celui d'être ému pour des prunes[47].

Cette syllepse finale, qui recouvre un jeu de mots trivial, fait sens : le sens critique interrompt l'élan lyrique. Les procédés rhétoriques sont nombreux, qui viennent brider sinon briser l'envol du chant. Ainsi, quand Mœlibée chante la « Ballade des plus célèbres amants », il qualifie certes de « religieux » ses chants passés. Mais il ajoute un marqueur d'incertitude, ainsi qu'un adverbe (« presque ») qui affaiblit considérablement la portée

47 *Ibid.*, p. 391.

de l'adjectif – sans compter qu'il inverse l'explication psychologique du regard en arrière meurtrier d'Orphée vers Eurydice :

> *J'ai chanté pour vous, Sulamite, des chants tels qu'on les croit presque religieux.* [...]
> *Eurydice, ma belle, je suis pour vous Orphée*
> *Qui d'un regard, dans les enfers, vous répudie,*
> *Importuné d'être suivi*[48] [...].

De même que Gide fera de Thésée un parricide, Mœlibée prête à Orphée l'intention consciente de condamner Eurydice à demeurer aux Enfers. Le pouvoir de résurrection de la musique est donc illusoire : la musique n'a d'autre pouvoir que ceux, sonores, qui lui appartiennent en propre, et, de même que le musicien se refuse à toute action musicale qui ne soit pas strictement *singulière*, qui prétende avoir une portée collective, de même la musique doit savoir demeurer dans l'espace délimité par les bornes de sa propre essence sonore, essence qui est esthétique, non métaphysique (et encore moins politique).

Car la musique vaut précisément en ceci, qu'elle n'est point verbeuse, et qu'elle sait, d'un point de vue aussi bien poétique que sémantique, rester *mesurée*. C'est pourquoi, d'ailleurs, le chant de l'oiseau, qui ne dégénère jamais en paroles, et qui ne saurait devenir autre chose que ce qu'il est, est la plus irréprochable des musiques :

> Hylas chantait [...].
> Sur l'herbe, près des sources, nous nous assîmes :
> ... un chant d'oiseau de nuit, près de moi m'occupa pendant un instant plus que leurs paroles ; quand je recommençai d'écouter, Hylas parlait[49] [...].

L'auditeur fervent de l'oiseau se laisse pourtant saisir par l'ivresse. Mais c'est de l'ivresse de la solitude, ou plus précisément de l'ivresse de la singularité qu'il fait l'expérience. Il s'exclut en effet volontairement de la troupe de ses compagnons, puisqu'il refuse de participer au jeu collectif de la communication verbale pour jouir d'une communion musicale qui ne saurait être que singulière. Une fois de plus, la solitude, ici, est un privilège plutôt qu'une souffrance, et ce d'autant plus que l'auditeur qui sait se distraire du bruit des vaines paroles apprend à entendre la voix acousmatique de ses démons intimes, c'est-à-dire de ses désirs :

48 *Ibid.*, p. 393-394.
49 *Ibid.*, p. 395-396.

> L'ivresse s'emparait de moi-même, et je ne pouvais plus bien écouter ; par instants, quand le chant de l'oiseau se taisait, la nuit semblait devenir silencieuse comme si j'eusse été seul à la contempler ; par instants il me semblait de partout entendre des voix jaillissantes qui se mêlaient à celles de notre nombreuse société [...].
>
> Chante à présent, Cléodalise, la
>
> RONDE
> DE TOUS MES DÉSIRS[50]

Ces démons intimes (qui font irrésistiblement penser à ceux qui tourmenteront Saül, et qui, on s'en souvient, eussent dû, selon Gide, être joués par de petits acrobates maghrébins[51]) ont-ils partie liée avec les créatures qui peuplent les cafés « orientaux » ? On sait en tout cas que le café nord-africain, dans l'imaginaire gidien, est l'espace d'un plaisir qu'il serait faux de qualifier d'interdit, car précisément, il n'apparaît soudain plus défendu. Gide, dès lors, accepte que la musique déborde ses propres limites, qu'elle sorte de ses gonds, qu'elle se déprenne de la dictature de la juste mesure. Qu'importe qu'elle soit triviale, et qu'elle incite à la licence ? Le café est un espace de fête, pour l'homme bien sûr, mais également, d'un point de vue aussi bien esthétique qu'éthique, pour la musique elle-même :

> Villes d'Orient ! fête embrasée ; rues qu'on appelle là-bas des *rues saintes*, où les cafés sont pleins de courtisanes, et où des musiques trop aiguës les font danser. Les Arabes vêtus de blanc y circulent, et des enfants – qui me semblaient beaucoup trop jeunes, dis ? pour connaître déjà l'amour. (Il y en eut dont les lèvres étaient plus chaudes que les petits oiseaux couvés.) [...]
>
> – Ô cafés ! – où notre démence s'est continuée très avant dans la nuit ; l'ivresse des boissons et des paroles enfin venait à bout du sommeil. Cafés ! il y en avait de pleins de peintures et de glaces, riches, et où l'on ne voyait rien que des gens très élégants ; d'autres, petits, où l'on chantait des couplets comiques et où des femmes, pour danser, relevaient très haut leurs jupons[52].

Même les paroles se font musique dans ces cafés – car l'auditeur, écoutant un conte dit dans une langue qui lui est étrangère, ne peut être sensible qu'à la beauté du revêtement sonore qui couvre et orne

---

50 *Ibid.*, p. 396-397.

51 Voir Éric Marty, *André Gide, qui êtes-vous ? Avec les entretiens André Gide-Jean Amrouche*, *op. cit.*, p. 189.

52 *Les Nourritures terrestres*, *RR*, I, p. 419.

l'histoire : « Cafés encore... Ô ! cafés maures ! – parfois un poète conteur y raconte longuement une histoire ; que de nuits suis-je venu, sans le comprendre, l'écouter[53] ! » Toutefois, il est une musique qui trouble et émeut Gide plus que toute autre – musique qui semble naître du silence, qui semble être la musique même de la solitude de l'écrivain, ou du moins celle de ses dilections les plus particulières (on le verra dans *Si le grain ne meurt*) et peut-être les plus difficilement avouables : c'est celle des joueurs de flûte. Ici, le texte des *Nourritures* entre en résonance avec de nombreux écrits intimes. En janvier 1894, Gide écrit ceci à Henri de Régnier : « Si vous veniez me voir, je vous promènerais tout le jour dans les églogues de Virgile où les pasteurs de troupeaux jouent de la flûte ; je passe au milieu d'eux la plupart de mes heures ; je connais chacun par son nom[54]. » Curieusement, cette proximité, dont il ne peut ignorer le caractère trouble, il en parle aussi dans une lettre à sa cousine Jeanne Rondeaux – comme pour se prouver qu'elle n'a rien de coupable :

> Malgré la monotonie des palmes, les infinis jardins qui s'étendent, sans portes, sans clôtures, ouverts à tous, ruisselants d'eaux courantes, où les enfants gardiens des chèvres jouent de la flûte comme dans les églogues de Virgile – où je connais tous ces enfants par leur nom – où beaucoup plus encore me connaissent – ces jardins pleins de mystères et de lumière ont un charme infini, des séductions lentes, – une sérénité qui tout d'abord rebute, car elle est sans mélancolie[55].

Le joueur de flûte, donc, est l'une des figures-clefs de l'imaginaire érotique gidien. Et plus largement, le chant de la flûte apparaît comme la petite musique de l'amour sensuel. Dans le passage suivant des *Nourritures*, Gide associe l'ivresse amoureuse à la figure (ici simplement contiguë, mais cette association quasiment métonymique a valeur d'équivalence) de l'échanson, mais aussi à la présence pour ainsi dire latérale, et elle aussi métonymique, des sons de la flûte :

> Mais à tous, certes, je te préfère, lieu de silence et de fin de journées, petit café de Bab el Derb, hutte de terre, à la limite de l'Oasis, car, plus loin, tout le désert commençait – d'où je voyais, après un jour plus haletant, une nuit

53 *Ibid.*, p. 420.
54 André Gide, Henri de Régnier, *op. cit.*, p. 120-121. Lettre de fin janvier 1894.
55 Voir André Gide, *Correspondance avec sa mère*, *op. cit.*, p. 304. Lettre du 7 février 1894.

> plus pacifique descendre. Près de moi, s'extasiait un monotone jeu de flûte. – Et je songe à toi, petit café de Shiraz, café que célébrait Hafiz ; Hafiz, ivre du vin de l'échanson et d'amour, silencieux, sur la terrasse où l'atteignent des roses, Hafiz qui, près de l'échanson endormi, attend, en composant des vers, attend le jour toute la nuit[56].

Dans *Les Nourritures*, le chant de la flûte fait signe vers une musique intérieure, intime, que le poète n'a pas su, jusqu'à présent, entendre. Le chant de flûte est un stimulus, ou mieux encore : une trace ou un symptôme, mais une trace ou un symptôme dont la manifestation serait *déplacée.* C'est, selon un glissement métonymique, hors de lui-même que le poète découvre la formule sonore qui lui révèle ce qu'il est :

> Tu n'imagines pas, Nathanaël, ce que peut devenir enfin cet abreuvement de lumière ; et la sensuelle extase que donne cette persistante chaleur… Une branche d'olivier dans le ciel ; le ciel au-dessus des collines ; un chant de flûte à la porte d'un café… […]
>
> Je sors dès le matin ; je me promène ; je ne regarde rien et vois tout ; une symphonie merveilleuse se forme et s'organise en moi des sensations inécoutées[57].

Dès lors, Gide célèbre tous les chants d'amour, fussent-ils démesurés : ceux des oiseaux, ceux des sauterelles font écho à celui du berger dont il s'est épris. L'homme paraît soudain vivre à l'unisson avec ce qui l'entoure : de même que le chant des oiseaux semble être le chant de l'arbre qui les abrite, de même le poète confond son propre lyrisme

---

56 *Les Nourritures terrestres*, *RR*, I, p. 420. On se souviendra que, dans *Saül*, le roi éponyme, avant de s'éprendre de David, s'attache à son échanson. Voir *Saül*, *RR*, I, p. 708. Et on pensera aussi à telle lettre de Gide à Henri Ghéon (18 mars 1899) : « Le café qu'on prend là est exécrable, mais, comme dit Abinaouas à travers la bouche d'Athman : "Le vin est toujours bon / Quand est beau l'échanson qui le verse." » (André Gide, Henri Ghéon, *op. cit.*, t. I, p. 181-185.)

57 *Les Nourritures terrestres*, *RR*, I, p. 426. Pourtant, le 28 mars 1899, Gide écrit de Biskra à Marcel Drouin qu'il s'« applique à être sensuel et instantané », mais qu'il ferait « des lieues de désert pour une nouvelle *Fugue* de Bach ». Et il ajoute : « Dans les cafés maures je songe aux *Quatuors* de Beethoven » (voir Claude Martin, *La Maturité d'André Gide, de* Paludes *à* L'Immoraliste, Paris, Klincksieck, 1977, p. 353-354). Et il écrit presque mot pour mot la même chose à Henri Ghéon dans une lettre écrite parallèlement, du 20 au 28 février 1899 : « En vain m'appliquai-je à être sensuel et instantané, je ne peux me duper moi-même […]. [J]e ne vois rien ; ferais des lieues de désert pour une *Fugue* de Bach et dans les plus reculés cafés maures suis obsédé par les derniers *Quatuors* de Beethoven » (André Gide, Henri Ghéon, *op. cit.*, t. I, p. 194-198).

intime avec les chants, les cris et les bruits qui l'environnent[58]. Le passage qui suit est résolument optimiste : car au chant angoissé de l'être qui craint que son éphémère amour ne soit essentiellement déceptif répond la conviction profonde que, selon un mouvement dialectique, tout affaissement de la ferveur est suivi d'une recrudescence d'ardeur. D'ailleurs, dès qu'un chant se tait, un autre vient emplir le silence. Quand les oiseaux, musiciens du soir, cessent de chanter, c'est le tour des sauterelles, dont les amours sont nocturnes ; puis, quand revient le jour, c'est la musique du désir du poète lui-même qui se laisse entendre :

> Dans cet arbre il y avait des oiseaux qui chantaient [...] plus fort qu'oiseaux, eussé-je cru, pussent chanter. Il semblait que l'arbre même criât [...], car on ne voyait pas les oiseaux. Je pensais : [...] c'est une passion trop forte [...]. Est-ce [...] qu'ils ne savent point qu'après la nuit un nouveau matin va renaître ? [...] Veulent-ils s'épuiser d'amour en un soir ? comme si dans une nuit infinie il fallait après qu'ils demeurent. Courte nuit de la fin du printemps ! – ah ! joie que l'aube d'été les réveille, et tellement qu'ils ne se souviendront de leur sommeil que juste assez pour, le soir suivant, avoir un peu moins peur d'y mourir.
>
> *Biskra – la nuit.*
>
> Buissons silencieux ; mais le désert autour vibre du chant d'amour des sauterelles.
>
> *Chetma.*
>
> [...] Ah ! [...] j'entends la flûte du berger que j'aime[59].

Le chant de flûte apprend au poète qu'il est des plaisirs sensuels qui n'ont rien de défendu ; et l'haptique, soudain, se superpose au sonore, au moment même où le poète découvre *ce qu'il peut encore* – à savoir devenir, redevenir *l'autre que donc il a été* :

---

58 On songe ici au très beau texte intitulé « Printemps » ([1938/1949], *SV*, p. 886), où Gide fait du chant des oiseaux l'expression immédiate, et strictement intime, des paysages intérieurs du jeune poète qu'il évoque (qui n'est autre que lui-même, bien sûr) : « Oui, pour être sensible au printemps, il y faut de la connivence et soi-même entrer dans le jeu. Alors l'adolescent soudain tressaille en écoutant, à l'aube, le chant du merle [...] ; il rougit d'entendre son secret palpitant divulgué ; puis se rassure : la ville entière dort encore ; il est seul à entendre ; c'est affaire entre le merle et lui ; et quand l'homme à son tour s'éveille, l'oiseau se tait. » On appréciera la syllepse sur le verbe « entendre » : le jeune homme est le seul à profiter du chant du merle, car il est le premier levé ; mais il est surtout le seul à pouvoir le comprendre.

59 *Les Nourritures terrestres*, *RR*, I, p. 428-429.

> – D'avoir goûté tant de bonheur, l'âme sera-t-elle jamais consolée ? Car là j'étais, là-bas, dans ces jardins, moi, non un autre ; j'écoutais ce chant de roseau ; je respirais ces fleurs ; je regardais, je touchais cet enfant – et certes de chacun de ces jeux chaque nouveau printemps s'accompagne, – mais celui que j'étais, cet autre, ah ! comment le redeviendrais-je ! – (Maintenant sur les toits de la ville, il pleut ; ma chambre est solitaire.) C'est l'heure où là-bas les troupeaux de Lossif rentraient ; ils revenaient de la montagne ; le désert était plein d'or au couchant ; tranquillité du soir... maintenant ; (maintenant[60]).

Ces « maintenant » finaux font sens : c'est l'immédiateté retrouvée de l'amour qui s'y exprime ; l'immédiateté retrouvée d'un amour qui ne va pas sans la musique (mais sans une musique – soulignons-le – étrangère, comme si Gide, pour se déprendre de la morale sexuelle de son époque et de son milieu, avait besoin – culturellement – de se situer volontairement en marge de l'Occident musical). La parole elle-même, dès lors, semble faire sens *via* des phénomènes *a priori* sonores plutôt que sémantiques, à commencer par la paronomase ; car Lossif (qui s'appelle d'ailleurs Lassif dans *L'Immoraliste*) est un paronyme de « lascif », et Amhour un homonyme d'« amour » :

> Es-tu toujours là-bas, et maintenant au clair de lune, petite maison d'Athman, toujours à demi ruinée ? – où ta mère tissait, où ta sœur, la femme d'Amhour, chantait ou contait des histoires ; où la nichée de tourterelles jubilait tout bas dans la nuit – près de l'eau grise et somnolente.
>
> Ô désir ! que de nuits je n'ai pu dormir, tant je me penchais sur un rêve qui me remplaçait le sommeil ! Oh ! s'il est des brumes au soir, des sons de flûte sous les palmes, de blancs vêtements dans les profondeurs des sentiers, de l'ombre douce auprès de l'ardente lumière... j'irai[61] !...

Gide reviendra d'ailleurs bientôt à la figure du flûtiste dans *Mopsus* (rédigé en 1899, puis publié dans *Amyntas* en 1906), où le trouble paisible que peut éveiller en lui l'exotisme des flûtes nord-africaines est associé, comme c'est presque toujours le cas d'ailleurs, à la beauté gracieuse et gracile de jeunes êtres dont la pauvreté est gage d'innocence. Et cette innocence est contagieuse, le voyageur parvenant à se dépouiller de la trompeuse robe des lois morales, qui cache une nudité dont il semblerait que, loin d'être coupable, elle soit tout au contraire impeccable :

60 *Ibid.*, p. 439.
61 *Ibid.*, p. 440.

> On s'approche ; comme en une trouble eau tiède, sous l'ombre des palmiers, craintif et pas à pas l'on avance… Un bruit de flûte ; un geste blanc ; une eau doucement chuchotante ; un rire d'enfant près de l'eau – puis, rien ; plus une inquiétude et plus une pensée[62].

Gide est grisé par l'humilité qu'il s'impose : humilité des désirs, humilité des plaisirs. À la porte étroite biblique qui ouvre sur un paradis où n'entrent que les zélateurs d'une vertu sévère au point d'être inhumaine se substitue une « petite porte basse » qui ouvre sur un jardin de délices où chacun peut pénétrer :

> *Nous arriverons devant cette petite porte basse dont un enfant aura la clef ; on se baissera ; on se fera petit pour entrer. Oh ! dirons-nous, – oh ! c'est ici un lieu tranquille. Oh ! nous ne savions pas qu'on pût si bien se reposer, trouver un lieu si calme sur la terre… Apportez-nous des flûtes et du lait – nous nous étendrons sur des nattes ; du vin de palme et des dattes ; nous resterons ici jusqu'au soir*[63].

Gide, d'ailleurs, convoque un animal-clef de sa ménagerie érotique : le ramier[64]. Le flûtiste et le ramier entrelacent leur chant au point de ne plus faire qu'un. Ce que découvre alors l'écrivain, c'est un sentiment de la nature qu'il serait peut-être abusif de qualifier de païen, mais qui du moins est en contradiction radicale avec l'imaginaire chrétien, fondé tout entier sur le « deuil ». Au contraire, en Afrique du Nord, c'est la perpétuité de la vie qui enivre Gide :

---

62 *Mopsus*, *RR*, I, p. 1199.

63 *Ibid.*, p. 1202.

64 Voir *Le Ramier* ; mais aussi *Si le grain ne meurt*, *SV*, p. 172, où Gide raconte son ravissement (encore innocent, semble-t-il) d'enfant devant le chant, non exactement du ramier, mais d'un animal parent – la tourterelle : « Les premiers jours je fus enthousiasmé par le roucoulement de mes tourterelles ; je n'avais rien encore entendu de plus suave. » – Si la musique occupe une place importante dans *Le Ramier* ([1907 pour la rédaction], Paris, Gallimard, 2004), c'est bien sûr parce que Ferdinand, quand Gide pose ses « lèvres sur les siennes », commence « une sorte de râle très doux » qui ressemble à « un roucoulement de colombe » (p. 27-28), Gide notant encore : « L'aventure amoureuse le faisait roucouler […] doucement dans la nuit » (p. 31). Mais on soulignera aussi que ce sont des festivités auxquelles participe la musique qui sont l'occasion des multiples rencontres charnelles que fait Gide ce jour-là : « Lorsque, avec la musique, des fusées partirent sur la place, je pus, sans trop d'affectation, me penchant vers [Ferdinand], m'appuyer en posant ma main sur son genou » (p. 22) ; « Sur une sorte d'étroite place un orchestre médiocre faisait la musique qu'il faut pour danser. Tout abandonné contre moi, le petit Coulon me paraissait de gentillesse extrême » (*ibid.*).

> Bêlements des troupeaux dans le soir ; chants flottants des pipeaux sous les palmes ; roucoulements sans fin des ramiers ; – ô nature sans but, sans deuil et non changée, – telle tu souriais au plus doux des poètes, telle, à mon œil pieux, tu souriras[65]…

L'appel de la flûte et des ramiers est décidément bien persuasif, bien entraînant : convaincu par une musique aux pouvoirs toujours renouvelés, le poète *tentera de vivre.*

65 *Mopsus*, *RR*, I, p. 1201.

LA MUSIQUE DE L'ÉCART

De *Philoctète* à *Saül*

Du *Narcisse* et du *Voyage d'Urien* – deux traités de la solitude et de la vacuité, comme leurs titres l'indiquent – aux *Nourritures terrestres*, le chemin parcouru est grand : la *tentative amoureuse* du poète est un succès (ou un demi-succès), et les chants de la terre ont remplacé la musique des chimères. Nous voudrions montrer à présent comment, de l'époque des réécritures – *Philoctète* (1899), *Le Prométhée mal enchaîné* (1899), *Le Roi Candaule* (1899-1901) – à *L'Immoraliste* (1902) puis à *Saül* (1903 pour la publication de la version définitive), Gide affirme, dans son discours sur la musique, sa singularité – une singularité qui le met à l'écart de la « normalité », et qui le condamne donc à une forme de solitude, ou d'exil social. Dans *Philoctète* et *Le Prométhée mal enchaîné*, la musique se tient en effet *loin des hommes* ; puis, dans *L'Immoraliste* et *Saül*, elle apparaît (tout en demeurant à certains égards amie des *convenances* comme elle l'est dans *Le Roi Candaule*) comme un vecteur de transgression.

LA MUSIQUE LOIN DES HOMMES ?

Dans *Philoctète*, Gide réaffirme l'éthique musicale qu'il défendait dans *El Hadj* : il n'y a de musique valable que solitaire. Philoctète, tant qu'il est parmi ses compagnons, ne sait que crier ; et ses cris sont si intolérables que ses camarades l'abandonnent. Une fois seul, une fois conscient, surtout, qu'il n'a plus d'auditoire, qu'il ne parle, qu'il ne crie plus pour personne que pour lui-même, Philoctète apprend à chanter. Son chant est au-delà des mots, il est chant pur, car il est gratuit, car il est exclu de toute économie de la réception. Et il se mue à nouveau en cris dès lors que Philoctète n'est plus seul :

ULYSSE

Chut ! Écoute... N'entends-tu rien ?

NÉOPTOLÈME

Si : le bruit de la mer.

ULYSSE

Non. C'est lui ! Ses cris affreux commencent de parvenir jusqu'à nous.

NÉOPTOLÈME

Affreux ? Ulysse, j'entends des chants mélodieux au contraire.

ULYSSE, *prêtant l'oreille.*

C'est vrai qu'il chante. Il est bien bon ! À présent qu'il est seul, il chante ! Quand c'était près de nous, il criait.

NÉOPTOLÈME

Que chante-t-il ?

ULYSSE

On ne peut encore distinguer les paroles. Écoute : il se rapproche cependant.

NÉOPTOLÈME

Il cesse de chanter. Il s'arrête. Il a vu nos pas sur la neige.

ULYSSE

Et voilà qu'il recommence à crier[1].

Les mots n'ont de valeur, et de raison d'être, que dans un *système de la communication.* Dès lors qu'ils sont dépouillés de leurs fonctions référentielle et expressive, les voilà qui changent de nature ; loin de laisser la place au silence, ils se muent en musique – en une musique d'une irréprochable pureté, car elle n'est rien qu'elle-même, car elle n'exprime ni ne signifie ni ne manifeste rien :

PHILOCTÈTE

Ma souffrance n'a plus besoin de mots pour se connaître, n'étant connue que de moi.

ULYSSE

Alors, depuis notre départ tu t'es tu, Philoctète ?

PHILOCTÈTE

Non pas. Mais depuis que je ne m'en sers plus pour manifester ma souffrance, ma plainte est devenue très belle, à ce point que j'en suis consolé[2].

1 *Philoctète*, *RR*, I, p. 451-452.
2 *Ibid.*, p. 453.

S'il est indispensable, pour que la musique demeure pure, que le musicien n'ait aucun auditeur, ou du moins qu'il ne chante ou ne joue pour aucun auditeur *humain*, Philoctète semble néanmoins, comme Orphée, avoir le pouvoir de fasciner et d'animer ce qui l'environne. Il se fait donc le porte-parole de ce qui est muet, ou, pour reprendre la terminologie deleuzienne, il « répond pour » ceux qui ne peuvent ni parler ni chanter. Ce n'est pas que Philoctète défende une ontologie subjective : car l'environnement ne se modèle pas à la semblance du musicien. C'est le musicien, tout au contraire, qui détient le chiffre capable d'éveiller les voix jusque-là inaudibles de la nature apparemment la moins capable de parole ou de chant :

PHILOCTÈTE

[...] N'ayant plus, près de moi, d'oreilles ni de bouches, je n'employais que la beauté de mes paroles ; je les criais à toute l'île, le long des plages ; et l'île en m'écoutant semblait moins solitaire ; la nature semblait pareille à ma tristesse ; il me semblait que j'en étais la voix et que les rochers muets l'attendissent pour raconter leurs maladies[3].

L'idée d'une nature universellement animée, dont il convient d'éveiller ou du moins d'écouter les voix, revient dans *Le Prométhée*, quoique selon un agencement plus convenu. Prométhée et Asia, pareils dans leur insouciance et dans leur inconscience à Adam et Ève, communient dans une nature qui les environne de ses douceurs notamment musicales. On pourrait s'étonner que la musique se fasse ici la complice des étreintes de Prométhée et d'Asia : mais c'est, justement, que cette union n'est pas encore coupable, puisqu'elle est d'avant la chute – *et surtout d'avant l'homme.* Car, comme dans *Philoctète*, quoique selon une logique quelque peu différente, c'est la présence de l'homme qui conduit au dévoiement de la musique. L'irruption de l'homme vient rompre l'inconsciente et musicale harmonie du couple Prométhée-Asia :

– Messieurs, je vous l'ai dit, je n'ai pas toujours vu mon aigle. Avant lui j'étais inconscient et beau, heureux et nu sans le savoir. Jours charmants ! Sur les flancs ruisselants du Caucase, heureuse et nue aussi la lascive Asia m'embrassait. [...] Asia m'épousait, pleine de rires ; puis doucement les

3 *Ibid.*, p. 455.

> bruissements d'essaims, de feuillages où celui des ruisseaux nombreux se fondait, nous invitaient au plus doux des sommeils. Autour de nous tout permettait, tout protégeait notre inhumaine solitude, – soudain, un jour Asia me dit : Tu devrais t'occuper des hommes[4].

Et de fait, la musique humaine, trop humaine qu'incarne Angèle paraît tristement amoindrie – elle semble, dans un mouvement métonymique (l'instrument pour la musique), se réduire à une pièce d'ébénisterie ornant un intérieur bourgeois : « Tityre et Angèle commencèrent de cultiver ensemble avec succès différents beaux-arts d'agrément, et Angèle ayant manifesté des goûts particuliers pour la musique, ils louèrent un piano à queue, sur lequel Angèle exécutait les petits airs qu'entre temps il composait pour elle[5]. »

Puis vient la scène-clef (d'un point de vue musical, s'entend) du récit : de même que le Gide des *Nourritures* découvre, grâce au joueur de flûte, des terres d'innocence, ou plutôt des terres d'innocent plaisir, de même, grâce à Mœlibée et à sa flûte, Angèle découvre une nudité qui n'a rien de grossier. Certes, les remarques d'Angèle s'accordent mal avec le spectacle qui s'offre à elle : ses réactions sont bien trop vives, et par suite semblent feintes – Tityre ne manquant pas de le lui faire entendre. Mais ce qui mérite d'être remarqué, c'est la nudité du joueur de flûte – nudité innocente tant que le musicien ne prête pas attention aux hommes. Une fois que ses yeux sont tombés sur Angèle, sa nudité est découverte : mais est-ce Angèle qui découvre une nudité innocente, ou Mœlibée qui découvre potentiellement coupable sa propre impudicité ? C'est ce que le texte, qui se maintient volontairement dans l'ambigu et dans l'ironique (d'autant que Gide semble prendre un malin plaisir à jouer sur le grossier symbole phallique que constitue la flûte), ne permet pas de déterminer :

> Du fond du boulevard un son frêle de chalumeau s'éleva. La foule plus attentive encore palpita. Le son grossit, se rapprocha, s'exagéra.
>
> – Ô que c'est émouvant ! dit Angèle.
>
> [...] [C]omme issu des splendeurs du couchant on vit enfin s'avancer Mœlibée, précédé du simple son de sa flûte. On ne distinguait bien d'abord que son allure, mais quand il fut plus près :
>
> – Comme il est charmant ! dit Angèle.

4 *Le Prométhée mal enchaîné*, *RR*, I, p. 489-490.

5 *Ibid.*, p. 504.

Mœlibée cependant arrivé devant Tityre cessa son chant de flûte, brusquement s'arrêta, vit Angèle, et l'on s'aperçut qu'il était nu.

– Ô ! dit Angèle, penchée sur Tityre, qu'il est beau ! que ses reins sont dispos ! que ses flûtes sont adorables[6] !

LA MUSIQUE ENTRE CENSURE ET TRANSGRESSION

Voici pour *Philoctète* et pour *Le Prométhée*. Dans *Le Roi Candaule*, c'est toujours sous l'angle moral qu'est abordée la question musicale[7]. L'irréprochable pudeur de la reine Nyssia semble bannir toute musique : les joueuses de flûtes, en tout cas, sont momentanément répudiées quand la reine apparaît. On s'étonne d'ailleurs que les habituels joueurs de flûte soient transformés en personnages féminins. Mais c'est que la question du désir, dans *Le Roi Candaule*, est posée selon un agencement « genré » peu courant chez Gide :

SÉBAS

prend une figue et la mange.

Sommes-nous bien placés ?

Le cuisinier lui montre une place.

Pas trop loin, n'est-ce pas, des joueuses de flûtes ?

LE CUISINIER

Il n'y en aura pas.

SÉBAS ET ARCHÉLAÜS

Oh !

LE CUISINIER

La reine n'en veut pas.

6 *Ibid.*, p. 505-506.

7 Rappelons que « [p]lusieurs années après la représentation du *Roi Candaule* par Lugné-Poe, après les péripéties que l'œuvre avait connues en Allemagne, Gide est revenu encore une fois à son drame mais pour une tout autre destination, à savoir répondre à la demande du compositeur Henry Février de lui fournir un livret d'opéra. Il sera question de ce projet entre 1913 et 1919 mais il n'aboutira pas » (voir l'édition de cette version remaniée par Jean Claude dans le n° 161 du *BAAG*, janvier 2009, p. 7-49 ; mais aussi Jean Claude, *op. cit.*, t. I, p. 98-99).

ARCHÉLAÜS

Nous nous consolerons en regardant la reine[8].

Cette dernière remarque impertinente d'Archélaüs fait sens pour nous, dans la mesure où elle dénonce, par déviation, ou par déplacement, la charge érotique impliquée dans l'acte de l'audition musicale. Candaule, pourtant, semble regretter l'absence des flûtistes – regrets qui, c'est vrai, trouvent une explication occasionnelle dans la conversation qu'il entretient avec Syphax, dont il veut faire mettre les vers en musique ; mais les deux derniers des vers suivants sont significatifs :

LE ROI CANDAULE

[...]
Demain tu me continueras cette histoire.
Les vers que tu m'as dit, cher Syphax, sont plaisants,
Je les ferai mettre en musique. – Hélas ! Archélaüs,
Ce soir il n'y a pas de joueuses de flûte...
La reine sera là[9]...

L'enchaînement de ces deux derniers vers souligne un rapport d'effet à cause objectif entre l'absence des flûtistes et la présence de la reine. Mais on a le sentiment, par ailleurs, que le roi soupèse, compare les deux plaisirs, l'un frivole, peut-être, mais séduisant, l'autre supérieur, certes, mais austère.

Mais peut-être Nyssia rend-elle inutile toute musique ? Car le fait qu'elle ait annoncé sa venue au festin, le soir, a fait du jour tout entier un vaste « hymne ». À moins qu'au contraire, ce ne soit sa présence imminente qui provoque l'affaiblissement de cette vibration musicale qui a saisi les hommes tout le jour :

LE ROI CANDAULE

Oui, Candaule le dit. Oui, la reine Nyssia
Ornera le festin de ce soir. – Soir splendide...
La beauté de ce jour s'était jusqu'à cette heure, accrue
Comme un hymne de joie qui monterait
Jusqu'à quelque vibration aiguë
Que les sens ne perçoivent qu'à peine.
À présent tout s'apaise, et l'hymne s'alanguit ;

8 *Le Roi Candaule*, *RR*, I, p. 520.
9 *Ibid.*, p. 525.

Mais, sur la petite terrasse où nous étions il n'y a pas une heure,
On se pâmait[10].

C'est souvent à Candaule que revient la tâche de parler de musique dans la pièce. Au début du deuxième acte, le roi défend une curieuse esthétique de la réception – d'autant plus curieuse qu'on sent Candaule proche du cœur de Gide. Candaule se montre ici un auditeur inconstant, qui n'apprécie la musique que dans la mesure où elle est neuve : les valeurs de continuité et, n'ayons pas peur du mot, d'éternité (ou du moins de permanence) qui soutiennent toute esthétique classique (or, incontestablement, Gide était, dans le domaine musical, un partisan du classicisme) lui semblent, sinon étrangères, du moins indifférentes. Mais peut-être est-ce cette fois la présence de Gygès (pour qui Candaule éprouve une attirance dont les motifs semblent troubles) qui rend la musique, non pas tant inutile, peut-être, qu'indésirable. Non seulement la musique est de trop car Candaule veut se ménager un tête-à-tête avec le misérable pêcheur qu'il a élevé au rang de favori, et mieux encore : d'ami privilégié du roi ; mais surtout, Candaule semble éprouver une gêne morale en présence de la musique, comme si elle jouait le rôle, non pas exactement de la conscience, mais bien plutôt du surmoi[11], c'est-à-dire des conventions intégrées au moi même qui éprouve la tentation de les transgresser. Cela expliquerait que la musique, qui ne semble pas la bienvenue alors que Candaule et Gygès vont se trouver seul à seul, ait sa place auprès des courtisans les plus corrompus :

[...] Candaule et Gygès sont encore attablés [...].
Des musiciens achèvent une symphonie.

LE ROI CANDAULE

Cette musique à présent m'importune.
Cessez ! Gygès a vu ce que vous pouviez faire.
Toute émotion n'a d'exquis que sa surprise ;

10 *Ibid.*, p. 524.

11 Que la musique ait pu jouer par moments pour Gide le rôle d'un obstacle entre lui-même et son propre corps, telle note du *Journal*, datée du 17 octobre 1887, le dit clairement. Le (très) jeune Gide y défend contre la sensualité facile de la littérature une musique pure, vierge : « Lu *Le Mariage de Figaro*. Bien inférieur au *Barbier* – les personnages font de l'esprit plus qu'ils n'en ont. Je préfère le Chérubin de Mozart, plus idéal que ce voluptueux varlet. » (*J*, I, p. 4.)

Notre joie est pareille à l'eau mobile des rivières
Qui ne doit sa fraîcheur qu'à sa constante fugacité.
Aux musiciens.
Allez charmer mes invités sur les terrasses. [...]
Je reste avec Gygès ;
[...]
Allez ! Que votre musique légère
Sache écarter d'eux le sommeil.
Les musiciens se retirent[12].

On remarquera d'ailleurs le parallélisme que Gide dessine entre le couple Candaule-Gygès et le couple Candaule-Nyssia : Gygès ne prend sans doute pas tant la place de Candaule auprès de Nyssia, que la place de Nyssia auprès de Candaule. Ainsi, de même qu'il fallait que les musiciens fussent loin pour que Candaule puisse jouir pleinement de la présence de Gygès, de même, quand il veut ou doit être seul (moralement, et non simplement physiquement) avec la reine, le roi renvoie les musiciens. Cependant, la reine semble soudain prendre le parti de la musique – comme si elle pressentait que la musique avait le pouvoir de sauver, non seulement les apparences, mais plus largement, et plus profondément peut-être, les convenances :

NYSSIA
Écoutez ! – vos musiciens que l'on entend sur la terrasse...
Pourquoi les avoir renvoyés là-bas ?

CANDAULE
Mais, pour être seul avec vous, mon amie[13]...

La musique, peut-être effarouchée par toute union, même la plus légitime, se tait au moment où le roi et la reine semblent sur le point de se témoigner leur affection mutuelle. Et les « chants » paraissent associés, dans l'esprit de Candaule, à l'absence de la reine. Mais précisément, quelque chose est incohérent dans les discours du roi. Nyssia vient de signaler que les musiciens se sont tus ; et Candaule affirme, juste après, qu'il n'attend pas que la musique cesse pour retrouver son épouse. Certes, sans doute fait-il allusion au fait qu'il a abandonné ses amis au

12 *Le Roi Candaule*, *RR*, I, p. 548.
13 *Ibid.*, p. 560-561.

milieu de la fête pour venir vers elle ; mais on a le sentiment, aussi, qu'il a besoin de la musique pour soutenir son légitime élan conjugal :

NYSSIA

[...]
Oyez ! on n'entend plus à présent que le silence.
Au bras de Candaule et penchée de plus en plus tendrement.
Que ces nuits et ces jours sans vous m'ont paru longs !

CANDAULE

À moi de même. – Je suis las
Des propos, des chants et des rires
Et n'attends point leur fin pour revenir à vous[14].

Mais la musique prend-elle toujours le parti des convenances ? Remplit-elle partout, dans l'œuvre de Gide, cette fonction de garde-fou social ? C'est ce que l'étude de l'un des plus « sulfureux » des livres gidiens – *L'Immoraliste* – nous permettra de vérifier. Remarquons d'abord que, de même que dans *Les Nourritures terrestres*, la musique semble relativement discrète dans le livre de la tentation sensuelle (et du dévoiement) qu'est *L'Immoraliste*[15]. Elle est associée pourtant, dès l'amorce de l'histoire, au désir d'ailleurs qui est au fondement, ou plutôt à l'origine (du moins dans l'ordre chronologique de surgissement des *symptômes*) de la longue dérive de Michel :

> Pour la première fois aussi, je consentais d'être privé longtemps de mon travail. Je ne m'étais accordé jusqu'alors que de courtes vacances. [...] Et pourtant, à peine avions-nous quitté Marseille, divers souvenirs de Grenade et de Séville se ravivèrent, de ciel plus pur, d'ombres plus franches, de fêtes, de rires et de chants. Voilà ce que nous allons retrouver, pensai-je. Je montai sur le pont du navire et regardai Marseille s'écarter[16].

Et la musique, quoique peu présente en apparence, jouera un rôle-clef dans le récit. Car c'est avec le surgissement d'une figure récurrente dans l'œuvre de Gide – celle du petit joueur de flûte – que se révèle la fêlure qui fragilise le couple Michel-Marceline. De plus, l'on retrouve dans *L'Immoraliste* les deux lieux associés aux plaisirs érotico-musicaux

14 *Ibid.*
15 Sur le sujet, voir Andrew Oliver, « Son, sonorité, musique dans *L'Immoraliste* », *BAAG*, n° 109, janvier 1996, p. 29-39.
16 *L'Immoraliste*, *RR*, I, p. 600.

que Gide goûte en Afrique : le jardin, ce lieu clos et par conséquent à l'abri des vicissitudes, qui constitue un espace à l'évidence édénique où il pense pouvoir faire l'expérience d'une innocence retrouvée ; et le café, qui fonctionne en quelque sorte comme un lieu de transgression, et comme le lieu surtout où se reconquiert cette innocence qui n'est pas donnée immédiatement – la principale vertu du café étant de permettre au voyageur d'échapper au regard du monde (et sans doute, aussi, au regard du surmoi) : « De tous les cafés maures, j'ai choisi le plus retiré, le plus sombre. Ce qui m'y attire ? rien ; l'ombre ; une forme souple qui circulait ; un chant ; – et n'être pas vu du dehors ; le sentiment du clandestin[17] », écrivait ainsi Gide dans *Mopsus*.

Il s'agit en somme, pour Gide comme pour Michel, de transgresser la morale des pères (ou plutôt *des mères* : la mère véritable et le substitut maternel qu'est l'épouse[18]), afin d'avoir accès à ce chant de flûte qui semble *a priori*, au moins d'un point de vue symptomatique, assumer le rôle d'un remède : Michel, ainsi, qui paraît souffrir d'une maladie sociale plus que physique, retrouve le sentiment de la santé au moment même où il entend le son de la flûte. C'est que cette musique extra-occidentale fait une « brèche » dans le mur social qui sépare Michel de son être authentique. Cette brèche est comme une invitation, non à s'évader, mais au contraire à se réfugier en un jardin qui, on l'a dit, est

17 *Mopsus*, *RR*, I, p. 1200.

18 On pensera aussi à une lettre envoyée de Tunis à Henri Ghéon le 6 janvier 1901 (André Gide, Henri Ghéon, *op. cit.*, t. I, p. 317-319 – les passages qui suivent sont rédigés le 3 janvier). Gide y raconte comment il parvient à fuir en quelque sorte Madeleine (« Après dîner, promenade des plus réussies, avec ma femme, au travers de la ville, – promenade que j'avais savamment préparée lors de mon retour du bain maure ; et lorsque, au haut du Bab el Djedid, nous arrivons devant un café maure enfin plein d'éclats, de rumeurs, n'osant y entrer avec elle, sachant combien on peut se fourvoyer, nous attendons un tram, et, Madeleine m'ayant alors laissé, j'y rentre seul »), et comment il est « talonné » par un désir mi-esthétique mi-érotique en contemplant les « inquiétants » danseurs et musiciens : « Les danses nombreuses, variées, sont coupées d'intermèdes comiques, de mimiques à vous retourner tous les poils, et de chants, de musiques à rouvrir toutes les portes sur tous les siècles écoulés ; seuls les admirables chants égyptiens de l'Exposition les dépassent… pas de beaucoup. Je croyais le spectacle fini ; je suis sorti ; j'ai fait quelques pas… suis rentré, talonné du désir de voir la suite ; je suis resté ; resté passé onze heures ; vu de nouveaux danseurs, jeunes, inquiétants, apparus tout à coup dans l'embrasure de la porte, que le public de choix appelle à grands cris, que le public de choix dépouille moitié de gré moitié de force du burnous, du haïk,… et qui dansent… et auxquels le public de choix… Je reste encore… » Ces trois points font signe vers un au-delà du dicible et de l'avouable…

édénique : la musique y est associée, à nouveau, à une nudité qui n'a rien de répréhensible, car elle se situe *en-deçà de toute culpabilité.* Mais cet espace clos de la jouissance innocente demeure, aux yeux de ceux qui viennent à peine d'y pénétrer, un terrain d'aventure(s) :

> J'oubliais ma fatigue et ma gêne. Je marchais dans une sorte d'extase, d'allégresse silencieuse, d'exaltation des sens et de la chair. À ce moment, des souffles légers s'élevèrent ; [...] puis l'air entier redevint calme, et j'entendis distinctement, derrière le mur, un chant de flûte. Une brèche au mur ; nous entrâmes.
>
> C'était un lieu plein d'ombre et de lumière ; tranquille, et qui semblait comme à l'abri du temps ; plein de silences et de frémissements, bruit léger de l'eau qui s'écoule, abreuve les palmiers, et d'arbre en arbre fuit, appel discret des tourterelles, chant de flûte dont un enfant jouait. Il gardait un troupeau de chèvres ; il était assis, presque nu, sur le tronc d'un palmier abattu ; il ne se troubla pas à notre approche, ne s'enfuit pas, ne cessa qu'un instant de jouer[19].

Marceline, qui pressent le danger – elle sera exclue de cet Éden, afin que Michel-Adam puisse y demeurer seul avec les jeunes musiciens « presque nu[s] » –, tente par suite de dissuader son époux de pousser plus loin :

> Je m'aperçus, durant ce court silence, qu'une autre flûte au loin répondait. Nous avançâmes encore un peu, puis :
>
> – Inutile d'aller plus loin, dit Marceline ; ces vergers se ressemblent tous ; à peine, au bout de l'oasis deviennent-ils un peu plus vastes... Elle étendit le châle à terre :
>
> – Repose-toi.

Bien vite, Michel décide de s'émanciper de Marceline, qui n'est plus admise dans le jardin. À nouveau, comme dans *Les Nourritures terrestres*, la langue se musicalise, et la paronomase fait sens. Le lascif Lassif éveille le désir de Michel : « Le lendemain matin, dans ce même jardin, je revins avec Marceline ; le soir du même jour, j'y allai seul. Le chevrier qui jouait de la flûte était là. Je m'approchai de lui, lui parlai. Il se nommait Lassif, n'avait que douze ans, était beau[20]. » Cette expérience troublante d'une musique étrangère invitant au plaisir, à un plaisir gratuit (ce dont

---

19 Pour cette citation et celle qui suit, voir *L'Immoraliste*, *RR*, I, p. 615-616.

20 *Ibid.*, p. 616.

témoigne, précisément, la musicalisation de la langue, qui se laisse envahir et (dés)*orienter* par des noms propres étrangers), poursuivra Michel même une fois le pays natal retrouvé. Sur ses fermes, il a tendance à oublier qu'il n'est pas là pour jouir, mais pour œuvrer ; et tant que les chants des travailleurs ne sont pas *incarnés*, tant qu'ils naissent acousmatiquement au loin de voix sans corps, Michel oublie ses devoirs :

> Je retournai donc sur les fermes. On y faisait les premiers foins. [...] Des chants que j'entendais depuis quelques instants se rapprochèrent ; c'étaient des faneurs qui rentraient, la fourche ou le râteau sur l'épaule. Ces travailleurs, que je reconnus presque tous, me firent fâcheusement souvenir que je n'étais point là en voyageur charmé, mais en maître[21].

Michel, donc, se comporte par moments en étranger sur sa propre terre (dans le pays dont il est l'enfant), et sur ses propres terres (sur le domaine dont il est le propriétaire). Ce qu'il goûte le plus, ce sont les éléments perturbateurs, les éléments étrangers qui viennent troubler la routine du familier. Ainsi, les fils Herteuvent l'attirent parce qu'ils sont nés d'une mère espagnole. Et ce qui l'attire plus précisément, c'est le chant (lui-même étranger) du plus jeune des deux frères. Le chant est doublement exaltant : d'abord parce qu'il est chanté par un enfant étranger à Michel, qui n'a encore jamais rencontré les fils Heurtevent quand il entend pour la première fois le puîné chanter ; ensuite parce qu'il entre en résonance avec les chants exotiques (et subtilement érotiques) qui ont fasciné Michel en Afrique. Et, de même qu'il cherche passionnément la compagnie du joueur de flûte, l'immoraliste voudrait pouvoir fréquenter les jeunes Heurtevent. En somme, il reproduit sur la terre familière les comportements sociaux, spatiaux et musicaux qui étaient les siens en terre étrangère :

> Il se joignait parfois, à cette bande de six hommes, deux des fils Heurtevent ; l'un âgé de vingt ans, l'autre de quinze, élancés, cambrés, les traits durs. Ils semblaient de type étranger, et j'appris plus tard, en effet, que leur mère était espagnole. [...] La première fois que j'avais rencontré le plus jeune des fils, [...] il était seul, assis sur une charrette au plus haut d'un entassement de fagots ; et là, tout renversé parmi les branches, il chantait, ou plutôt gueulait, une espèce de chant bizarre et tel que je n'en avais jamais ouï dans le pays. [...] Je ne puis dire l'effet que ce chant produisit sur moi ; car je n'en avais entendu

21 *Ibid.*, p. 661.

> de pareil qu'en Afrique. [...] Le lendemain, j'appris que c'était un fils de Heurtevent. C'était pour le revoir [...] que je m'attardais ainsi dans la coupe[22].

Bientôt d'ailleurs, Michel théorisera le plaisir qu'il goûte auprès des musiciens d'Afrique du Nord, ou auprès de ceux qui lui rappellent le petit joueur de flûte. C'est une théorie para-wildienne de la vie comme œuvre d'art, et une éthique de la dépense esthétique, qu'il développera. Sont exclus alors aussi bien le geste muséal de conservation (geste qui, dans le contexte occidental, est l'œuvre de l'artiste lui-même, qui toujours produit pour que son œuvre demeure) que l'activité herméneutique, qui ne peut s'exercer que sur des œuvres fixées et figées. C'est donc l'*ethos* esthétique occidental que Michel rejette, en faveur de pratiques artistiques (et en particulier musicales) qui ne connaissent pas la valeur de thésaurisation. Dès lors, la valeur maîtresse, dans le champ esthétique, n'est plus l'exceptionnel ou l'extraordinaire, mais au contraire l'évident et le naturel :

> Terre en vacance d'œuvres d'art. Je méprise ceux qui ne savent reconnaître la beauté que transcrite déjà et tout interprétée. Le peuple arabe a ceci d'admirable que, son art, il le vit, il le chante et le dissipe au jour le jour; il ne le fixe point et ne l'embaume en aucune œuvre. C'est la cause et l'effet de l'absence de grands artistes. J'ai toujours cru les grands artistes ceux qui osent donner droit de beauté à des choses si naturelles qu'elles font dire après à qui les voit : « Comment n'avais-je pas compris jusqu'alors que cela aussi était beau[23]... »

L'éloge d'un art qui ne se fixe en aucune œuvre étonne de la part d'un Gide pour qui l'œuvre, justement, constituait, en matière d'art, la valeur suprême. Mais c'est que la musique, dans *L'Immoraliste*, est du côté de l'inavoué (de l'inavouable ?), du clandestin, mais aussi de l'insaisissable, du mobile, du labile et de l'incertain. À l'évidence, la musique du joueur de flûte est celle qui accompagne la révélation (et peut-être la naissance même) du désir homosexuel. Révélation problématique, d'ailleurs, et qui ne se fait que progressivement. Car, nous le laissions entendre plus haut, si le jardin semble le lieu de toutes les innocences et de toutes les évidences, dans l'espace intermédiaire d'initiation que constitue le café, toutes les ambiguïtés ont encore droit de cité. Ainsi, c'est Moktir, il est

---

22 *Ibid.*, p. 665.
23 *Ibid.*, p. 684.

vrai, qui conduit Michel au café ; mais c'est la maîtresse de Moktir qui « entraîne » Michel jusqu'à une chambre où, bientôt, il se « laisse aller à elle » – de telle façon que se forme un trio amoureux qui fonctionne, *mutatis mutandis*, comme fonctionnait le trio Candaule-Nyssia-Gygès : Michel se substitue apparemment à Moktir auprès de la maîtresse de ce dernier ; mais c'est sans doute aussi bien de la maîtresse de Moktir qu'il prend la place auprès du jeune homme :

> Étrange animation nocturne sur la place ; circulation silencieuse ; glissement clandestin des burnous blancs. Le vent déchire par instants des lambeaux de musique étrange et les apporte je ne sais d'où. Quelqu'un vient à moi… C'est Moktir. […] Il connaît bien Touggourt […] et sait où il m'emmène. Je me laisse entraîner par lui.
>
> Nous […] entrons dans un café maure ; c'est de là que venait la musique. Des femmes arabes y dansent […]. – Une d'elles me prend par la main ; je la suis ; c'est la maîtresse de Moktir ; il accompagne. Nous entrons tous les trois dans l'étroite et profonde chambre où l'unique meuble est un lit… […] [C]ette femme m'attire à elle, et je me laisse aller à elle comme on s'abandonne au sommeil[24]…

Ainsi, quoique l'agencement genré de cette scène soit étrange sous la plume de Gide, la musique, dans le café comme dans le jardin, accompagne une transgression sexuelle rendue acceptable par la substitution de cadres éthiques (au double sens moral et comportemental du terme) exotiques aux normes occidentales.

LA MUSIQUE ENTRE ÇA ET SURMOI

Tout aussi complexe, et tout aussi liée à la question musicale, est la découverte de l'homosexualité dans *Saül*. La musique joue en effet un rôle prépondérant dans la pièce, où, en la personne de David, réapparaît la figure du pâtre musicien. En outre, on retrouve dans le drame l'idée, déjà esquissée (mais de façon bien plus hésitante) dans *Le Roi Candaule*, que la reine, en tant que souveraine mais aussi et surtout en

24 *Ibid.*, p. 688.

tant qu'épouse et que représentante du sexe féminin, pense trouver un appui du côté de la musique.

Dès la légende biblique initiale, la musique se voit attribuer des pouvoirs exceptionnels. La harpe de David est capable de soulager Saül quand il est hanté par un « esprit malin » : Gide, à l'évidence, suggère que David, dont le roi s'« éprend », incarne l'objet jusqu'alors nébuleux du désir de Saül. La musique est alors musique du désir harmonieux (sinon du plaisir paisible) :

> Saül dit à ses serviteurs : Je vous prie, trouvez-moi un homme qui sache bien jouer et amenez-le moi. Et l'un des jeunes hommes répondit et dit : Voici, j'ai vu un des fils d'Isaï, le Bethléhémite, qui sait jouer, et qui est fort, vaillant et guerrier, il parle bien, il est beau et l'Éternel est avec lui. Alors Saül envoya des messagers à Isaï, pour lui dire : Envoie-moi ton fils David, qui est avec les brebis… Et David vint vers Saül et se présenta devant lui ; et Saül s'éprit de lui, et il devint son écuyer. Et Saül fit dire à Isaï : Que David, je te prie, reste à mon service, car il a trouvé grâce à mes yeux. Et lorsqu'un esprit malin venu de Dieu était sur Saül, David prenait la harpe et jouait de sa main, et Saül se calmait et se trouvait bien, et le malin esprit se retirait de lui[25].

Il est cependant des musiques moins particulières, et par suite moins subversives. Aussi bien le Saül du début de la pièce tente-t-il encore de composer (musicalement) avec les puissances religieuses les plus orthodoxes : « J'ai composé cette nuit quelques cantiques que je veux porter au grand prêtre ; qu'il les chante et les fasse chanter partout dans le royaume[26]. » Mais Saül n'ignore pas que le grand prêtre est l'allié de ceux qui complotent contre lui. Et il se défie de toutes les musiques, et de tous les musiciens, qui ont partie liée avec ceux qu'il considère comme ses ennemis – au premier rang desquels la reine. Le dialogue qui suit est significatif à plus d'un égard, et ce d'autant plus qu'il se termine sur une déclaration de haine mutuelle entre les deux époux, et plus largement entre les deux sexes – ce qui ouvre la porte au déploiement du désir homosexuel. Dans la première réplique, on remarquera que David, du fait de la juxtaposition entre les différents propos du barbier, semble assimilé à un sorbet – lui aussi viendra répondre à une « soif » (ce qui permet de relire d'un œil nouveau la parabole initiale) :

25 *Saül*, *RR*, I, p. 695.
26 *Ibid.*, p. 702.

LE BARBIER

[…] Ah ! je voulais prévenir son Altesse : j'ai pu préparer (c'est une invention) une nouvelle espèce de sorbets… à l'anis… oui, l'anis ! qui est très particulièrement rafraîchissante et qui grise, ah !… Quand la soif de sa Majesté me fera la faveur d'ordonner… Et j'allais oublier !… Quelle distraction !

La reine entre doucement par derrière.

Le petit chanteur que j'avais annoncé…

SAÜL

Tu n'as rien annoncé du tout.

Sans doute faut-il voir dans cette dernière réplique une allusion au surgissement inopiné du désir. Cette interprétation semble d'autant plus pertinente que Saül ajoute : « Qui t'a demandé ? » C'est le mécanisme du refoulement qui est ici mis en scène. Saül reporte alors son désir sur un objet servant non seulement de dérivatif, mais de substitut – les sorbets précisément :

LE BARBIER

Rien annoncé du tout ?… Où donc avais-je la tête ? – Un chanteur merveilleux. Sire… qui chante en s'accompagnant sur la harpe lui-même…

LE ROI

Eh bien ?

LE BARBIER

Eh bien, je l'ai trouvé ! – (*Insinuant.*) Il est là.

LE ROI

Mais qui t'a demandé ?…

LE BARBIER

Mais son Altesse, son Altesse… : l'autre jour, en sortant du bain, elle s'est écriée : ah ! si seulement un peu de musique… Mais c'est qu'elle est trop fatiguée maintenant ; – elle ne se souvient pas.

SAÜL

Eh ! laisse-moi tranquille avec ton joueur de harpe ! – Je ne veux personne, entends-tu, personne auprès de moi. – Apporte seulement tes sorbets, car j'ai soif.

C'est alors qu'intervient la reine, qui ne sait pas qu'elle joue contre elle-même, et qu'en introduisant le berger parmi les loups, elle commet une grave erreur politique. L'une de ses remarques est à double sens, sans qu'elle s'en rende compte : la musique et le musicien vont bien réveiller les « facultés affaiblies » de Saül. Mais elle ne sera ni la « destinataire », ni surtout la bénéficiaire de ce regain de vitalité. Elle voudrait que la musique « distrai[e] » Saül de son inquiétude : mais au contraire, la musique va susciter, à côté de l'inquiétude politique du roi, l'inquiétude intime de l'homme. Les deux dernières répliques de Saül le disent du reste – les deux époux se haïssent :

LA REINE, *qui s'est approchée.*

Que ne l'écoutez-vous, cher époux ? un gentil joueur de guitare ! Cher époux de mon cœur ; un joueur de lyre pour charmer un peu votre ennui…

SAÜL

Tiens ! Madame la reine ! – Du moment qu'elle le propose, c'est que cela doit m'être mauvais.

LA REINE

J'ai déjà remarqué que la musique, et même les fanfares guerrières, produisent l'effet le meilleur sur vos facultés affaiblies…

SAÜL, *à part.*

Cette femme me déteste.

LA REINE

Souvent l'esprit, distrait de son inquiétude, à la suite d'un chant de harpe, s'abandonne aisément au sommeil…

SAÜL, *à part.*

Je la hais[27].

L'erreur de la reine est d'avoir cru que Saül tolérerait auprès de lui une créature qu'elle aurait choisi à sa place. Certes, le choix du roi se porte sur David – c'est-à-dire sur celui-là même qu'avait élu la reine. Mais cette coïncidence ne signale en aucune façon une victoire de la reine qui aurait réussi à s'immiscer dans les débats intérieurs de son époux pour en orienter le dénouement. Tout au contraire, Saül réaffirme à plusieurs reprises sa volonté de prendre le contrepied des décisions de son épouse. Aussi, quand il choisit David (ou quand il se laisse séduire par David), est-ce sans savoir d'abord qu'il entérine ainsi le jugement de la reine : leur prédilection va au même objet, mais pas pour les mêmes raisons. Et l'on pressent immédiatement que Saül fera du berger musicien un allié dans la lutte contre le parti de la reine (lutte qui n'est que l'hypostase politique de son rejet de la femme comme créature sexuée – pour ne

27 *Ibid.*, p. 712.

pas dire sexuelle) : « Non, David. – Écoute : Je te veux attacher à ma personne… La reine avait parlé pour moi d'un joueur de harpe ; – je ne veux pas du sien, mais[28]… » La reine, d'ailleurs, semble se défier rapidement de David, à qui elle rappelle que c'est à elle qu'il est redevable de la faveur dont il jouira bientôt auprès de Saül : « N'oubliez pas que c'est à moi que vous devez cet honneur[29] ! » Très prudente quand elle s'approche de Saül, la reine, en revanche, ne semble pas comprendre qu'elle devrait aussi prendre des précautions oratoires en s'adressant à David, dont elle ne perçoit ni l'intelligence ni la majesté. Persuadée qu'elle a réussi à se jouer de son époux, elle ne cache rien de ses projets politiques à David. Elle compte faire du musicien un outil dans son entreprise de manipulation du roi et de conquête officieuse du pouvoir :

> Jadis, je sais, c'était un roi plein de sagesse et de courage ; mais à présent sa volonté s'est excédée ; elle a besoin qu'on la dirige, et c'est moi qui souvent choisis ses décisions. – Ainsi, l'idée d'avoir un chanteur près de lui, – c'est la mienne, il l'accepte : – et tant mieux puisque ce sera vous ce chanteur. Mais comprenez aussi, David, que le roi, fatigué de mauvaises pensées, a besoin que je le surveille sans cesse[30].

Mais elle a tort de compter sans David, sans Saül – et surtout sans les Démons de Saül, qui, se comportant comme des courtisans impertinents et indiscrets, chuchotent à l'oreille du roi ce qu'il voudrait ne pas entendre. Une fois encore, David est assimilé à un sorbet, à un objet de délices qui pourrait venir étancher la soif (mais quelle soif ?) du roi :

> PREMIER DÉMON
>
> Oh ! moi, ce qui me ferait le plus de plaisir après une nuit sans sommeil, c'est un sorbet à l'anis et à la liqueur.
>
> SEPTIÈME DÉMON
>
> Moi, d'entendre chanter David.
>
> *Tous rient*[31].

Et précisément, Gide nous offrira d'entendre chanter David. Les paroles du cantique qu'il chante pour Saül méritent bien entendu

28 *Ibid.*, p. 720.
29 *Ibid.*, p. 721.
30 *Ibid.*, p. 722.
31 *Ibid.*, p. 726-727.

d'attirer notre attention. On remarquera d'ailleurs que Gide, dans la didascalie initiale de la scène VIII du troisième acte, précise que David « joue de la harpe devant le roi[32] », et non *pour* le roi. Certes, il peut s'agir là d'une indication scénique ; mais c'est peu probable, et sans doute faut-il voir là, bien plutôt, une allusion discrète (peut-être à demi inconsciente même) à l'irréductibilité de la musique : « *La grande salle du premier acte ; les rideaux des deux côtés sont baissés hermétiquement. Saül, en roi, est assis sur le trône (pourpre, couronne et javelot). David, non loin sur une escabelle ou simplement à terre, joue de la harpe devant le roi.* » Bien entendu, le fait que la scène se tienne dans un espace « hermétiquement » clos fait sens : c'est l'intrusion de l'intime dans le politique (car Saül joue bien ici son rôle de roi) que Gide met en scène. Au tout début de la scène, David est en train de terminer un cantique qui semble résolument optimiste (pour ne pas dire flatteur). Il constate ou prédit le triomphe du roi :

> Autour de toi les hommes pieux applaudissent.
> Les ennemis du roi sont mis en fuite,
> L'Éternel protège le roi.

Seulement, il ne nomme pas le roi. Et ce qu'il ajoute ensuite (« Et voici le nouveau cantique que j'ai composé pour Saül ») ne serait pas loin de suggérer que le roi dont David parle dans le premier cantique n'est pas celui qui se tient devant lui, vêtu de la pourpre. Car ce qui suit est bien moins flatteur, et bien plus insinuant. Dès l'introduction « métatextuelle » du cantique, dès les premiers vers, où David annonce ce que sera son chant (il en indique le destinataire ou le dédicataire), et où il appelle à lui l'inspiration poétique et musicale, le joueur de harpe fait preuve à la fois de finesse et d'impudence. Profitant du double sens, à la fois poétique et politique, que peut revêtir la formule « habile écrivain », il dit presque ouvertement à Saül qu'il s'apprête à le manipuler :

> *… Paroles pleines de charme, ruisselez, débordez de mon cœur.*
> *Je chante. Mon chant est pour le roi.*
> *Qu'il soit comme celui d'un habile écrivain.*
>
> *Pause.*

32 Pour tout ce qui suit, voir *ibid.*, p. 744-746.

Réveille-toi, mon luth !
Réveillez-vous, mon luth et ma harpe !
Que mon chant réveille l'aurore…

Ce chant est celui d'une musique qui prend résolument le parti du surmoi contre un ça dont elle pressent qu'elle est malgré elle la complice. Sans doute David a-t-il bien compris qu'il est la cause du trouble et de l'inactivité de Saül. Mais le musicien ne peut l'accepter. Aussi va-t-il inciter Saül à se comporter en roi, c'est-à-dire à intégrer à nouveau en lui-même une figure qui doit lui servir de garde-fou en le détournant d'une inquiétude intime qui s'avère nuisible aussi bien psychologiquement que politiquement. Le dernier des vers suivants est significatif. Saül, en effet, « dort », il est en proie à l'inavouable, à ce qui ne peut paraître que dans l'espace « hermétiquement » clos du rêve :

Roi Saül ! monte sur ton char,
Défends la vérité, la douceur, la justice !
Monte sur ton char, roi Saül !

Pause.

Tous les guerriers sont dans l'attente…
Dans l'attente les Philistins se réjouissent :
Saül dort ; Saül ne paraît pas !…

David demande à sa harpe et à son chant de tirer Saül de cet état de torpeur où sa conscience est désarmée. L'image du roi ne prenant pas les armes pour lutter contre ses ennemis appelle évidemment plus qu'une lecture littérale – d'autant que la condition *sine qua non* de la lutte est le réveil (de la conscience) du roi :

Monte sur ton char, vaillant roi,
De peur que les ennemis de Dieu ne triomphent.
De peur qu'ils ne se réjouissent.

Pause.

Saül ! Saül ! réveille-toi ;
Mon luth retentissant t'accompagne ;
Ta droite se signale par de nouveaux exploits.

Il va de soi que cet appel musical ne peut qu'importuner, non le roi, mais Saül, qui demande à David : « Tu ne sais pas quelque chose de plus gai ? » Et comme le musicien semble surpris de la façon dont Saül formule son souhait, ce dernier lui répond : « Tu t'étonnes ? – C'est que tu méconnais qui je suis... Allons ! laisse ta harpe, David ! causons. » Ces paroles de Saül suggèrent que la musique empêche, ou tente d'empêcher son être véritable (ou du moins son être caché) de se manifester : elle serait l'un des instruments d'une censure à la fois intime et sociale. D'ailleurs, quand Saül interroge David en ces termes : « Dis : de quoi est-ce que j'ai l'air, David ? », le jeune musicien feint de ne pas comprendre le sens ou l'enjeu réel de la question. Il donne une réponse qui sonne plutôt comme un vœu ou comme un souhait : « D'un roi. » Mais ce n'est pas ce que Saül veut entendre ; car c'est son inquiétude intime qui l'a poussé à interroger David, et il voudrait savoir si celui dont il s'est épris s'est avisé qu'il s'est ainsi placé en marge, sinon de l'acceptable, du moins de l'accepté. C'est ce *décalage* qui inquiète Saül. De là cette question : « Qu'est-ce que tu trouves surtout de remarquable en moi ? » Mais David fait semblant, encore une fois, de ne pas entendre la question. Le décalage qu'il met en valeur dans la réponse laconique qu'il fait à Saül est vertical, non horizontal ; et surtout, il réduit Saül à une incarnation de la seule institution qu'on ne saurait prendre en faute, car elle est la loi même : « La royauté. » Or, Saül, afin de montrer son vrai visage, vient précisément de se dépouiller du seul attribut de la majesté dont il pouvait se défaire sans scandale : sa barbe. Cet épisode en apparence anodin est d'autant plus important que, dans *L'Immoraliste*, Michel lui aussi renonce à la barbe, et que cet acte *fait événement* dans sa vie intérieure[33]. Aussi, malgré son caractère apparemment saugrenu, faut-il prendre tout à fait sérieusement le dialogue suivant :

SAÜL, *agacé, puis se ravisant.*

Ah... même sans barbe ?

DAVID

Sans barbe un peu moins.

SAÜL

C'est parce qu'on me voit mieux que je parais moins roi. – Oui, – c'est pourquoi j'ai fait couper ma barbe ; je me sentais moins roi que je n'en avais l'air... tandis que maintenant... Dis-moi qu'ainsi tu me préfères.

33 « Je m'apparus, l'émotion qui m'emplit et que je réprimai de mon mieux, ne fut pas la joie, mais la peur. Je ne discute pas ce sentiment ; je le constate. Je trouvais mes traits assez beaux. Non, la peur venait de ce qu'il me semblait qu'on voyait à nu ma pensée » (*L'Immoraliste*, *RR*, I, p. 631).

DAVID

Je préfère le roi.

SAÜL

Non, David : à présent je te parais plus jeune – et je le suis ; – en me vieillissant à tes yeux, elle ne pouvait pas me plaire – cette barbe royale… C'est à cause de toi que je l'ai fait couper… David…

David, gêné, se remet à jouer de la harpe.

David, donc, fait la sourde oreille, et se refuse à voir Saül derrière le roi. Dès lors, ce dernier n'a d'autre choix que de se faire de plus en plus insistant, et de manifester ce qui le tourmente de manière de plus en plus explicite ; mais précisément, la musique est là pour empêcher les mots de dire ce qu'ils voudraient dire, et David joue de la harpe, moins peut-être pour cacher un trouble qui semble social plus qu'intime, que pour faire taire Saül : à nouveau, la musique se met au service de la censure et du surmoi. C'est pourquoi elle ne saurait rien produire qui s'accorde à l'humeur de Saül. Non que Saül soit guilleret : mais il voudrait se déprendre d'une loi sévère, et peut-être par la même occasion (quoique cela soit contradictoire) oublier, pour quelques instants, son inquiétude. Mais bientôt, cette diversion semble déplaisante à Saül, qui sans doute pressent qu'elle cache en fait une opération de censure : « Chante alors ! – Allons, David ! Quelque chose de gai. *(Geste de David.)* Non ! Rien de gai ; tu ne sais rien de gai ! – Ah ça ! tu ne plaisantes donc jamais, David – avec ton Jonathan ? – jamais ! ! – Alors joue seulement ; ton chant d'ailleurs dérange ma pensée. – On ne peut pas toujours se distraire[34]. » Malgré le caractère quelque peu incohérent des ordres que lui donne Saül, David entreprend de jouer de la harpe. Saül fait alors une remarque qui peut s'entendre dans un double sens : « Ah ! Ah ! ce chant de harpe coule sur ma pensée… » Demeure-t-il imperméable à la musique ? Ou au contraire la musique le soulage-t-elle de ses tourments ? Ce qui ne fait pas de doute, c'est que la musique est liée dans l'esprit de Saül à l'orthodoxie la plus stricte. Non seulement il l'associe au fait religieux ; mais en outre, il laisse entendre que, plus encore que la parole (puisqu'il est lui-même en train de parler), c'est la musique qui doit se taire quand l'inavouable fait irruption dans l'âme d'un homme. Seulement, ce silence imposé par le caractère sacré de la

34 Pour les citations qui suivent, voir *Saül*, *RR*, I, p. 746-748.

musique est à double tranchant : certes, il évite à l'homme de commettre un sacrilège ; mais l'homme se trouve privé de ce qui (du point de vue de l'orthodoxie, s'entend) pourrait être pour lui un recours contre les tentations qui l'assaillent. Au moment où Saül évoque son secret, David cesse d'ailleurs de jouer : est-ce pour que la musique ne soit pas souillée ? Ou est-ce parce qu'il désire obscurément connaître le secret ? C'est ce qu'il est difficile de déterminer :

> Moi aussi j'ai su louer Dieu, David – j'ai chanté pour lui des cantiques ; pour lui jadis ma bouche était toujours ouverte et ma langue immodérément agitée ; – mais, de peur de parler, mes lèvres à présent sur mon secret se sont closes – et mon secret, vivant en moi, crie en moi de toutes ses forces. [...] Je m'use à demeurer silencieux. Depuis que je me tais, mon âme se consume ; comme un feu vigilant son secret l'use jour et nuit...
>
> *Pause, avec un léger arrêt de la musique.*

Puis vient le fameux soliloque de Saül, qui parle tout en s'interdisant de parler, et qui tente de couper toute communication entre lui-même et ce qui l'environne, afin bien sûr de ne pas trahir son secret, mais afin aussi de n'être plus assailli par la tentation, et afin surtout de ne plus souffrir de l'inadéquation entre ce qu'il désire et ce qui est permis. Or, la musique, ici, semble soudain jouer le rôle inverse de celui qui était le sien jusqu'à présent. La musique, qui, telle que la pratiquait David, tentait de faire taire en Saül les désirs inavouables, se révèle dans toute sa dualité, dans toute sa duplicité même. Dans *Les Nourritures*, dans *Le Prométhée*, dans *L'Immoraliste*, dans *Si le grain ne meurt* aussi (nous le verrons), la musique accompagne la montée du désir, elle la provoque même. Il n'en va pas autrement ici – même si David tente de faire de son chant et de sa harpe des outils au service de la censure intime et sociale. Et l'on verra plus loin que cette ambivalence se retrouvera dans le rapport de Gide à Chopin : l'écrivain demande à son compositeur de prédilection de lui fournir une esthétique classique qui le protège de toutes les tentations, et il apprend pourtant chez lui à pratiquer l'art du désir.

La musique, donc, se fait soudain complice de l'« intolérable » :

> SAÜL
>
> [...] Horreur ! horreur ! horreur ! – ils veulent savoir mon secret et je ne le sais pas moi-même ! Il se forme lentement dans mon cœur... Mais la musique le soulève... Comme un oiseau se heurte aux barreaux de sa cage, il est

> monté jusqu'à mes dents [...]... David ! mon âme est incomparablement tourmentée ! – Mes lèvres ! qui nommez-vous ? Serrez-vous, lèvres de Saül ! Clos ton manteau royal, Saül ! tout alentour t'assiège ! – Bouche tes oreilles à sa voix ! [...] Tout ce qui m'est délicieux m'est hostile. – Délicieux ! délicieux ! [...] Que ne suis-je égaré dans l'ardeur du désert, comme jadis, hélas ! chercheur d'ânesses ; dans la chaleur de l'air je brûlerais ! je sentirais alors moins brûlante mon âme – que le chant active – et qui s'élance – de mes lèvres – vers toi – Daoud – délicieux...

Il ne reste alors d'autre recours à David que la violence – une violence qu'il tourne non contre Saül, mais contre la musique elle-même :

> *David jette à terre la harpe qui se brise. Saül semble se réveiller.*
>
> SAÜL
>
> Où suis-je ? David ! David ! mais reste donc...
>
> DAVID
>
> Adieu ! Saül ! Plus pour toi seul désormais ton secret est intolérable...
>
> *Il sort.*

Cette fuite de David demeure cependant inefficace : car si le musicien fuit le roi qu'il juge coupable (et dont la culpabilité lui fait d'autant plus peur qu'elle l'induit en tentation, aussi bien amoureusement que politiquement, la faiblesse du roi lui ouvrant la voie du trône), la musique, elle, demeure auprès de Saül. C'est Saül lui-même qui va se faire musicien, abandonnant par suite toute majesté :

> PREMIER HOMME
>
> Et alors ?
>
> DEUXIÈME HOMME
>
> Alors on l'a ramené au palais.
>
> PREMIER HOMME
>
> Il chantait toujours ?
>
> DEUXIÈME HOMME
>
> Je crois bien, qu'il chantait ! – et qu'il dansait aussi ! on ne pouvait pas le retenir.
>
> TROISIÈME HOMME
>
> Le prince avait voulu qu'on lui mît ses vêtements et sa couronne, mais il sautait tellement qu'elle ne pouvait pas lui tenir sur la tête[35].

35 *Ibid.*, p. 752.

À la musique sacrée du surmoi succède alors la musique profane (mais néanmoins rigoureusement structurée) du ça. Cette musique, Saül accepte de l'écouter : il la réclame même, ayant renoncé à toute espèce de dignité royale. Il ne trouve cependant aucun plaisir à l'entendre – car, si cette musique des désirs (des pulsions) est « réglée », elle ne semble cependant point harmonieuse. Faut-il considérer la remarque désapprobatrice de Saül comme représentative de la pensée d'un Gide qui, somme toute, prendrait le parti d'un surmoi harmonieux contre un ça dissonant ? Non, sans doute : car les Démons avouent bien volontiers que leur tapage n'est guère plaisant, et se plaignent auprès de Saül de n'avoir reçu aucune éducation musicale. Malgré le caractère inévitablement sarcastique de leurs paroles, sans doute y a-t-il un fond de sérieux dans cette réplique : ce que Gide condamne ici *via* le reproche esthétique que Saül fait à ses Démons, c'est un usage maladroit des plaisirs. Sans doute existe-t-il une harmonie des plaisirs, mais cette harmonie n'est pas donnée ; elle est à conquérir, et cette conquête coûte bien cher à Saül, puisqu'il la paie non seulement de son trône, mais aussi de sa vie :

Tapage.
Tout ce murmure grossissant des Démons est obtenu par une musique très réglée.

SAÜL, *retourné vers et contre les Démons.*
Eh bien quoi ? – Voyons ! – Si vous voulez prendre la place… jouez-nous quelque chose au moins, – montrez ce que vous savez faire.

Les Démons se culbutent – tapage réglé. – Saül regarde longuement, gravement.

SAÜL, *avec dégoût.*
Ça n'est pas beau.

LES DÉMONS
Mais, Saül, tu ne nous a rien appris.

SAÜL
Assez ! alors. Assez[36] !

La musique, cependant, ne se tait pas sur l'ordre de Saül : car Saül n'est plus maître de ses Démons, et se laisse étouffer par eux[37]. Seul

36 *Ibid.*, p. 769.
37 Mais la musique des Démons doit néanmoins rester discrète sur la scène – car ce que Gide représente, c'est aussi un geste de refoulement : « Cet après-midi, entendu la musique d'Honegger pour *Saül*. J'ai peur qu'elle ne vienne trop en avant et que toute la partie démoniaque ne soit démesurément grossie… » (*J*, I, p. 1174, 28 mars 1922.)

David l'usurpateur orthodoxe a le pouvoir de faire taire les Démons en prenant à Saül et sa couronne et la vie. C'est ce dont témoigne cette didascalie : « *Le jour paraît. On entend un troisième appel de trompette. Saül, à demi redressé, arrache le rideau de la tente. Les Démons s'évanouissent devant le flot du jour. La musique a cessé*[38]. » Certes, David semble souhaiter ardemment n'être jamais roi. Mais, de même que Thésée, David est sans doute, malgré qu'il en ait, coupable. C'est lui qui organise *musicalement* non seulement les funérailles de Saül et Jonathan, mais leur mort. Il fait taire la musique du désir, et de la sorte fait mourir Saül et son héritier (Jonathan s'étant lui aussi manifestement épris de David). À la musique des Démons se substitue alors une musique funèbre, de même que le peuple, réuni en un cortège, se substitue à la troupe tumultueuse sinon désordonnée des Démons :

> DAVID
>
> [...] J'ai fait ce que j'ai pu, Jonathan ! – J'ai fait ce que j'ai pu, Jonathan, mon frère !... (*Redressé.*) Allons ! maintenant, levons-nous ! Qu'on rapporte au palais les corps de Saül et du prince. Qu'on les pose sur une litière royale. Que tout le peuple forme cortège ; qu'il accompagne ma douleur de ses sanglots et de ses lamentations. – Vous, musiciens ! – qu'une musique funèbre retentisse.
>
> *Ils sortent en nombreux cortège aux sons d'une marche funèbre*[39].

Il est remarquable que la pièce finisse ainsi sur une notation musicale : c'est dire le rôle prépondérant que la musique joue dans la lutte de pouvoir entre surmoi et ça, entre royauté et humanité, entre orthodoxie et dissidence.

38 *Saül*, *RR*, I, p. 769.
39 *Ibid.*, p. 771.

MUSIQUE ET FOI

De *La Porte étroite* à *La Symphonie pastorale*

Sans doute d'ailleurs Gide ne désire-t-il promouvoir ni l'orthodoxie ni l'hétérodoxie, mais un subtil équilibre entre rigueur et licence, entre soumission et révolte, entre doctrine et hérésie. C'est ce que suggèrent ces lignes du *Retour de l'enfant prodigue* (1907), qui proposent un *ethos* dont la valeur maîtresse est l'équilibre, entre Bien et Mal bien sûr, mais aussi entre retenue et abandon, entre maîtrise et démission. Et c'est une métaphore musicale que Gide mobilise pour décrire cet équilibre intime si difficile à obtenir de soi (d'où l'interruption brusque de la phrase) :

> Comprends-moi bien : ce n'est pas une diminution, c'est une exaltation de toi que je propose, où les plus divers, les plus insubordonnés éléments de ta chair et de ton esprit doivent symphoniquement concourir, où le pire de toi doit alimenter le meilleur, où le meilleur doit se soumettre à[1]...

Le *corpus* même de ce chapitre nous incitera à mettre l'accent sur les oppositions (pour ne pas dire les contradictions) qui organisent *symphoniquement* (le mot est à comprendre au prisme de l'étymologie) le discours gidien sur la musique : car, de *La Porte étroite* à *La Symphonie pastorale* en passant par *Les Caves du Vatican*, l'œuvre de Gide suit une trajectoire véritablement dialectique. Dans *La Porte étroite* comme dans *La Symphonie pastorale*, la musique accompagne le douloureux dialogue d'âmes pieuses avec les troubles du cœur voire de la chair ; tandis que dans *Les Caves*, le motif de la musique parodiée est lié à l'initiation d'un être *sans foi ni loi* (du moins en apparence) aux vertiges de la gratuité.

---

1 *Le Retour de l'enfant prodigue*, *RR*, I, p. 784.

LA MUSIQUE, UNE PORTE (ÉTROITE ?) QUE L'ON PEUT OUVRIR OU FERMER

Dans *La Porte étroite* (1909), la musique est associée à la culpabilité charnelle. On dirait que Gide lui-même n'est pas loin de juger la musique de Chopin « malsaine », comme sa mère. C'est en tout cas Chopin, et plus précisément le Chopin des *Mazurkas* (c'est-à-dire le seul Chopin que Gide ne sut jamais aimer tout à fait), que joue – on l'a vu dans l'introduction – la tante coupable de *La Porte étroite.* Dans les lignes suivantes – lignes à la fois peu explicites et très éloquentes, d'autant que spatialement, la tante se tient à l'écart de la famille –, Gide porte un jugement plus moral qu'esthétique sur l'interprétation que Lucile Bucolin[2] propose des *Mazurkas* :

> Le soir, après dîner, Lucile Bucolin ne s'approchait pas à notre table de famille, mais, assise au piano, jouait avec complaisance de lentes *Mazurkas* de Chopin ; parfois rompant la mesure, elle s'immobilisait sur un accord[3]...

« Rompant la mesure » : cette notation en apparence strictement musicale peut se lire aussi dans un sens plus largement esthétique (Gide, en bon classique, défendant un art de la juste mesure) ; et elle peut en outre se lire dans un sens moral et social. Toutefois, la musique, que la tante tentatrice parvient à dévoyer, demeure avant tout un recours contre les tourments de l'âme et les troubles de la chair : ainsi, Juliette, meurtrie de constater que l'amour qu'elle éprouve pour Jérôme ne lui sera jamais rendu, se réfugie dans la pratique du piano.

Qu'on nous permette ici de faire un petit détour, et de rompre par un retour en arrière la (relative) rigueur chronologique de notre étude :

---

2 D'après David Steel, Lucile Bucolin est une créature mi-chopinienne, mi-baudelairienne : « En butinant dans quelques poèmes seulement des *Fleurs du mal* (Lucile – fleur du mal) on arrive vite à un *patchwork* qui est comme le portrait de la tante voluptueuse : "Toison moutonnant jusque sur l'encolure", "un mouchoir", "féconde paresse" ("La Chevelure"), "Où l'enfance s'allie à la maturité" ("Le Beau Navire") – tous ces éléments sont repris et représentés chez Lucile, ainsi que la musique de Chopin (elle joue ses *Mazurkas*) que Gide associait inextricablement avec sa lecture du poète » (David Steel, « Antécédents gidiens. Mathilde Rondeaux-Lucile Bucolin : mythe d'une naissance, naissance d'un mythe », *BAAG*, n° 146, avril 2005, p. 7-12, p. 9).

3 *La Porte étroite*, *RR*, I, p. 815.

il nous semble indispensable, en effet, au moment de parler de la souffrance de Juliette, d'évoquer un autre texte qui, quoique inachevé, mérite de retenir notre attention : il s'agit du *Retour* (1899-1900), ce livret[4] que Gide avait entrepris d'écrire pour son ami compositeur Raymond Bonheur, et qui raconte une histoire dont on peut dire qu'elle préfigure celle de Juliette, d'Alissa et de Jérôme.

Dans ce texte, la musique est d'abord celle, sans tourments, d'un amour confiant. Marthe attend son époux, trois ans durant, sans douter un instant de son retour :

> Après trois ans j'y crois autant qu'au premier jour.
> Ma confiance en lui rassure mon amour.
> Sa promesse chantait durant ma solitude.
> Je l'entends ; je la sens ; il me la dit toujours[5].

Mais cette musique heureuse ne l'est pas pour tous : car, manifestement, Lucile, la sœur de Marthe, aime d'amour celui qui ne pourra jamais être plus pour elle qu'un frère. Le grand-père, dont la figure bienveillante et compréhensive vient se substituer aux sévères figures maternelles qui si souvent régissent la vie intime des jeunes gens que Gide met en scène, prévient Marthe :

> Ne te moque pas d'elle.
> J'aime ton jeune rire où la grâce ruisselle ;
> Il émeut de son chant ma maison et mon cœur,
> Mais parfois la joie est cruelle,
> Le rire peut blesser[6].

Marthe, cependant, a-t-elle tout à fait raison de se réjouir ? C'est ce que le premier acte ne permet pas de déterminer : ce qui ne fait pas de doute en tout cas, c'est que Gide comptait mettre en scène l'attirance mutuelle qu'éprouvent Lucile et Horace, le mari de Marthe. Or, dans la seule scène où s'esquisse cette intrigue, la musique « couvre

4 Sur Gide librettiste, voir Jean Claude, *André Gide et le théâtre*, *op. cit.*, t. I, p. 13 : « Le *Théâtre complet* comprend aussi un livret d'opéra *Perséphone*, pour lequel Stravinski a composé la musique [...]. Il s'y ajoute les fragments d'œuvres inachevées *Ajax*, *Proserpine*, première version de *Perséphone*, et *Le Retour*, livret d'un opéra-comique destiné au compositeur Raymond Bonheur et dont seul le premier acte a été écrit. »

5 *Le Retour*, *RR*, I, p. 1210.

6 *Ibid.*

la voix[7] » des personnages quand leur affection mutuelle se fait trop manifeste. Est-ce à dire que la musique se fait la complice d'un amour illégitime, et qu'elle vient dire ce que les mots sévères se refusent à exprimer ? Ou, au contraire, que la musique tente de cacher ce qu'elle ne saurait entendre ? C'est ce que l'on n'aurait pu savoir que si Gide avait donné la suite du livret.

Toujours est-il que, dans *La Porte étroite*, la musique permet à Juliette, non pas de faire taire ses sentiments, mais de feindre de ne plus les entendre. Le piano, ainsi, ne lui est pas tant un exutoire qu'une échappatoire. Elle n'exprime pas ses sentiments au piano : elle les fuit. C'est pourquoi elle peut jouer sans y prêter attention. Elle ne s'investit pas dans sa pratique de l'instrument, au contraire, elle fait un effort pour *se déshabiter* :

> – À présent, laisse-moi. Ce n'est pas pour causer avec moi que tu es venu. Nous sommes depuis bien trop longtemps ensemble.
>
> Elle s'enfuit en courant vers la maison et un instant après je l'entendis au piano.
>
> Quand je rentrai dans le salon, elle causait, sans s'arrêter de jouer, mais indolemment à présent et comme improvisant au hasard, avec Abel qui était venu la rejoindre[8].

Quand Jérôme découvre ce que cache, ou plutôt ce que révèle le comportement étrange de Juliette, il fait allusion, à nouveau, quoique de façon plus détournée, à ce rôle de la musique, qui permet à un être de se cacher de lui-même comme des autres. Certes, ce pouvoir est à peine suggéré par une métonymie. Il n'en demeure pas moins que, quand il rentre dans le salon après en avoir d'abord fui l'atmosphère oppressante, Jérôme y aperçoit « mal dissimulée derrière le piano, [s]a tante, qui parl[e] avec Juliette[9] ». Quoique cette interprétation puisse sembler abusive, il n'est pas exclu que l'instrument renvoie à la musique elle-même : ce qui est certain en tout cas, c'est que la dissimulation est ici volontaire (sans quoi Jérôme ne noterait pas que sa tante et sa cousine sont « mal dissimulée[s] »), et qu'elle a partie liée avec la musique.

Certes, la musique est également présente dans ce même passage *via* l'évocation des airs de Noël que chante un chœur d'enfants. Ici, à la

7 *Ibid.*, p. 1219.
8 *La Porte étroite*, *RR*, I, p. 839.
9 *Ibid.*, p. 850.

fois innocente (du moins en apparence) et sacrée, elle est associée à une parole qui est dans le même temps sainte et impuissante :

> Des chants s'élevèrent ; sans doute un chœur d'enfants réunis autour de l'arbre de Noël. [...] Les enfants avaient achevé leur cantique ; il se fit un silence, et le pasteur Vautier, devant l'arbre, commença une manière de prédication[10].

Mais la musique, sans doute aucun, joue dans *La Porte étroite* le rôle ambivalent[11] d'une manière d'interface réversible entre l'individu et ses désirs ou ses tentations. Elle joue le même rôle qu'un pont-levis : elle est à la fois pont et porte, voie d'accès et obstacle. Juliette s'en sert pour échapper à un amour qu'elle sait, dans le contexte familial qui est le sien, inavouable ; tandis que Lucile la pianiste était celle qui induisait le petit Jérôme en tentation ; et que, surtout, Alissa se sert d'une musique (à peine musicale, certes, et qui se dépouille au point de se réduire aux atours sonores d'un poème *qui aurait pu être dit à haute voix* par celui qu'elle n'ose aimer pleinement) pourtant originellement sacrée pour dire l'affection qu'elle porte à Jérôme :

> Est-ce beau ! Jérôme, est-ce beau ! Vraiment trouves-tu cela aussi beau que moi ? Une petite note de mon édition dit que Mme de Maintenon, entendant chanter ce cantique par Mlle d'Aumale, parut dans l'admiration, « jeta quelques larmes » et lui fit répéter une partie du morceau. Je le sais à présent par cœur et ne me lasse pas de le réciter. Ma seule tristesse, ici, est de ne pas te l'avoir entendu lire[12].

Ailleurs encore, Alissa tente de communier avec Jérôme en se laissant ravir comme lui par le chant des oiseaux. Mais bien vite, ce discours amoureux devient discours religieux – à ceci près, qu'Alissa fait usage

---

10 *Ibid.*

11 L'ambivalence politique de la musique, Gide la dénoncera d'ailleurs (pour discréditer ceux qui voudraient enrôler la musique au service d'une cause quelconque) dans un texte consacré à l'existentialisme, et publié en novembre 1945 dans la revue *Terre des hommes* : « Mais j'espère bien que Sartre ne vas pas s'en tenir là ; qu'à la suite de la littérature, nous le verrons "engager" peinture et musique. Pour celle-ci la chose est facile : le compositeur n'y va que du bout de l'archet. Qu'il vienne, selon le vent, à changer le titre ou la dédicace d'une œuvre (comme fit Beethoven, dit-on), personne ne s'en aperçoit : "Vive le roi", "Vive la Ligue", peut se chanter sur le même air » (« Existentialisme » [*Terre des hommes*, 17 novembre 1945], *EC*, p. 398). Sartre répond, on le sait, à ce genre d'objections dans les premières pages de *Qu'est-ce que la littérature ?*

12 *La Porte étroite*, *RR*, I, p. 859.

d'un adjectif qu'il faut entendre à double sens. Quand elle utilise la locution « *inexprimable* amour », il va de soi que, derrière le sens ordinaire de l'adjectif, elle veut faire entendre un sens plus subtil, plus littéral aussi peut-être : ce qu'elle laisse entendre, c'est que, si son amour est indicible peut-être, il est surtout inépuisable. Mais peut-être convient-il précisément de parcourir ce chemin sémantique en sens inverse, et de prendre l'expression dans son sens le plus ordinaire. Si Alissa voudrait faire croire, et voudrait croire elle-même, que c'est de son amour pour Dieu qu'elle parle, en réalité, c'est bien à son amour pour Jérôme qu'elle fait (à demi malgré elle) allusion ; et cet amour est bel et bien inexprimable pour elle qui refuse de s'avouer que quelque chose la distrait de Dieu :

> Oui, mon ami, c'est une exhortation à la joie, comme tu dis, que j'écoute et comprends dans « l'hymne confus » de la nature. Je l'entends dans chaque chant d'oiseau ; je la respire dans le parfum de chaque fleur, et j'en viens à ne comprendre plus que l'adoration comme seule forme de la prière – redisant avec saint François : Mon Dieu ! Mon Dieu ! « *e non altro* », le cœur empli d'un inexprimable amour[13].

Un autre élément retient l'attention. Juliette, on le sait, épouse Édouard Teissières *par amour pour sa sœur et pour Jérôme* – son mari, d'ailleurs, étant parfaitement conscient de la situation. Teissières n'étant pas mélomane, Juliette (qui ne veut pas se transformer en une nouvelle Emma Bovary) renonce à la musique – comme elle a renoncé à Jérôme. Mais sans doute ne faut-il pas pour autant établir d'équivalence entre le goût de Juliette pour la musique et son amour pour Jérôme. Car il ne faut pas oublier que cet amour ne meurt pas, et que la Juliette paisible qui décide d'épouser les habitudes de son mari n'est paisible que parce qu'elle a accepté d'envisager sereinement des sentiments dont elle sait qu'ils ne seront jamais réciproques. Ainsi, pour elle, renoncer au piano, c'est peut-être avant tout renoncer à la dissimulation devant soi-même :

> Juliette paraît très heureuse. Je m'attristais d'abord de la voir renoncer au piano et à la lecture ; mais Édouard Teissières n'aime pas la musique et n'a pas grand goût pour les livres ; sans doute Juliette agit-elle sagement en ne cherchant pas ses joies où lui ne pourrait pas la suivre. Par contre, elle prend intérêt aux occupations de son mari, qui la tient au courant de toutes ses affaires[14].

---

13 *Ibid.*, p. 861-862.
14 *Ibid.*, p. 866.

Pour Alissa cependant, renoncer au piano, c'est bien renoncer à Jérôme, et à toutes les affections terrestres qui pourraient l'empêcher de passer par cette porte étroite qu'on ne peut franchir que seul. Aussi bannit-elle le piano comme elle tient Jérôme à distance. Ce dernier ne se méprend pas sur la portée de ce geste :

> Le soir, entrant dans le salon, je m'étonnai de ne plus retrouver le piano à sa place accoutumée ; à mon exclamation désappointée :
>
> – Le piano est à regarnir, mon ami, répondit Alissa, et de sa voix la plus tranquille.
>
> – Je te l'ai pourtant répété, mon enfant, dit mon oncle sur un ton de reproche presque sévère : puisqu'il t'avait suffi jusqu'à présent, tu aurais pu attendre le départ de Jérôme pour l'expédier ; ta hâte nous prive d'un grand plaisir[15]...

La réplique suivante est plus révélatrice encore, car elle opère implicitement un singulier syncrétisme entre l'instrument et Alissa elle-même : « – Mais, père, dit-elle en se détournant pour rougir, je t'assure que, ces derniers temps, il était devenu si creux que Jérôme lui-même n'aurait pu rien en tirer[16]. » Cet instrument dont Jérôme n'aurait rien pu tirer, eût-il été présent, c'est l'Alissa amoureuse d'un homme que l'Alissa éprise de Dieu a tenté de vider de sa substance. De telle façon que l'on comprend qu'en excluant le piano de l'espace domestique, Alissa a avant tout tenté de s'exclure elle-même en tant que femme amoureuse de son espace intime, qu'elle veut purement sacré.

Certes, la pratique de la musique, et en particulier du piano, n'est pas sans vertus. Elle apprend l'effort, et donne naissance à une jouissance morale autant qu'intellectuelle : « J'aimais l'étude du piano parce qu'il me semblait que je pouvais y progresser un peu chaque jour[17]. » Mais, que la musique en tant que telle, que la musique donnée, et non acquise ou conquise, puisse constituer un péril pour une pieuse femme, le passage suivant en témoigne de manière éclatante :

> Je m'étonne, m'effarouche presque de ce qu'ici mon sentiment de la nature, si profondément chrétien à Fongueusemare, malgré moi devienne un peu mythologique. Pourtant elle était encore religieuse la sorte de crainte qui de plus en plus m'oppressait. Je murmurais ces mots : *hic nemus*. L'air était

---

15 *Ibid.*, p. 878.
16 *Ibid.*
17 *Ibid.*, p. 894.

> cristallin : il faisait un silence étrange. Je songeais à Orphée, à Armide, lorsque tout à coup un chant d'oiseau, unique, s'est élevé, si près de moi, si pathétique, si pur qu'il me sembla soudain que toute la nature l'attendait[18].

Ce glissement d'un sentiment chrétien de la nature à un sentiment païen, c'est la musique qui l'opère : d'une part, le texte convoque la figure d'Orphée, qui résume ici toute la mythologie que le sacré chrétien aurait dû annuler ; d'autre part, la première manifestation, non pas encore artistique, mais esthétique déjà cependant, de ce sacré païen redécouvert, c'est un chant d'oiseau qui, dans la mesure où il paraît répondre à une attente de la nature, éveille un sentiment *panique* (dans tous les sens du terme, y compris le plus ordinaire) de l'unité universelle.

La musique joue donc un rôle crucial (quoique peu évident) dans *La Porte étroite*. Il n'en va pas, *a priori*, de même dans *Isabelle* (1911), même si la musique n'est pas absolument absente du récit. Elle est présente, d'abord, comme l'une des formes de l'*actualité* ; actualité qui échappe aux érudits, à qui toute matière vivante est étrangère. C'est ce qui appert de ces propos du brave Monsieur Floche :

> Alors, si vous le voulez bien, mon futur collègue, vous me parlerez de préférence de vos études, puisque ce sont les miennes également, et vous m'excuserez si je ne vous interroge pas sur les musiciens, les poètes, les orateurs que vous aimez, ni sur la forme de gouvernement que vous croyez la préférable[19].

On remarquera aussi l'évocation du « chant tragique des cognées », qui, dans un contraste surprenant, mais qui en dit long sur le pouvoir de transgression de la musique (surtout si elle est « naturelle », donc « païenne »), « rythm[e] secrètement les battements heureux[20] » du cœur de Lacase, tandis que ce dernier laisse son imagination véhémente mettre en scène les plus prévisibles romances… Aussi bien la musique apparaît-elle comme une chose triviale. Car, quand enfin Lacase a l'occasion de s'entretenir avec celle dont il s'est épris sans la connaître, il comprend bien vite que sa grâce apparente cache une âme vulgaire ; et c'est la voix d'Isabelle, une voix mélodieuse mais comme creuse, qui lui révèle cela : « Je m'attristais de ne distinguer point dans la mélodie de sa voix les

---

18 *Ibid.*, p. 892.
19 *Isabelle*, *RR*, I, p. 929.
20 *Ibid.*, p. 978.

chaudes harmoniques du cœur[21]. » À quoi il faut ajouter que, de même que la tante pécheresse de *La Porte étroite*, la tentatrice décevante qui donne son titre à *Isabelle* est pianiste. Et, de même que Lucile Bucolin se rendait coupable de complaisance, Isabelle se montre vulgaire dans le goût sans raffinement qu'elle affiche pour une musique qu'elle associe à la poésie la moins élevée :

> Nous causions de son dénuement ; et comme je lui demandais ce qu'elle se proposait de faire :
> – Je chercherai à donner des leçons, répondit-elle ; des leçons de piano ; ou de chant. J'ai une très bonne méthode.
> – Ah ! vous chantez ?
> – Oui ; et je joue du piano. Dans le temps j'ai beaucoup travaillé. J'étais élève de Thalberg… J'aime aussi beaucoup la poésie.
> Et comme je ne trouvais rien à lui dire :
> – Je suis sûre que vous en savez par cœur ! Vous ne voudriez pas m'en réciter ?
> Le dégoût, l'écœurement de cette trivialité poétique achevait de chasser l'amour de mon âme. Je me levai pour prendre congé d'elle[22].

C'est donc la musique qui, quoique indirectement, remet Lacase dans le droit chemin, et le conduit à faire sien le jugement de tous sur Isabelle – comme si ce que demandait Gide à la musique (que ce soit à la musique impeccable ou à la musique coupable, à la musique pure ou à la musique déchue) par le truchement de ses personnages, c'était de le protéger (par une action directe de censure ou par le biais d'une réaction à la tentation vers laquelle elle fait signe) de désirs qui lui rappellent qu'il n'est pas « pareil aux autres[23] ».

21 *Ibid.*, p. 983-984.
22 *Ibid.*
23 On pourra consulter sur le sujet la très belle étude de Stéphanie Bertrand, « "Je ne suis pas pareil aux autres" : le "je" gidien, entre désir de singularité et tentation de banalité », *BAAG*, n°s 177-178, janvier 2013, p. 133-143.

LA MUSIQUE PARODIÉE

Il est pourtant des œuvres narratives de Gide qui cultivent cette différence, du fait même de leur identité générique : les soties. Comme le note Bertrand Fillaudeau,

> pour renverser les idées toutes faites, la stabilité du monde, la sotie du Moyen Âge réalisait l'« unité des contraires », technique reprise par Gide qui s'oppose à nos habitudes de lecture en refusant de choisir un ton principal donné une fois pour toutes. Valéry l'a bien senti, qui écrit à Gide à l'occasion de la découverte des *Caves du Vatican* : « Parlant musique (selon mes moyens), je dirai que tu as écrit ce livre finalement à travers toutes les tonalités[24]. »

Dans *Les Caves du Vatican* (1914), on ne pratique guère la musique. Il arrive certes au sévère Julius de se laisser consoler un instant de l'insuccès de son dernier livre par un chant d'oiseau dans la nuit : « Les fenêtres du cabinet de Julius donnaient sur des jardins d'ambassade, bassin d'ombre lustrale où les yeux et l'esprit se lavaient des vilenies du monde et de la rue. Il écouta quelques instants le chant pur d'un merle invisible[25]. » Cette scène, cependant, demeure strictement anecdotique, en tout cas pour nous qui nous occupons de la musique dans l'œuvre de Gide. Plus significative est, en revanche, l'évocation par Lafcadio de Baldi. Ce dernier, qui est présenté comme un « acrobate » – or, on l'a vu, l'acrobate est un être de désir chez Gide –, est aussi musicien… à sa façon. Ses dons d'imitation font de lui à la fois un homme-orchestre et un homme-monde. Dans les moments où il décide de s'adonner à la *mimésis* sonore, Baldi se dépouille de sa propre individualité : la musique, ici, est liée à une déprise qui conduit à une forme de vicariance identitaire. Être musicien, pour Baldi, c'est être capable d'une empathie phénoménale (au sens strict de l'adjectif) qui lui permet d'atteindre à une sorte de singularité (il n'est pareil à personne) non personnelle (il n'est plus personne). La musique, à nouveau, se situe du côté de l'irréel ; ou, pour être plus précis, s'alliant à l'art du jonglage, elle révèle le peu de réalité des objets, et procède à une redistribution perturbante des séquences

24 Bertrand Fillaudeau, *L'Univers ludique d'André Gide : les soties*, Paris, Corti, 1985, p. 48.
25 *Les Caves du Vatican*, *RR*, I, p. 1021.

signifiantes. Les exploits sonores et acrobatiques de Baldi font découvrir en tout cas à Lafcadio le sentiment de la gratuité :

> [Baldi] inventait toujours quelque jeu nouveau [...] ; il singeait tous nos familiers, [...] se départait de toute ressemblance avec lui-même, imitait toutes les voix, les cris d'animaux, les bruits d'instruments, tirait de lui des sons bizarres, chantait en s'accompagnant sur la guzla, [...] marchait sur les mains, [...] et, déchaussé, jonglait avec les pieds, [...] faisant pirouetter [...] le guéridon du salon sur la pointe de son orteil ; [...] d'un papier chiffonné, déchiré, [il] faisait éclore maints papillons blancs que je pourchassais de mon souffle et qu'il maintenait suspendus en l'air au-dessus des battements d'un éventail. Ainsi les objets près de lui perdaient poids et réalité, présence même, ou bien prenaient une signification nouvelle, inattendue, baroque, distante de toute utilité[26].

L'association entre musique et gratuité[27] reviendra d'ailleurs dans *Corydon* (1924) : la musique fait partie des causes *inutiles* auxquelles les individus mâles, selon Gide, consacrent leur force, au détriment de la procréation. En somme, il y aurait un lien entre l'*in-signifiance* musicale et l'improductive dépense homosexuelle :

> Et comme nous avons vu ces deux forces, anagénétique et catagénétique, s'opposer, ainsi verrons-nous deux dévouements possibles : celui de la femelle à sa race ; celui du mâle à son art, à son sport, à son chant. Connaîtrez-vous plus beau drame que celui où deux dévouements s'affronteront dans un conflit sublime[28] ?

Et la musique n'est pas une pratique esthétique parmi d'autres. Elle est sans doute la plus élevée, précisément parce qu'elle est la moins mimétique et la moins signifiante, donc la plus désengagée :

> Je ne chercherai pas pour le moment si cette suprématie de beauté que, grâce au bon goût de la femelle peut-être, conserve l'individu mâle chez la plupart

26 *Ibid.*, p. 1051-1053.

27 Aux yeux de Gide, la profusion n'est pas loin d'être l'ennemie de la beauté, ou du sens esthétique. En témoignent ces lignes de 1902, relatives au peuple normand que Gide connaissait si bien : « Là [dans le Calvados] vivent d'autres dieux, d'autres hommes ; les dieux sont beaux, je crois ; les hommes laids. La race, alourdie de bien-être et ne songeant pourtant qu'à l'augmenter, s'est déformée. Incapable de chant, de musique, elle n'occupe plus qu'à boire ses plus belles heures oisives » (« La Normandie et le Bas-Languedoc » [*L'Occident*, novembre 1902], *SV*, p. 4-5).

28 *Corydon*, *RR*, II, p. 105-106.

> des insectes, des oiseaux, des poissons et des mammifères, il convient de la retrouver dans l'espèce humaine. – Depuis longtemps je vous attendais là. – Provisoirement, et par impatience, remarquons tout d'abord ceci : le rossignol mâle n'est pas beaucoup plus coloré que sa femelle ; mais celle-ci ne chante pas. L'efflorescence du mâle n'est pas nécessairement vénusté ; elle est luxe ; et ce peut être dans le chant, dans quelque sport, ou dans l'intelligence enfin qu'elle apparaît[29].

Mais revenons aux *Caves du Vatican*. Ce qui retient l'attention dans le passage où Gide énumère les talents de Baldi, c'est que la musique est littéralement *parodiée* par celui-ci ; et l'on peut dire que cette scène *donne le ton* : la musique, dans *Les Caves*, n'est pas prise au sérieux. Il n'est que de considérer les ébauches de la sotie pour s'en convaincre : Gide tient à mettre l'accent sur ce que la musique peut avoir de dérisoire. Dans une première version de ce qui deviendra le passage ci-dessus, il met en scène une musique doublement parodiée : non seulement celui qu'il appelle « le Russe » se livre à une *mimésis* musicale qui ôte à la musique toute dignité ; mais en outre, il fait feu de tout bois, il prétend tirer de la musique de tout instrument. Ce refus de choisir, de trier entre instruments nobles et instruments de rencontre (mais aussi, par suite, entre musique et bruit) fait sens :

> Le Russe [...] charmait l'enfant par ses intonations [...]. Il passait du rire aux pleurs, [...] imitait tous les cris d'animaux, chantait en s'accompagnant sur la guzla, dansait, cabriolait, marchait sur les mains, bondissait par-dessus les chaises, savait tirer de lui des sons bizarres et sur un bout de bois arrivait à jouer un air de musique[30].

Dans la même ébauche, Gide indique qu'Anthime « élève un perroquet et des poissons rouges », qu'il « joue de la clarinette » et jouait « du violon[31] » avant d'arrêter, gêné par sa loupe : ces indications relatives à la musique oscillent entre cocasserie et trivialité. Quant à la « Julie de Barglioul » qu'il projetait de mettre en scène, elle ressemble de manière troublante à Isabelle, la déchéance en moins – même amour naïf et quasiment vulgaire de la poésie, même prétention bourgeoise à une chimérique compétence musicale :

---

29 *Ibid.*, p. 110-111.

30 « Ébauches concernant les personnages », *Les Caves du Vatican*, *RR*, I, p. 1181.

31 *Ibid.*, p. 1177.

> Elle s'était figurée vers 20 ans qu'elle aimait Lamartine parce qu'elle se trouvait quelque ressemblance avec Elvire. Et peut-être Elvire n'entendait-elle pas davantage les vers. Pour elle la poésie était toute dans l'attitude qu'elle prenait lorsque dans le salon de son mari elle entendait lire des vers. MM. de Pomairols et de Pommartin avaient beaucoup fréquenté son salon. Comme la musique était toute dans [un blanc] elle jouait de la harpe. Musique de Weber. Leçons de Stamati[32].

À vrai dire, dans *Les Caves du Vatican*, Gide semble prendre un malin plaisir à tourner en dérision les *leitmotive* de sa propre œuvre. Dans le portrait du père d'Arnica, il parodie ainsi ses propres évocations des gracieux joueurs de flûte arabes, figures désirables s'il en est. Il est d'autant plus étonnant que Gide fasse de ce personnage-fantoche une figure aussi peu plaisante, qu'il réunit deux de ses passions : celle de la musique et celle des sciences de la nature. Mais ce sont précisément les côtés mesquins de ces deux passions – la pratique instrumentale se réduisant de fait bien souvent à une répétition mécanique des mêmes pièces, et l'amour des fleurs pouvant bien vite tourner à la monomanie – que Gide semble décidé à souligner :

> La plus grande joie de l'enfant [Arnica] était d'aller herboriser avec son père dans la campagne ; mais souvent le maniaque, cédant à son humeur chagrine, la plantait là, partait tout seul pour une énorme randonnée, rentrait fourbu, et sitôt après le repas, se fourrait au lit sans faire à sa fille l'aumône d'un sourire ou d'un mot. Il jouait de la flûte à ses heures de poésie, rabâchant insatiablement les mêmes airs. Le reste du temps il dessinait de minutieux portraits de fleurs[33].

De la même façon, les scènes de séduction (ou de tentation) par la musique, qui jouent un rôle si important dans les œuvres précédentes de Gide, sont tournées implicitement en dérision dans le passage où il raconte comment Arnica, après avoir longtemps balancé, choisit Fleurissoire plutôt que Blafaphas. C'est une double circonstance musicale qui détermine ce choix : un jour, Fleurissoire fait chanter le nom d'Arnica en traînant sur le *i*, ce qui séduit la jeune fille ; mais il n'y avait rien là d'intentionnel, Fleurissoire ayant simplement suivi une inflexion de la musique que jouait au même moment une convive. Bref, Gide semble

32 *Ibid.*
33 *Les Caves du Vatican*, *RR*, I, p. 1068.

prendre ses distances avec la gravité qu'il accordait aux circonstances musicales qui infléchissaient les histoires amoureuses dont il s'occupait dans certains de ses précédents récits. Tout compte fait, les pouvoirs du piano pourraient bien n'être qu'une vue de l'esprit, qu'une invention de jeunes gens naïfs et passagèrement exaltés :

> Puis brusquement, certain jour de sauterie, elle avait choisi Fleurissoire ; Amédée ne venait-il pas de l'appeler Arnîca, en accentuant la pénultième de son nom d'une manière qui lui parut italienne ? (inconsidérément du reste, et sans doute entraîné par le piano de Mlle Semène qui rythmait l'atmosphère en ce moment), et ce nom d'Arnica, son propre nom, aussitôt lui était apparu riche d'une musique imprévue, capable lui aussi d'exprimer poésie, amour... Ils étaient tous deux seuls dans un petit parloir à côté du salon, et si près l'un de l'autre que, lorsque Arnica défaillante laissa pencher sa tête lourde de reconnaissance, son front toucha l'épaule d'Amédée qui, très grave, prit alors la main d'Arnica et lui baisa le bout des doigts[34].

La conclusion amoureuse de cette scène musicale est elle-même fortement parodique, comme le signale le contraste comique entre la gravité des sentiments évoqués et la légèreté ridicule de l'attouchement amoureux. Même la musique « naturelle » est tournée en dérision, puisque, plutôt que le chant des oiseaux (certes brièvement évoqué dans les lignes que nous avons citées plus haut), Gide décide de célébrer les moustiques et leur « mince chantonnement ». Comme il se doit, c'est à Fleurissoire qu'il revient d'être reconnaissant au bon Dieu d'avoir doté les moustiques d'une musique propre qui permet à leur future victime de pressentir leur approche :

> Fleurissoire allait s'endormir lorsqu'un mince chantonnement vint lui remémorer cette précaution, qu'il n'avait point prise, de n'ouvrir la fenêtre qu'après avoir éteint ; car la lumière attire les moustiques. Il lui souvint aussi d'avoir lu quelque part des remerciements au bon Dieu pour avoir doué l'insecte volatile d'une petite musique particulière, propre à avertir le dormeur à l'instant qu'il allait être piqué[35].

Ces pensées de Fleurissoire sont d'autant plus ridicules que le chantonnement avertisseur ne lui est d'aucun secours : il ne sait pas plus se défendre contre les moustiques que contre les escrocs ou les assassins.

---

34 *Ibid.*, p. 1072-1073.
35 *Ibid.*, p. 1087.

Et la musique, de protectrice, se fait menaçante, et désobligeante qui plus est :

> Il s'endormait déjà quand, soudain, à l'aile gauche du nez, une vive piqûre. Il y porta la main ; et tandis qu'il palpait doucement le cuisant soulèvement de sa chair : piqûre au poignet. Puis, contre son oreille un zézaiement narquois[36]...

La maladresse de Fleurissoire est telle qu'il en devient son propre bourreau, l'insecte musicien n'ayant même plus à l'attaquer pour le faire souffrir : « Quand il en croyait sentir un, bien posé, sur son front ou sa joue, [il] appliquait une vaste claque. Mais, sitôt après, il entendait de nouveau l'insecte chanter[37]. »

Quant à la musique populaire qui rythme la danse quelque peu impudique de jeunes êtres dont on devine que Gide lui-même les eût trouvés désirables, elle apparaît elle aussi saugrenue – mais c'est que le lecteur l'entend avec les oreilles de Fleurissoire. On retrouve dans le passage qui suit la figure de l'acrobate misérable et solaire ; figure associée à la musique d'un piano mécanique : or, cette musique mécanique, outre le fait qu'elle fait écho, par anticipation, à la « banale musique napolitaine [qui monte] du grand hall de l'hôtel[38] » lors du pénible entretien entre Lafcadio et Julius à la fin du livre, n'est pas sans évoquer le souvenir de la « musique réglée » des Démons dans *Saül.* Néanmoins, plusieurs détails viennent tempérer la gracieuse gravité de la scène. Outre l'ahurissement de Fleurissoire, qui empêche le lecteur de jouir sérieusement de la beauté certes irrégulière (dans tous les sens du terme) mais si troublante de la scène, Gide, pour produire un *effet d'incongru*, convoque un dindon qui ne remplit d'autre office que celui d'élément perturbateur inclinant le tableau tout entier vers la parodie :

> La rue étroite était en pente raide ; le soleil dardait ; on suait ; on était bousculé par une foule effervescente qui braillait, gesticulait, chantait et ahurissait Fleurissoire. Devant un piano mécanique des enfants demi-nus dansaient. À deux sous le billet, une loterie spontanée s'organisait autour d'un gros dindon plumé qu'à bout de bras levait une espèce de saltimbanque ; pour plus de naturel, en passant, Protos prenait un billet et disparaissait dans la foule ; empêché d'avancer, Fleurissoire un instant crut tout de bon l'avoir

---

36 *Ibid.*
37 *Ibid.*, p. 1088.
38 *Ibid.*, p. 1170.

perdu ; puis le retrouvait, passé l'encombrement, qui continuait à petits pas la montée, emportant sous son bras le dindon[39].

Parodique également, quoique de façon plus ludique, le passage où Gide conte les aventures nocturnes du petit Cadio et de l'oncle Wladi, qui partent en expédition à travers la maison endormie, s'imposant de ne troubler en aucune façon le silence, alors même que rien ne les menace. Curieusement pourtant, Wladi, une fois qu'ils ont atteint le salon, entreprend de faire sonner, mais aussi peu puissamment que possible, le piano : musique paradoxale s'il en est, puisque absolument inutile, en contradiction totale avec les règles du jeu, et de plus tendant au silence jusqu'à n'être plus qu'une succession de sons sans liens entre eux, et quasiment inaudibles ; musique d'autant plus paradoxale qu'à cet imperceptible murmure succède le vacarme assourdissant provoqué par la fermeture inopinée du couvercle du piano, l'instrument semblant décidé à dénoncer les deux aventuriers domestiques :

> Wladi s'approche du piano, l'entrouvre, caresse du bout du doigt quelques touches qui répondent très faiblement. Tout à coup le couvercle échappe et fait en retombant un boucan formidable (Lafcadio sursaute encore en y songeant[40]).

Tout aussi saugrenu est l'épisode du « bas écarlate » de la veuve dans le wagon-restaurant où Protos se joue de Lafcadio, endormant sa vigilance pour mieux l'effrayer ensuite. Or, ce bas rouge est comparé à une « note ardente » éclatant « dans [une] grave symphonie[41] ».

Restent les dernières allusions à la musique, au moment où l'union du bâtard et de la jeune fille de bonne famille vient couronner le roman. Au chant d'oiseau qu'écoutait Julius pour se distraire de sa lassitude répondent, dans un premier temps le rossignol de Keats, puis un coq qui vient éveiller Lafcadio après la nuit d'amour que Gide renonce à évoquer… Ces passages ne semblent rien avoir de parodique. La soif qui tourmente Lafcadio est celle qui est célébrée dans *Les Nourritures terrestres* :

> – Nulle boisson de ce monde ne rafraîchira plus désormais ce cœur sec, se disait-il, laissant couler ses larmes jusqu'à ses lèvres pour en savourer

39 *Ibid.*, p. 1105.
40 *Ibid.*, p. 1132.
41 *Ibid.*, p. 1155.

l'amertume. Des vers chantent à son oreille lus il ne savait où, dont il ne savait pas se souvenir :

My heart aches ; a drowsy numbness pains
My senses[42]...

Quant au chant du coq, il semble remplir à sa façon, quelque peu saugrenue il est vrai, l'office que Gide réserve à la musique : il vient tirer Lafcadio de l'abîme amoureux. Certes, Gide fait l'éloge du désir, dont la réalité dénonce comme chimériques ses élucubrations narratives : « Ô vérité palpable du désir ; tu repousses dans la pénombre les fantômes de mon esprit. » Mais il se trouve que le désir amoureux ne saurait connaître d'autre environnement que la nuit, temps des chimères. Et quand le jour se lève, ce n'est plus l'amour que désire Lafcadio : c'est la vie. Le jeune homme semble se désintéresser des aspects aussi bien physiques que moraux de l'amour. *Il faut tenter de vivre*, et par conséquent cesser d'aimer – voilà ce qu'en somme lui disent les appels sonores que sont le chant du coq, les premiers bruits de la ville à l'aube et le martial clairon :

> Nous quitterons nos deux amants à cette heure du chant du coq où la couleur, la chaleur et la vie vont triompher enfin de la nuit. Lafcadio, au-dessus de Geneviève endormie, se soulève. Pourtant ce n'est pas le beau visage de son amante, [...] ces paupières nacrées, ces lèvres chaudes entrouvertes, ces seins parfaits, ces membres las, non, ce n'est rien de tout cela qu'il contemple – mais, par la fenêtre grande ouverte, l'aube où frissonne un arbre du jardin.
>
> Il [...] écoute, penché sur [Geneviève], à travers son souffle léger, la vague rumeur de la ville qui déjà secoue sa torpeur. Au loin, dans les casernes, le clairon chante. Quoi ! va-t-il renoncer à vivre ? et pour l'estime de Geneviève, qu'il estime un peu moins depuis qu'elle l'aime un peu plus, songe-t-il encore à se livrer[43] ?

Mais cette fois, se déprendre du joug amoureux, ce n'est pas accepter la norme commune. Au contraire, c'est refuser de rentrer dans le rang ; de telle sorte que la musique, qui certes joue au regard de l'amour son rôle habituel de garde-fou, semble à présent remplir une fonction sociale absolument opposée à celle qui était la sienne jusqu'à présent : elle invite à la fugue.

42 *Ibid.*, p. 1172.
43 *Ibid.*, p. 1175-1176.

UNE JEUNE MUSICIENNE QUI JOUE ET UN PASTEUR JALOUX QUI L'ENNUIE

Que, dans *La Symphonie pastorale* (1919), la musique ait partie liée avec la transgression, avec une transgression douloureuse et mortelle même, c'est une évidence. Selon Yvon Le Bras,

> parmi les œuvres d'imagination qu'André Gide nous a laissées, nulle [n'accorde] à la musique une place aussi privilégiée que *La Symphonie pastorale.* [...] Il ne fait aucun doute que son auteur tenait ainsi [par le titre] à en souligner le sens équivoque. [...] Gide invitait le lecteur virtuel à être sensible à la double articulation esthétique et morale de son ouvrage[44].

Le livre, de fait, est placé sous le signe de l'ambivalence : « La *Symphonie pastorale* [...] est aussi et surtout la symphonie du pasteur, la musique suave et enveloppante qu'il compose et joue pour séduire Gertrude et s'enivrer lui-même[45]. »

La première musique que l'on rencontre dans le récit, ce n'est d'ailleurs pas celle de Beethoven[46] ; et « *Beethovens* Pastoralsymphonie *findet im Text nur dreimal Erwähnung*[47] ». La première musique que l'on rencontre, c'est celle, pastorale également si l'on veut, des oiseaux. Ici déjà, le thème de la transgression est esquissé, le pasteur se montrant perméable à un sentiment de la nature quasiment panthéiste. On le sent presque tenté de croire que Gertrude n'a pas tort quand elle associe le chant des oiseaux et la lumière du soleil : les sensations se répondent dans un jeu de correspondances synesthésiques que l'aveugle, peut-être, comprend mieux que ceux qui voient. En outre, dans les explications qu'il fournit

---

44 Yvon Le Bras, « Musique et écriture dans *La Symphonie pastorale* », *BAAG*, n° 109, janvier 1996, p. 41-46, p. 41.

45 Martine Léonard, « André Gide et la mise en scène textuelle », *Études françaises*, n° 14, 1978, p. 47-64, p. 51. Voir aussi Aude Locatelli, *La Lyre, la Plume et le Temps. Figures de musiciens dans le* Bildungsroman, Tübingen, Niemeyer, 1998, p. 170.

46 Sur Gide et Beethoven, on pourra consulter Federico Sopena, « Beethoven, Gide : dos centenarios », *Revista de Occidente*, vol. 9, n° 95, janvier 1971, p. 94-104.

47 Andreas Förster, *Die Musik in Gides* Pastoralsymphonie, München, GRIN Verlag, 2005, en ligne : <www.grin.com/document/109816>, consulté le 22 décembre 2018. Nous traduisons : « La *Symphonie pastorale* de Beethoven n'est mentionnée que trois fois dans le texte. »

à Gertrude au sujet du chant des oiseaux, le pasteur présente cette musique comme l'expression immédiate de la « joie de la nature ». Ces propos semblent tendre doublement vers le panthéisme. D'une part, ils douent la nature de sentiment ; d'autre part, ils supposent que ce sentiment est capable de s'exprimer :

> Elle me raconta plus tard, qu'entendant le chant des oiseaux, elle l'imaginait alors un pur effet de la lumière, ainsi que cette chaleur même qu'elle sentait caresser ses joues et ses mains, et que, sans du reste y réfléchir précisément, il lui paraissait tout naturel que l'air chaud se mît à chanter, de même que l'eau se met à bouillir près du feu. [...] Je me souviens de son inépuisable ravissement lorsque je lui appris que ces petites voix émanaient de créatures vivantes, dont il semble que l'unique fonction soit de sentir et d'exprimer l'éparse joie de la nature. (C'est de ce jour qu'elle prit l'habitude de dire : Je suis joyeuse comme un oiseau[48].)

Mais la jeune aveugle souffre de ne pas voir cette nature joyeuse. Le pasteur a alors des mots qui préfigurent ceux de l'*Œdipe* que Gide mettra en scène. Il présente à Gertrude l'obscurité comme sa lumière (cette idée revient d'ailleurs à plusieurs reprises, avec de légères variations, le pasteur affirmant un peu plus loin que « [c]eux qui ont des yeux [...] ne connaissent pas leur bonheur », et Gertrude lui répondant : « Mais moi qui n'en ai point, [...] je connais le bonheur d'entendre »). Certes, on peut considérer les propos du pasteur comme parfaitement chrétiens, dans la mesure où ils présentent une pauvreté comme une richesse, une perte ou une lacune comme un trésor. Mais ce qui rend précieuse la cécité de Gertrude, ce n'est pas le renoncement auquel elle invite ; c'est, au contraire, la capacité qu'elle suscite chez la jeune fille de se mettre à l'unisson de la nature, de sentir et de frémir de concert avec les oiseaux (un peu plus loin, d'ailleurs, le pasteur évoquera l'alphabet des aveugles, qu'on lit non avec les yeux, mais avec les mains). En somme, la cécité de Gertrude est gage de sensualité :

> Et pourtant l'idée que ces chants racontaient la splendeur d'un spectacle qu'elle ne pouvait point contempler avait commencé par la rendre mélancolique.
>
> – Est-ce que vraiment, disait-elle, la terre est aussi belle que le racontent les oiseaux ? Pourquoi ne le dit-on pas davantage ? Pourquoi, vous, ne me le dites-vous pas ? Est-ce par crainte de me peiner en songeant que je ne puis la

48 Pour cette citation et celles qui suivent, voir *La Symphonie pastorale*, *RR*, II, p. 16-20.

voir ? Vous auriez tort. J'écoute si bien les oiseaux ; je crois que je comprends tout ce qu'ils disent.

– Ceux qui peuvent y voir ne les entendent pas si bien que toi, ma Gertrude, lui dis-je en espérant la consoler.

Certes, c'est à une compréhension apparemment intellectuelle *du* sens du chant des oiseaux que font allusion ces dernières répliques : mais il est évident que c'est par *les* sens que Gertrude communie avec la nature. La jeune aveugle, d'ailleurs, oblige le pasteur à se déprendre de ses habitudes de pensée. Ses questions, si elles sont innocentes, constituent cependant un péril pour son tuteur : car, venant d'un être absolument neuf au monde, elles remettent en question ce qui est communément admis comme évident. Les réponses du pasteur, qui se trouve ébranlé dans ses certitudes, sont par suite maladroites, et ne convainquent qu'à demi Gertrude :

– Pourquoi les autres animaux ne chantent-ils pas ? reprit-elle. Parfois ses questions me surprenaient et je demeurais un instant perplexe, car elle me forçait de réfléchir à ce que jusqu'alors j'avais accepté sans m'en étonner. C'est ainsi que je considérai, pour la première fois, que plus l'animal est attaché de près à la terre et plus il est pesant, plus il est triste. [...]

Elle me demanda alors si les oiseaux étaient les seuls animaux qui volaient.

– Il y a aussi les papillons, lui dis-je.

– Est-ce qu'ils chantent ?

– Ils ont une autre façon de raconter leur joie, repris-je. Elle est inscrite en couleurs sur leurs ailes...

On remarquera que, presque systématiquement, la musique est associée à la question des couleurs : question on ne peut plus délicate, puisque le pasteur ne parvient pas à expliquer à l'aveugle ce que peuvent être les couleurs (on pourrait presque dire, d'ailleurs, qu'il ne parvient pas non plus à l'expliquer aux lecteurs). Or, c'est en mettant en valeur le jeu des correspondances entre les couleurs et les timbres respectifs des différents instruments qui composent un orchestre que le pasteur pense être parvenu à expliquer à Gertrude ce que c'est qu'une couleur. Encore une fois, l'union des sens, qui est ici mobilisée dans un but didactique, conduit le pasteur à développer un sentiment de plus en plus charnel du monde :

Cependant il me fut donné de l'emmener à Neuchâtel où je pus lui faire entendre un concert. Le rôle de chaque instrument dans la symphonie me

> permit de revenir sur cette question des couleurs. Je fis remarquer à Gertrude les sonorités différentes des cuivres, des instruments à cordes et des bois, et que chacun d'eux à sa manière est susceptible d'offrir, avec plus ou moins d'intensité, toute l'échelle des sons, des plus graves aux plus aigus. Je l'invitai à se représenter de même, dans la nature, les colorations rouges et orangées analogues aux sonorités des cors et des trombones, les jaunes et les verts à celles des violons, des violoncelles et des basses ; les violets et les bleus rappelés ici par les flûtes, les clarinettes et les hautbois.

« La *Symphonie* de Beethoven », avec son « évidente harmonie imitative », suggère ainsi au pasteur l'idée d'initier « Gertrude au monde visuel par le biais des correspondances auditives[49] ». Mais ce jeu de correspondances, quoiqu'il ravisse d'abord Gertrude, ne la convainc pas plus que les explications que le pasteur lui donnait sur le rapport entre légèreté et don musical chez les animaux : « Mais alors : le blanc ? Je ne comprends plus à quoi ressemble le blanc… » Le pasteur, à nouveau, est troublé par la lucidité de l'aveugle, par sa perspicacité, par son esprit logique qui l'oblige à repenser tout ce qu'il considérait comme universellement admis. Il finit alors par mêler le lexique musical et le lexique pictural, confondant sons aigus et teintes sombres, et doit bien admettre que l'aveugle le trouble – intellectuellement, certes, mais ce premier trouble en annonce d'autres :

> – Le blanc, essayai-je pourtant de lui dire, est la limite aiguë où tous les tons se confondent, comme le noir en est la limite sombre. – Mais ceci ne me satisfit pas plus qu'elle, qui me fit aussitôt remarquer que les bois, les cuivres et les violons restent distincts les uns des autres dans le plus grave aussi bien que dans le plus aigu. Que de fois, comme alors, je dus demeurer d'abord silencieux, perplexe et cherchant à quelle comparaison je pourrais faire appel.

Dès lors, le pasteur prend certes (comme le fera Gide lui-même dans ses *Notes sur Chopin*) ses distances avec la synesthésie et le paragone : « Ainsi j'expérimentais sans cesse à travers elle combien le monde visuel diffère du monde des sons et à quel point toute comparaison que l'on cherche à tirer de l'un pour l'autre est boiteuse. » Mais c'est que le dialogue qu'il entretient avec Gertrude l'invite à faire une expérience *singulière* de sensations qu'il n'a jamais envisagées que comme *communes*.

49 Roman Wald Lasowski, « *La Symphonie pastorale* », *Littérature*, n° 54, 1984, p. 100-120, p. 111.

Il apparaît d'ailleurs bientôt que ce long passage dialogué n'est pour lui qu'un prétexte pour retarder l'évocation d'un événement intime troublant : le plaisir que Gertrude et lui ont pris, ensemble, à entendre la sixième *Symphonie* de Beethoven. Car les réflexions que le pasteur développe sur les correspondances entre phénomènes sonores et phénomènes visuels lui permettent de ne pas aborder de front une question délicate : la question musicale. La musique est loin, en vérité, de n'être que l'équivalent sonore de la peinture. En effet, si le monde des couleurs laisse par la force des choses Gertrude indifférente, le monde des sons, en revanche, lui fait goûter un plaisir qui trouble le pasteur dans la mesure où lui-même jouit des mêmes délices, ce qui établit entre lui et sa protégée une intimité que déjà il pressent périlleuse :

> Tout occupé par mes comparaisons, je n'ai point dit encore l'immense plaisir que Gertrude avait pris à ce concert de Neuchâtel. On y jouait précisément la *Symphonie pastorale*. Je dis « précisément » car il n'est, on le comprend aisément, pas une œuvre que j'eusse pu davantage souhaiter de lui faire entendre. Longtemps après que nous eûmes quitté la salle de concert, Gertrude restait encore silencieuse et comme noyée dans l'extase.

Certes, ce plaisir que goûtent ensemble Gertrude et le pasteur est, en apparence du moins, le plaisir que goûtent les âmes pures quand elles contemplent l'impeccable, ou une manifestation de l'impeccable. Pourtant, ce plaisir n'est pas d'une pureté irréprochable ; car le pasteur, sans doute pour ne pas effrayer ou peiner Gertrude, mais aussi peut-être pour la séduire, pour que le monde qu'il lui présente et lui offre en quelque sorte lui paraisse séduisant, ment par omission à sa pupille :

> – Est-ce que vraiment ce que vous voyez est aussi beau que cela ? dit-elle enfin.
> – Aussi beau que quoi ? ma chérie.
> – Que cette « scène au bord du ruisseau ».
> Je ne lui répondis pas aussitôt, car je réfléchissais que ces harmonies ineffables peignaient, non point le monde tel qu'il était, mais bien tel qu'il aurait pu être, qu'il pourrait être sans le mal et sans le péché. Et jamais encore je n'avais osé parler à Gertrude du mal, du péché, de la mort.

Or, ce dialogue est l'occasion d'un rapprochement physique entre Gertrude et le pasteur, rapprochement physique que ce dernier, comme il se doit, se refuse à envisager pour ce qu'il est véritablement : « Elle se serrait contre moi tout en marchant et elle pesait à mon bras comme font les petits enfants. » Mais son épouse ne s'y trompe pas : et si sa jalousie fait d'elle *a priori* un personnage déplaisant, sans doute le premier aveugle est-il ici le pasteur, qui ne sait pas voir clair en lui-même. Il l'avoue pourtant sans même s'en aviser : en communiant musicalement avec Gertrude, il goûte des plaisirs qu'il n'a jamais goûtés avec son épouse. C'est donc un adultère sonore qu'il commet, et il met d'ailleurs un étonnant acharnement à dénigrer son épouse, dont l'indifférence à la musique apparaît quasiment monstrueuse dans les lignes qui suivent :

> C'était donc toujours le même grief, et le même refus de comprendre que l'on fête l'enfant qui revient, mais non point ceux qui sont demeurés [...] ; il me peinait aussi de ne la voir tenir aucun compte de l'infirmité de Gertrude, qui ne pouvait espérer d'autre fête que celle-là. Et si, providentiellement, je m'étais trouvé libre de mon temps ce jour-là, moi qui suis si requis d'ordinaire, le reproche d'Amélie était d'autant plus injuste qu'elle savait bien que chacun de mes enfants avait soit un travail à faire, soit quelque occupation qui le retenait, et qu'elle-même, Amélie, n'a point de goût pour la musique, de sorte que, lorsqu'elle disposerait de tout son temps, jamais il ne lui viendrait à l'idée d'aller au concert, lors même que celui-ci se donnerait à notre porte[50].

Si le pasteur feint de ne pas comprendre l'irritation de son épouse, qu'il interprète comme une forme particulièrement vile de jalousie, il ne semble pas bien se rendre compte que le premier jaloux, c'est lui-même. Encore une fois, il l'avoue pourtant, mais comme malgré lui, dans les quelques lignes qui précèdent le récit qu'il fait de sa découverte des rencontres secrètes de Gertrude et de son fils Jacques :

> Il va sans dire que Gertrude était très avide de lectures ; mais, soucieux d'accompagner le plus possible sa pensée, je préférais qu'elle ne lût pas beaucoup – ou du moins pas beaucoup sans moi – et principalement la Bible, ce qui peut paraître bien étrange pour un protestant[51].

Cette jalousie intellectuelle est en fait une jalousie amoureuse, comme en témoigne le fait que le pasteur, avant d'expliquer les raisons qui le conduisent à empêcher autant que possible Gertrude de lire sans lui, décide de conter un épisode qui l'a fait souffrir – et qui, comme le lecteur ne tarde pas à le comprendre, explique mieux qu'aucun argument

50 *La Symphonie pastorale*, *RR*, II, p. 22.

51 Pour cette citation et celles qui suivent, voir *ibid.*, p. 24-25.

pourquoi il se refuse à laisser Gertrude fréquenter librement les livres où elle pourrait s'instruire, et qui, fussent-ils saints, pourraient l'éloigner de lui. Cette scène traumatique, c'est celle de la découverte de l'affection qui unit Gertrude et Jacques[52]. Or, cette « trahison » qui n'en est pas une est étroitement liée à la question musicale, puisque Jacques, comme son père avant lui, mais consciemment, fait de la musique un instrument de séduction.

Voici comment le pasteur amorce le récit de cette cruelle déception :

> Oui, ce concert avait eu lieu, je crois, trois semaines avant les vacances d'été qui ramenèrent Jacques près de nous. Entre-temps il m'était arrivé plus d'une fois d'asseoir Gertrude devant le petit harmonium de notre chapelle, que tient d'ordinaire Mlle de La M… chez qui Gertrude habite à présent. Louise de La M… n'avait pas encore commencé l'instruction musicale de Gertrude. Malgré l'amour que j'ai pour la musique, je n'y connais pas grand-chose et ne me sentais guère capable de rien lui enseigner lorsque je m'asseyais devant le clavier auprès d'elle.
>
> – Non, laissez-moi, m'a-t-elle dit, dès les premiers tâtonnements. Je préfère rester seule.

Ce passage est fort complexe : car l'on peut se demander pourquoi le pasteur, si jaloux lorsqu'il s'agit de lecture, accepte que Gertrude explore seule le monde des harmonies musicales. Mais sans doute sa défiance se relâche-t-elle parce que la musique n'est pas un art signifiant : les tâtonnements musicaux de Gertrude ne sauraient donc éloigner son esprit de son tuteur – certes, mais ils éloignent son corps de celui du pasteur, pour le rapprocher de celui de Jacques. Parce que le pasteur a refusé de comprendre qu'il s'était servi de la musique comme d'un instrument de séduction (et de séduction quasi charnelle), il ne comprend pas la portée du désir de solitude de Gertrude. Il semble pourtant, en

52 Selon Elaine Cancalon, les musiciennes, chez Gide, ont la manie de la fugue amoureuse. Alissa fuit Jérôme pour retrouver son Dieu, Gertrude ment au pasteur car elle lui préfère Jacques : « Alissa se débarrasse du piano dans un effort pour détruire l'amour de Jérôme (dégradation, renoncement), mais se souvient que le piano lui avait apporté "une progression régulière" (discipline). Dans *La Symphonie pastorale* c'est Gertrude qui joue de l'harmonium. Le pasteur la laisse seule à l'église et elle trouve de la joie à essayer des accords divers (solitude). Mais elle ne dit pas au pasteur que Jacques vient l'y retrouver » (Elaine Cancalon, « Piano *forte* : le piano dans l'œuvre de Gide », dans Jean-Yves Debreuille et Pierre Masson (dir.), *Lectures d'André Gide. Hommage à Claude Martin*, Lyon, Presses Universitaires de Lyon, 1994, p. 149-159, p. 152).

adoptant le regard des autres, prendre peu à peu conscience du caractère potentiellement scandaleux de son intimité, notamment musicale, avec Gertrude. Mais il prétend se soucier de la réputation de la jeune fille, tandis qu'il craint plutôt pour sa propre âme : il n'a pas peur du jugement que les bonnes gens pourraient porter sur sa fille adoptive – il a peur du jugement qu'il pourrait porter sur lui-même. Cette fuite devant lui-même contribue à l'aveugler sur le caractère sensuel des expérimentations musicales de Gertrude, dont la quête d'harmonie (ou de « consonance ») n'est pas innocente :

> Et je la quittais d'autant plus volontiers que la chapelle ne me paraissait guère un lieu décent pour m'y enfermer seul avec elle, autant par respect pour le saint lieu, que par crainte des racontars – encore qu'à l'ordinaire je m'efforce de n'en point tenir compte ; mais il s'agit ici d'elle et non plus seulement de moi. Lorsqu'une tournée de visites m'appelait de ce côté, je l'emmenais jusqu'à l'église et l'abandonnais donc, durant de longues heures, souvent, puis allais la reprendre au retour. Elle s'occupait ainsi patiemment, à découvrir des harmonies, et je la retrouvais vers le soir, attentive, devant quelque consonance qui la plongeait dans un ravissement prolongé.

Explorer les terres musicales, pour Gertrude, c'est apprendre à dissimuler : la musique est un refuge où elle se cache d'un pasteur qui se voudrait omniscient, qui voudrait tout savoir de son âme. Cette indiscrétion presque vile du pasteur est évidente dans les lignes où il raconte comment il a épié son fils et sa fille adoptive. Lui aussi, d'ailleurs, se sert de la musique pour se cacher, pour masquer le bruit de ses pas : on voit donc une nouvelle fois que la musique est un instrument à double tranchant. Elle a le pouvoir de cacher, et peut servir aussi bien les désirs les plus légitimes d'indépendance que les projets les moins justifiables de surveillance :

> Un des premiers jours d'août, [...] n'ayant point trouvé chez elle une pauvre veuve à qui j'allais porter quelque consolation, je revins pour prendre Gertrude à l'église où je l'avais laissée[53] ; elle ne m'attendait point si tôt et je fus

53 Signalons ici le commentaire de David H. Walker sur ce passage : le lecteur prévenu parvient « à dépister l'hypocrisie avec laquelle le pasteur prétend sortir de son propos pour une anecdote de moindre importance, en annonçant : "Je veux relater un petit fait qui a rapport à la musique" [...]. L'incident qu'il aborde sur ce ton désinvolte est très loin d'être un "petit fait" et n'a que très peu de chose à voir avec la musique : il

> extrêmement surpris de trouver Jacques auprès d'elle. Ni l'un ni l'autre ne m'avaient entendu entrer, car le peu de bruit que je fis fut couvert par les sons de l'orgue. Il n'est point dans mon naturel d'épier, mais tout ce qui touche à Gertrude me tient à cœur : amortissant donc le bruit de mes pas, je gravis furtivement les quelques marches de l'escalier qui mène à la tribune ; excellent poste d'observation.

Le pasteur semble pressentir alors qu'il a fait fausse route : et que ce n'est pas des mots mais des sons qu'il eût dû se défier. Car la musique est du domaine de la chair quand les mots demeurent du domaine de l'esprit : et sa jalousie est sensuelle bien plus qu'intellectuelle. Les mots qu'échangent Gertrude et Jacques sont d'ailleurs innocents, ou du moins ne blessent nullement le pasteur, alors que leurs gestes devant l'harmonium lui déplaisent :

> Je dois dire que, tout le temps que je demeurai là, je n'entendis pas une parole que l'un et l'autre n'eussent aussi bien dite devant moi. Mais il était contre elle et, à plusieurs reprises, je le vis qui prenait sa main pour guider ses doigts sur les touches. N'était-il pas étrange déjà qu'elle acceptât de lui des observations et une direction dont elle m'avait dit précédemment qu'elle préférait se passer ?

Le pasteur, on le voit, feint d'éprouver une jalousie de pédagogue, quand sa souffrance est charnelle : ce qui le fait souffrir, ce n'est pas les conseils que Jacques donne à Gertrude, mais bien l'intimité physique qui s'établit entre eux. À quoi il faut ajouter qu'il a la tristesse de découvrir que la musique a été pour Gertrude une école de la dissimulation, voire de la duplicité :

> – Eh bien, Gertrude ! Es-tu prête à rentrer ? L'orgue va bien ?
> – Oui, très bien, me dit-elle de sa voix la plus naturelle ; aujourd'hui j'ai vraiment fait quelques progrès.

À cette intimité charnelle et musicale, le pasteur va trouver un antidote. Considérons le passage où il évoque la complicité entre Gertrude et

---

s'agit, en réalité, de la découverte de l'amour de Jacques pour Gertrude. En préfaçant l'incident de la remarque en question, le pasteur se laisse prendre en flagrant délit de déformation narrative » (David H. Walker, « L'écriture et le réel dans les fictions d'André Gide », dans Jean Bessière (dir.), *Roman, réalités, réalismes*, Paris, Presses Universitaires de France, 1989, p. 121-136, en ligne : <www.gidiana.net/DOSSIERS_CRITIQUES/TEXTES_GENERAUX/Walker_reel.html>, consulté le 2 août 2019).

Louise de La M… : ces lignes répondent presque point par point à celles que nous venons de citer. Il s'établit en effet une intimité physique entre les deux femmes ; toutefois, cette intimité est innocente, car elle s'établit à l'occasion, non de séances musicales, mais de lectures poétiques : le pasteur a manifestement compris qu'il n'avait rien à craindre des mots, et de l'indépendance intellectuelle ou littéraire de Gertrude. Mais ce n'est pas tout : il se réjouit de voir s'établir plus qu'une intimité, une identité – cette fois musicale – entre Gertrude et Louise de La M… Il a le sentiment, en effet, que la jeune femme tente d'imiter, sans doute inconsciemment, les inflexions de la voix de sa nouvelle tutrice. Or, il a bien compris que ce sont les aspects musicaux de la parole qui sont les plus révélateurs : d'où sa conviction que Gertrude commence à acquérir les vertus de Louise de La M…. Le pasteur, cependant, avoue, une fois de plus sans s'en rendre compte, le caractère chimérique de cette ressemblance, qu'apparemment il est le seul à percevoir :

> Louise de La M… […] est une âme profondément religieuse […] ; malgré ses cheveux presque tout argentés déjà […], rien de plus enfantin que son sourire, rien de plus harmonieux que son geste, de plus musical que sa voix. Gertrude a pris […] sa façon de parler, une sorte d'intonation, non point seulement de la voix, mais de la pensée, de tout l'être – ressemblance dont je plaisante l'une et l'autre, mais dont aucune des deux ne consent à s'apercevoir. Qu'il m'est doux […] de les voir, assises l'une auprès de l'autre et Gertrude soit appuyant son front sur l'épaule de son amie, soit abandonnant une de ses mains dans les siennes, m'écouter lire quelques vers de Lamartine ou de Hugo ; qu'il m'est doux de contempler dans leurs deux âmes limpides le reflet de cette poésie[54] !

Autant qu'une éducation morale et intellectuelle, c'est une éducation musicale que Louise de La M… offre aux jeunes filles dont elle s'occupe. Elle leur apprend à danser, et Gertrude la seconde dans cette entreprise en jouant parfois le rôle d'accompagnatrice : « Gertrude s'associe à ces danses avec une grâce et une bonne grâce charmantes, et du reste y prend l'amusement le plus vif. Ou parfois c'est Louise de La M… qui se mêle au jeu des petites, et Gertrude s'assied alors au piano. » À quoi il faut ajouter que Gertrude, cette fois sans qu'on puisse craindre qu'elle trouve là une occasion de s'égarer, s'occupe de musique religieuse : « Ses progrès en musique ont été surprenants ; maintenant elle tient l'orgue de

54 Pour cette citation et celles qui suivent, voir *La Symphonie pastorale*, *RR*, II, p. 43.

la chapelle chaque dimanche et prélude au chant des cantiques par de courtes improvisations. » Bref, le pasteur espère avoir trouvé le moyen de remettre Gertrude dans le droit chemin musical. On connaît cependant la fin de cette *Symphonie pastorale* qui, contrairement à celle de Beethoven, ne montre pas le monde tel qu'il devrait ou pourrait être, mais bien tel qu'il est : il semble vain de prétendre imposer à la musique un rôle de garde-fou moral et amoureux qu'elle ne tient que tant que celui qui la pratique n'a pas pris la décision de retourner l'outil contre la cause qu'il devait originellement servir.

CONSONANCE ET ŒDIPE HOMOSEXUEL DANS *LES FAUX-MONNAYEURS*

Voici venu le moment d'évoquer la présence de la musique[1] dans *Les Faux-Monnayeurs* (1925) : vaste question, et qui n'est point neuve. Aussi n'essaierons-nous pas de dessiner une analogie entre la structure du roman et la logique de la fugue : cela a déjà été fait, fort brillamment, par nombre de critiques avant nous. Dans *Les Faux-Monnayeurs* comme dans d'autres œuvres de Gide, « la musique [...] apparaît au niveau des structures, des rythmes et des harmonies du texte, et y joue des rôles signifiants[2] ». Comme le note Aliocha Wald Lasowski, « contre le point de vue de son très proche ami Roger Martin du Gard, partisan de la composition "architecturale", Gide maintient la défense de la composition "symphonique[3]" ». Il ne faut pas, certes, se tromper : l'équivalence entre une fugue musicale et un texte fugué ne saurait être pensée trop strictement. C'est ce que note avec une grande subtilité Antonio Viselli :

> Nombreux sont les problèmes d'équivalence lorsqu'on transpose la fugue de la musique à la littérature, en commençant par ce premier obstacle de l'horizontalité du langage.
>
> Notons d'emblée un autre problème de nomenclature et de polysémie lorsqu'on passe du médium polyphonique au monophonique, en traduisant les termes « thème » et « sujet » dans le milieu littéraire. Le « sujet » serait, pour ces auteurs, Gide en particulier, à considérer de la manière la plus large possible en passant par l'idée ou le propos jusqu'à la subjectivité de l'être[4].

---

1 Sur le sujet, on pourra consulter, outre les textes que nous citerons plus loin : Jean Guillou, « Analyse musicale des *Faux-Monnayeurs* d'André Gide », dans *La Musique et le Geste*, Paris, Beauchesne 2012 ; et Peter Schnyder, « Gide et la musique dans *Les Faux-Monnayeurs* », dans Frank Lestringant (dir.), *Lectures des* Faux-Monnayeurs, Rennes, Presses Universitaires de Rennes, 2012, p. 129-140.

2 Elaine Cancalon, « L'écriture gidienne, ou comment mettre la musique sous rature », *BAAG*, nº 109, janvier 1996, p. 9-14, p. 9.

3 Aliocha Wald Lasowski, *Le Jeu des ritournelles*, Paris, Gallimard, 2017, p. 72.

4 Antonio Viselli, « Fuir la complétude ou le métarécit intermédial des *Faux-Monnayeurs* », *Voix plurielles*, vol. 11, nº 2, 2014, p. 53-63, p. 56.

Et l'on ne peut donner tort à Timothée Picard quand il affirme qu'« [o]n sait [...] depuis longtemps que s'adonner à l'examen comparé de l'art de la fugue et de la construction des *Faux-Monnayeurs* de Gide résiste mal à l'épreuve du détail[5] ». Aussi bien Gide ne prétend-il en aucune façon faire de la littérature musicale : on sait à quel point il a l'hybridité en horreur, et à quel point le décloisonnement des genres peut lui déplaire. Mais le dialogue avec la musique fait en quelque sorte partie de ses stratégies de « lutte » contre la « contrainte » de la pureté littéraire. C'est ce qu'a bien noté Claude Coste :

> Prendre conscience de ses limites pour un écrivain, c'est savoir qu'il n'est pas compositeur, que les modèles formels ne sont jamais transposables d'un système à l'autre. Mais c'est aussi devenir « illimité » en ouvrant le champ de la métaphore et en trouvant un extraordinaire stimulant dans l'écoute de la musique[6].

Quoi qu'il en soit du rapport exact du roman gidien à la musique, il va de soi que Hoa Hoi Vuong force un peu le trait quand elle affirme qu'il est « remarquable qu'un auteur aussi musicien que Gide n'ait jamais tenté, quoi qu'on ait dit sur la structure des *Faux-Monnayeurs*, d'écrire un roman dédié à la musique[7] ». Cette note diaristique du 3 octobre 1924 prouve le contraire :

> Nombre d'idées sont abandonnées presque sitôt lancées, dont il me semble que j'aurais pu tirer meilleur parti. Celles, principalement, exprimées dans le *Journal d'Édouard* ; il serait bon de les faire reparaître dans la seconde partie. Il serait dès lors d'autant plus étonnant de les revoir après les avoir perdues de vue quelque temps – comme un premier motif, dans certaines *Fugues* de Bach[8].

5 Timothée Picard, *L'Art total. Grandeur et misère d'une utopie (autour de Wagner)*, Rennes, Presses Universitaires de Rennes, 2006, p. 66.

6 Claude Coste, « L'Art de la fugue », dans Hélène Baty-Delalande (dir.), *Relectures. André Gide,* Les Faux-Monnayeurs, Saint-Cyr-sur-Loire, Publie.net, 2013. Voir aussi Paul Burguière et Guy Michaud, « L'Art de la fugue », *Dialogues*, n° 2, janvier 1951, p. 49-61.

7 Hoa Hoi Vuong, *Musiques de roman. Proust, Mann, Joyce*, Oxford, Peter Lang, 2003, p. 28. – Le 29 avril 1906, Gide écrit ceci à Christian Beck : « Que je vous sais gré de comprendre que mon style, dans *Amyntas*, n'est pas froid, pour être mesuré. Tempéré, "*Wohltemperierte*" à la manière du vieux Bach... oui, c'est là ce que j'ai voulu. » (André Gide, Christian Beck, *Correspondance*, Genève, Droz, 1994, p. 146-147.)

8 *J*, I, p. 1258, 3 octobre 1924. Voir aussi, à propos de l'influence de Bach sur Gide, « Projet de conférence pour Berlin » [1928], *EC*, p. 663 : « Pour Goethe, il n'en va pas de même. Non seulement j'ai subi son influence, mais j'ai voulu sciemment m'y soumettre et je ne pense pas en avoir subi d'aussi forte ni de Montaigne ni de Stendhal ni d'aucun de

Si le roman de Gide n'est pas musical dans son essence, il est néanmoins ouvert à et sur la musique, à laquelle il rend largement hommage. Et si on peut penser que Karin Nordenhaug Ciholas est un peu catégorique quand elle affirme que « *Gide accomplishes for the novel what Bach achieved for the fugue*[9] », on peut néanmoins estimer que, sans la musique, Gide, sans doute, n'eût pu venir à bout des *Faux-Monnayeurs*. C'est ce que note Guy Michaud :

> Si, à la fin de 1921, se produit le miracle de la coagulation, si, longuement « barattée », la matière s'agglomère et s'organise, c'est qu'entre-temps Gide a découvert le principe de cette organisation : non plus seulement le principe spirituel, qui était le personnage du Diable, mais le principe technique, qui est, lui, d'ordre musical : le principe de la fugue[10].

D'un point de vue génétique, la fréquentation de Bach coïncide avec la mise en forme du début des *Faux-Monnayeurs* : le *Journal* « indique qu'en décembre 1921, lorsqu'il achève les trente premières pages de son roman, Gide travaille au piano *L'Art de la fugue*[11] ». Sans doute est-ce

---

nos grands auteurs français. Une seule fut sans doute aussi prolongée, aussi fructueuse, aussi décisive ; une seule peut lui être comparée, c'est celle de Jean-Sébastien Bach ; mais ne parlons pas de musique aujourd'hui. J'aurais trop à en dire, ayant certainement passé beaucoup plus d'heures encore au piano qu'avec les livres. Je reviens à Goethe. »

9 Karin Nordenhaug Ciholas, *Gide's Art of the Fugue : A Thematic Study of* Les Faux-Monnayeurs, Chapel Hill, University of North Carolina Press, 1974, p. 49. Nous traduisons : « Gide a accompli dans le roman ce que Bach a fait pour la fugue. » Voir aussi Françoise Escal, *Contrepoints. Musique et littérature*, Paris, Méridiens-Klincksieck, 1990, p. 177 : « Gide voulait opposer le réel au formel, exposer la "lutte entre l'esprit et le chiffre", et à ce dilemme esthétique qui est le thème essentiel, comme unité de contenu, de son roman, il donne une expression formelle : le contrepoint, littérairement l'alternance. » Certains commentateurs ont cependant tenté de penser *Les Faux-Monnayeurs* en termes d'harmonie plutôt que de polyphonie. C'est le cas notamment de Nasser David Keypour : « Il faut remarquer que c'est un langage impératif que Gide utilise, et qu'il définit là l'œuvre idéale. Non que l'œuvre soit donnée d'emblée comme un diamant splendide et solitaire, comme une création *ex nihilo*. Aucune œuvre, peut-être, n'est autant que celle de Gide nourrie de la vie de son auteur. L'impératif que l'artiste doit s'imposer consiste à donner à sa création la forme d'un produit achevé, c'est-à-dire une perfection qui ne se manifeste pas autrement ni ailleurs que dans l'harmonie de ses rapports intérieurs » (Nasser David Keypour, *André Gide : écriture et réversibilité dans* Les Faux-Monnayeurs, Montréal, Presses de l'Université de Montréal, 1980, p. 14).

10 Guy Michaud, « La genèse de l'œuvre littéraire : Gide et Mallarmé », *Cahiers de l'Association internationale des études francaises*, n°s 3-5, 1953, p. 239-251, p. 247.

11 Frédérique Arroyas, *La Lecture musico-littéraire : à l'écoute de* Passacaille *de R. Pinget et de* Fugue *de R. Lapone*, Montréal, Presses de l'Université de Montréal, 2001, p. 64.

principalement l'autoportrait impersonnel de Gide que constituent *Les Faux-Monnayeurs*, livre qui n'eût pu prendre forme sans le recours à Bach. C'est ce que suggère cette remarque d'Yvonne Heckmann : « Ainsi pour Gide, c'est la répartition des éléments divergents et contradictoires de son moi aux voix multiples dans les personnages de ses romans qui lui permet de mieux se saisir et se comprendre[12]. » Et plutôt qu'un « schéma de composition[13] » commun, c'est une même dynamique que partagent la fugue telle que la pratique Bach et le roman tel que le conçoit Gide :

> L'identification des éléments caractéristiques de la fugue dans le roman de Gide est entreprise par la reconnaissance d'une dynamique fonctionnelle commune. Le thème/sujet assure l'unité de l'œuvre ; le contre-sujet se définit par son rôle d'opposition au sujet[14] […].

---

12 Yvonne Heckmann, « Mondes centrifuges – l'écriture contrapuntique d'André Gide et d'Aldous Huxley », *Comparaisons*, n° 1, 2017, en ligne : <www.comparaisons.uha.fr/index.php/CCM/article/view/10/9>, consulté le 6 février 2018. Les propos d'Yvonne Heckmann font écho à ceux de Ryo Morii : « Gide nous donne à voir qu'il comporte en lui mille êtres possibles dont il dispose ; il en prête un à un sujet qu'il imagine (ce sujet, lui aussi, n'est qu'un d'entre eux) et lui emprunte une nouveauté, ce qui amène le sujet réel (Gide) à s'engager dans une sorte de solidarité avec cet autre factice, mais en fait, avec lui-même. Cette relation entre créancier et débiteur est chez l'auteur une relation modèle du soi-autre » (Ryo Morii, *André Gide, une œuvre à l'épreuve de l'économie*, Paris, Classiques Garnier, 2017, p. 14). – Parmi les « doubles » de Gide dans *Les Faux-Monnayeurs*, le plus « ressemblant » à première vue est Édouard. Il ne faudrait pas penser cependant que le procédé de la mise en abyme suffit à faire du livre un roman fugué. Car, comme chacun sait, *Les Faux-Monnayeurs* sont loin d'être la seule œuvre narrative de Gide à être dotée de cette dimension autoréflexive : « Tous les récits représentent un narrateur en train de dire ou d'écrire sa propre histoire » (Martine Léonard, *André Gide ou l'ironie de l'écriture*, Montréal, Presses de l'Université de Montréal, 1976, p. 64). Il est vrai cependant que ce qui distingue *Les Faux-Monnayeurs*, c'est la multiplication des doubles, non tant d'André Gide, que de l'auteur : « Dans *Les Faux-Monnayeurs*, il n'y a pas qu'Édouard, son ami X, Robert de Passavant et le je-narrateur […] qui soient romanciers. Gide […] a fait de la plupart de ses personnages, pour ne pas dire de tous, des romanciers en puissance » (Gérald Prince, « Personnages-romanciers dans *Les Faux-Monnayeurs* », *French Studies*, vol. 25, n° 1, 1971, p. 47-52, p. 47). On pourra lire aussi Suzanne Lay, « Roman fugué et fugue humaine. (Re)présentations de Bach chez André Gide et Aldous Huxley », dans Greta Komur-Thilloy et Pierre Thilloy (dir.), *op. cit.*, p. 91-102.

13 Claude Jamain, *Idée de la voix : études sur le lyrisme occidental*, Rennes, Presses Universitaires de Rennes, 2004, p. 143.

14 Frédérique Arroyas, *La Lecture musico-littéraire : à l'écoute de* Passacaille *de R. Pinget et de* Fugue *de R. Lapone*, *op. cit.*, p. 67.

Mais *Les Faux-Monnayeurs* ayant été, « *partly because of the author's obvious interest in music* », « *often described in terms of musical figures*[15] », nous tenterons de notre côté de proposer une lecture musicale du texte qui ne parte pas d'emblée de l'idée que le roman est une fugue. Notre but, ce faisant, est de revenir à un texte trop souvent lu au prisme de ses paratextes. Nous verrons, en effet, que Gide est loin d'adhérer pleinement au modèle esthétique que constitue *L'Art de la fugue* : il en fait l'éloge, certes, mais il en fait aussi, discrètement, la critique. Car il y a un lien évident, dans le roman, entre musique et fausse monnaie : il ne faut donc pas faire pleinement confiance à ce que dit la musique, ou à ce qui en est dit, et derrière l'admiration, il faut chercher quelque chose de plus obscur, qui relève du déni ou du refoulement – de la censure en tout cas. Nous défendrons donc ici cette hypothèse (audacieuse, nous le concédons), que si La Pérouse rêve à un accord parfait continu et fait l'éloge du silence, c'est parce qu'il refuse de prêter attention à ses dilections par trop *particulières*, et que, dans un geste relevant de la constitution d'un surmoi consécutif à un complexe d'Œdipe homosexuel, il intègre en lui, sous une forme esthétique, des interdits moraux incarnés par la figure de l'épouse, qui elle-même est une hypostase de la mère. Et le personnage d'Édouard lui-même se laisse, malgré son esprit critique constamment en éveil, influencer par son ancien maître – de telle sorte qu'écrire à la manière de Jean-Sébastien Bach comme il prétend le faire (et comme son créateur prétend le faire), ce n'est pas tant élaborer un roman fugué, que se contraindre à fuir devant soi-même…

15 Joseph Austin Slechta, *The "Transposition" of Music in Gide's* Les Faux-Monnayeurs, Thèse de doctorat, Tulane University, 1959, p. 9. Nous traduisons : « en partie en raison de l'intérêt évident que leur auteur portait à la musique » ; « souvent décrits en des termes musicaux ». – Du même auteur, voir également *An Analysis of Musical Elements in Gide's* Les Faux-Monnayeurs, Mémoire de maîtrise, Tulane University, 1957.

MUSIQUE ET FAUSSE MONNAIE

La première intervention de la musique dans le « seul roman » de Gide semble *a priori* anodine. Nous noterons cependant que la première musicienne que le lecteur rencontre dans *Les Faux-Monnayeurs* est la petite Cécile Profitendieu : soit une réincarnation naïve de la patronne des musiciens. Dès le début du livre, la musique a en outre, quoique indirectement, partie liée avec la fausse monnaie, ou avec la dissimulation du moins : Albéric Profitendieu ne dira pas à Cécile pourquoi sa musique le dérange ; et c'est précisément parce qu'il éprouve une souffrance authentique, un désarroi sincère (même s'il se refuse à s'avouer les raisons véritables de la peine qu'il éprouve) que la musique le dérange. Bref, la musique, ici, empêche l'âme du juge de converser avec elle-même :

> Depuis quelques instants on entendait dans la pièce d'à côté Cécile qui, rentrée du concert, s'était mise au piano et répétait avec obstination la même phrase d'une barcarolle. À la fin Albéric Profitendieu n'y tint plus. Il entrouvrit la porte du salon et, d'une voix plaintive, quasi suppliante, car la colique hépatique commençait à le faire cruellement souffrir [...] :
>
> – Ma petite Cécile, voudrais-tu t'assurer qu'il y a de l'eau de Vichy à la maison [...]. Et puis tu serais gentille d'arrêter un peu ton piano.
>
> – Tu es souffrant ?
>
> – Mais non, mais non. Simplement j'ai besoin de réfléchir un peu jusqu'au dîner et ta musique me dérange.
>
> Et, par gentillesse, car la souffrance le rend doux, il ajoute :
>
> – C'est bien joli ce que tu jouais là. Qu'est-ce que c'est[16] ?

Certes, Albéric n'est guère mélomane : « Sa fille [...] sait qu'il n'entend rien à la musique et confond *Viens, Poupoule* avec la marche de *Tannhäuser*[17]. » Mais peut-être est-ce là un gage de sincérité ?

Il convient cependant d'être prudent : *Les Faux-Monnayeurs*, comme chacun sait, forment un roman qui tient en équilibre précisément parce qu'il est fondé sur une série de contradictions. Et si Albéric, malgré sa prud'homie quelque peu ridicule, et malgré surtout son incompétence musicale, est l'un des personnages les moins « faussaires » du livre, une

16 *Les Faux-Monnayeurs*, *RR*, II, p. 186-187.

17 *Ibid.*

autre figure *a priori* admirable d'honnêteté est le vieux La Pérouse : soit un musicien. Sans doute est-ce pour cette droiture, pour cette simplicité sans candeur que le tortueux Édouard aime son ancien professeur de piano : « Le vieux La Pérouse [était] à l'harmonium ; son visage vieilli, plus beau, plus noble que jamais, mais son œil sans plus cette flamme admirable qui me communiquait sa ferveur, du temps de ses leçons de piano[18]. » La Pérouse est l'ennemi du mensonge : il ne saurait pardonner, par exemple, à l'une de ses anciennes élèves de lui avoir caché qu'elle avait une liaison avec son fils – liaison illégitime dont est né Boris. Mais il ne faudrait pas pour autant en conclure que la musique elle-même est du côté de l'authenticité : car l'amante du fils La Pérouse était musicienne elle aussi, et pourtant elle a su dissimuler jusqu'à sa grossesse. Peut-être, d'ailleurs, faut-il voir dans cet épisode une réécriture d'un passage-clef de *La Symphonie pastorale* ? Car, de même que le pasteur en veut à Jacques de lui avoir volé Gertrude, La Pérouse en veut à son fils d'avoir entretenu une relation amoureuse avec son élève, pour qui il avoue, ingénument, qu'il éprouvait une vive affection :

> « "À [...] vingt ans, [mon fils] a pris une maîtresse. C'était une élève à moi, [...] très bonne musicienne, à qui je m'étais beaucoup attaché. Madame de La Pérouse était au courant ; mais, à moi, on cachait tout, comme toujours. Et naturellement, je ne me suis pas aperçu qu'elle était enceinte. [...] Un beau jour, on me fait savoir que mon élève est souffrante [...]. Quand je parle d'aller la voir, on me dit [...] qu'elle est en voyage... Ce n'est que beaucoup plus tard que j'ai appris qu'elle était allée en Pologne pour ses couches. Mon fils était parti la rejoindre... Ils ont vécu plusieurs années ensemble ; mais il est mort avant de l'avoir épousée.
> « – Et... elle, l'avez-vous revue ?"
> « On eût dit qu'il butait du front contre un obstacle :
> « "Je n'ai pas pu lui pardonner de m'avoir trompé[19]. [...]" »

Toujours est-il que, si La Pérouse peut se tromper sur lui-même, et manquer de lucidité au moment de lire dans le livre de son âme, il n'y a rien de volontaire ou de délibéré dans cet aveuglement. Au contraire, il s'acharne à traquer l'inauthentique en lui, et ne s'accorde guère de mérite pour ses vertus, dont il considère qu'elles sont toutes filles de l'orgueil. Ces réflexions semblent d'ailleurs faire écho aux remarques fort

---

18 *Ibid.*, p. 244.
19 Sauf mention contraire, pour ce qui suit, voir *ibid.*, p. 259-265.

catholiques que Claudel fit à Gide[20] après la parution de *La Porte étroite* : un catholique ne recherche pas la vertu pour elle-même, mais en vue de la récompense. Car la vertu pure, gratuite, est l'attribut, l'apanage même, de Dieu : la chercher est donc un acte d'orgueil. Mais La Pérouse ne fait pas vraiment de reproches à l'homme orgueilleux qu'il fut. Il s'en prend au faux-monnayeur suprême qu'est Dieu :

> Quand j'étais jeune, je menais une vie très austère ; je me félicitais de ma force de caractère chaque fois que je repoussais une sollicitation. Je ne comprenais pas qu'en croyant me libérer, je devenais de plus en plus esclave de mon orgueil. Chacun de ces triomphes sur moi-même, c'était un tour de clef que je donnais à la porte de mon cachot. C'est ce que je voulais dire tout à l'heure, quand je vous disais que Dieu m'a roulé. Il m'a fait prendre pour de la vertu mon orgueil. Dieu s'est moqué de moi.

C'est sans doute sur le caractère vertueux ou non des valeurs qu'il a promues et pratiquées dans toute son œuvre que Gide ici s'interroge. Car, quand La Pérouse déclare : « C'est parce que j'avais la gorge délicate que je n'ai jamais voulu porter de foulard. J'ai toujours lutté contre moi-même », on croit entendre Gide parler de lui-même[21], et plus précisément de son rapport à la pratique musicale. Le 9 mars 1928, il écrira ainsi dans son *Journal* : « Que de fois n'ai-je pas porté mon attention, mon étude sur telle *Fugue* de Bach, par exemple, précisément parce que d'abord elle me rebutait ; par besoin de me faire violence et guidé par cet obscur sentiment que ce qui nous contrarie et exige de nous le plus grand effort est aussi ce qui peut le mieux nous instruire[22]. » Mais l'amour (quasi masochiste[23]) de la contrainte contre laquelle on

20 Voir Éric Marty, *André Gide, qui êtes-vous ? Avec les entretiens André Gide-Jean Amrouche*, *op. cit.*, p. 217.

21 Il est évident que ce refus de se céder à soi-même est l'un des piliers de l'éthique gidienne. Ce qui n'empêche pas que La Pérouse ressemble avant tout en cela à son principal modèle, Marc de La Nux, dont Gide écrit dans *Si le grain ne meurt* (*SV*, p. 239) : « Il trouvait qu'on élevait très mal ses petits-enfants. "Tenez, me disait-il en s'en ouvrant à moi, je vais vous donner un exemple : chaque mercredi soir la petite Mimi vient coucher ici (c'était la seconde de ses petites-filles). Dans la chambre qu'elle occupe, il y a un réveille-matin ; la petite s'en plaint ; elle dit que le tic-tac l'empêche de dormir. Savez-vous ce qu'a fait Madame de La Nux ? Elle a enlevé le réveille-matin. Alors comment voulez-vous que la petite s'habitue ? »

22 *J*, II, p. 76, 9 mars 1928.

23 Le thème de la souffrance que l'artiste s'inflige volontairement comme condition *sine qua non* de la création est déjà présent dans une note du 18 décembre 1905 (*J*, I, p. 499) : « Raymond Bonheur [...] ne comprend pas qu'on se force. C'est au contraire mon mot

lutte, et la phobie de la liberté ne sont-ils pas, eux aussi, le fait d'une âme orgueilleuse ? Manifestement, le sol se dérobe sous Gide et ses personnages, qui se trouvent moralement désorientés. Cela n'empêche pas toutefois La Pérouse de pratiquer les valeurs dont il doute : ainsi, il se montre généreux, sans s'embarrasser de savoir si c'est par vertu sincère ou par orgueil. De la sorte, la musique est à nouveau associée à une forme de gratuité – mais de gratuité bienfaisante, de dépense bienveillante :

> « Il ajouta à voix si basse que je l'entendis à peine :
> « "Je [n'ai] presque plus [d'élèves]."
> Je sentais en lui une telle détresse que je n'osais l'interroger. Il reprit :
> « "Mme de La Pérouse ne veut pas comprendre cela. Elle me dit que je ne m'y prends pas comme il faut ; que je ne fais rien pour les garder et encore moins pour en avoir de nouvelles.
> « – Cette élève que vous attendiez... ai-je demandé gauchement.
> « – Oh ! celle-là, c'en est une que je prépare pour le Conservatoire. Elle vient travailler ici tous les jours.
> « – Cela veut dire qu'elle ne vous paie pas.
> « – Mme de La Pérouse me le reproche assez ! Elle ne comprend pas qu'il n'y a que ces leçons qui m'intéressent ; oui, celles que j'ai vraiment plaisir à... donner. [...]" »

LA PÉROUSE : UN MUSICIEN *OUT OF JOINT*

Mais, répétons-le, La Pérouse n'est pas (ce serait même une hypothèse ridiculement grossière) l'incarnation de la musique. Il représente, en revanche, une vision datée de la musique – vision dont l'on comprend que Gide n'est pas loin de la reprendre à son compte, même s'il se refuse catégoriquement à rejeter les innovations de la musique moderne. En somme, La Pérouse est le double romanesque et musicien du Gide classique, pour ne pas dire du Gide d'arrière-garde. Il est abandonné par la plupart de ses élèves, qui le trouvent lent, ce qui est doublement

---

d'ordre. Je souhaite toutes mes branches arquées, comme celles que le jardinier habile tourmente afin de les pousser à fruits. »

significatif : d'une part, la vitesse est l'un des attributs de la modernité ; d'autre part, sa lenteur est celle d'un homme qui n'a pas su progresser avec son temps. Édouard ne peut que constater que son ancien maître a tristement vieilli. Mais il lui reste fidèle, tout en sachant que le monde que La Pérouse représente est, d'un point de vue éthique aussi bien qu'esthétique, caduc : voilà d'ailleurs, de la part de l'audacieux (et stérile) Édouard, une prise de position qui est très exactement d'arrière-garde (Barthes ayant décrit avec beaucoup de subtilité la posture d'arrière-garde comme consistant à « savoir ce qui est mort », mais à l'« aimer encore[24] »). Ce n'est pas pour rien que La Pérouse se considère (ou plus exactement se considérera après son suicide inaccompli) comme un survivant : il a bel et bien survécu à sa propre mort. Même sur un plan économique, il pourra bientôt faire ce constat. Sa probité économique est proverbiale. C'est ce qui appert du portrait que fait de lui, plus loin dans le roman, le vieil Azaïs : « Je connais Anatole de La Pérouse depuis longtemps. Il a toujours été original. Ce n'est pas un reproche ; mais il est de naturel un peu fier et n'accepterait peut-être pas l'hospitalité que je lui offre, sans payer un peu de sa personne[25]. » Or, La Pérouse avait prévu de se donner la mort le jour où il serait obligé d'entamer la somme qu'il avait décidé de réserver à sa femme afin qu'elle puisse se retirer dans une maison de retraite : « Les quelques leçons que je donne encore ne me rapportent presque plus. Dans quelque temps, mes ressources seront à bout ; je me verrais forcé d'entamer cette somme [celle dont il estime qu'elle appartient à sa femme] ; je ne veux pas. Alors j'ai pris une résolution[26]... » Mais il recule devant le suicide : dès lors, il se regarde, littéralement, comme un mort-vivant. Quand Édouard vient lui rendre visite après son non-suicide, il ne sait d'abord que répéter qu'il est mort[27] :

---

24 Roland Barthes, « Réponses (avec Jean Thibaudeau) » [*Tel Quel*, n° 47, automne 1971], dans *Œuvres complètes*, t. III, Paris, Seuil, 2002, p. 1023-1044, p. 1038.

25 *Les Faux-Monnayeurs*, *RR*, II, p. 348-349.

26 *Ibid.*, p. 295.

27 Ce qui prouve que Marc de La Nux n'est pas l'unique « modèle » de La Pérouse. Dans *Ainsi soit-il* (*SV*, p. 1010), Gide évoque en effet la triste déchéance sénile du sociologue Alfred Espinas. Le vieil homme est si affaibli que chacun s'attend à ce qu'il décède bientôt. Mais, « à la parfaite stupeur et consternation des enfants, des amis », son épouse meurt avant lui. La suite du récit de Gide relève quasiment de l'humour noir : « Les facultés du père Espinas étaient à ce point affaiblies qu'il ne se rendit pas compte de son deuil : il comprit seulement que quelqu'un [...] venait de mourir et pensa [...] que ce [...] ne pouvait être que lui. Je tiens de ma tante Charles Gide le récit de la cérémonie funèbre

« “Pourquoi vous a-t-on fait entrer ? J’avais recommandé à la bonne de dire, à qui viendrait me demander, que M. de La Pérouse est mort.”

[...]

« Il répéta stupidement : “M. de La Pérouse est mort.”

[...]

« “Vous avez de la fièvre ?” lui demandai-je.

« Ma phrase le rappela aussitôt au sentiment de son personnage :

« “M. de La Pérouse n’a pas de fièvre. Il n’a plus rien. Depuis mercredi soir, monsieur de La Pérouse a cessé de vivre[28].” [...] »

La Pérouse est de fait multiplement mort : économiquement, puisqu’il a survécu à sa « ruine » ; moralement, puisqu’il est obligé de se comporter, sinon en faux-monnayeur, du moins en voleur, dans la mesure où il puise dans des ressources dont il comptait laisser l’entière jouissance à sa femme ; et chronologiquement, si l’on veut, puisqu’il est encore vivant alors que la date de sa mort, que la date qu’il avait fixée pour sa propre mort, est passée. Mais La Pérouse est surtout mort en ceci, qu’il a survécu à sa propre vaillance, à sa propre capacité à défendre les valeurs esthétiques en lesquelles il croit. Si les *Fugues* de Bach commencent à s’effacer de sa mémoire, ce n’est pas seulement parce qu’il a vieilli : c’est parce que l’art de Bach, en tant que modèle, commence à s’effacer de la mémoire de l’humanité. Certes, la fugue demeure un art pratiqué par les musiciens du XXe siècle : mais le souci de mener à bien une polyphonie consonante est étranger à la musique moderne. Et La Pérouse n’ayant pas seulement survécu à la cause qu’il défend, mais aussi à lui-même, il n’est même plus en mesure de tenir sa fonction de mémoire du passé musical :

Il continua :

« “Oui, j’ai beaucoup vieilli ces derniers temps. Je commence à perdre un peu la mémoire. Quand je repasse une *Fugue* de Bach, il me faut recourir au cahier...

« – Combien de jeunes se contenteraient de ce que vous en avez encore.”

« Il reprit en hochant la tête :

---

qui rassembla, le jour prévu pour l’inhumation, autour du cercueil, les intimes qui se proposaient d’accompagner au cimetière le convoi. On avait relégué le père Espinas [...] dans une petite pièce [...]. Et, avec un minimum de faste, le rituel du culte protestant se déroulait, lorsque soudain, couvrant le murmure discret des prières, on entendit, de la pièce voisine, la voix tonitruante du père Espinas, devenu furieux, hurler : “Mort ou vivant, il faut pourtant que je mange.” Vite on lui porta de quoi l’apaiser [...]. »

28 *Les Faux-Monnayeurs*, *RR*, II, p. 356-361. C’est l’histoire de Marc de La Nux que Gide raconte ici : voir *J*, I, p. 673-674, avril 1911.

« "Oh ! ce n'est pas la mémoire seulement qui faiblit. Tenez : quand je marche, il me semble à moi que je vais encore assez vite ; mais, dans la rue, à présent tous les gens me dépassent.

« – C'est, lui dis-je, qu'on marche beaucoup plus vite aujourd'hui.

« – Ah ! n'est-ce pas ?... C'est comme pour les leçons que je donne : les élèves trouvent que mon enseignement les retarde ; elles veulent aller plus vite que moi. Elles me lâchent... Aujourd'hui, tout le monde est pressé[29]." [...] »

La Pérouse, donc, est une figure anachronique[30], intempestive même : « Le vieux musicien [semble par moments] incapable, par revendication systématique de l'absolu, d'entendre la voix des vivants[31]. » De là, peut-être, l'émotion qui saisit Édouard quand, à l'occasion d'un autre entretien, son ancien professeur le désigne comme son exécuteur testamentaire[32]. Édouard, auprès du vieux musicien dépassé par l'époque, et qui déjà se voit mort, fait alors l'expérience d'une vie non égoïste, d'une singularité non personnelle : en tant qu'exécuteur testamentaire, il est encore un individu, certes, mais il n'est plus tout à fait solidaire de lui-même, devant accomplir les volontés d'un autre. Et il note qu'il est convaincu que ce sentiment n'est pas étranger à La Pérouse (puisque le musicien semble *out of joint*, qu'il semble sorti des gonds de son moi) ; c'est que c'est précisément là, aux yeux de Gide, l'une des vertus cardinales de la musique, qui, quand elle est aussi ennemie du *pathos* et de la rhétorique que celle de Bach (et peut-être celle de Chopin), est capable, sans l'agréger à aucune masse ou à aucune foule, de désenchaîner l'homme de son propre moi :

J'ai souvent éprouvé qu'en un instant aussi solennel, toute émotion humaine peut, en moi, faire place à une transe quasi mystique, une sorte d'enthousiasme, par quoi mon être se sent magnifié ; ou plus exactement : libéré de ses attaches

29 *Les Faux-Monnayeurs*, *RR*, II, p. 260-261.

30 L'amour de Gide pour Bach tient peut-être à l'inactualité fondamentale de la musique du compositeur, qui est en quelque sorte un gage d'éternité : « Et de tous ces grands du passé, oserai-je avouer que celui qui m'ennuie le plus, c'est Beethoven. Bach, par contre, a depuis longtemps cessé de vieillir » (*J*, I, p. 889-890, 25 septembre 1914).

31 Pierre Masson, *Lire* Les Faux-Monnayeurs *de Gide*, Paris, Dunod, 1994, p. 156.

32 Marc de La Nux, de fait, consulta Gide au moment de rédiger la version définitive de son testament : « J'écris ces lignes, en attendant Bourgerie, dans l'étude du notaire. J'ai à le consulter pour le pauvre vieux cher La Pérouse, qui s'inquiète et voudrait faire à son testament je ne sais quel codicille pour avantager son petit-fils », écrit Gide dans son *Journal* en date du 31 mai 1905 (*J*, I, p. 458-459). Le lendemain, il note : « Visite au pauvre de La Nux puis au notaire, pour les renseignements que de La Nux m'a demandés » (*J*, I, p. 460).

égoïstes, comme dépossédé de lui-même et dépersonnalisé. Celui qui n'a pas éprouvé cela, ne saurait certes me comprendre. Mais je sentais que La Pérouse le comprenait[33].

La Pérouse, de fait, exècre le *pathos*, et les passions – soit tout ce qui exalte le moi. C'est ce qui appert des remarques qu'il fait sur le théâtre devant un Édouard qui, cette fois, se montre amusé de l'intransigeance du vieil homme. Mais c'est précisément que le théâtre n'est pas la musique ; et qu'il n'y a pas de bon théâtre sans mise en scène des passions, comme il n'y a pas de bonne musique sans dépassement des passions. Sans doute est-ce là l'une des raisons qui expliquent la dilection de Gide pour la musique, et sa défiance à l'égard du théâtre :

> « "Figurez-vous que, l'autre jour, la mère d'une de mes anciennes élèves a voulu m'emmener au théâtre ! [...] On jouait *Hernani*, de Victor Hugo. [...] Tout le monde s'extasiait. Pour moi, j'ai souffert d'une manière indicible.
>
> « – [...] Mais comment ose-t-on présenter de pareilles turpitudes sur la scène ? [...] C'est monstrueux. [...]"
>
> « L'indignation de cet excellent homme m'amusait. À présent, je riais presque. Je protestai qu'il ne se pouvait d'art dramatique sans peinture des passions. À son tour, il protesta que la peinture des passions était fatalement d'un fâcheux exemple[34]. [...] »

Ce sont deux conceptions opposées de l'art, non du spectacle, mais de la scène, qui se rencontrent ici : car, si Édouard défend (sans trop de conviction d'ailleurs) le théâtre, c'est parce qu'il est un homme de littérature ; mais le pur musicien qu'est La Pérouse ne saurait entendre les arguments de son ancien élève. Il n'est d'ailleurs pas anodin, bien sûr, que ce soit à Hugo (hélas !) que s'en prenne La Pérouse : on sait que l'admiration de Gide pour le prolixe auteur d'*Hernani* n'était pas sans mélange.

Mais Édouard est bien décidé à se faire l'avocat du Diable ; et il se permet d'insinuer que la musique elle aussi est capable d'effets pathétiques ; que la musique elle aussi peint parfois les passions. Il convoque alors l'exemple de Beethoven[35] – ce qui est l'occasion pour La Pérouse

---

33 *Les Faux-Monnayeurs*, *RR*, II, p. 296.

34 Pour le « brouillon diaristique » de ce dialogue, voir *J*, I, p. 751-755, 2 novembre 1913.

35 Beethoven dont Gide déclarait, en 1899, qu'il le considérait comme le plus nietzschéen des artistes : « Si j'eusse eu plus de temps, je me fusse amusé à vous montrer le nietzschéisme d'avant Nietzsche. Par des citations habilement choisies j'eusse pu circonvenir presque de toutes parts sa figure ; mais ce serait trop long pour aujourd'hui ; puis ce qu'il eût

(et pour Gide, surtout) de préciser ce qu'il aime dans la musique : un art pur de tout trouble. C'est la tranquillité, on serait presque tenté de dire la quiétude, que le plus grand inquiéteur de son temps cherche dans la musique. Aussi fait-il condamner par son personnage les compositeurs qui, au contraire, introduisent dans l'âme de ceux qui écoutent leurs œuvres l'agitation et le désordre :

> La discussion continua ainsi quelque temps ; et comme je comparais alors cet élément pathétique à tel déchaînement des instruments de cuivre dans un orchestre :
>
> « "Par exemple, à cette entrée de trombones, que vous admirez dans telle symphonie de Beethoven...
>
> « – Mais je ne l'admire pas du tout, moi, cette entrée de trombones, s'est-il écrié avec une véhémence extraordinaire. Pourquoi voulez-vous me faire admirer ce qui me trouble[36] ?" [...] »

ÉLÉMENTS POUR UNE THÉORIE DE LA RÉCEPTION MUSICALE

Suit une admirable discussion musico-morale entre les deux hommes. C'est la question, si importante aux yeux de Gide, de l'harmonie[37] et de la consonance, qui est soulevée. Gide semble débattre avec lui-même : que faut-il penser d'une musique qui, si elle n'est pas consonante, cesse pourtant d'être perçue comme disharmonieuse ? Faut-il voir là le signe d'une ouverture accrue à des beautés nouvelles ? Ou, au contraire, le symptôme d'une dégénérescence du goût ? En d'autres termes, faut-il choisir la pureté, ou la richesse ?

---

fallu citer surtout, ce sont des phrases des dernières œuvres de Beethoven » (« Lettre à Angèle, VI » [*L'Ermitage*, janvier 1899], *EC*, p. 40).

36 *Les Faux-Monnayeurs*, *RR*, II, p. 297.

37 Sur Gide et l'harmonie, voir Carmen M. Barbu, *The Will to Harmony : Music in the Novels of André Gide, Aldous Huxley and Thomas Mann*, Thèse de doctorat, University of Western Ontario, 2007 ; mais aussi Peter Schnyder, « André Gide et l'harmonie. Comment une catégorie musicale devient une catégorie existentielle », dans Greta Komur-Thilloy et Pierre Thilloy (dir.), *op. cit.*, p. 53-69. Alain Goulet écrit d'ailleurs que « la musique exprime constamment dans l'œuvre [de Gide] la recherche de l'harmonie, notamment dans *Les Cahiers d'André Walter* et dans *La Symphonie pastorale* » (Alain Goulet, *Fiction et vie sociale dans l'œuvre d'André Gide*, Paris, Minard, 1986, p. 468).

> « "Avez-vous remarqué, que tout l'effort de la musique moderne est de rendre supportables, agréables même, certains accords que nous tenions d'abord pour discordants[38] ?
> « – Précisément, ripostai-je ; tout doit enfin se rendre, et se réduire à l'harmonie.
> « – À l'harmonie ! répéta-t-il en haussant les épaules. Je ne vois là qu'une accoutumance au mal, au péché. La sensibilité s'émousse ; la pureté se ternit ; les réactions se font moins vives ; on tolère, on accepte[39]... [...]" »

Ce passage fait écho à plusieurs textes, certains déjà écrits, d'autres à venir. On pense, d'abord, à la conférence prononcée à Weimar en 1903, « De l'importance du public ». Gide, précisément, y fait l'éloge de l'éclectisme esthétique contemporain, tout en désignant cet éclectisme comme le symptôme le plus manifeste de la perte de vitalité de l'art. Certes, l'homme n'a qu'à se réjouir d'être sensible à des objets esthétiques de plus en plus variés ; mais le recul progressif de l'intransigeance suppose que l'art est de moins en moins nécessaire. Dans le texte de cette conférence cependant, Gide n'oppose pas tant à l'éclectisme le classicisme, que le parti-pris :

> Notre époque prétend à plus d'intelligence, à plus d'éclectisme surtout. Dans les salles de nos musées, ces grands cimetières de l'art, nous savons aujourd'hui faire cohabiter Poussin, Vélasquez et Rubens. Nous goûtons Cranach et Dürer ; mais nous goûtons aussi Delacroix et Goya ; et cela va sans dire ; et nous avons raison de les goûter ; et ne les goûter point, de notre temps, serait sottise ; on ne réapprend pas à ignorer. Et nous avons raison de même, dans une salle de concert, de savoir applaudir, après un *Quatuor* de Mozart, une *Chevauchée des Walkures*[40]...

Pendant des siècles, chaque époque a eu son esthétique propre, son style si l'on veut, ne tolérant aucune dissidence. Or, le *refus de choisir* moderne (que Gide, qui sait combien il est douloureux de trier, ne rejette pas pourtant comme une faute de goût) est signe que l'art ne répond plus à aucun besoin vital ; et donc que l'homme commence peut-être, malgré la

38 Dans une lettre datée du 16 novembre 1932, Gide écrira à Robert de Traz : « Manet, Degas, Cézanne, tout comme Wagner ou Stravinski, ont encouru ce même reproche de prédilectionner la laideur. Chaque fois qu'un artiste de valeur s'affirme, il semble que ce soit au détriment de l'art de la veille » (voir Jean-Pierre Meylan, La Revue de Genève, *miroir des Lettres européennes (1920-1930)*, Genève, Droz, 1969, p. 473-474).

39 *Les Faux-Monnayeurs*, *RR*, II, p. 297-298.

40 Pour cette citation et celle qui suit, voir « De l'importance du public » [*L'Ermitage*, octobre 1903], *EC*, p. 428.

multiplication des écoles et des œuvres (dont certaines sont admirables), à s'épuiser esthétiquement. La profusion esthétique moderne n'est peut-être rien d'autre que le bouquet final qui couronne un feu d'artifice :

> Mais il faut s'avouer que cet intelligent éclectisme [...] est preuve, hélas ! que l'art n'est plus une production naturelle, qu'il ne répond plus à quelque besoin précis d'un public, et que la société décomposée, sans idéal distinct à formuler dans aucun style, accepte imprudemment, au hasard des rencontres, tous les idéals du passé et chacun de ceux que chacun des artistes nouveaux lui propose. Et la tradition artistique, que tant de générations successives avaient poussée si haut, semble un arbre dont meurt enfin la puissante tige centrale, la société n'étant plus là pour émonder, couper au ras du pied la foule des surgeons qui s'élancent (car la racine vit toujours). Ces surgeons sont souvent, chacun pris à part, admirables, mais la sève enfin s'y épuise – et ils n'aboutissent qu'à eux.

Un autre texte auquel on peut songer est la conférence que Gide devait prononcer sur Henri Michaux à Nice en 1941 (il en fut empêché par la Légion Française des Anciens Combattants). Il y mobilise plusieurs exemples musicaux pour poser la question du jugement à porter sur les œuvres dont la nouveauté déroute, et dont on ne sait s'il faut les regarder comme admirables ou dérisoires. Les premiers cas mentionnés sont ceux de Debussy et de Ravel :

> Georges Auric nous parlait, ici-même, il y a huit jours, de l'effroyable incompréhension que rencontrèrent d'abord Debussy, Ravel et tant d'autres musiciens novateurs. Il nous citait les jugements de certain critique officiel qui, dans la *Revue des Deux Mondes*, se refusait à entendre dans *Pelléas et Mélisande* mieux et plus qu'un « vilain petit bruit[41] ».

Gide, qui, malgré son opiniâtre classicisme, ne voulut jamais rompre avec le progrès artistique, et presque systématiquement prit le parti des audacieux contre les timorés, ne se départit pas de cette attitude que l'on peut qualifier d'optimiste : il veut croire au génie, même quand il doute. On pourrait presque dire qu'il fait (quoique l'enjeu soit moins grave) un pari pascalien. Paltoquet ou génie, l'artiste novateur a ceci de plaisant, qu'il sort du lot ; tandis que les médiocres demeureront à jamais médiocres :

41 Pour cette citation et celle qui suit, voir « Découvrons Henri Michaux » [Paris, Gallimard, 1941], *EC*, p. 748.

> Et comme je disais [...] à Auric avoir lu, sous la plume de Berlioz, qu'une semblable incompréhension accueillit [...] les dernières et plus géniales œuvres de Beethoven, il me promit de rechercher la référence [...]. La voici :
> « Schuppanzigh et ses complices éclatèrent de rire en déchiffrant le *Quatuor* en fa de Beethoven, persuadés que le compositeur les mystifiait. Et le célèbre violoncelliste Romberg foula aux pieds sa partie du même *Quatuor* [...]. »
> Mais Beethoven, à quelqu'un qui lui écrivait que le public n'avait pas apprécié son *Quatuor* en ut dièse mineur, répondit :
> « Il y prendra goût un jour ou l'autre. Je sais ce que je vaux ; je sais que je suis un artiste. »
> Et Auric achève en me citant ce mot admirable de Berlioz : « Dans l'incertitude, pariez pour le génie. »

En 1914 déjà, dans un texte intitulé « Verlaine et Mallarmé », Gide faisait la liste des compositeurs qui eurent à souffrir du manque de perspicacité de leurs contemporains[42], incluant dans son inventaire aussi bien un Stravinski qu'un Wagner (soit un artiste dont il juge l'art « terriblement grossier[43] », mais dont il reconnaît le génie[44]). Qu'ils se distinguent par leur puissance, leur radicalité ou au contraire leur

---

42 C'est aussi le manque de subtilité d'un public incapable de distinguer entre elles les différentes manifestations d'une même modernité qui agace Gide. En témoignent ces lignes de *Si le grain ne meurt*, relatives à Henri de Régnier (*SV*, p. 256) : « En ce temps, Francis Vielé-Griffin était son ami le plus intime. Souvent on associait leurs deux noms ; on confondait leur poésie ; pour le public, durant longtemps, seul le vers régulier semblait permettre des différences ; tous les vers libres se ressemblaient. Il en va de même chaque fois qu'une nouvelle technique s'impose, en musique, en peinture, en poésie. » Signalons également, dans *Si le grain ne meurt* toujours, ce passage où Gide met en scène (mais sans férocité aucune en l'occurrence) une figure qui résume à sa façon, et quoiqu'elle ne soit que subalterne, tous les torts d'un public bourgeois à la fois trop naïvement sensible et trop épris de « régularité » (dans tous les sens du terme) esthétique. Cette figure, c'est Marie, la bonne du petit André : « Marie n'était pas réfractaire à toute émotion esthétique ; mais chez elle, comme chez beaucoup de Suisses, le sentiment de la beauté se confondait avec celui de l'altitude ; et pareillement ses dispositions musicales se limitaient au chant des cantiques. Un jour pourtant, tandis que j'étais au piano, elle entra brusquement dans le salon ; je jouais une *Romance sans paroles* assez fadement expressive. "Au moins voilà de la musique", dit-elle en hochant la tête avec mélancolie ; puis furieusement : "Je vous demande si ça ne vaut pas mieux que toutes vos trioles ?" Elle appelait indifféremment des "trioles" toute la musique qu'elle ne comprenait pas » (*SV*, p. 182).

43 André Gide, Paul Valéry, *op. cit.*, p. 357-358. Lettre du 19 octobre 1899.

44 Voir cette lettre à Pierre Louÿs datée d'août 1894 (*BAAG*, n° 106, avril 1995, p. 359) : « Debussy est "très bien" ; nous avons dîné ensemble ; tu m'as trahi en ne lui disant pas que je détestais et méprisais Mendelssohn, que je détestais et admirais Wagner ; conclusion : nous avons passé le dîner à dire du mal de ce grand homme. »

délicatesse, les compositeurs qu'il évoque ont tous en commun de ne pas flatter la paresse esthétique de leur auditoire :

> Étrangeté, préciosité, incompréhensibilité, laideur, le reproche est fait aussi bien à des œuvres musicales et picturales qu'à des œuvres littéraires. Hier encore, nous avons vu le succès de déni, de décri que l'on a fait à l'œuvre musicale la plus forte, la plus neuve, la plus drue qu'on ait donnée depuis longtemps – je veux dire *Le Sacre du Printemps*, de Stravinski – un succès de décri égal à celui que l'on fit naguère à Wagner[45].

Gide mobilise ensuite une autre des anecdotes sur Beethoven rapportées par Berlioz :

> Berlioz nous raconte que la première fois qu'on tenta de jouer du Beethoven au Conservatoire, il fallut gratter le nom de Beethoven sur la partie des instruments, car ces Messieurs les exécutants, sinon, n'eussent pas consenti à jouer.

Puis il évoque plusieurs compositeurs français :

> César Franck a longtemps été considéré par la critique officielle et par le public à peu près comme la critique officielle et le public considèrent aujourd'hui Mallarmé. « C'est l'impuissance poussée jusqu'au dogme », disait solennellement Gounod en parlant de sa *Symphonie*.
>
> Il est permis de supposer que si Debussy n'avait pas été soulevé, porté par l'admirable pièce qu'est en elle-même *Pelléas et Mélisande*, il ne connaîtrait que les applaudissements d'une maigre élite et passerait auprès du gros public pour un décadent inutilement et prétentieusement quintessencié.

En 1908, d'ailleurs, Gide s'interrogeait déjà sur la réception des derniers *Quatuors* de Beethoven, qui, comme plus tard les romans de Dostoïevski, déroutèrent d'abord un public frileux, et peu désireux d'être dérangé dans ses habitudes esthétiques. Gide, donc, accuse la médiocrité des auditeurs et des lecteurs, médiocrité qui seule explique que certains artistes doivent compter sur la postérité, et que certaines œuvres parmi les plus incontestablement géniales soient d'abord jugées absurdes :

> Peut-être au demeurant Dostoïevski, pour une intelligence salonnière, n'était-il pas commode à saisir ou pénétrer du premier coup. « Il ne délasse pas : il fatigue, comme les chevaux de sang toujours en action ; ajoutez-y la nécessité de se

45 Pour cette citation et les suivantes, voir « Verlaine et Mallarmé » [*La Vie des Lettres*, avril 1914], *EC*, p. 500-501.

reconnaître… Il en résulte pour le lecteur un effort d'attention, une courbature morale[46], etc. » Les gens du monde, il y a trente ans, ne parlaient pas très différemment des derniers *Quatuors* de Beethoven. (« Ce qui est compris trop rapidement n'est pas de longue durée », dit Dostoïevski dans une de ses lettres[47].)

Toutefois, les erreurs de jugement ne sont pas l'apanage des esprits médiocrement bourgeois. Gide est notamment troublé par le refus goethéen de comprendre le génie de Beethoven. Remontons encore le temps, et intéressons-nous à la conférence intitulée « De l'influence en littérature », qu'il donne à la *Libre esthétique* de Bruxelles le 29 mars 1900. Sur un ton quasi pathétique, il y évoque telle rencontre entre le maître de Bonn et celui de Weimar. Le premier joue pour le second la *Sonate* dite *Au clair de lune* : Goethe ne feint même pas d'avoir été ému ou intéressé. Beethoven, alors, pousse un « cri de détresse » : « Mais Maître, si vous, vous ne me dites rien – qui donc alors me comprendra[48] ? » Gide, s'interrogeant sur ce silence incompréhensible (pour ne pas dire obtus) de Goethe, a recours à plusieurs hypothèses. La première est celle de la sidération. Si le grand Goethe est demeuré muet, et a donné à Beethoven le sentiment qu'il ne le comprenait pas, c'est parce qu'il est resté surpris devant l'œuvre radicale du compositeur (encore que la *Sonate* dite *Au clair de lune* compte parmi les pièces les plus accessibles de Beethoven) ; toutefois, sa surprise ne s'est pas traduite par un rejet, comme c'eût été le cas s'il eût été médiocre, mais par une sorte d'incapacité à avoir la moindre réaction critique : « Ces incompréhensions s'expliquent, voici comment : elles ne sont certes point sottise ; – elles ne sont même pas cécité partielle ; elles sont *éblouissement*[49]. » La seconde hypothèse que propose Gide est celle de l'exclusivité :

---

46 Gide cite ici *Le Roman russe* d'Eugène-Melchior de Vogüé.

47 « Dostoïevski d'après sa correspondance » [*La Grande Revue*, 25 mai 1908], *EC*, p. 451.

48 « De l'influence en littérature » [*L'Ermitage*, mai 1900], *EC*, p. 409.

49 *Ibid.* Le Gide des dernières années avoue d'ailleurs qu'il ne se sent plus capable de goûter d'éventuels chefs-d'œuvre de la jeune littérature. Non qu'il ne puisse plus admirer ou reconnaître les manifestations nouvelles du génie artistique. Mais, en proie à une forme d'anorexie artistique, il ne se sent plus la force ni l'appétit pour se nourrir d'aliments spirituels qui le dérouteraient : « Me trouverais-je en face, brusquement, de quelques nouveaux buissons ardents comparables aux *Illuminations*, aux *Chants de Maldoror*, en admettant que j'en reconnaisse aussitôt la splendeur, je crois que j'en serais, aujourd'hui, moins ébloui que gêné. À mon âge et depuis longtemps, j'ai fait mon plein de poésie. Il en va de même pour la musique ; et peu s'en faut que je n'ajoute : et pour l'amour » (*Ainsi soit-il ou Les jeux sont faits*, *SV*, p. 1023).

> – Ainsi tout grand amour est exclusif, et l'admiration d'un amant pour sa maîtresse le rend insensible à toute beauté différente. [...] C'est l'adoration de Goethe pour la Grèce, pour la pure et souriante tendresse de Mozart, qui lui faisait craindre le déchaînement passionné de Beethoven – et dire à Mendelssohn qui lui jouait le début de la *Symphonie* en ut mineur : « Je ne ressens que de l'étonnement » – Il trouvait cela surtout très bruyant[50].

Mais revenons à La Pérouse. Dans son cas, les hypothèses de la sidération d'une part et de l'exclusivité d'autre part ne tiennent pas. Pourtant, s'il n'est pas Goethe, La Pérouse n'est nullement médiocre, bien au contraire ; mais justement, dans son cas, c'est peut-être le refus catégorique de la dissonance[51], et par suite de l'éclectisme (car s'il peut y

50 « De l'influence en littérature », *EC*, p. 409.

51 « Le répétiteur La Pérouse, ancien professeur de piano, incarne [la] faiblesse impuissante. Pour lui, "la musique moderne", qui privilégie "la discordance", révèle une évolution désastreuse : c'est dans son âme que chaque être est atteint. Elle signifie la damnation », écrit Marianne Revel-Mouroz (« Mise en abyme du regard du romancier sur l'amitié », dans Franck Évrard (dir.), *Analyses et réflexions sur Gide,* Les Faux-Monnayeurs, Paris, Ellipses, 2001, p. 57-63, p. 62). On ne saurait lui donner tort ; et l'on ne saurait non plus nier la pertinence de cette remarque de Jean-Claude Perrier : « À bien des égards, Gide reste un homme marqué par le XIXe siècle, notamment en matière de musique (Chopin demeurant son idole) et de peinture » (Jean-Claude Perrier, *André Gide ou la tentation nomade*, Paris, Flammarion, 2011, p. 54). Cependant, il convient de noter que Gide ne prend pas parti dans la querelle idéelle sur la musique qu'il met en scène dans son roman. Sur le caractère polémique, et non conclusif, de ces réflexions, voir Danick Trottier, « *Les Faux-Monnayeurs* d'André Gide : les traces d'un discours sur la musique », dans Sylvain Caron, Michel Duchesneau et François de Médicis (dir.), *Musique et modernité en France (1900-1945)*, Montréal, Presses de l'Université de Montréal, 2006, p. 301-336, p. 328 : « Un symbolème se permute en idéologème du moment où il acquiert une fonction polémique et cristallise les enjeux symboliques d'un univers donné. Je crois que c'est le rôle que vient jouer le discours sur la musique moderne élaboré par Gide dans *Les Faux-Monnayeurs.* » Bien entendu, « marqué par une éducation classique, [Gide] demeure très conservateur en ce qui concerne la forme » (Catherine Côté-Ostiguy, *André Gide et la quête du roman : la poursuite d'un idéal romanesque depuis* Paludes *jusqu'aux* Faux-Monnayeurs, Mémoire de master, Montréal, Université McGill, 2013, p. 103). Mais Gide a toujours fait l'effort de se « maintenir à la hauteur » des artistes les plus audacieux, sans pour autant les approuver systématiquement, loin de là. Comme l'a fort brillamment résumé Michel Murat, « Gide est classique par ce qu'il est, tout en étant moderne par ce qu'il fait » (Michel Murat, « Gide ou "le meilleur représentant du classicisme" », *Revue d'histoire littéraire de la France*, n° 107, 2007, p. 313-330, en ligne : <www.cairn.info/revue-d-histoire-litteraire-de-la-france-2007-2-page-313.htm>, consulté le 19 juin 2019). On pensera à ce sujet à « l'appréciation du compositeur Maurice Ohana, [...] selon laquelle "Gide s'est tenu résolument à l'écart du mouvement musical de son époque", ce qui à son sens était assez naturel, s'agissant d'un "litterateur", race qui, selon Ohana toujours, est "l'ennemie absolue de la musique", qui "ne l'aime que sur un malentendu

avoir de nombreuses harmonies dissonantes, il n'y a qu'un seul « accord parfait »), qui est un signe de grandeur. Dans ses propos revient cette idée, qu'il s'est survécu : de même qu'il n'est plus assez vaillant pour tenir le rôle de mémoire du classicisme passé, de même il a le sentiment d'avoir perdu son intransigeance, et de s'être parfois compromis avec des esthétiques musicales peu recommandables.

DE L'HARMONIE COSMIQUE AU SILENCE DE DIEU

Son discours, toutefois, dépasse le champ musical pour se faire quasiment cosmogonique. Il semble rêver à une forme d'harmonie des sphères retrouvée. Édouard utilise l'adjectif « téléologique » : c'est en tout cas de la mort et de la dissolution de l'individu qu'il est question. L'individualité, le moi, l'identité personnelle constituent, sinon des fausses notes, du moins des principes de dissonance. L'homme ne peut espérer atteindre à la consonance qu'une fois qu'il a cessé d'être lui-même, qu'une fois qu'il s'est résorbé dans l'accord parfait non personnel que constitue l'au-delà :

> « "Si l'on pouvait recouvrer l'intransigeance de la jeunesse, ce dont on s'indignerait le plus, c'est de ce qu'on est devenu."
>
> « Il était trop tard pour nous lancer dans une discussion téléologique ; je tentai de le ramener sur son terrain :
>
> « "Vous ne prétendez pourtant pas restreindre la musique à la seule expression de la sérénité ? Dans ce cas, un seul accord suffirait : un accord parfait continu."
>
> « Il me prit les deux mains et, comme en extase, [...] répéta plusieurs fois :
>
> « "Un accord parfait continu ; oui, c'est cela [...]... Mais tout notre univers est en proie à la discordance", a-t-il ajouté tristement.

---

et la traite comme une acquisition intellectuelle". Ohana voulait toutefois bien concéder que de ce dernier point de vue, Gide constituait "une exception", ce qu'il ne pouvait ignorer, puisqu'il était un de ses correspondants réguliers » (Maryvonne de Saint-Pulgent, « Gide et la musique de son temps : essai d'interprétation à partir du fonds Gide de la Fondation des Treilles », en ligne : <www.les-treilles.com/wp-content/uploads/2017/10/Intervention_MSP_4emes_journ%C3%A9es_Catherine_Gide.pdf>, consulté le 19 juin 2019). Voir aussi Maryvonne de Saint-Pulgent, « Les Treilles, Gide et la musique », *BAAG*, nos 195-196, automne 2017, p. 109-122.

> « Je pris congé de lui. Il m'accompagna jusqu'à la porte et m'embrassant, murmura encore :
> « "Ah ! comme il faut attendre pour la résolution de l'accord[52] !" »

D'ailleurs, au moment de se suicider, ce qui retient La Pérouse, c'est la peur de voir se transformer cette résolution consonante en un atroce vacarme. Certes, le vieux musicien donne plusieurs explications de son recul devant le suicide : il se reproche d'avoir été lâche ; avant d'épouser la thèse fataliste, et d'accuser Dieu de jouer avec les hommes comme on manipule des marionnettes ; puis de donner l'explication la plus intéressante, et la plus musicale – le musicien qu'il est a eu peur de terminer sa vie sur un bruit infernal qui, loin de constituer une résolution paisiblement conclusive, eût au contraire inauguré un nouveau « mouvement » dans son existence, où l'harmonie eût alors été supplantée par quelque chose qui n'eût même pas été la disharmonie ou la dissonance, mais purement et simplement le bruit :

> « "[...] Je me disais : 'Dans un instant, je vais presser plus fort, et le coup partira'. Je sentais le froid du métal, et me disais : 'Dans un instant, je ne sentirai plus rien. Mais d'abord je vais entendre un bruit terrible...' Songez donc ! si près de l'oreille !... C'est cela surtout qui m'a retenu : la peur du bruit... C'est absurde ; car, du moment que l'on meurt... Oui ! mais la mort, je l'espère comme un sommeil ; et une détonation, cela n'endort pas : cela réveille... Oui ; c'est certainement cela dont j'avais peur. J'avais peur, au lieu de m'endormir, de me réveiller brusquement[53]." [...] »

Cette peur du bruit est d'ailleurs récurrente chez le vieux musicien, au point que les élèves de la pension Azalaïs qu'il sera bientôt chargé de surveiller s'en aviseront : « Des caricatures de lui circulent, qui le représentent, prosterné devant ceux-ci, les mains jointes, implorant, comme il faisait les premiers jours, "un peu de silence, par pitié". » Et de fait, quand Édouard vient lui rendre visite à la pension, La Pérouse semble quasiment pris de panique, non en voyant les élèves dont il ne parvient pas à se faire respecter, mais en entendant leur tapage : « [...] à ce moment, des clameurs montèrent de la cour. / "La Pérouse me saisit le bras, et, d'une voix altérée : / 'Écoutez ! Écoutez ! Les voici qui rentrent.' / "Je le regardai. Il s'était mis à trembler de tout son

---

52 *Les Faux-Monnayeurs*, *RR*, II, p. 297-298.
53 *Ibid.*, p. 358.

corps[54]. […]" » Ce que La Pérouse, cependant, n'a pas compris, c'est que c'est bien plutôt du silence des enfants qu'il devrait se défier. Car le suicide de son petit-fils sera précisément annoncé par un mutisme anormal des pensionnaires : « Jamais l'étude n'avait été si calme. La Pérouse ne reconnaissait plus ses moutards et pour la première fois respirait[55]. » Et il sera suivi par l'évanouissement du petit bruit sans origine apparente qui agaçait tant son oreille.

Ce petit bruit, bien entendu, constitue l'un des motifs sonores (sinon musicaux) les plus intéressants du roman. Il est, de prime abord, assimilé à une dissonance, puisqu'il importune La Pérouse : « Il y a quelque chose qui me dérange. […] Figurez-vous que, contre mon lit, dans la muraille, à la hauteur de ma tête précisément, il y a quelque chose qui fait du bruit. » Cette précision, « à la hauteur de ma tête », laisse entendre que ce bruit n'a pas d'origine extérieure, qu'il relève de l'hallucination. Cette interprétation, cependant, est bien grossière. Édouard lui-même ne semble guère croire à la réalité du bruit, c'est vrai ; il tend néanmoins l'oreille, et peut-être pas seulement pour faire plaisir au vieux musicien. Réel ou non, c'est en tout cas un bruit absolument singulier, qu'une oreille avertie ne saurait confondre avec aucune autre source sonore :

> « La chambre de La Pérouse donnait sur la rue. […] Il m'avait saisi par le bras ; et, repoussant un peu le lit :
>
> « "Là. Tenez… Mettez-vous contre la muraille… Entendez-vous ?"
>
> « Je prêtai l'oreille et, longuement, tendis mon attention. Mais, malgré la meilleure volonté du monde, ne parvins à distinguer rien. La Pérouse se dépitait. Un camion vint à passer, ébranlant la maison et faisant claquer les vitres.
>
> « "À cette heure du jour, dis-je, dans l'espoir de le rasséréner, le petit bruit qui vous irrite est couvert par le vacarme de la rue…
>
> « – Couvert pour vous qui ne savez pas le distinguer des autres bruits, s'écria-t-il avec véhémence[56]. […]" »

Ce qui étonne, d'ailleurs, c'est que La Pérouse semble bien décidé à ne rien entreprendre pour tenter de faire taire ce bruit acousmatique. Il voudrait peut-être ne plus l'entendre, mais il ne veut pas qu'il se taise. Son attitude à l'égard de cette petite musique obsessionnelle est ambiguë :

---

54 *Ibid.*, p. 440.
55 *Ibid.*, p. 460.
56 *Ibid.*, p. 439.

il semble tenir à elle, quoiqu'elle l'importune. Comme en témoigne la dernière phrase de l'extrait suivant, il semble presque pressentir qu'il y a quelque chose d'inavouable dans son attachement (subi, il est vrai, mais d'autant plus puissant) à ce petit « grignotement » qu'aucune opération de censure ne parvient à réduire au silence, à ce bruit à la fois si insistant et si insaisissable, qui est capable de changer d'aspect sonore pour demeurer audible :

> « – [...] Moi, n'est-ce pas, je l'entends quand même. [...] J'en suis parfois si excédé, que je me promets d'en parler à Azaïs [...]... Oh ! je n'ai pas la prétention de le faire cesser... Mais je voudrais au moins savoir ce que c'est." [...]
> « "On dirait un grignotement. J'ai tout essayé pour ne plus l'entendre. J'ai écarté mon lit de la muraille. J'ai mis du coton dans mes oreilles. J'ai suspendu ma montre [...], précisément à l'endroit où passe le tuyau, je suppose, afin que le tic-tac de la montre domine l'autre bruit... Mais alors cela me fatigue encore plus, parce que je suis obligé de faire effort pour le reconnaître. C'est absurde, n'est-ce pas ? Mais je préfère encore l'entendre franchement, puisque je sais tout de même qu'il est là... Oh ! je ne devrais pas vous raconter ces choses[57]. [...]" »

À l'évidence, la présence du bruit est liée à celle de Boris dans une chambre voisine. Une explication simple s'offre au lecteur : ce bruit, c'est celui de l'amour particulier que le vieil homme porte à son petit-fils. Cette affection, à laquelle il tient passionnément, constitue cependant un obstacle sur le chemin de l'harmonie finale. Autant que la peur du vacarme, c'est l'amour de ce petit bruit qui ôte à La Pérouse l'envie d'entendre sans tarder le grand accord parfait final. Dans la conversation qu'il a avec Édouard après le suicide du petit Boris et l'évanouissement du petit bruit, La Pérouse, quand son ancien élève suggère qu'à présent il doit regretter la disparition de son grignotement familier, se lance dans un grand éloge du silence. Il affirme en particulier que tous les bruits en ce monde sont l'œuvre du Diable[58]. Si Dieu n'est pas silencieux en lui-même, il l'est pour les hommes : « "Avez-vous remarqué que, dans ce monde, Dieu se tait toujours ? Il n'y a que le Diable qui parle. Ou du moins, ou du moins..., reprit-il, ... quelle que soit notre attention, ce

57 *Ibid.*, p. 439-440.

58 À Gide aussi, il arrive d'aspirer au silence : « Ce matin-là j'étais en mi majeur. Toutes mes pensées comportaient quatre dièses ; plus tous les accidents à survenir en cours de modulation. [...] Je rêve à de silencieux paradis » (*J*, II, p. 609-610, 10 avril 1938).

n'est jamais que le Diable que nous parvenons à entendre[59]... [...]" ». Dès lors, écouter le silence, c'est, quand on est un homme, écouter Dieu (ou du moins refuser de prêter l'oreille aux propos du Diable). Quant à l'au-delà, il pourrait très bien être un fait purement musical, une vaste harmonie, une ample consonance. La Pérouse ne fait ici que développer l'idée de l'accord parfait continu :

> « "[...] La parole de Dieu ! Vous êtes-vous demandé quelquefois ce que cela peut être ?... Oh ! je ne vous parle pas de celle qu'on a coulée dans le langage humain... Vous vous souvenez du début de l'Évangile : 'Au commencement était la Parole.' J'ai souvent pensé que la Parole de Dieu, c'était la création tout entière. Mais le Diable s'en est emparé. Son bruit couvre à présent la voix de Dieu. Oh ! dites-moi : est-ce que vous ne croyez pas que, tout de même, c'est à Dieu que restera le dernier mot ?... Et, si le temps, après la mort, n'existe plus, si nous entrons aussitôt dans l'Éternel, pensez-vous qu'alors nous pourrons entendre Dieu... directement ?" [...] »

Il est tentant, cependant, de substituer au mot « Diable » le mot « Démon » : les bruits qui gênent l'homme, qui le retiennent sur le chemin de Dieu, ce sont ces affections singulières, ces dilections particulières qu'incarnent les Démons dans *Saül*. Même les plus innocentes des affections troublent l'homme, et l'empêchent d'atteindre à l'impersonnel. La Pérouse, d'ailleurs, se plaint du bruit que fait le sang qui court dans ses artères – en somme, il se plaint du fonctionnement du principe vital qui le maintient prisonnier de sa propre individualité :

> « – [...] Savez-vous ce que j'ai pensé ? C'est que nous ne pouvons pas savoir, durant cette vie, ce que c'est vraiment que le silence. Notre sang même fait en nous une sorte de bruit continu ; nous ne distinguons plus ce bruit, parce que nous y sommes habitués depuis notre enfance... Mais je pense qu'il y a des choses que, pendant la vie, nous ne parvenons pas à entendre, des harmonies... parce que ce bruit les couvre. Oui, je pense que ce n'est qu'après la mort que nous pourrons entendre vraiment. [...] »

59 Pour cette citation et celles qui suivent, voir *Les Faux-Monnayeurs*, *RR*, II, p. 465-466.

DISSONANCES CONJUGALES

Mais peut-être faut-il aller encore plus loin dans l'interprétation de ce discours sur la consonance et la dissonance, quitte à prendre le risque de surinterpréter. La lecture des ébauches est en effet éclairante. Dans une première version de ce qui deviendra le dialogue entre Édouard et Madame de La Pérouse dans le chapitre XVIII de la première partie, l'épouse du vieux musicien déclare au romancier : « C'est très beau d'être musicien, mais, c'est ce que je lui dis : Tâchez d'abord de mettre de l'harmonie chez vous[60]. » Or, il ne faut pas voir ici une simple variation ironique sur le thème de l'harmonie. On remarquera que, dans cette version du texte, Madame de La Pérouse est chargée d'apprendre à Édouard (et au lecteur) certaines informations que l'on apprend par La Pérouse lui-même dans le texte définitif. C'est elle par exemple qui détaille les manifestations (qu'elle juge excessives) de la générosité et de l'honnêteté de son époux, qui, ne se contentant pas de donner des leçons gratuites à ses élèves talentueux mais sans le sou, renvoie en outre les élèves fortunés mais incompétents, ainsi que ceux à qui il estime n'avoir plus rien à apprendre[61]. Il serait peu pertinent de ne voir là rien d'autre que des propos déplaisants tenus par une vieille femme acariâtre : ces paroles de l'épouse, tout au contraire, font sens – et ce d'autant plus que, dans cette ébauche, le thème de la phobie du bruit est mis en scène de façon particulièrement intéressante. La Pérouse veut se protéger des bruits de l'extérieur – comme pour mieux entendre ses voix intimes. Or, là encore, il se heurte à la résistance de son épouse : « La Pérouse ferma les fenêtres : "Avec le vacarme de la rue, on ne s'entend plus. Je passe mon temps à fermer les fenêtres que Madame de La Pérouse passe

60 Sauf mention contraire, pour ce qui suit, voir *Les Faux-Monnayeurs*, « Fragments retranchés et ébauches. Édouard chez La Pérouse », *RR*, II, p. 500-507.

61 Et de fait, Marc de La Nux renvoya Gide le jour où il estima que son élève n'avait plus rien à apprendre de lui : « Au cours des quatre années que je restai sous la direction de M. de La Nux, une grande intimité s'était établie entre nous. Même après qu'il eut cessé de m'instruire (à mon grand regret, je l'entendis un jour me déclarer qu'il m'avait appris à me passer de lui, et mes protestations ne purent le décider à continuer des leçons qu'il jugeait désormais inutiles), je continuai de le fréquenter assidûment » (*Si le grain ne meurt*, *SV*, p. 238).

son temps à rouvrir ; elle dit qu'elle étouffe." » En somme, Madame de La Pérouse[62] est jalouse de la relation particulière que son époux entretient avec le monde des sons, et en particulier, bien sûr, avec la musique. La musique sépare les deux époux, comme en témoignent ces lignes préparatoires (où, soit dit en passant, la lenteur est érigée en méthode) :

> « Elle me reproche de ne plus gagner assez d'argent. Il est vrai que j'ai beaucoup moins d'élèves. Aujourd'hui, on a de nouvelles méthodes ; on veut arriver vite ; mais, en art, on n'arrive vite à rien de bien. Escamoter les difficultés n'a jamais été les résoudre. [...] Et puis, il faut bien que je l'avoue, cette question d'argent m'a toujours empoisonné la vie. Mme de La Pérouse me reproche de ne pas me faire payer assez, mais quand l'élève m'intéresse je voudrais ne pas me faire payer du tout. Par contre tout l'or du monde ne me déciderait pas à continuer de m'occuper de quelqu'un qui n'ouvre son piano que par vanité et pour briller en société. Mais allez donc faire comprendre cela à Mme de La Pérouse ! [...] Je crois qu'elle est jalouse de tout ce qu'elle ne comprend pas. »

C'est l'amour *gratuit* de la musique que montre La Pérouse qui agace son épouse. Or, on se souviendra que, dans *Corydon*, Gide fait de l'*ethos* de la dépense ou de l'improductivité esthétique l'apanage des mâles, sinon homosexuels, du moins capables d'homosexualité[63]. Il serait abusif, sans doute, de faire de La Pérouse une figure homosexuelle ; nous prendrons le risque cependant de tomber dans la surinterprétation psychanalytique la plus grossière afin de tenter de tirer du texte tous les sens cachés qu'il recèle peut-être. Arrêtons-nous sur les objets que vise la jalousie conjugale de Madame de La Pérouse ; et en

62 On remarquera d'ailleurs que la figure de Madame de La Pérouse telle qu'elle est présentée dans *Les Faux-Monnayeurs* (et dans les fragments préparatoires du roman) est bien moins déplaisante que celle que dessinent tels fragments diaristiques. Ainsi, le La Pérouse du roman reproche à son épouse d'avoir perdu la raison, et de n'avoir plus une perception exacte de la réalité. Alors que le La Pérouse du *Journal*, s'il estime que sa femme est en effet dérangée mentalement, l'accuse aussi, l'accuse surtout de mentir. Gide rend visite à son ancien maître, mais ne trouve que son épouse au logis. Celle-ci le submerge de paroles : « Et pendant tout le temps qu'elle parle, les tristes paroles de M. La Pérouse me résonnaient aux oreilles, couvrant celles de sa femme ; et je revoyais cette admirable figure me dire [...] : "Ma femme ment toujours. Dès qu'elle ouvre la bouche, je pense : Allons ! Cela ne va pas être vrai !" » (*J*, I, p. 347-348, février 1902). Gide, donc, sans pour autant prendre le parti de l'épouse dans son roman, semble vouloir laisser entendre qu'elle pourrait bien ne pas être toujours dans son tort. Sur les rapports plus que pénibles entre La Nux-La Pérouse et son épouse, voir aussi *J*, I, p. 467, 14 juin 1905.

63 Voir *Corydon*, Paris, Gallimard, 1924, p. 54-55.

particulier sur le violon qu'elle brise – violon que Gide évoque dans un fragment préparatoire :

> Il sortit précipitamment de la pièce et revint presque aussitôt, tenant sous son bras une boîte à violon. Presque personne ne savait que le vieux La Pérouse jouait du violon ; il tenait à ne faire connaître de lui que le pianiste ; son violon était comme un vice secret. Il n'en jouait pas magistralement peut-être, mais d'une manière exquise et en musicien consommé. Le jour où, sortant son instrument en cachette, il avait commencé de jouer avec moi les *Sonates* pour piano et violon de Bach et de Mozart, ses maîtres préférés, il m'avait donné une preuve très rare de sa confiance :
>
> « Je vous le raconterais, vous ne le croiriez pas : regardez ce qu'elle a fait de mon violon. »
>
> Il ouvrit la boîte et sortit à demi l'instrument dont le manche brisé pendait lamentablement au bout des cordes.

Ce violon[64] est donc en quelque sorte le jardin secret de La Pérouse ; et Madame de La Pérouse entre dans une colère folle après l'avoir trouvé sur l'un des meubles lui appartenant : en d'autres termes, le jardin secret

64 Comme son double de fiction, Marc de La Nux jouait du violon. Gide en parle à sa mère dans une lettre datée du 18 mars 1890 (André Gide, *Correspondance avec sa mère*, *op. cit.*, p. 53-55) : « M. de La Nux [...] s'est un peu appris le violon tout seul, pourtant sans l'étudier, l'a quitté à 19 ans et repris un peu à trente ans seulement ; il n'en joue pas, mais le sort parfois pour un élève ». Il évoque aussi ce violon d'Ingres dans *Si le grain ne meurt* (*SV*, p. 239) : « Par modestie je crois, il consentait rarement à se mettre au piano devant moi, ou seulement pour quelque indication passagère ; par contre, il ressortait volontiers (avec moi du moins) un violon, qu'il tenait caché d'ordinaire. » On remarquera d'ailleurs que le violon est lié à la question de l'intime, de l'inavouable, et de l'érotique tout simplement. Comme nous le verrons un peu plus loin, quand il pose pour son cousin Albert Démarest, pour qui il éprouve une affection quelque peu ambiguë, Gide est « costumé » en violoniste. Et l'on ne peut que saluer la savante perspicacité de Jean Delay, qui écrit : « À cette époque où Gide se représente lui-même "vibrant comme un violon", Albert Démarest n'avait pas été si mal inspiré de le peindre en "violoniste douloureux". Cet instrument vibrant convenait bien à son hyperesthésie, exquise au sens où l'est une douleur » (Jean Delay, *op. cit.*, t. I, p. 552). En 1892 à Munich, Gide fait d'ailleurs la rencontre d'un violoniste qu'il juge « charmant » (même si ce terme est en apparence relativement innocent, puisqu'il l'utilise dans une lettre à sa mère) : « Mercredi matin, visite au fameux Hermann Levi, charmant ; il m'a dit qu'il parlerait à un de ses meilleurs violonistes qui va venir s'arranger avec moi pour me donner des leçons » (André Gide, *Correspondance avec sa mère*, *op. cit.*, p. 123, lettre du 17 mars 1892) ; « Mon violoniste, tout jeune, est charmant, mais j'étais auprès de lui dans le même état que Jeanne avec M. de La Nux » (*ibid.*, p. 124-126, lettre du 22 mars 1892) ; « Aujourd'hui, j'ai pris ma leçon avec mon violoniste ; il est absolument charmant, très jeune encore, parfaitement *bien*, avec un air Paganini et tzigane qui me ravit » (*ibid.*, p. 134-138, lettre du 26 mars 1892).

de Monsieur de La Pérouse a empiété sur le territoire de son épouse. Celle-ci ne s'est pas sentie dépossédée d'une propriété privée, mais d'une propriété conjugale – de son mari en somme :

> « J'avais eu le malheur de le poser sur un guéridon qui est à elle ; quelqu'un avait sonné pendant que je jouais ; je l'avais oublié là. Mme de La Pérouse est entrée dans le salon, a vu le violon sur un meuble… parce qu'il faut vous dire que dans le salon il y a des meubles qui sont à moi et des meubles qui sont à elle […]. Dès qu'elle a vu le violon sur sa table à elle, elle l'a pris et l'a jeté à terre. Et même, un violon, ça ne se casse pas comme ça… Elle y a mis de l'acharnement. […] »

Il est significatif qu'Édouard parle du violon de La Pérouse comme d'un « vice secret ». Et on remarquera que c'est avec un homme – avec l'un de ses élèves, qui plus est – que La Pérouse partage ce « vice ». Or on sait que Gide rêvait de jouer, auprès de ses amants, le rôle d'un *tuteur*… En somme, peut-être Madame de La Pérouse a-t-elle raison de reprocher à son mari de chercher dans la musique autre chose que l'harmonie (conjugale). Quant à sa jalousie à l'égard du frère de son époux, elle fait sens également. Car c'est en cachette également que le musicien s'occupe de son jeune frère, dont il se fait en quelque sorte le protecteur. Citons encore les fragments préparatoires :

> « Je ne vous ai jamais parlé de mon frère ?… Il avait deux ans de moins que moi. Je l'avais comme élevé, car nous avons été orphelins de très bonne heure. Quand je me suis marié j'ai dû me séparer de lui. J'espérais qu'il vivrait avec nous ; mais Mme de La Pérouse en était jalouse. Je l'ai mis en pension chez des amis. Tenez : chez Azaïs précisément. Je me cachais de Mme de La Pérouse pour l'aller voir. J'allais le voir chaque jour ; et quand j'étais retenu ou s'il s'absentait pendant les vacances, il m'écrivait. Je lui parlais de tout. Je n'avais pas d'autre confident, d'autre ami. […] »

Et le fait que Madame de La Pérouse brûle les lettres que son époux lit la nuit (c'est-à-dire à l'heure qui devrait être celle de l'union conjugale, et qui devient l'heure du clandestin) n'est évidemment pas anodin. On sait que Madeleine Gide brûla la correspondance qu'elle avait entretenue avec son époux alors que celui-ci était en Angleterre avec Marc Allégret, dont il était à la fois l'oncle, le tuteur et l'amant. Ici, certes, ce n'est pas la correspondance conjugale qui est brûlée : mais le lien entre les deux situations n'en est pas moins évident. Faut-il comprendre que

Gide projette sur la relation entre La Pérouse et son frère (et peut-être aussi sur celle entre La Pérouse et Boris, car, comme son frère, son petit-fils est en pension chez Azaïs) son propre rapport à son neveu ? Cette hypothèse, en tout cas, semble digne d'être examinée, et ce d'autant plus que tel brouillon diaristique prouve que la scène des lettres brûlées *par l'épouse* est une demi-invention de Gide :

> Dans une petite malle dont il gardait la clef, [La Nux-La Pérouse] avait enfermé les lettres de son frère [...]. [I]l prit l'habitude de chercher dans cette lecture une consolation et un appui : c'étaient des heures où il pouvait être à peu près sûr de n'être point surveillé par sa femme. Mais il acquit bientôt la certitude qu'elle l'épiait et suspectait ce petit coffret ; elle fouillait depuis longtemps dans ses tiroirs [...]. Le jour vint où, ouvrant le coffret, La Pérouse y trouva les lettres de son frère en désordre. « C'était, me dit-il, comme si quelqu'un les avait vite remises là-dedans au hasard, quelqu'un qui eût été surpris dans leur lecture et n'aurait pas eu le temps de les ranger. » Il n'eut avec Mme de La Pérouse aucune explication, mais il brûla aussitôt ces papiers[65].

Gide, donc, transforme l'histoire des lettres brûlées, et prête cet acte à l'épouse du musicien, non au musicien lui-même. Or on se souvient que l'épouse invite son mari à introduire un peu d'harmonie *chez lui* : c'est-à-dire à la fois dans son être intime et dans l'espace conjugal (la situation économique du ménage étant une hypostase de sa situation affective ou, osons le mot malgré le grand âge des deux personnages, amoureuse). Et c'est tout un Œdipe homosexuel qui se déploie alors[66] : l'épouse défend la loi (esthétique, sociale et psychique) de la consonance ; La Pérouse est troublé par des bruits intimes qui sont liés à son affection

---

65 *J*, I, p. 839-842, 15 août 1914.

66 Bien entendu, nous forçons un peu le trait. Et l'on pourrait nous répondre que Gide considérait le modèle de La Pérouse, Marc de La Nux, comme un « saint ». Mais précisément, une telle affirmation, avec la part d'outrance qu'elle contient, a peut-être pour but d'interdire à son auteur de prendre conscience des « dissonances » de la figure vénérée : « J'avais pour lui une sorte de vénération, d'affection respectueuse et craintive, semblable à celle que je ressentis un peu plus tard auprès de Mallarmé, et que je n'éprouvai jamais que pour eux deux. L'un comme l'autre réalisait à mes yeux, sous une de ses formes les plus rares, la sainteté. » (*Si le grain ne meurt*, *SV*, p. 237.) Sur le rapport de Gide à la sainteté, voir entre autres les remarquables études de Jean-Michel Wittmann, « *La Porte étroite* et la question de la "sainteté" en art », *BAAG*, n° 164, octobre 2009, p. 501-512 ; et « L'artiste et le "devoir absolu d'être un saint" : Gide face au soleil de Claudel », *Bulletin de la Société Paul Claudel*, n° 215, 2015, p. 57-69 ; mais aussi le chapitre intitulé « L'Épreuve de la sainteté (1916) » dans Frank Lestringant, *André Gide l'inquiéteur*, t. I, *op. cit.*

particulière (et illégitime, malgré les apparences) pour des membres *masculins* de sa famille (son frère, son petit-fils) ; dès lors, pour brider ses pulsions, il va intégrer à lui-même, non la figure du père comme dans l'Œdipe masculin hétérosexuel, mais la figure de l'épouse, qui elle-même n'est qu'une réincarnation de la mère (car on sait que Madeleine fut, d'un point de vue psychique et moral, une seconde mère pour Gide) : d'où sa défense surmoïque de la consonance et du silence qui vient se substituer à la musique des Démons[67].

ÉCRIRE À LA MANIÈRE DE JEAN-SÉBASTIEN BACH

Quoique, dans la discussion que nous avons citée plus haut, il tienne tête à son ancien maître, et quoiqu'il considère le vieil homme avec une tendresse dans laquelle il entre de la pitié, Édouard semble toutefois ébranlé par les idées, les manies et les phobies de La Pérouse : au point, on l'a vu, que c'est lui, avec la métaphore de l'accord parfait continu, ou plutôt avec cette métaphore qui n'en est une que pour lui, mais que le vieux musicien prend au pied de la lettre, qui trouve la formule qui résume la pensée de La Pérouse. Aussi peut-on penser qu'il n'est pas exclu que son projet d'écrire un roman à la manière de Jean-Sébastien Bach ait été déterminé par sa conversation avec le vieux professeur ; et que ce que cherche Édouard dans *L'Art de la fugue*, ce soit moins un modèle polyphonique qu'un surmoi esthétique. En admettant même qu'il se réclame de la forme fuguée, c'est la *contrainte*[68] que semble

67 On remarquera d'ailleurs que Gide, dans le *Journal des Faux-Monnayeurs*, reprend cette équivalence entre silence et renoncement à la personnalité, mais à propos de la figure (elle aussi sexuellement ambivalente) de Bernard : « Mais saura-t-il s'élever jusqu'à accepter, assumer les contradictions de sa trop riche nature ? jusqu'à chercher, non point à les résoudre, mais à les alimenter, – jusqu'à comprendre que l'ampleur de l'hésitation et la largeur de l'écart font, pour la corde tendue, la puissance du son qu'elle va rendre, et qu'elle ne peut se fixer qu'au point mort ? » (*Journal des Faux-Monnayeurs*, *RR*, II, p. 555.)

68 Quand il a le sentiment de se céder à lui-même, et de glisser sur la pente, sinon de la facilité, du moins de la langueur ou de l'inconsistance, Gide revient à Bach. En témoigne cette note reprise dans *Et nunc manet in te*, et datée du 19 décembre 1918 : « Je m'occupe à revoir et mettre au point le brouillon de mes Mémoires, de manière à garder un texte

aimer Édouard dans la fugue, plus que l'éthique polyphonique dont elle serait l'image musicale. Dans sa conférence intitulée « De l'évolution du théâtre », prononcée en 1904 à la *Libre esthétique* de Bruxelles, Gide faisait précisément de la fugue l'un des archétypes de la « limitation » dont naît l'art, et auquel il doit avoir recours dans les périodes où la matière dont il se nourrit est la plus abondante et la plus tumultueuse :

> N'est-ce pas dans les périodes où déborde le plus la vie, que tourmente le besoin des formes les plus strictes, les plus pathétiques génies ? De là, l'emploi du sonnet, lors de la luxuriante Renaissance, chez Shakespeare, chez Ronsard, Pétrarque, Michel-Ange même ; l'emploi des tierces-rimes chez Dante ; l'amour de la fugue chez Bach ; cet inquiet besoin de la contrainte de la fugue dans les dernières œuvres de Beethoven[69].

Et, quelque quarante ans plus tard, il ne dira pas autre chose dans la treizième des *Interviews imaginaires* :

> Vous remarquiez, il m'en souvient, que les plus audacieux artistes, par impérieux amour de la lutte, étaient aussi ceux qui cherchaient la matière la plus dure, la plus gênante limitation ; vous citiez les sonnets de Michel-Ange et

---

complet si j'en confie un à Verbeke. Je ne suis pas très satisfait de cette relecture : les phrases sont molles ; cela est trop conscient, trop surveillé, trop littéraire… Je me suis remis au piano ; ai repris le *Clavecin* [*sic*] *bien tempéré…* » (*Et nunc manet in te*, *SV*, p. 964.) Parmi les vertus que Gide apprend en travaillant Bach, il y a la patience : « L'étude du piano prend beaucoup de temps encore. J'apprends Schumann et Chopin par tous les bouts à la fois, pour Bach c'est une étude plus lente. » (*J*, I, p. 278, début mars 1898.) On se souviendra aussi des « moyens matériels » d'entraînement et d'excitation au travail à l'usage de Marcel Drouin que Gide consigne dans un feuillet de 1894 (*J*, I, p. 193) : « Ne jamais chercher à s'entraîner au moment même par la lecture ou la musique, ou bien choisir un auteur ancien et ne lire (mais pieusement) que quelques lignes. Ceux que je prends dans ce cas sont toujours les mêmes : Virgile, Molière et Bach (lu sans le secours du piano) ; le *Candide* de Voltaire ; ou, pour de tout autres raisons, les premiers volumes de la correspondance de Flaubert, ou les *Lettres à sa sœur*, de Balzac. » Même du strict point de vue de la technique pianistique, la résistance que lui offre Bach semble à Gide un gage d'efficacité dans le travail : « Ce matin je quitte Chopin pour me remettre au *Clavecin* [*sic*] *bien tempéré* ; avec quelque peine et, par conséquent, grand profit. » Comme le résume Daniel Moutote, pour « s'entraîner, Gide remplace la musique sensible de Chopin par la musique raisonnablement construite de Bach, le naturalisme de Montaigne par le refus pascalien de la nature » (Daniel Moutote, *op. cit.*, p. 169). On pensera également aux propos de Pierre Brunel, qui écrit ceci : « Le roman me paraît se resserrer en une fugue, par méfiance de sa liberté même. » (Pierre Brunel, « Le roman fugué », dans Jean-Louis Backès, Claude Coste et Danièle Pistone (dir.), *Littérature et musique dans la France contemporaine*, Strasbourg, Presses Universitaires de Strasbourg, 2001, p. 53-67, p. 65.)

69 « De l'évolution du théâtre », *EC*, p. 436.

> le geste ramassé de son Moïse, inspiré, raconte-t-on, par le défaut du marbre ; et les tierces-rimes du Dante et cette inquiète recherche des obligations de la fugue dans un des derniers *Quatuors* de Beethoven[70].

Mais on remarquera surtout qu'Édouard n'affirme pas vouloir écrire un roman fugué : il fait allusion à un hypotexte, non à un architexte[71]. C'est Laura qui réduit *L'Art de la fugue* à la fugue. Mais peut-être Édouard cherche-t-il dans l'œuvre de Bach précisément ce qu'y cherchait La Pérouse : la consonance plus encore que la polyphonie. Car ne négligeons pas ceci, que l'accord parfait est un concept harmonique, non polyphonique : certes, les voix qui se superposent dans une fugue forment des accords ; mais la polyphonie suit une logique horizontale où les voix sont indépendantes les unes des autres, et surtout de l'ensemble résultant de leur superposition, quand l'harmonie suit une logique verticale où les voix (à l'exception peut-être de celle qui se charge de la mélodie) sont toutes soumises à l'ensemble harmonique. Bref, il n'est pas certain du tout que ce soit la polyphonie qu'Édouard admire dans *L'Art de la fugue* : au contraire, il cherche peut-être à fondre sa voix trop *particulière*[72] (car il est évident qu'il entretient avec ses neveux et leurs amis une relation aussi complexe que celle de Gide avec Marc Allégret) dans une harmonie qui en absorbe la dissonance. Et Madame Sophroniska a, en bonne psychanalyste qu'elle est, peut-être mieux compris Édouard que Laura, puisqu'elle présente Bach (sur le ton de la critique) comme le compositeur anti-pathétique[73] par excellence : c'est-à-dire, ici, comme le compositeur le plus ennemi des passions et des pulsions. Mais justement, ce qu'Édouard, qui ne semble d'ailleurs qu'à demi convaincu par ses propres arguments (ce qui tendrait à prouver qu'il les emprunte en

70 « Interviews imaginaires, XIII » [*Le Figaro*, 28 mars 1942], *EC*, p. 375-376.

71 « Il ne s'agit pas d'une référence à une forme musicale comme telle, l'art de la fugue, mais d'une référence à une œuvre précise de Bach, *L'Art de la fugue* », note Jean-Louis Cupers dans *Euterpe et Harpocrate ou le défi littéraire de la musique. Aspects méthodologiques de l'approche musico-littéraire*, Bruxelles, Presses Universitaires de Saint-Louis, 1988, p. 77.

72 « Il m'est très difficile de te parler de moi, et très difficile de t'expliquer pourquoi. Essayons, et si tu es mon ami comprends-moi : *Je n'existe plus.* [...] Je ne joue plus que du Bach », écrit Gide à André Ruyters le 31 octobre 1897 (André Gide, André Ruyters, *op. cit.*, t. I, p. 71-73). Ce voisinage textuel entre affirmation d'inexistence et exclusivité accordée à Bach fait sens.

73 « [L]e *pathos* de Beethoven me touche aujourd'hui beaucoup moins que la contemplative adoration de Bach » (*J*, I, p. 1029, 19 avril 1917).

quelque sorte à son ancien professeur), prétend admirer principalement chez Bach, c'est le côté non personnel, anti-égoïste de sa musique :

> « Ce que je voudrais faire, [...] c'est quelque chose qui serait comme *L'Art de la fugue*. Et je ne vois pas pourquoi ce qui fut possible en musique, serait impossible en littérature... »
>
> À quoi Sophroniska ripostait que la musique est un art mathématique, et qu'au surplus, à n'en considérer exceptionnellement plus que le chiffre, à en bannir le *pathos* et l'humanité, Bach avait réussi le chef-d'œuvre abstrait de l'ennui, une sorte de temple astronomique, où ne pouvaient pénétrer que de rares initiés. Édouard protestait aussitôt qu'il trouvait ce temple admirable, qu'il y voyait l'aboutissement et le sommet de toute la carrière de Bach.
>
> « Après quoi, ajouta Laura, on a été guéri de la fugue pour longtemps. L'émotion humaine, ne trouvant plus à s'y loger, a cherché d'autres domiciles[74]. »

Cette dernière réplique est troublante en ceci que, dans une première ébauche, c'est dans la bouche du narrateur, qu'il faisait dialoguer avec Édouard, que Gide la plaçait (avec une seule petite variante lexicale) : « Après quoi, ai-je ajouté, on a été guéri de la fugue pour longtemps. L'émotion humaine ne trouvant plus à s'y loger a cherché un autre habitacle[75]. » Mais, loin de donner du poids à la parole de Laura, cela tendrait plutôt à prouver que le narrateur n'est en aucune façon l'auteur[76] – d'autant plus que ce que cherche Édouard dans *L'Art de la fugue*, c'est précisément un modèle esthétique où il n'y ait pas de place pour l'émotion ou pour le trouble.

---

74 *Les Faux-Monnayeurs*, *RR*, II, p. 315-316.

75 « Fragments retranchés et ébauches. Dialogue du narrateur avec Édouard », *Les Faux-Monnayeurs*, *RR*, II, p. 495.

76 Gide semble en effet admirer le caractère « inhumain » de la musique de Bach, et ne saurait donc être solidaire de cette quête de formes où les émotions humaines trouveraient à s'exprimer plus librement : « L'admirable *Toccata* de Bach est exécutée par l'orchestre de Philadelphie, encore qu'écrite pour orgue ; mais c'est sur le piano que je la préfère, où les voix restent plus distinctes. Il ne me paraît pas que la musique de Bach ait à gagner beaucoup dans ces colorations que lui donne l'orchestration, [...] laquelle tend à lui enlever (ou à cacher) ce caractère de nécessité quasi mathématique où elle tend. C'est l'humaniser à l'excès. [...] Je voudrais, après cette humanisation pathétique, réentendre dans son abstraction d'épure cette céleste construction, qu'il semble qu'on ne puisse rapprocher de l'homme qu'en l'écartant de Dieu. » (*J*, II, p. 816-817, 15 mai 1942.) Dès 1921, le diariste notait : « Ce qui me satisfait le plus aujourd'hui, c'est Bach, et peut-être surtout son *Kunst der Fuge*, dont je ne puis me lasser. Cela n'a presque plus rien d'humain, et ce n'est plus le sentiment ou la passion qu'il éveille, mais l'adoration. » (*J*, I, p. 1142, 1er décembre, 1921.)

Il est d'ailleurs aisé d'établir un rapport entre l'admiration d'Édouard pour Bach et la haine de Gide pour Wagner[77]. Chacun connaît les lignes du *Journal des Faux-Monnayeurs* où, au moment d'élaborer sa théorie du « roman pur » (qui ne se distingue guère de celle d'Édouard), Gide, plutôt que de se réclamer de l'hypotexte que constitue *L'Art de la fugue*, choisit de définir son projet par contraste avec une autre esthétique – celle de Wagner, et plus généralement, de l'œuvre d'art totale et/ou de la synesthésie :

> Purger le roman de tous les éléments qui n'appartiennent pas spécifiquement au roman. On n'obtient rien de bon par le mélange. J'ai toujours eu horreur de ce que l'on a appelé « la synthèse des arts », qui devait, suivant Wagner, se réaliser sur le théâtre. Et cela m'a donné l'horreur du théâtre – et de Wagner. (C'était l'époque où, derrière un tableau de Munkaczy, on jouait une symphonie en récitant des vers ; l'époque où, au Théâtre des Arts, on projetait des parfums dans la salle pendant la représentation du *Cantique des Cantiques*.) Le seul théâtre que je puisse supporter est un théâtre qui se donne simplement pour ce qu'il est, et ne prétende être que du théâtre[78].

Or, on a vu que ce qui fait peur à Gide dans le théâtre (que La Pérouse, rappelons-le, n'aime pas plus que lui, et qu'Édouard ne défend, semble-t-il, que par amour de la contradiction), c'est qu'il voit incarnées sur la scène ses propres hantises ; tandis que ce qu'il aime dans la musique, c'est que, tout en étant incarnée, elle demeure selon lui impersonnelle. C'est pourquoi il désapprouve la synthèse des arts : peut-être pas tant

77 Il est un wagnérien que Gide aimait et admirait cependant (mais sans que son admiration soit payée de retour) – nous pensons bien entendu à Paul Valéry : « En ses maîtres d'alors, Léonard de Vinci, Wagner et "surtout et toujours, et sans pouvoir m'arracher à cet opium vertigineux et mathématique : Poe, Poe", ce qu'il admirait, n'était-ce pas précisément leur méthode et leur façon de considérer l'œuvre d'art, poésie, peinture, ou musique, comme un moyen en vue d'un effet déterminé ? » (« La conception esthétique de Valéry » [*Le Divan*, mai 1922], *EC*, p. 868.) Pour Gide, Valéry a repris à son compte l'idée que se faisait Wagner de la relation entre le producteur de l'œuvre d'art et son récepteur : « À l'instar d'Edgar Poe, il partait de ceci : que l'artiste (peintre, poète ou musicien) doit tabler non sur son émotion propre, mais bien sur celle qu'il veut provoquer chez l'auditeur, le spectateur ou le lecteur. Tout comme l'acteur dont Diderot, dans son *Paradoxe sur le comédien*, fait l'éloge, il ne s'agit pas pour lui d'être ému, mais d'émouvoir. Ainsi procédèrent Léonard de Vinci et Wagner » (« Paul Valéry » [*L'Arche*, octobre 1945], *EC*, p. 926-927). En date du 18 décembre 1896, Gide écrivait d'ailleurs dans son *Journal* : « Dîner avec Valéry – joué du Wagner » (*J*, I, p. 247). – Sur le sujet, voir Daniel Moutote, « Gide, Valéry et la musique », *BAAG*, n° 112, octobre 1996, p. 392-410.

78 *Journal des Faux-Monnayeurs*, *RR*, II, p. 543, 1er novembre 1922.

parce que le théâtre s'y fait musical, que parce qu'il force alors la musique à se faire dramatique. En d'autres termes, si Gide exècre l'œuvre d'art total(e) de Wagner, c'est parce qu'elle est *humaine, trop humaine* ; or, si Édouard admire Bach, c'est parce sa musique justement échappe à l'humanité, et met donc celui qui la joue ou l'écoute à l'abri de toute émotion et de tout trouble.

Au moment où paraît son roman, Gide, qui est alors sur la route du retour, en Afrique, reprendra, quoique dans un contexte légèrement différent, son plaidoyer contre les échanges et les parallèles intermédiaux[79]. Ce n'est pas dans un premier temps à la synthèse des arts qu'il s'en prend cette fois, mais à l'idée, défendue par l'abbé Bremond, que la poésie se réduit à l'aspect musical des vers. Outre le fait qu'il juge que cette théorie a été inspirée à l'abbé Bremond par son désir de concilier l'inconciliable – le respect de l'orthodoxie d'une part, l'admiration pour des poètes fort peu recommandables aux yeux d'un catholique d'autre part –, Gide considère qu'il est absurde de vouloir assigner à un art donné les caractéristiques et les buts d'un autre art. Aucun des arts ne doit sortir de lui-même, fût-ce par diminution. Priver la poésie du sens, pour ne lui laisser que le son, c'est la dénaturer :

> Que prétend l'abbé Bremond ? [...] Son *ut musica poesis* est aussi ruineux pour la poésie que le *ut pictura* d'Horace. Et que ne voit-il pas qu'il suffit qu'une poésie soit essentiellement intraduisible, à cause du rythme et de la sonorité, sans aller jusqu'à dire que ce rythme et cette sonorité nous suffisent. [...] Pour admirer les vers d'un athée, [...] l'abbé [...] doit recourir au subterfuge ; et toute cette complaisante théorie ne vient là, me semble-t-il, que pour mettre sa conscience à l'aise : le sens de ce poème importe peu ; écoutons seulement son chant, vraie prière[80] !

79 Cette haine de la synthèse des arts pousse même Gide à renier certains « amours de jeunesse ». En témoignent ces lignes étonnamment virulentes de *Si le grain ne meurt* (*SV*, p. 191) : « L'an suivant [en 1884] j'allai moins au concert ; davantage au théâtre, à l'Odéon, au Français ; à l'Opéra-Comique surtout, où j'entendis à peu près tout ce qu'on voulait bien donner du répertoire vieillot de l'époque : Grétry, Boïeldieu, Hérold, dont la grâce m'emplissait d'aise, qui m'emplirait aujourd'hui d'un ennui mortel. Oh ! ce n'est pas à ces maîtres charmants que j'en ai, mais à la musique dramatique ; mais au théâtre en général. Y ai-je été trop naguère ? Tout m'y paraît prévu, conventionnel, outré, fastidieux... Si par mégarde encore parfois je m'aventure dans une salle de spectacles, et si quelque ami près de moi ne me retient, j'ai bien du mal à attendre le premier entr'acte pour m'éclipser du moins décemment. »

80 *Le Retour du Tchad*, *SV*, p. 651-652, 1er mai 1926.

Et précisément, cette confusion, par un système de vases communicants, en entraîne une autre, symétrique plutôt que parallèle. La poésie se vidant de sa substance pour se faire musique, la musique, par compensation en quelque sorte, tente de s'alourdir, de gagner en matière, en se faisant programmatique, quand elle ne cède pas à la tentation du drame :

> Et tandis que l'abbé Bremond désintellectualise pieusement le poème, la musique, par une déplorable revanche, tend à s'alourdir de cette signification qu'il refuse aux vers. Poèmes symphoniques, dont on suit l'explication sur les programmes ; ce qui me fait fuir les concerts. Confusion des genres.
>
> Quelques éreintements des *Faux-Monnayeurs* m'apprennent que le livre enfin a paru[81].

Cette dernière phrase pourrait sembler n'avoir aucun rapport avec ce qui précède : mais précisément, le refus de la « confusion des genres » est le fondement même de la poétique des *Faux-Monnayeurs*.

Gide, donc, se veut anti-wagnérien – dans toute son œuvre, bien sûr, mais tout particulièrement dans *Les Faux-Monnayeurs*. Un autre « précédent » esthétique auquel il fait allusion, mais pour y comparer son projet romanesque cette fois, c'est la musique de César Franck :

> Aussi bien est-ce une folie sans doute de grouper dans un seul roman tout ce que me présente et m'enseigne la vie. Si touffu que je souhaite ce livre, je ne puis songer à tout y faire entrer. Et c'est pourtant ce désir qui m'embarrasse encore. Je suis comme un musicien qui cherche à juxtaposer et imbriquer, à la manière de César Franck, un motif d'andante et un motif d'allegro[82].

On est étonné de voir Gide chercher un prétexte hypotextuel à sa tentation de pratiquer une poétique hybride, alors même qu'il rejettera ensuite le modèle wagnérien en raison de son hybridité constitutive. Mais l'hybridité qu'il constate et admire peut-être chez Franck est strictement intra-musicale : elle n'implique aucune sensualisation de la musique ; à quoi il faut ajouter que cette tentation, s'il y cède, Gide y résiste également.

Il semble en tout cas pertinent d'établir une équivalence entre le rejet de l'hypotexte wagnérien par Gide et l'éloge de l'hypotexte qu'est *L'Art de la fugue* par Édouard, qui en l'occurrence se laisse manifestement

81 *Ibid.*
82 *Journal des Faux-Monnayeurs*, *RR*, II, p. 521.

influencer par son ancien maître. Il avoue d'ailleurs s'en être laissé imposer par La Pérouse… mais sur un autre plan. En tant que romancier, il reconnaît avoir laissé s'introduire dans l'œuvre à laquelle il travaille plusieurs personnages qui, *a priori*, n'y devaient pas être accueillis. La Pérouse fait partie de ceux-là, au même titre que Laura, Douvier et Azaïs :

> S'il m'arrive jamais d'inventer encore une histoire, je ne la laisserai plus habiter que par des caractères trempés, que la vie, loin d'émousser, aiguise… Laura, Douviers, La Pérouse, Azaïs… que faire avec tous ces gens-là ? Je ne les cherchais point ; c'est en suivant Bernard et Olivier que je les ai trouvés sur ma route. Tant pis pour moi ; désormais, je me dois à eux[83].

Mais cette liste n'est-elle pas destinée à masquer l'importance toute particulière de La Pérouse, son influence singulière sur l'esthétique d'Édouard ? On est d'autant plus autorisé à le penser que La Pérouse fut pour Gide un personnage absolument différent de tous les autres : c'est la seule figure importante des *Faux-Monnayeurs*, en effet, à être strictement calquée sur un modèle de chair[84] – à savoir, bien sûr, Marc de La Nux ; et c'est le personnage, par suite, qui a donné le plus de mal à son auteur… Mais peut-être précisément n'est-ce là qu'un demi-aveu : car ce qui a peut-être le plus gêné Gide dans le personnage de La Pérouse, ce n'est pas sa ressemblance avec le « bon Créole » ; mais la ressemblance qu'il voyait se dessiner, de plus en plus précisément, entre ce personnage qui se réfugie dans l'œuvre « inhumaine » de Bach pour mieux ignorer ses propres passions et lui-même…

83 *Les Faux-Monnayeurs*, *RR*, II, p. 339.

84 Même si, on l'a dit, Gide s'inspire pour certains épisodes relevant de l'humour noir de la figure d'Alfred Espinas.

CONFESSIONS MUSICALES DANS *SI LE GRAIN NE MEURT*

En dehors des textes relevant de l'écriture quotidienne (c'est-à-dire en dehors du *Journal* et de la correspondance), *Si le grain ne meurt* (1926) constitue (et il n'y a rien de plus naturel, puisqu'il s'agit des mémoires de l'écrivain) le principal document[1] permettant de comprendre le rôle qu'a pu jouer la musique[2] dans la vie de Gide. Certes, il a ces mots qui pourraient faire douter de l'intensité de sa passion pour la musique : « Je doute si jamais livres, musiques ou tableaux me ménagèrent plus tard autant de joies, ni d'aussi vives, que ne faisaient dès ces premiers temps les jeux de la matière vivante[3]. » Mais il est tant question par ailleurs de musique, qu'on est presque tenté de considérer comme purement rhétorique une affirmation comme celle-là. La lecture de *Si le grain ne meurt* permet de découvrir les origines du rapport ambigu, trouble même parfois, de Gide à la musique. Ses premiers contacts avec la musique, en effet, coïncident avec ses premières aventures sensuelles : le très jeune André se retrouve ainsi, à plusieurs reprises,

1 On pourra consulter, sur le sujet, Walter Putnam, « *Si le grain ne meurt* : une vie réglée comme du papier à musique », *BAAG*, n° 109, janvier 1996, p. 15-20.

2 Nous nous occuperons principalement, dans ce chapitre, de la musique au sens strict du mot. Toutefois, signalons que la musique « naturelle », sous la forme du chant des oiseaux et des bruits de la nature, joue un rôle important également dans la mémoire de l'écrivain. Certaines évocations composent ainsi de véritables *symphonies pastorales* : « Au chant de la cascade se mêlaient les chuchotis de la rivière et le murmure continu d'une petite source captée qui jaillissait hors de l'île, en face de la poterne [...]. Un peuple d'hirondelles sans cesse tournoyait autour de la maison [...]. Quand je pense à La Roque, c'est d'abord leurs cris que j'entends ; on eût dit que l'azur se déchirait à leur passage. J'ai souvent revu ailleurs des hirondelles ; mais jamais nulle part ailleurs je ne les ai entendues crier comme ici ; je crois qu'elles criaient ainsi en repassant à chaque tour devant leurs nids. [...] Et soudain le bruit de la pluie s'ajoutait à ces bruits mouillés du ruisseau, de la source, de la cascade ; elle faisait sur l'eau de la douve un clapotis argentin. » (*Si le grain ne meurt*, *SV*, p. 123.)

3 *Ibid.*, p. 143.

dans la position du voyeur au moment d'assister à des séances musicales auxquelles il n'est pas admis ; un peu plus tard, il communie musicalement avec son cousin Albert Démarest, à qui le lie une affection dont la nature est bien difficile à déterminer ; et même dans son admiration pour Marc de La Nux, il entrera une composante, sinon sensuelle, du moins esthétique, puisqu'il trouve son maître « beau », et qu'il souhaite lui ressembler. C'est ainsi que Gide développe progressivement un rapport érotique à la musique et à ceux qui la font – les jeunes musiciens d'Afrique du Nord étant pour lui les figures désirables par excellence.

PREMIÈRES AVENTURES MUSICALES ET SENSUELLES

Selon certains lecteurs privilégiés, les mémoires de Gide sont même essentiellement musicaux. Témoin cette lettre de Charles Du Bos :

> Vous ne vous doutez pas, cher, que j'ai le plaisir deux fois par semaine de commenter à une de mes jeunes élèves de Zurich votre œuvre, et surtout de lui en lire de nombreux passages. Or ce matin même, lui lisant dans le chapitre VIII de *Si le grain* les pages sur les promenades matinales et celles sur la double et harmonieuse découverte des Grecs et de l'Évangile, j'en éprouvais mieux que jamais – et parvins, j'espère à le transmettre – l'incomparable et tout intime perfection musicale[4].

C'est aux œuvres de Mozart que Du Bos compare *Si le grain ne meurt* :

> Il se trouvait que peu de jours auparavant j'étais allé réentendre le *Quatuor* en ré mineur de Mozart – une des seules œuvres de lui devant lesquelles non seulement mon injustice désarme, mais que d'un bout à l'autre j'épouse avec une indicible tendresse, et en m'entendant involontairement relire vos pages il me semblait que serpentait à nouveau la ligne mélodique si pure et cependant si pleine. Pour moi, elles sont le chef-d'œuvre de votre prose – et l'un de ces points très rares où la prose française rejoint la musique sans pour cela faire intervenir la moindre orchestration.

---

4 Pour cette citation et celle qui suit, voir *Lettres de Charles Du Bos et réponses d'André Gide*, Paris, Corrêa, 1950, p. 111-115. Lettre de Charles Du Bos, 12 février 1927.

Quoi qu'il en soit de ce jugement intéressant malgré son caractère impressionniste, la musique semble jouer pour Gide le rôle d'un dispositif d'initiation, ou d'un intercesseur auprès de l'inconnu et de l'interdit : dès le premier souvenir musical qu'il relate, il lie la musique au clandestin. Ce n'est pas d'une musique bourgeoise, domestique, familière, qu'il se souvient, mais de la musique quelque peu triviale d'un lieu, sinon interdit, du moins radicalement étranger à l'atmosphère familiale :

> La nuit tombait, exaltant les lumières, un peu plus loin, d'un café-concert, dont les musiques nous attiraient. On ne voyait pas les becs de gaz eux-mêmes, mais, par-dessus la palissade, l'étrange illumination des marronniers. On s'approchait. Les planches n'étaient pas si bien jointes qu'on ne pût, par-ci par-là, en appliquant l'œil, glisser entre deux le regard : je distinguais, par-dessus la grouillante et sombre masse des spectateurs, l'émerveillement de la scène, sur laquelle une divette venait débiter des fadeurs[5].

Il y a donc, dès l'origine, tentation et transgression. La musique est liée à l'esprit d'aventure, à l'attirance pour l'inconnu(e) – surtout quand cette attirance se double du pressentiment d'une sorte de déchéance. C'est d'ailleurs la posture du voyeur qu'adopte le jeune André pour entendre cette musique et regarder le spectacle qui l'accompagne.

La musique, cependant, est une affaire familiale. La mère de Gide travaille dès les jeunes années de son fils à canaliser son attirance pour la musique. Sans doute n'a-t-elle aucune raison particulière de craindre que la musique ne dévoie le petit André. Mais lui faire donner des cours de piano, ce n'est pas seulement compléter son éducation bourgeoise ; c'est aussi, peut-être, tenter de réguler par anticipation une passion qui le conduira à transgresser toutes les lois de la morale occidentale en vigueur au tournant du siècle. Toutefois, la musique, même quand elle est « commandée » par la mère, est presque systématiquement associée, dans la mémoire de Gide, à des souvenirs sensuels. Il évoque ainsi, dans *Si le grain ne meurt*, son premier professeur de piano, Mademoiselle de Gœcklin, « innocente personne » chez qui l'on sentait « peut-être moins de goût pour les arts qu'un grand besoin de gagner sa vie[6] ». Or, quoique cette modeste pianiste fût fluette, elle fait partie des créatures qui ont, sans bien sûr en avoir la moindre conscience, initié Gide aux

---

5 *Si le grain ne meurt*, *SV*, p. 87.

6 Pour cette citation de *Si le grain ne meurt* et celles qui suivent, voir *ibid.*, p. 88-89.

troubles de la chair. C'est ce dont témoignent ces lignes, qui convoquent un souvenir olfactif très vigoureux :

> Quand j'avais été docile, Mlle de Gœcklin me faisait cadeau d'une image qu'elle sortait d'un petit manchon. L'image, en elle-même, eût pu me paraître ordinaire et j'en aurais presque fait fi, mais elle était parfumée ; extraordinairement parfumée – sans doute en souvenir du manchon ; je la regardais à peine ; je la humais ; puis la collais dans un album, à côté d'autres images que les grands magasins donnaient aux enfants de leur clientèle, mais qui, elles, ne sentaient rien. J'ai rouvert l'album dernièrement pour amuser un petit neveu : les images de Mlle de Gœcklin embaument encore ; elles ont embaumé tout l'album.

Il est tentant, bien entendu, de considérer cet album, ce livre de souvenirs, comme une figuration de la mémoire de Gide – ou plutôt de *ses mémoires* : et ces images au parfum troublant donnent ainsi *olfactivement* le ton au livre entier.

Mais le petit André n'est pas le seul à recevoir les leçons de Mademoiselle de Gœcklin. Sa mère elle aussi travaille avec elle ; ou plutôt, elle joue à quatre mains avec elle. Et ce sont ces séances où elle se met au piano qui révèlent le besoin qu'elle éprouve de réguler (sinon de régenter) la musique. Certes, on peut considérer que le seul fait de laisser son fils explorer un monde musical qui lui demeure en grande partie étranger est une preuve de libéralité : « La mère de Gide touchait timidement du piano et se sentait certainement dépassée par l'art musical mais, quoique obligée de rester au seuil du temple, elle était pleine de considération pour ceux qui y étaient admis[7] », note ainsi Roger Delage. Toutefois, non seulement Madame Gide évite les œuvres qui pourraient l'obliger à dévoiler les mouvements de son cœur, de son âme et de son esprit ; mais en outre, elle compte à longueur de morceau, comme pour réduire l'œuvre à sa structure rythmique, et pour en retirer toute substance émotionnelle :

> Après que j'avais fait mes gammes, mes arpèges, un peu de solfège, et ressassé quelque morceau des *Bonnes Traditions du pianiste*, je cédais la place à ma mère qui s'installait à côté de Mlle de Gœcklin. Je crois que c'est par modestie que maman ne jouait jamais seule ; mais à quatre mains, comme elle y allait ! C'était d'ordinaire quelque partie d'une *Symphonie* de Haydn, et de préférence le finale qui, pensait-elle, comportait moins d'expression à

7 Roger Delage, « André Gide et la musique », *BAAG*, n° 39, juillet 1978, p. 13-28, p. 18.

> cause du mouvement rapide – qu'elle précipitait encore en approchant de la fin. Elle comptait à haute voix d'un bout à l'autre du morceau.

C'est par ailleurs auprès de Mademoiselle de Gœcklin (mais non grâce à elle, bien au contraire) que Gide découvre son goût de la justesse ou de l'exactitude. Car (résultat de l'entreprise maternelle de régulation ou préfiguration de son futur classicisme ? – mais l'un n'exclut pas l'autre) l'apprenti pianiste ne tolère guère qu'un piano soit désaccordé. Il a déjà la passion, qui ne le quittera jamais, même s'il la dépassera parfois, de la consonance :

> Quand je fus un peu plus grand, Mlle de Gœcklin ne vint plus ; j'allai prendre les leçons chez elle. C'était un tout petit appartement où elle vivait avec une sœur plus âgée, infirme ou un peu simple d'esprit, dont elle avait la charge. Dans la première pièce, qui devait servir de salle à manger, se trouvait une volière pleine de bengalis ; dans la seconde pièce le piano ; il avait des notes étonnamment fausses dans le registre supérieur, ce qui modérait mon désir de prendre la haute de préférence, lorsque nous jouions à quatre mains.

Mais revenons à la question de la sensualité (discrète certes, mais en quelque sorte prémonitoire) des premiers souvenirs musicaux de Gide. Il rappelle un peu plus loin un épisode dont il avoue que sa mémoire l'a retravaillé au point d'en faire un faux souvenir historique. C'est l'épisode des retraites aux flambeaux, qu'il confond avec un souvenir qu'il ne peut pas avoir, pour plus d'une raison – celui de l'arrivée des Allemands à Rouen :

> C'est la nuit. On entend la fanfare militaire [...].
>
> Ma mère, à qui, plus tard, j'en reparlai, me persuada que d'abord, en ce temps, j'étais beaucoup trop jeune pour en avoir gardé quelque souvenir que ce soit ; qu'au surplus jamais un Rouennais [...] ne se serait mis au balcon pour voir passer fût-ce Bismarck ou le roi de Prusse lui– même [...]. Certainement mon souvenir devait être des « retraites aux flambeaux » [...].
>
> « C'était là ce que nous te faisions admirer du balcon, en te chantant, te souviens-tu :
>
> *Zim laï la ! Zim laï la !*
> *Les beaux militaires !* »
>
> Et soudain je reconnaissais aussi la chanson[8]. [...]

8 Pour cette citation et celles qui suivent, voir *Si le grain ne meurt*, *SV*, p. 91-93.

Certes, ce souvenir précis n'a rien d'explicitement charnel (encore que l'admiration pour les « beaux militaires » de la chanson ne soit pas pure de tout élément sensuel). Mais il en introduit ou en prépare un autre, qui celui-ci est ambigu à plus d'un égard : celui du « bal, rue de Crosne ». Ce sont des termes relevant de l'haptique aussi bien que du sonore que Gide mobilise pour évoquer la façon dont, de loin, le petit garçon qu'il était percevait, depuis son lit, l'écho de cette vie dont il était exclu. Le tout jeune Gide découvre alors qu'il y a mieux à faire que de dormir ; et les musiques de ce bal bourgeois, de cet événement qui en soi n'a rien ou presque de mystérieux, lui semblent faire signe vers, ou émaner d'un monde presque clandestin – d'un monde qui lui paraît clandestin parce qu'il n'y a pas accès. La tentation est d'autant plus grande qu'elle est suscitée par un objet incertain, dont le petit garçon n'arrive pas à cerner précisément les contours sonores : « Je suis déjà couché, mais une singulière rumeur, un frémissement du haut en bas de la maison, joints à des vagues harmonieuses, écartent de moi le sommeil. [...] J'écoute ; je tâche de surprendre quelque bruit plus distinct, de comprendre ce qui se passe. Je tends l'oreille. » Ces bruits constituent une invitation impérieuse, et ce d'autant plus qu'ils sont indistincts, quasi acousmatiques. Gide reprend la même image de la « vague » sonore pour évoquer les sons qui montent *vers* lui (mais peut-être fait-il allusion aussi à la tentation, au désir de transgression qui monte *en* lui). Le petit garçon part alors à l'aventure – car le monde familier, soudain, est méconnaissable. Et le jeune André comprend ce soir-là qu'il y a des choses qu'on ne dit pas aux enfants, qu'il y a des choses que les enfants ignorent. Ce monde lui paraît à la fois clandestin et supérieur – supérieurement réel. On remarquera que l'écrivain continue à mêler souvenirs sonores et impressions haptiques, certains termes particulièrement significatifs – et en particulier « frémissement » – revenant à plusieurs reprises :

> À la fin, n'y tenant plus, je me lève, je sors de la chambre à tâtons dans le couloir sombre et, pieds nus, gagne l'escalier plein de lumière. Ma chambre est au troisième étage. Les vagues de sons montent du premier ; il faut aller voir ; et, à mesure que de marche en marche je me rapproche, je distingue des bruits de voix, des frémissements d'étoffes, des chuchotements et des rires. Rien n'a l'air coutumier ; il me semble que je vais être initié tout à coup à une autre vie, mystérieuse, différemment réelle, plus brillante et plus pathétique, et qui commence seulement lorsque les petits enfants sont couchés.

L'enfant pressent que le savoir qu'il va acquérir au terme de son aventureuse sortie nocturne dans la maison transformée, transfigurée par le bal, est interdit ; ou du moins qu'il lui est interdit, parce qu'il est un enfant. Il se fait alors le complice d'autres exclus – à savoir les domestiques, qui ne peuvent contempler la fête que de loin, et en se cachant. Faut-il voir là l'amorce d'un discours social sur le fait musical ? Ce qui ne fait pas de doute, c'est que Gide met en scène de manière parfaitement consciente cette solidarité des exclus :

> Les couloirs du second tout emplis de nuit sont déserts ; la fête est au-dessous. Avancerai-je encore ? On va me voir. On va me punir de ne pas dormir, d'avoir vu. Je passe ma tête à travers les fers de la rampe. [...] Tout à coup quelqu'un bondit vers moi ; c'est Marie, ma bonne, qui comme moi tâchait de voir, dissimulée un peu plus bas au premier angle de l'escalier. Elle me saisit dans ses bras ; je crois d'abord qu'elle va me reconduire dans ma chambre, m'y enfermer ; mais non, elle veut bien me descendre, au contraire, jusqu'à l'endroit où elle était, d'où le regard cueille un petit brin de la fête.

L'enfant découvre un monde plus beau que celui qu'il connaît ; plus beau parce qu'interdit, mais aussi plus beau parce qu'apprêté, et régi par d'autres lois – à commencer par celles de la séduction. À défaut d'être sensuel déjà, l'émoi du petit garçon qui épie est esthétique : « À présent j'entends parfaitement bien la musique. Au son des instruments que je ne puis voir, des messieurs tourbillonnent avec des dames parées qui toutes sont beaucoup plus belles que celles du milieu du jour. » Mais bientôt, le jeune voyeur (car, à nouveau, l'enfant est forcé d'adopter la position du voyeur pour avoir accès à ces plaisirs musicaux) va être invité, malgré lui, à participer à la fête. Car il est surpris par une « belle dame » – et tout se trouble alors. Le seul point du souvenir qui semble précis, ou plutôt la seule chose qui ne semble pas mise en doute, c'est que la dame « embrasse » le jeune André. Ce dernier, après ce baiser, ne distingue plus rien clairement ; et, une fois retourné dans son lit, il formule une conclusion qui n'est pas loin d'être vicariante, ou dont le sens, plutôt, est puissamment ambigu :

> Ma bonne va me remmener ; mais à ce moment une des belles dames qui se tenait debout, appuyée près de la porte et s'éventait, m'aperçoit ; elle vient à moi, m'embrasse et rit parce que je ne la reconnais pas. C'est évidemment cette amie de ma mère que j'ai vue précisément ce matin ; mais tout de même

> je ne suis pas bien sûr que ce soit tout à fait elle, elle réellement. Et quand je me retrouve dans mon lit, j'ai les idées toutes brouillées et je pense, avant de sombrer dans le sommeil, confusément : il y a la réalité et il y a les rêves ; et puis il y a une seconde réalité.

Que la musique ait partie liée avec cette « seconde réalité », qui sans doute est celle du désir et du plaisir sensuels, cela ne fait aucun doute : Gide le dit explicitement dans *Si le grain ne meurt.* Il évoque les objets qui furent le support de ses premiers émois sensuels, ou dont la contemplation servit de *stimulus* à l'enfant au moment de partir à la découverte de ses propres sens. Or, les images érotiques ne jouent aucun rôle dans cet éveil des sens ; au contraire, quand ce n'est pas une rêverie héroïque, ce sont la plupart du temps des plaisirs esthétiques (quoique non artistiques), en particulier sonores, qui émeuvent les sens du jeune André. Et s'affirme déjà l'une des caractéristiques majeures de la vie sensuelle de Gide, à savoir la relation ambivalente au contact, qui certes sera désiré par la suite, mais qui toujours devra rester aussi léger que possible (un frôlement, d'où naît un « frémissement ») :

> Devant le *Mercure* d'Idrac (si je ne fais erreur) je tombais dans des stupeurs admiratives dont Marie ne m'arrachait qu'à grand-peine. Mais ni ces images n'invitaient au plaisir, ni le plaisir n'évoquait ces images. Entre ceci et cela, nul lien. Les thèmes d'excitation sexuelle étaient tout autres : le plus souvent une profusion de couleurs ou de sons extraordinairement aigus et suaves ; parfois aussi l'idée de l'urgence de quelque acte important, que je devrais faire, sur lequel on compte, qu'on attend de moi, que je ne fais pas, qu'au lieu d'accomplir, j'imagine ; et, c'était aussi, toute voisine, l'idée de saccage, sous forme d'un jouet aimé que je détériorais : au demeurant nul désir réel, nulle recherche de contact[9].

Gide évoque aussi la figure de la couturière-musicienne Constance. Cette dernière aime la grivoiserie. Mais ce qui frappe le jeune André chez elle, ce n'est pas tant cette tendance à tenir des propos à demi obscènes ; c'est sa voix, dont on comprend qu'il la trouvait obscurément sensuelle, presque voluptueuse, et ce d'autant plus que Constance elle-même était plutôt menue :

> Les propos de Constance, s'ils étaient peu décents, j'étais du reste trop niais pour les entendre, et je ne m'étonnais même pas de ce qui faisait parfois

9 *Ibid.*, p. 116.

Marie pouffer dans son mouchoir. Mais Constance parlait beaucoup moins qu'elle ne chantait ; elle avait une voix agréable et singulièrement ample pour son petit corps ; elle en était d'autant plus vaine qu'elle n'avait raison de l'être que de cela[10].

Gide a juste après des mots révélateurs. Il parle de la « bêtise » de Constance, ou plutôt de ses chansons. Or, nous verrons, quand nous analyserons le *Voyage au Congo*, que la bêtise, surtout quand elle se manifeste musicalement, est un sujet de fascination pour Gide : l'écrivain éprouve, au contact de la bêtise, la tentation du gouffre, tentation dans la composition de laquelle entre, sans doute aucun, un élément obscurément sensuel. Et la sensation de déchéance qu'il éprouve en écoutant les chants de Constance n'est pas qu'intellectuelle, malgré qu'il en ait ; elle est aussi morale : « Elle chantait tout le long du jour ; elle disait qu'elle ne pouvait bien coudre qu'en chantant ; elle n'arrêtait pas de chanter. Quelles chansons, Seigneur ! Constance aurait pu protester qu'elles n'avaient rien d'immoral. Non, ce qui me souillait le cerveau, c'est leur bêtise. » Gide se fait des reproches purement intellectuels. Mais de temps à autre, un mot lui échappe (ici le verbe *souiller*), qui en dit plus qu'il ne voudrait. Peut-être, ainsi, n'est-ce pas tant le souvenir des chansons sans esprit que celui de la voix presque lascive de Constance qu'il trouve avilissant :

Que n'ai-je pu les oublier ! Hélas ! tandis qu'échappent à ma mémoire les trésors les plus gracieux, ces rengaines misérables, je les entends aussi net que le premier jour. Quoi ! tandis que Rousseau sur le tard s'attendrit encore au souvenir des aimables refrains par quoi sa tante Gancera avait bercé son enfance, devrai-je jusqu'à ma fin entendre la voix grasseyante de Constance me chanter sur un air de valse :

10 Pour cette citation et celles qui suivent, voir *ibid.*, p. 118. – Gide se raidira jusqu'à la fin de sa vie contre cette tendance au trivial. Et, au moment où, emportés par la folie morale et esthétique nazie, certains artistes et certains écrivains renieront la valeur de raffinement au profit de la puissance du populaire, Gide écrira dans son *Journal* ces lignes lucides et révélatrices : « Ces quelques intellectuels qui font aujourd'hui leur *mea culpa* et s'accusent d'avoir "trop aimé la littérature", ne comprendront-ils pas combien est préjudiciable à la culture l'abandon et le reniement de certaines grâces de l'esprit ? Devrons-nous, par un "repli stratégique", tourner le dos à tout ce que l'art français a produit de délicat, de nuancé, de subtil ? Nous enjoindra-t-on de préférer *La Madelon* aux œuvres de Debussy, de Ravel ? Neuville et Détaille à Corot ? Béranger à Baudelaire, Déroulède à Verlaine… (pour ne citer ici que des morts), par grande crainte de ce qui pourrait nous énerver, nous affaiblir ? » (*J*, II, p. 700, Vichy, 11 juin 1940.)

Maman – dis-moi,
Connaissons-nous c' jeune homme,
Qu'a l'air – si doux,
Qu'a l'air d'une boul' de gomme ?

Gide, cependant, dans le bref dialogue qu'il met en scène entre lui-même et un interlocuteur imaginaire qui lui reproche d'accorder trop d'importance à des détails insignifiants, finit par avouer que sa fascination était (est encore) sensuelle autant qu'esthétique – et que même les deux ne sauraient être nettement distingués :

> Voici bien du bruit pour un inoffensif fredon !
> – Parbleu ! ce n'est pas à la chanson que j'en ai ; c'est à l'amusement que j'y pris ; où je vois déjà s'éveiller un goût honteux pour l'indécence, la bêtise et la pire vulgarité[11].

Il n'est d'ailleurs pas loin de se contredire lui-même un peu plus loin. Car certaine anecdote musicale tendrait bien plutôt à prouver qu'il avait très naturellement bon goût, dès son enfance, ou du moins dès son adolescence. Et que son expérience de la trivialité eut en grande partie pour origine une certaine tendance à ne jamais céder à sa propre pente, fût-elle « bonne » ; un certain besoin de se contredire soi-même, ou de sortir de soi-même, pour se mettre en difficulté :

> Mais du défi surtout contre moi-même ; comme lorsque, peu de mois auparavant, je m'étais contraint d'entrer, et avec quel raidissement, quel air de mauvaise assurance, dans l'immonde boutique d'un herboriste de la rue Saint-Placide, qui vendait de tout et aussi des chansons – pour acheter la plus niaise et la plus vulgaire : *Ah ! qu'el' sent bon, Alexandrine !* – Pourquoi ? Oh ! je vous dis : uniquement par défi ; car, en vérité, je n'en avais aucun désir. Oui, par besoin de me violenter et parce que, la veille, en passant devant la boutique, je m'étais dit : Ça, tu n'oserais tout de même pas le faire. Je l'avais fait[12].

Toujours est-il que Gide ne pardonne pas plus aux autres qu'à lui-même les accès de sensibilité mal placée, le goût pour les mélodies faciles. Ainsi, quand il évoque son précepteur M. Gallin, prend-il la peine de formuler un grief très particulier. L'ensemble du portrait est peu obligeant ; mais Gide s'en tient à des considérations générales sur tous les

11 *Si le grain ne meurt*, *SV*, p. 118.
12 *Ibid.*, p. 212.

points, sauf quand il s'agit de musique. Ce qu'il reproche à M. Gallin, c'est de tenir en haute considération des œuvres d'une niaiserie affligeante ; et de s'abriter derrière le succès populaire de tel opéra-comique pour justifier son propre mauvais goût :

> Il chantait du bout des lèvres, avec affectation, un air des *Cloches de Corneville*, où revenaient ces paroles :
>
> *... Des amourettes*
> *Qu'on n'aime pas.*
>
> La complaisante affectation de sa voix mièvre m'exaspérait ; je finis par déclarer que je ne comprenais pas qu'il pût trouver plaisir à chanter de pareilles inepties.
>
> « Vous trouvez cela stupide parce que vous êtes trop jeune, répliqua-t-il avec suffisance. Vous comprendrez cela plus tard. C'est au contraire très fin. »
>
> Il ajouta que c'était un air très vanté d'un opéra très en vogue... Tout alimentait mon mépris[13].

M. GUEROULT, OU LA MUSIQUE PAR DELÀ LE BIEN ET LE MAL

Mais revenons aux professeurs de piano de Gide. Après avoir évoqué Mlle de Gœcklin, Gide présente son successeur, M. Gueroult[14]. Là encore, la musique apparaît liée à une forme (pondérée il est vrai) de transgression : car les allures du musicien ne sont pas exactement conformes aux us bourgeois. À vrai dire, c'est le fait même d'être musicien, d'être musicien de profession (et de vocation peut-être) qui exclut M. Gueroult du monde bourgeois : d'où le caractère transgressif de tous les épisodes où Gide se « compromet » avec des musiciens, se souciant peu de maintenir entre lui et eux une distance dont il juge qu'elle ne repose sur rien de réel, qu'elle est de pure convention ; et plus encore des passages où Gide peint son autoportrait en musicien. M. Gueroult, cependant, a pour lui de connaître des compositeurs de renom :

---

13 *Ibid.*, p. 145-146.

14 Sur Auguste Gueroult, voir Christian Goubault, « Auguste Gueroult, compositeur rouennais de mélodies », dans Michelle Biget (dir.), *Autour de la mélodie française*, Rouen, Publications de l'Université de Rouen, 1984, p. 87-98.

> En fait d'hôtes, je ne me souviens que de M. Gueroult, qui vint à La Roque, pour la première fois je crois, cet été qui suivit mon renvoi de l'École. Il y revint encore une ou deux fois après là mort de mon père ; et je doute si ma mère n'estimait pas faire quelque chose d'assez osé en continuant à le recevoir, une fois veuve, bien qu'à chaque fois pour un temps assez court. Rien n'était plus bourgeois que le milieu de ma famille, et M. Gueroult pour n'être rien moins qu'un bohème, était tout de même un artiste ; c'est-à-dire qu'il n'était pas « de notre monde » du tout – un musicien, un compositeur, un ami d'autres musiciens plus célèbres, de Gounod par exemple, ou de Stephen Heller, qu'il allait voir à Paris[15].

M. Gueroult, en outre, est presque un musicien d'Église – ce qui lui confère une certaine légitimité. Toutefois, Gide y insiste : le musicien peut être admiré, il n'est jamais tout à fait estimé par le milieu bourgeois ; il est en effet jugé suspect, même quand il est recommandé par le clergé : « Car M. Gueroult habitait Rouen, où il tenait à Saint-Ouen les grandes orgues que venait de livrer Cavaillé-Coll. Très clérical, et protégé par le clergé, il comptait des élèves dans les familles les meilleures et les mieux pensantes, la mienne en particulier, où il jouissait d'un grand prestige, sinon d'une parfaite considération. » Suit un portrait fort éloquent du musicien, dont à l'évidence l'apparence physique est celle d'un artiste. Le trait sur lequel Gide insiste, c'est la certitude, l'assurance qui transparaît dans les traits et les attitudes du musicien. Cet aplomb est-il l'attribut nécessaire de l'artiste ? Ce qui ne fait pas de doute, c'est que cette autorité naturelle de l'organiste lui vaut d'être auréolé de prestige :

> Il avait le profil dur et énergique, d'assez beaux traits, d'abondants cheveux noirs très bouclés, une barbe carrée, le regard rêveur ou soudain fougueux, la voix harmonieuse, onctueuse mais sans vraie douceur, le geste caressant mais dominateur. Dans toutes ses paroles, dans toutes ses manières respirait je ne sais quoi d'égoïste et de magistral.

Après cette esquisse générale, Gide se focalise, comme il se doit, sur les mains du musicien, qui, non content de jouer de l'orgue, est également pianiste. Ses mains semblent faites pour dominer un clavier, puisqu'elles sont souples tout en étant fermes : « Ses mains particulièrement étaient

15 Sauf mention contraire, pour cette citation et les suivantes, voir *Si le grain ne meurt*, *SV*, p. 126-128.

belles, à la fois molles et puissantes. » Vient ensuite un portrait de l'artiste devant son instrument. M. Gueroult adopte une posture romantique – mais Gide, en l'occurrence, ne fustige pas cette affectation. Au contraire, M. Gueroult lui semble sincère, et il a pour lui une véritable estime musicale : « Au piano, une animation quasi céleste le transfigurait ; son jeu semblait plutôt celui d'un organiste que d'un pianiste et manquait parfois de subtilité, mais il était divin dans les andantes, en particulier ceux de Mozart pour qui il professait une prédilection passionnée. » Gide tolère même l'autocomplaisance et la tendance à la mise en scène que montre le musicien : « Parfois, au repas, son regard, à demi voilé déjà derrière ses lunettes, se perdait ; ses puissantes mains, posées, comme sur un clavier, sur la table, s'agitaient ; et quand on lui parlait, revenant à vous soudain, il répondait : "Pardon ! J'étais en mi bémol." » Et lorsque M. Gueroult se compare à Rubinstein – à Anton Rubinstein, bien entendu –, non seulement Gide se refuse à voir là de la fatuité, mais il donne raison à celui qui devint son professeur. On sait pourtant qu'il admirait immensément celui qu'il nommait « le grand Rubinstein ». Aussi ces éloges sont-ils significatifs :

> Il avait coutume de dire en riant :
>
> « Pour les allegros, je ne dis pas ; mais dans les mouvements lents, je vaux Rubinstein. »
>
> Il disait cela d'un ton si bonhomme qu'on ne pouvait y voir vanterie ; et en vérité je ne crois pas que ni Rubinstein, dont je me souviens à merveille, ni qui que ce fût au monde, pût jouer la *Fantaisie* en ut mineur de Mozart, par exemple, ou tel largo d'un *Concerto* de Beethoven, avec une plus tragique noblesse, avec plus de chaleur, de poésie, de puissance et de gravité.

M. Gueroult, pourtant, ne partage pas toutes les admirations de Gide ; et surtout, il ne partage pas ses aversions. L'écrivain, en somme, le blâme pour son relatif mauvais goût ; et lui reproche, surtout, de prendre parfois parti contre les génies. Ce sont les deux modèles que Gide s'est choisis pour écrire *Les Faux-Monnayeurs* que M. Gueroult méconnaît : Bach et ses *Fugues* d'abord ; et César Franck ensuite. Toutefois, ces critiques, Gide ne peut les faire qu'*a posteriori*. Et son indulgence pour ce musicien aux allures par trop romantiques parfois s'explique sans doute par la permanence, chez le Gide de la maturité, de l'admiration que l'enfant André portait à celui qui lui révéla que la musique pouvait ne pas se résumer à des exercices dirigés par une demoiselle bienveillante, peut-être, mais sans génie. La mère de Gide elle-même, d'ailleurs, se laisse influencer par le musicien. Non seulement elle accueille M. Gueroult alors même qu'il s'agit là d'une entorse aux convenances bourgeoises ; mais en outre, elle lui permet de déranger les habitudes horaires bien réglées de la maison :

> J'eus dans la suite maintes raisons de m'exaspérer contre lui : il reprochait aux *Fugues* de Bach de se prolonger parfois sans surprise ; s'il aimait la bonne musique, il ne détestait pas suffisamment la mauvaise ; il partageait avec son ami Gounod une monstrueuse et obstinée méconnaissance de César Franck, etc. ; mais, en ce temps où je naissais au monde des sons, il en était pour moi le grand maître, le prophète, le magicien. Chaque soir, après le dîner, il offrait à mon ravissement sonates, opéras[16], symphonies ; et maman, d'ordinaire intraitable sur les questions d'heure et qui m'envoyait coucher tambour battant, permettait que je prolongeasse outre-temps la veillée.

M. Gueroult, donc, deviendra le professeur de Gide. Ce dernier rappelle la méthode préconisée par le musicien – méthode dont l'écrivain juge qu'elle peut être efficace avec un enfant, alors même qu'elle entre en contradiction avec toutes ses convictions. On l'a dit, il désapprouve toutes les tentatives de synthèse des arts, et n'aime guère la musique à programme. Un peu plus loin dans *Si le grain ne meurt*, il écrira d'ailleurs :

> Dans le cercle autour de Mallarmé, où je fus bientôt entraîné par Louis, chacun se piquait d'aimer la musique, Pierre Louis le premier ; mais il me paraissait que Mallarmé lui-même et tous ceux qui le fréquentaient, recherchaient dans la musique encore la littérature. Wagner était leur dieu. Ils l'expliquaient, le commentaient. Louis avait une façon d'imposer à mon admiration tel cri, telle interjection, qui me faisait prendre la musique « expressive » en horreur. Je me rejetais d'autant plus passionnément vers ce que j'appelais la musique « pure », c'est-à-dire celle qui ne prétend rien signifier ; et par protestation contre la polyphonie wagnérienne, préférais (je le préfère encore) le quatuor à l'orchestre, la sonate à la symphonie[17]. –

Gide estime cependant qu'il peut être bienvenu, quand on s'adresse à un enfant, de traiter la musique comme un drame ou comme une narration. Il approuve pédagogiquement ce qu'il désapprouve esthétiquement :

---

16 Sur Gide et l'opéra, voir Maja Vukušic Zorica, « Des *Notes sur Chopin* à l'opéra. L'angle mort du *Journal* de Gide », dans Greta Komur-Thilloy et Pierre Thilloy (dir.), *op. cit.*, p. 151-171.

17 *Si le grain ne meurt*, *SV*, p. 252.

> M. Gueroult commença d'entreprendre mon éducation. Il me faisait mettre au piano, et à chaque morceau qu'il m'enseignait, il inventait une sorte d'affabulation continue, qui le doublât, l'expliquât, l'animât : tout devenait dialogue ou récit. Encore qu'un peu factice, la méthode, avec un jeune enfant, peut, je crois, n'être pas mauvaise, si toutefois le récit surajouté n'est pas trop niais ou trop inadéquat. Il faut songer que je n'avais guère plus de douze ans.

L'indulgence dont bénéficie M. Gueroult est étonnante. Tout au long des lignes qui évoquent sa figure, Gide met l'accent sur le fait que sa mère, quoiqu'elle jugeât sévèrement le musicien, dont pas un défaut ne lui échappait, se trouvait désarmée par son aura ; et Gide lui-même se montre étonnamment complaisant, et disposé à pardonner à M. Gueroult des opinions esthétiques et des postures artistiques et sociales qu'il ne pardonnerait à nul autre. Le musicien, ainsi, abuse de son prestige d'artiste, dont il profite pour dominer des créatures à la personnalité moins affirmée, comme Anna Shackleton. Gide devrait, comme sa mère, vilipender M. Gueroult pour de tels abus ; mais, comme sa mère, il ne parvient pas à condamner sérieusement cette figure pour laquelle il éprouve une forme de fascination :

> Après midi, M. Gueroult composait ; Anna, dressée à écrire sous la dictée musicale, lui servait parfois de secrétaire ; il avait recours à elle aussi bien pour ménager sa vue, qui commençait à faiblir, que par besoin d'exercer son despotisme, à ce que prétendait ma mère. Anna était à sa dévotion. Elle l'escortait dans ses promenades matinales, portait son pardessus s'il avait trop chaud et tenait ouverte devant lui, pour [le] protéger [...] du soleil, une ombrelle. Ma mère protestait à ces complaisances ; le sans-gêne de M. Gueroult l'indignait ; elle prétendait lui faire payer ce prestige, auquel elle ne pouvait elle-même se dérober, par une pluie de menues épigrammes dont elle tentait de le larder, mais qu'elle appointait [...] assez mal, de sorte que lui ne faisait que s'en amuser.

On voit que la musique bouleverse le système des valeurs bourgeoises ; mieux (ou pire) : elle justifie tous les torts, elle excuse tous les défauts. Celui qui incarne la musique, ou celui qui en est le célébrant, ne saurait être jugé avec les outils moraux communs. Tous les adjectifs péjoratifs sont dévalués par ce seul substantif : « musicien ». De telle façon que le prestige devient un bien moral plus précieux que la considération :

> Longtemps après qu'il était devenu presque aveugle, elle mettait encore en doute, ainsi que beaucoup d'autres, cette nuit envahissante ; ou du moins

> accusait M. Gueroult d'en jouer, et de n'être « pas si aveugle que ça ». Elle le trouvait obséquieux, entrant, retors, intéressé, féroce ; il était un peu tout cela ; mais il était musicien.

On dirait presque que la musique situe ceux qui la pratiquent par delà le Bien et le Mal. Gide, pourtant, ne peut pas passer sous silence certains torts particulièrement graves de M. Gueroult. Mais il ne les condamne pas en son nom propre. Il se trouve un porte-parole et un porte-jugement en la personne d'Albert Démarest. Le jugement de ce dernier, cependant, n'est qu'à demi crédible ; non que lui-même ne soit pas recommandable : au contraire, si l'on en croit Gide, Albert était une figure des plus droites. Mais cette droiture n'allait pas sans naïveté – de telle façon qu'on a quelque mal à comprendre si Gide prend le parti d'Albert le maladroit ou de l'habile M. Gueroult. Toujours est-il que l'écrivain termine son portrait de l'organiste-compositeur sur la mise en scène d'une faute moins vénielle que les autres :

> Mon cousin Albert Démarest [...] s'était particulièrement lié avec [M.] Gueroult. Albert, seul artiste de la famille, aimait passionnément la musique et jouait lui-même fort agréablement du piano ; la musique était leur seul terrain d'entente ; partout ailleurs ils s'opposaient. À chaque défaut du père Gueroult correspondait, dans le caractère d'Albert, un relief. [...] [M]ais par bonté, par indiscipline, Albert savait mal se conduire dans la vie ; [...] de sorte que, dans la famille, on ne le prenait pas tout à fait au sérieux. M. Gueroult l'appelait toujours « ce gros Bert », avec une indulgence protectrice où perçait un peu de pitié. Albert, lui, admirait le talent de M. Gueroult ; quant à l'homme, il le méprisait. Plus tard il me raconta qu'un jour il avait surpris Gueroult embrassant Anna.

Malgré cette incartade, Gide se montre dans l'ensemble fort indulgent à l'égard de M. Gueroult. Cette absence de sévérité, qui étonne de la part d'un Gide en général intransigeant, peut trouver deux explications. La première est essentielle : la musique est pour lui un intercesseur auprès de ses propres sens ; elle lui découvre des territoires inconnus, et présentés par la morale familiale comme interdits. Aussi serait-il malvenu d'adopter le point de vue de sa mère (cette dernière, d'ailleurs, ne parvenant pas à prendre tout à fait au sérieux sa propre sévérité) et de son cousin, et de condamner M. Gueroult. La seconde explication est circonstancielle. Les torts esthétiques de M. Gueroult apparaissent à Gide comme un moindre mal : car le jeune André eut d'autres professeurs qui valaient bien moins que Gueroult. Ce dernier est un authentique musicien, il se montre à la hauteur de sa tâche et de son ministère, il est un digne représentant de la musique ; tandis que la « vocation » de Mlle de Gœcklin a une origine purement alimentaire ; et que M. Merriman, autre professeur de l'enfant Gide, est un professionnel qui ne semble guère aimer la musique – qui ne semble pas même soupçonner qu'il faut aimer la musique pour être musicien.

LE « MÉCANISME » CREUX ET L'ÉMOTION DÉSORDONNÉE

Comme la mère de Gide, mais moins pour se défendre de ses propres émotions que parce qu'il n'en éprouve aucune, M. Merriman décharne la musique :

> Les leçons de Mlle de Gœcklin ayant été jugées insuffisantes, je fus confié à un professeur mâle, qui ne valait, hélas ! pas beaucoup mieux. M. Merriman était essayeur chez Pleyel ; il avait fait du métier de pianiste sa profession, sans vocation aucune ; à force de travail il était parvenu à décrocher au Conservatoire un premier prix, si je ne m'abuse ; son jeu correct, luisant, glacé, ressortissait plutôt à l'arithmétique qu'à l'art ; quand il se mettait au piano, on croyait voir un comptable devant sa caisse ; sous ses doigts, blanches, noires et croches s'additionnaient ; il faisait la vérification du morceau[18].

Ce que Gide reproche à M. Merriman, c'est d'être absolument imperméable à la sensualité de la musique. Et quand, par extraordinaire, il s'y montre sensible, ou du moins quand il s'en avise, il la condamne. Non seulement cette aridité est esthétiquement déplorable ; mais elle fait en outre de Merriman un piètre pédagogue : « Assurément il aurait pu m'entraîner pour le mécanisme ; mais il ne prenait aucun plaisir à enseigner. Avec lui, la musique devenait un pensum aride ; ses maîtres étaient Cramer, Steibelt, Dussek, du moins ceux dont il

18 Sauf mention contraire, pour cette citation et les suivantes, voir *Si le grain ne meurt*, *SV*, p. 182-191.

préconisait pour moi la férule. Beethoven lui paraissait libidineux. » Tout cela explique l'indulgence que montre Gide pour Gueroult et les histoires qu'il invente afin d'expliquer les œuvres : cette méthode, pour être discutable, n'en est pas moins efficace pédagogiquement ; et elle est dans tous les cas préférable à la méthode purement mécanique pratiquée par M. Merriman. Mieux vaut investir trop de sens dans la musique que la vider de tout contenu ; mieux vaut solliciter trop vivement l'imagination ou la pensée que les empêcher absolument d'agir. Car l'interprétation, si elle ne doit pas donner lieu au déchaînement des passions de l'instrumentiste, ou à l'expression sauvage de son imagination, ne saurait cependant se réduire à un exercice purement digital : « Jamais la moindre explication. Jamais le moindre appel, je ne dis pas à mon goût musical ou à ma sensibilité (comment en eût-il été question ?) mais non plus seulement à ma mémoire ou à mon jugement. »

À Merriman succède M. Schifmacker – qui a en quelque sorte les défauts inverses de ceux de son prédécesseur. Comme souvent dans les portraits de musiciens que propose Gide, les apparences ne trompent pas, les manières du professeur trahissant l'esthétique qu'il prône et la méthode qu'il pratique : « Le premier jour qu'il vint chez nous, il nous exposa son système. C'était un gros vieux homme ardent, essoufflé, qui rougeoyait comme une forge, qui bredouillait, sifflait et postillonnait en parlant. » La parole de M. Schifmacker est désordonnée, pour ne pas dire débraillée, comme sa méthode. Si Gide désapprouve la méthode purement mécanique défendue par Merriman, il ne semble guère convaincu par la méthode purement « pratique » de M. Schifmacker. Ce dernier n'oublie pas, contrairement à Merriman, que la musique n'est pas une coquille creuse, qu'elle est capable d'exprimer, voire de raconter, et qu'elle peut être substantielle. Mais il oublie que l'interprète, pour rendre perceptibles, palpables, les émotions qui l'agitent, ou (ce qui serait mieux venu) celles que voulaient transmettre le compositeur, doit savoir se servir de ses doigts. Certes, Gide est loin d'ajouter foi au postulat sur lequel est fondé tout le discours de M. Schifmacker : à savoir que la musique a avant tout une fonction expressive. Mais ce n'est pas tant ce postulat qu'il discute, que les conclusions qu'il entraîne – à savoir que les doigts sauront trouver seuls le moyen de manifester les événements qui rythment la vie intime du musicien :

Les autres professeurs, qu'est-ce qu'ils racontent ? Faut faire des exercices, des exercices, et patati, et patata. Mais est-ce que j'en ai fait, moi, des exercices ? Laissez-moi donc tranquille ! On apprend à jouer en jouant. C'est comme pour parler. Voyons ! vous qui êtes raisonnable, Madame, est-ce que vous accepteriez que chaque matin on fît faire à votre enfant des exercices de langue, sous prétexte qu'il aura à se servir de sa langue dans la journée : ra, ra, ra, ra, gla, gla, gla, gla. [...] – Qu'on ait la langue bien ou mal pendue, ce qu'on dit, c'est ce qu'on a à dire, et au piano on a toujours assez de doigts pour exprimer ce qu'on sent. Ah ! si l'on ne sent rien, quand on aurait dix doigts à chaque main, la belle affaire !

Cette primauté du sentiment, Gide ne prend pas la peine de la contester : certes, c'est une vision bien naïve de la musique que celle de Schifmacker. Mais ce qu'il trouve bien plus discutable, c'est cette idée qu'il n'est pas nécessaire d'exercer les doigts. Il va de soi que le professeur compte ainsi s'attirer l'affection de jeunes élèves dont il flatte la paresse : « Alors, mon petit, c'est compris : plus d'exercices. Regardez, madame ! regardez ce farceur comme il est content ! Il se dit déjà : on ne va pas s'embêter avec le papa Schifmacker. Il a raison cet enfant. » Mais si le petit Gide a pu, en effet, se réjouir d'être libéré des pensums imposés par M. Merriman, le Gide écrivain, lui, reprend à son compte le jugement de sa mère. Comme sa mère, quoique selon une logique quelque peu différente (puisqu'il exalte aussi les vertus de la lutte libératrice – lutte dont le succès est le plus grand péril pour l'écrivain), il croit aux vertus de la contrainte : « Ma mère [était] complètement submergée, éberluée, amusée tout de même par tant de pitrerie, mais effrayée plutôt encore, et n'approuva[i]t pas trop une méthode qui supprimait la contrainte et l'effort, elle qui en apportait à tout dans la vie. »

M. Schifmacker, en revanche, est honnête : il tient à prouver que ses qualités de musicien ne sont pas purement théoriques ; et que, s'il se permet de prendre la responsabilité d'éduquer musicalement de jeunes enfants, c'est parce que lui-même est un remarquable interprète. Gide, manifestement, a pris le parti de donner deux portraits strictement inverses : au jeu mécanique, désincarné, de M. Merriman répond le jeu presque exubérant d'un M. Schifmacker dont les gestes, au piano, sont presque sensuels : « Il ouvrit le piano, frappa quelques accords, puis se lança dans une petite *Étude* de Stephen Heller, en forme de fanfare, qu'il mena d'un train d'enfer et avec un étourdissant brio. Il avait de petites mains courtes et rouges avec lesquelles, presque sans agiter les doigts, il semblait pétrir le piano. » La méthode qu'il pratique avec ses élèves, M. Schifmacker l'a manifestement pratiquée lui-même : car toutes les qualités que l'on acquiert en faisant des exercices – à commencer par la régularité sonore et rythmique dans les traits – lui font défaut. Mais Gide, pour autant, ne méprise pas son ancien professeur, qui, malgré sa relative maladresse, semble doué d'une forme de génie. Il est en tout cas capable de créer de l'inouï. Et Gide est séduit par le caractère en quelque sorte substantiel de cette interprétation peu conventionnelle :

> Son jeu ne rappelait rien que j'eusse jamais entendu ou que je dusse jamais entendre ; ce qu'on appelle « mécanisme » lui faisait complètement défaut et je crois qu'il aurait trébuché dans une simple gamme ; aussi n'était-ce jamais précisément le morceau tel qu'il était écrit qu'on entendait avec lui, mais quelque approximation pleine de fougue, de saveur et d'étrangeté.

Le professeur, d'ailleurs, n'a pas tout à fait raison quand il croit voir son élève se réjouir en apprenant qu'il n'aura plus à faire d'exercices. Car le jeune André contenait déjà en germe l'écrivain rigoureux amoureux de la « limitation ». Gide, d'ailleurs, a un mot qui le trahit – il parle de « ce diable d'homme », comme si tous ceux qui lui proposaient, dans le domaine esthétique, de se libérer des contraintes incarnaient à leur façon le principe tentateur avec lequel il devait dialoguer douloureusement toute sa vie durant : « Je n'étais pas particulièrement ravi qu'il supprimât de ma vie les exercices ; déjà j'aimais étudier ; c'est pour plus de progrès que je changeais de professeur, et je doutais si, avec ce diable d'homme… » Et il n'est pas anodin que les gestes pianistiques de « ce diable d'homme » apparaissent quelque peu sensuels. Gide y revient d'ailleurs, et explique les raisons de ces gestes qui, à première vue, peuvent sembler inutiles. M. Schifmacker applique à la technique pianistique des principes qui, *a priori*, ne sont valables que pour les instruments à cordes frottées, non pour les instruments à clavier :

> Il avait de bizarres principes ; celui-ci, par exemple : que le doigt, sur la touche, ne doit jamais demeurer immobile ; il feignait que ce doigt continuât de disposer de la note, comme fait le doigt du violoniste ou l'archet qui porte sur la corde vibrante elle-même, et se donnait ainsi l'illusion d'en grossir ou d'en diminuer le son et de le modeler à son gré, suivant qu'il enfonçait ce doigt plus avant sur la touche ou au contraire le ramenait à lui. C'est là ce qui donnait à son jeu cet étrange mouvement de va-et-vient par quoi il avait l'air de malaxer la mélodie.

On connaît la suite, ou plutôt la conclusion pour le moins comique des relations entre la famille Gide et le corpulent M. Schifmacker : ce siège qui refuse de se détacher des « chausses » du professeur ; la moleskine qui se déchire et dont M. Schifmacker est forcé d'emporter « avec lui tout l'apprêt, laissant sur le siège, imprimée, l'effigie de son volumineux derrière »…

ALBERT DÉMAREST ET ADRIEN GIFFARD : DEUX MUSICIENS TROUBLANTS ET TROUBLÉS

Viendra ensuite Marc de La Nux. Mais, avant de parler de celui de ses professeurs qui lui était le plus cher[19], de celui à qui il dut le plus, et pour qui il eut le plus d'estime, Gide fait allusion à d'autres séances musicales : à savoir les séances de quatre mains avec son cousin Albert. Un peu plus haut, il parlait de son « cousin Albert Démarest – pour qui [il] ressentai[t] […] une sympathie des plus vives, malgré qu'il eût vingt ans de plus que [lui][20] ». Or, cette sympathie, dont on verra sans tarder qu'elle n'est pas pure de toute ambiguïté[21], tant s'en faut, va s'exprimer musicalement au cours de la pratique commune du piano. « Depuis la mort de mon père nous dînions tous les dimanches avec ma tante Claire et Albert », écrit Gide. À la fin du repas, les deux cousins se mettent au piano, et, tandis que les deux femmes font « leur partie de cartes », il se « plong[ent] dans les *Trios*, les *Quatuors* et les *Symphonies* de Mozart, de Beethoven et de Schumann, déchiffrant avec frénésie tout ce que les éditions allemandes ou françaises [leur] offr[ent] d'arrangements à quatre mains[22] ». Cet enthousiasme, à première vue, n'a rien de « suspect » : il est celui de deux jeunes gens (l'un étant nettement plus jeune que l'autre) qui aiment passionnément la musique.

19 Plusieurs passages du *Journal* témoignent de l'affection que Gide portrait à Marc de La Nux. Voir notamment *J*, I, p. 522, 28 avril 1906 ; *J*, I, p. 538-539, 20 juin 1906 ; *J*, I, p. 554-555, 13 janvier 1907 ; *J*, I, p. 577, 16 octobre 1907 ; et *J*, I, p. 578, 17 octobre 1907.

20 *Si le grain ne meurt*, *SV*, p. 128.

21 Voir Naomi Segal, « Oncles et tantes », dans Naomi Segal (dir.), *Le Désir à l'œuvre. André Gide à Cambridge*, Amsterdam, Rodopi, 2000, p. 353.

22 *SV*, p. 187.

Mais Gide insiste beaucoup sur le caractère exceptionnel du plaisir musical qu'il goûte aux côtés de son cousin, alors même que celui-ci n'est pas un pianiste particulièrement compétent : « J'étais devenu à peu près de sa force, ce qui n'était du reste pas beaucoup dire, mais ce qui nous permettait de goûter ensemble des joies musicales qui sont restées parmi les plus vives et les plus profondes que j'aie connues[23]. » Et ce qui suit est plus significatif encore. Gide raconte comment les voix des deux figures maternelles couvraient (sans, bien sûr, que cela n'ait rien, *a priori*, d'intentionnel) la musique des deux garçons, dès que celle-ci se faisait chuchotante, discrète, intime :

> Tout le temps que nous jouions, ces dames n'arrêtaient pas de causer ; leurs voix s'élevaient à la faveur de nos *fortissimo* ; mais dans les *pianissimo*, hélas ! elles ne baissaient guère et nous souffrions beaucoup de ce défaut de recueillement. Il ne nous arriva que deux fois de pouvoir jouer dans le silence, et ce fut un ravissement.

Certes, quand les figures maternelles s'absentent, c'est le silence que goûtent les deux musiciens. Mais pas seulement – et Gide le dit explicitement juste après : c'est le fait d'être en tête-à-tête avec son cousin qui l'émeut. Il a alors des mots fort éloquents en ceci justement qu'ils ne disent rien de précis ; qu'ils invitent le lecteur à comprendre plus que ce qui a été dit. Et ce d'autant plus qu'André se réjouit d'avoir réussi à lui seul à attirer Albert :

> Maman m'avait laissé pour quelques jours, dans les circonstances que je vais dire, et Albert, deux soirs de suite, avait eu la gentillesse de venir dîner avec moi ; a-t-on compris ce qu'était pour moi mon cousin, on comprendra du même coup quelle fête ce put être de l'avoir ainsi pour moi tout seul, et qui n'était venu que pour moi.

Ces noces musicales conduisent le jeune André à une transgression au moins horaire. Et l'épisode se conclut sur ces mots troublants : « Nous prolongeâmes la soirée fort avant dans la nuit, et nous jouâmes si suavement que les anges durent entendre. » Ces anges sont destinés à certifier l'innocence de cette communion musicale ; mais ne seraient-ils pas le revers lumineux des Démons de Saül ? Gide, en tout cas, semble avoir pour Albert une affection qui dépasse celle de cousin à cousin,

23 *Ibid.*, p. 188, pour cette citation et les suivantes.

ou de neveu à oncle (car les vingt ans d'écart entre les deux cousins changeaient en profondeur la nature de leur relation). N'écrivait-il pas d'ailleurs à son cousin, dans une lettre de janvier 1892 : « Pour t'écrire, comme pour jouer du piano devant toi, j'ai une timidité paralysante : je sens que tu juges chaque ligne et que tu en lis plus que je ne t'en dis : les mots ne t'en font pas accroire et je me sens tout nu devant toi, derrière les phrases[24]. » « [T]out nu devant toi » : tout est dans ces quatre mots – et l'on découvre peut-être dans cette lettre l'origine de l'inhibition qui toute sa vie durant empêcha Gide de jouer en public.

Gide fut en outre, un peu plus tard, un modèle pour le peintre qu'était Albert ; or, on sait de quelle charge érotique est dotée la figure du modèle : « Sa proposition me surprit. Il ne s'agissait tout d'abord que de lui servir de modèle pour le tableau qu'il voulait présenter au Salon, où figurait un violoniste. Albert m'arma d'un violon, d'un archet, et durant de longues séances je crispai mes doigts sur les cordes de l'instrument[25]. » Le tableau pour lequel pose Gide est amoureux dans son motif et musical dans son inspiration. Et la figure ambiguë de l'être surnaturel, à la fois impalpable dans son essence et tangible dans sa manifestation, y est centrale :

> « Je voudrais, comprends-tu, mettre en peinture ce sentiment que Schumann exprime dans sa mélodie : *L'Heure du Mystère*. Ce serait le soir ; sur une espèce de colline, une forme de femme, étendue, voilée dans les vapeurs du couchant, tendrait les bras vers une créature ailée qui descendrait vers elle. Je voudrais mettre dans les ailes de l'ange quelque chose de frémissant – et ses mains simulaient des battements d'ailes – de tendre, d'éperdu comme la mélodie » ; et il chantait :
>
> *Le ciel étreint la terre*
> *Dans un baiser d'amour.*
>
> Puis il me montrait des esquisses, où l'abondance des nuées dissimulait de son mieux les formes de l'ange et de la femme, c'est-à-dire l'insuffisance du dessin[26].

Peut-être, d'ailleurs, ce flou a-t-il une autre vertu : masquer à demi les aveux charnels que contient le tableau.

---

24 Jean Delay, *op. cit.*, t. I, p. 488.
25 *Si le grain ne meurt*, *SV*, p. 230.
26 *Ibid.*, p. 231.

Outre Albert, il est une autre figure masculine « musicale », sinon vraiment musicienne, qui semble associée à l'initiation sensuelle de Gide : celle d'Adrien Giffard, qui a une relation charnelle, non tant avec Gide qu'avec son piano. D'une part, Giffard semble éprouver une véritable jouissance quand il épouse physiquement l'instrument pour mieux profiter des exercices que fait Gide ; d'autre part, il est flûtiste (et pas flûtiste classique) :

> Quand j'étudiais mon piano, il [Adrien Giffard] s'approchait, collait son oreille au bois de l'instrument et restait, aussi longtemps que je faisais des gammes, dans un état proche de la félicité ; puis s'en allait, sitôt que je commençais un morceau. Il disait : « Ce n'est pas que j'aime la musique ; mais c'est les exercices que vous faites qui me plaisent. » Lui-même s'essayait sur une flûte de bazar[27].

ANTON RUBINSTEIN ET MARC DE LA NUX, DEUX MODÈLES POUR GIDE

Mais Gide reste relativement discret. Et juste après avoir évoqué les plaisirs musicaux du quatre mains partagés avec son cousin Albert, il revient, comme à un garde-fou, au rôle de sa mère dans son éducation musicale. Si la musique peut devenir un instrument de transgression, ou le support d'une transgression, elle est aussi un fait bourgeois. Et la mère de Gide montre le plus grand souci de respecter strictement le système des valeurs qui soutient le jugement esthétique bourgeois. Le plus grand conformisme règne dans la famille Gide en matière d'art et de culture. Aucune indépendance de jugement n'est envisagée :

> En attendant, ma mère, très soucieuse de sa culture et de la mienne, et pleine de considération pour la musique, la peinture, la poésie et en général tout ce qui la surplombait, faisait de son mieux pour éclairer mon goût, mon jugement, et les siens propres. Si nous allions voir une exposition de tableaux – et nous ne manquions aucune de celles que *Le Temps* voulait bien nous signaler – ce n'était jamais sans emporter le numéro du journal qui en parlait, ni

27 *Ibid.*, p. 205.

> sans relire sur place les appréciations du critique, par grand'peur d'admirer de travers, ou de n'admirer pas tout. Pour les concerts, le resserrement et la timide monotonie des programmes d'alors laissaient peu de champ à l'erreur ; il n'y avait qu'à écouter, qu'à approuver, qu'à applaudir[28].

Cette pauvreté n'empêche pas Gide d'aimer profondément la musique, et ce d'autant plus qu'il n'est pas capable d'abord de porter un jugement éclairé sur ce qu'il entend. Le fait qu'il ne soit pas en mesure de trier, et surtout qu'il soit trop jeune pour comprendre, ne l'empêche pas, bien au contraire, d'être sensible à la musique. C'est justement le côté obscur, strictement non intellectuel de sa fascination qui en explique la puissance :

> Maman me menait chez Pasdeloup à peu près tous les dimanches ; un peu plus tard nous prîmes un abonnement au Conservatoire où, deux années de suite, nous allâmes ainsi, de deux dimanches l'un. Je remportais de certains de ces concerts des impressions profondes, et ce que je n'étais pas d'âge encore à comprendre (c'est en 79 que maman commença de m'y mener) n'en façonnait pas moins ma sensibilité.

Dès ces premiers contacts d'ailleurs, les plaisirs musicaux sont associés au sentiment de l'exotique. Si la plupart des œuvres interprétées chez Pasdeloup font partie du répertoire le plus classique et le moins original, certaines, néanmoins, ont contribué à modeler l'imaginaire de l'ailleurs musical propre à Gide. Or, on sait le rôle que joueront dans sa libération intime les musiques et les musiciens d'Afrique du Nord, puis d'Afrique subsaharienne. Et *Le Désert* de Félicien David, ode symphonique pourtant fondée sur des procédés quelque peu « faciles », fait partie des œuvres qui ont suscité chez lui le désir d'Orient qui le ne quitta jamais :

> J'admirais tout, à peu près indifféremment, comme il sied à cet âge, sans choix presque, et par urgent besoin d'admirer : la *Symphonie* en ut mineur et la *Symphonie écossaise*, la suite de *Concertos* de Mozart que Ritter (ou Risler) débitait chez Pasdeloup de dimanche en dimanche, et *Le Désert* de Félicien David, que j'entendis plusieurs fois, [...] le public affectant un goût particulier pour cette œuvre aimable, qu'on trouverait sans doute un peu surannée et manquant d'épaisseur aujourd'hui ; elle me charmait alors comme avait fait un paysage oriental de Tournemine, qui [...] montrait, sur un fond de

28 Pour cette citation et les suivantes, voir *ibid.*, p. 182-191.

> couchant couleur de grenade [...], reflétés dans de calmes eaux, des éléphants ou des chameaux allongeant trompe ou cou pour boire, et tout au loin une mosquée allongeant ses minarets vers le ciel.

Puis vient l'évocation d'un souvenir musical dont Gide parlera également, bien plus tard, à la jeune Annick Morice au cours de la leçon qu'il lui donnera : ce souvenir, c'est celui des concerts que donna Anton Rubistein à Paris. Concerts restés dans la mémoire des musiciens, du fait de l'ampleur prodigieuse du répertoire du pianiste, qui, dans une série d'apparitions, couvrait l'histoire tout entière de la musique pour piano. Ces concerts formèrent le goût de Gide, qui, pour la première fois, semble juger ce qu'il entend, et non simplement se laisser faire, se laisser influencer, se laisser fasciner par la musique. Mais est-ce parce que les interprétations de Rubinstein lui semblent irréprochables et supérieures qu'il choisit le pianiste pour modèle, du moins dans certaines pièces ? Ou est-ce au contraire parce que le pianiste a été le premier modèle proposé à sa jeune admiration qu'il s'en est tenu, toute sa vie, à une esthétique musicale inspirée de Rubinstein, du « grand Rubinstein » ? C'est ce qu'il est impossible de déterminer. Toujours est-il que l'impression que lui firent ces concerts « historiques » dans leur programme comme dans leur retentissement fut indélébile :

> Si vifs que soient certains souvenirs de ces premiers « moments musicaux », il en est un près duquel tous pâlissent : en 83, Rubinstein vint donner une suite de concerts, à la salle Érard ; les programmes prenaient la musique de piano à ses débuts et la menaient jusqu'à nos jours. J'[assistai] à trois [concerts] – dont j'ai gardé souvenir si lumineux, si net, que je doute parfois s'il s'agit bien du souvenir de Rubinstein lui-même, ou seulement des morceaux que, depuis, j'ai tant de fois relus et étudiés. Mais non ; c'est bien précisément lui que j'entends [...] ; et certains de ces morceaux : quelques pièces de Couperin [...], la *Sonate en C dur* de Beethoven (op. 53) et le *Rondo* de celle en mi (op. 90), *L'Oiseau prophète* de Schumann, je ne les pus ensuite écouter jamais qu'à travers lui.

Gide, après ces considérations initiales, donne le portrait du pianiste : portrait qui permet de penser que, malgré tout, l'adolescent Gide n'était pas incapable de se déprendre de sa fascination. Les allures excessivement romantiques du musicien ne semblent pas dépourvues d'affectation au jeune auditeur, qui admire le pianiste en dépit de son apparence et de ses attitudes plutôt qu'en raison de son aspect physique et de ses poses. Anton Rubinstein, manifestement, joue un rôle, celui de l'artiste romantique, dont l'incarnation la plus exemplaire est Beethoven – le Beethoven de la légende, s'entend. Toujours est-il que son visage n'est pas dépourvu de sensualité, et que sa relation au public relève de la séduction animale. On serait presque tenté d'affirmer qu'il joua pour Gide le même rôle que Dostoïevski ou William Blake[29] : celui d'ambassadeur auprès des puissances désordonnées des ténèbres. Rubinstein fut peut-être le musicien *romantique dans son classicisme* que Gide n'osa jamais être :

> Son prestige était considérable. Il ressemblait à Beethoven, de qui certains le disaient fils (je n'ai pas été vérifier si son âge rendait cette supposition vraisemblable) ; visage plat aux pommettes marquées, large front à demi noyé dans une crinière abondante, sourcils broussailleux ; un regard absent ou dominateur ; la mâchoire volontaire, et je ne sais quoi de hargneux dans l'expression de la bouche lippue. Il ne charmait point, il domptait. L'air hagard, il paraissait ivre, et l'on disait que souvent il l'était. Il jouait les yeux clos et comme ignorant du public.

Ce qui séduit Gide dans les interprétations de Rubinstein, c'est leur spontanéité ; ou plus exactement, c'est l'effet de spontanéité que le pianiste réussit à obtenir. Rubinstein a l'air d'explorer des terres musicales, et mentales aussi, encore inconnues de lui : « Il ne semblait point tant présenter un morceau que le chercher, le découvrir, ou le composer à mesure, et non point dans une improvisation, mais dans une ardente vision intérieure, une progressive révélation dont lui-même éprouvât et ravissement et surprise. » Gide reprendra d'ailleurs ces propos presque mot pour mot dans la leçon à Annick Morice. Il reprendra aussi l'anecdote qui suit – anecdote fameuse, et hautement révélatrice : « Les trois concerts que j'entendis étaient consacrés, le premier à la musique ancienne, les deux autres à Beethoven et à Schumann. Il y en eut un consacré à Chopin auquel j'aurais bien voulu également assister, mais ma mère tenait la musique de Chopin pour "malsaine" et refusa de m'y mener. » Mais nous ne nous attarderons pas ici sur ce passage si important, et tant commenté : nous y reviendrons plus bas, dans le chapitre consacré à la relation de Gide à Chopin.

29 Voir David H. Walker, « La goutte, la vague et la mer. Substance et formes du moi gidien », dans Jean-Michel Wittmann (dir.), *Gide ou l'identité en question*, *op. cit.*, p. 19-38.

Il est temps à présent que nous nous arrêtions sur le musicien qui joua le rôle le plus important dans l'éducation de Gide : Marc de La Nux. Le fameux « bon Créole », cousin de Leconte de Lisle, va bouleverser de fond en comble la vie musicale de Gide, qui va se découvrir des capacités pianistiques dont il ne soupçonnait pas l'existence :

> Or, ma mère, dont les yeux enfin s'étaient ouverts sur la médiocrité des leçons de piano que j'avais reçues jusqu'alors, et sur le profit que je pourrais tirer de leçons meilleures, avait depuis vingt mois confié mon instruction musicale à un maître des plus remarquables, Marc de La Nux, qui m'avait aussitôt fait faire des progrès surprenants[30].

La plupart des prédécesseurs de Marc de La Nux étaient simplement incompétents, aussi bien pianistiquement que pédagogiquement : à Mlle de Gœcklin, il manquait à peu près tout, l'aisance instrumentale, la vocation musicale, l'entrain pédagogique ; M. Merriman n'était peut-être pas malhabile : mais il ne savait faire aimer la musique ; M. Schifmacker ne manquait pas d'enthousiasme : mais il n'avait aucune méthode. Seul M. Gueroult était un vrai musicien, à la fois passionné et compétent. Mais son manque de générosité en faisait un fort mauvais professeur :

> Les leçons de Mlle de Gœcklin, de M. Schifmacker, de M. Merriman surtout, étaient on ne peut plus rebutantes. De loin en loin je revoyais M. Gueroult, qui veillait à ce que le « feu sacré », comme il disait, ne s'éteignît point ; mais, même plus suivis, les conseils de ce dernier n'eussent pu me mener bien loin. M. Gueroult était trop égoïste pour bien enseigner.

Marc de La Nux révèle à Gide des méthodes d'une efficacité étonnante, au point qu'on est tenté de soupçonner Gide de forcer le trait pour faire honneur à son professeur, ou du moins de laisser son admiration et son affection pour son « bon Créole » déformer ses souvenirs :

> Quel pianiste eût fait de moi M. de La Nux, si je lui eusse été confié plus tôt ! Mais ma mère partageait cette opinion courante que, pour les débuts, tous les maîtres se valent. Dès la première séance, Marc de La Nux entreprit de tout réformer. Je croyais n'avoir point de mémoire musicale ou que très peu ; je n'apprenais par cœur un morceau qu'à force de le ressasser, me reportant au texte sans cesse, perdu dès que je le quittais des yeux. De La Nux s'y prit si bien qu'en quelques semaines j'avais retenu plusieurs *Fugues* de Bach sans

30 Pour cette citation et celles qui suivent, voir *Si le grain ne meurt*, *SV*, p. 236-239.

seulement avoir ouvert le cahier ; et je me souviens de ma surprise en retrouvant, écrite en ut dièse, celle que je croyais jouer en ré bémol[31].

Mais le plus important, l'élément capital, c'est que Marc de La Nux apprend à Gide à lire (plutôt qu'à interpréter d'ailleurs) une partition musicale, à suivre la logique musicale à laquelle obéissent les œuvres qu'il étudie. En somme, alors que M. Gueroult plaquait une histoire littéraire sur les œuvres musicales qu'il faisait travailler à son élève, Marc de La Nux, lui, fait comprendre à Gide que les morceaux qu'il apprend content une *histoire musicale* : « Avec lui tout s'animait, tout s'éclairait, tout répondait à l'exigence des nécessités harmoniques, se décomposait et se recomposait subtilement ; je comprenais. » C'est là une véritable révélation pour Gide : les sons, soudain, sont investis d'un sens ; mais non d'un sens transcendant (malgré la métaphore divine qu'il mobilise) : d'un sens qui leur est propre, qui émane d'eux. Le psittacisme pianistique, alors, se transforme en une sorte de glose, Gide ne cherchant nullement à traduire le discours musical en un discours verbal, mais au contraire découvrant la vertu propre des notes-mots :

> C'est avec un pareil transport, j'imagine, que les apôtres sentirent descendre sur eux le Saint-Esprit. Il me semblait que je n'avais fait jusqu'à présent que répéter sans les vraiment entendre les sons d'une langue divine, que tout à coup je devenais apte à parler. Chaque note prenait sa signification particulière, se faisait mot.

On sait à quel point Gide était sévère à l'égard des pianistes ; on sait que très peu d'entre eux trouvèrent grâce à ses yeux. Mais Gide vénère tant Marc de La Nux qu'il consent à admirer également ses élèves – même si à son admiration se mêle une forme d'envie, ou plus exactement la détresse du disciple qui se sent moins digne du maître que l'un de ses camarades :

> Certain jour, après ma leçon, [...] je m'attardai sur le palier [...]. L'élève qui m'avait remplacé, non plus âgé que moi peut-être, joua le morceau même qu'alors j'étudiais, la grande *Fantaisie* de Schumann, avec une vigueur, un éclat,

31 À propos de ce passage, Anne-Claire Gignoux écrit : « Partant d'une simple anecdote sur une *Fugue* de Bach, Gide transforme la découverte des tonalités enharmoniques en véritable révélation. » (Anne-Claire Gignoux, « Les figures de l'interprète dans *Si le grain ne meurt* d'André Gide », dans Nathalie Vincent-Arnaud et Frédéric Sounac (dir.), *op. cit.*)

> une sûreté, à quoi je ne pouvais encore prétendre ; et je demeurai longtemps, assis sur une marche de l'escalier, à sangloter de jalousie.

Marc de La Nux, pourtant, estime son jeune élève, dont il songe à faire un musicien. On sait quels furent les regrets de Gide, qui eût voulu être plus à l'aise devant son clavier, afin de pouvoir défendre dignement les œuvres dont il se voulait le champion, à commencer par celles de Chopin. Mais eût-il voulu pour autant n'être qu'un interprète ? La carrière de pianiste l'eût-elle satisfait ? On peut penser qu'ici sa mère a vu clair en lui : qu'elle a compris que son fils avait l'étoffe d'un créateur bien plutôt que d'un interprète. À moins, bien sûr, que ce ne soit la sensualité cachée de la musique, et surtout le côté inévitablement animal (sinon charnel) de la relation entre l'interprète et son public qui aient effrayé Madame Gide :

> M. de La Nux semblait prendre le plus vif plaisir à m'instruire, et ses leçons se prolongeaient souvent bien au-delà de l'heure convenue. Je ne connus que longtemps ensuite la démarche qu'il fit auprès de ma mère ; il tâcha de la persuader qu'il valait la peine de sacrifier à la musique le reste de mon instruction, déjà suffisamment avancée disait-il ; il la pria de me confier à lui complètement. Ma mère avait hésité, eut recours au conseil d'Albert, puis enfin prit sur elle de refuser, estimant que j'aurais dans la vie mieux à faire qu'à simplement interpréter l'œuvre d'autrui ; et, pour ne point éveiller en moi de vaine ambition, elle pria M. de La Nux de ne me rien dire de ses propositions [...].

M. de La Nux, on l'aura compris, est pour ainsi dire un « saint » aux yeux de Gide. Pourtant, le portrait qui suit comprend quelques notations quasi charnelles. Notons d'abord qu'une fois de plus, la musique est liée à l'exotique ; et à un exotique « languide » qui plus est. Gide s'avoue quelque peu décontenancé par la mollesse vigoureuse de son maître. Et il rappelle certaines impressions haptiques qui ne semblent pas absolument anodines :

> Marc de La Nux était né à la Réunion, comme son cousin Leconte de Lisle. Il devait à son origine ses cheveux à demi crépus, qu'il portait assez longs et rejetés en arrière, son teint olivâtre et son regard languide. Tout son être respirait un bizarre mélange de fougue et de nonchaloir. La main qu'il vous tendait fondait dans la vôtre plus qu'aucune autre main de pianiste que j'aie serrée, et son grand corps dégingandé semblait tout de cette même étoffe.

Gide admire Marc de La Nux au point de le trouver « beau ». Mais surtout, il le compare à une figure qui joue un rôle ambivalent voire ambigu dans son imaginaire : Delacroix. Gide, après avoir admiré un temps Delacroix, a pris ses distances avec le peintre, dont il juge qu'il n'a pas su rester proche de lui-même, authentique, sincère en un mot. Mais, on le verra un peu plus loin dans le chapitre que nous consacrerons au rôle de Chopin dans la vie et dans l'œuvre de Gide, Delacroix fait aussi, surtout peut-être, partie de ces artistes passionnés dont il se défie parce qu'ils l'introduisent à et dans un monde qui le trouble, et qu'il préférerait peut-être ignorer. Marc de La Nux, donc, ressemble à Delacroix :

> Sanglé dans une longue redingote de coupe romantique, le col relevé par une cravate de mousseline à double tour et à tout petit nœud haut placé, sous certain éclairage qui faisait valoir la saillie de ses pommettes et le ravalement de ses joues, il ressemblait extraordinairement au portrait de Delacroix par lui-même. Une sorte de lyrisme, d'enthousiasme, l'animait parfois et il devenait alors vraiment beau.

Or, en date du 7 janvier 1943, Gide fera dans son *Journal* une confidence, sinon fort étonnante en elle-même, du moins surprenante par sa formulation. Jeune homme, il eût voulu avoir l'apparence physique de Delacroix ; et il emploie, pour décrire le peintre, les mêmes termes que ceux qu'il utilisait pour décrire Marc de La Nux (à ceci près, il est vrai, qu'il adjective certains substantifs). Cela peut sembler on ne peut plus naturel, les deux hommes se ressemblant. Néanmoins, la proximité verbale entre les deux portraits est troublante, et l'on soupçonne que Gide eût voulu ressembler à son maître, dont il considérait qu'il était, à certains moments du moins, un modèle de beauté romantique (et non classique, ce qui, bien entendu, est extrêmement important) : « J'aurais donné je ne sais quoi, quand j'étais jeune, pour avoir plus tard les joues rentrées et les pommettes saillantes que j'admirais dans le portrait de Delacroix. C'est à lui ou à Berlioz que je souhaitais le plus ressembler[32]. »

32 *J*, II, p. 875, 7 janvier 1943.

APRÈS LA « PORTE ÉTROITE » DE LA CHASTETÉ, LA « RUELLE OBSCURE » DU DÉSIR

Loin de nous l'idée de suggérer qu'il pût entrer une part de désir amoureux dans la relation de Gide à Marc de La Nux : mais presque toujours chez Gide, la musique, surtout si elle a partie liée avec une forme quelconque d'exotisme, est associée à des impressions sensuelles, au sens strict du terme. Qu'on se souvienne de l'évocation de la princesse Ouroussof, personne « d'une beauté plantureuse » qui, vêtue de « toilettes orientales », est une hôtesse charmante qui met chacun à l'aise tout en maintenant constamment une forme d'ambiguïté dans les conversations de son salon. La princesse Ouroussof, donc, qui ne craint pas les « énormités », et qui les recherche même, est une fine mélomane. Et Gide n'est pas peu troublé quand elle lui propose de venir lui rendre visite régulièrement pour travailler sur son piano. Mais c'est lui-même qui a provoqué cet épisode, en se mettant au piano afin de jouer pour la princesse. Et il a alors un mot qui le trahit – il évoque un « démon » qui l'aurait poussé à jouer :

> Je ne sais par quel démon poussé, certain jour que je me trouvais seul avec elle, j'ouvris tout à coup son piano et me lançai dans la *Novellette* en mi de Schumann. J'étais incapable en ce temps de la jouer du train qu'il fallait. À ma grande surprise, elle critiqua fort justement le mouvement, me signala doucement quelques fautes, découvrant sa parfaite connaissance et compréhension du morceau, puis :
>
> « Si vous trouvez mon piano bon, venez donc étudier ici. Vous me ferez plaisir et ne dérangerez personne. »
>
> La princesse me connaissait alors à peine, et cette proposition, que du reste je déclinai, me décontenança plutôt qu'elle ne me mit à l'aise[33] [...].

Mais, bien entendu, les passages « décisifs » en matière de musique sont ceux où Gide évoque l'Afrique du Nord. La première figure musicale (mais non exactement musicienne) qui peut nous intéresser est celle de Mériem, qui se pare de bracelets qui produisent un effet sonore comparable à celui des crotales : or, le motif de la parure instrumentale

33 *Si le grain ne meurt*, *SV*, p. 266.

qui épouse les lignes du corps reviendra, on le verra, dans *Le Retour du Tchad*. Un autre point retient l'attention : après avoir fait le portrait – un portrait charnel, hautement sensuel – de Mériem, Gide évoque les danses de la jeune fille et de sa cousine ; danses rythmées, réglées, comme est rythmée, réglée, la petite musique des Démons de Saül :

> Mériem était de peau ambrée, de chair ferme, de formes pleines mais presque enfantines encore, car elle avait à peine un peu plus de seize ans. Je ne la puis comparer qu'à quelque bacchante, celle du vase de Gaète – à cause aussi de ses bracelets qui tintaient comme des crotales, et que sans cesse elle agitait. Je me souvenais de l'avoir vue danser dans un des cafés de la rue Sainte, où Paul, un soir, m'avait entraîné. Là dansait aussi En Barka, sa cousine. Elles dansaient à la manière antique des Oulad, la tête droite et le torse immobile, les mains agiles, et le corps tout entier secoué du battement rythmique des pieds nus[34].

Mais bientôt, Gide se désintéresse de Mériem, pour évoquer une figure qui le trouble bien plus profondément – à savoir le jeune musicien Mohammed. Il fait l'éloge de la musique d'Afrique du Nord, qui a le pouvoir d'affaiblir la vigilance de sa conscience, ou de son surmoi : dès lors, les pulsions trouvent le moyen de se manifester, la vérité de l'inconscient, ou plus simplement du désir parvient à se révéler. Si Mohammed lui-même joue d'un instrument à percussion, la figure du joueur d'instrument à vent (en l'occurrence du joueur de clarinette, non du flûtiste) est convoquée également. Mais là n'est pas le plus important. Mohammed est comparé à un « démon » – or il est noir, et presque nu, comme eussent dû l'être les Démons de Saül. Et ce démon qui surgit, c'est aussi le démon de la langue. Car soudain, le désir fait irruption, sous sa forme la plus crue, la plus littérale, non seulement dans les paroles de Paul Laurens[35] que rapporte Gide, mais aussi et surtout dans l'œuvre littéraire qui rapporte ces paroles :

> Combien j'aimais cette « musique mahométane », au flux égal, incessante, obstinée ; elle me grisait, me stupéfiait aussitôt, comme une vapeur narcotique, engourdissait voluptueusement ma pensée. Sur une estrade, aux côtés

34 *Ibid.*, p. 285.

35 Paul Laurens est, comme chacun sait, le fils du maître d'Albert Démarest, le peintre Jean-Paul Laurens, chez qui, jeune homme, Gide se rendait « chaque mardi soir » : « Il ne venait à ces soirées hebdomadaires que quelques intimes, anciens élèves pour la plupart ; on faisait un peu de musique ; on causait » (*Si le grain ne meurt*, *SV*, p. 239).

du joueur de clarinette, un vieux nègre faisait claquer des castagnettes de métal, et le petit Mohammed, éperdu de lyrisme et de joie, tempêtait sur son tambour de basque. Qu'il était beau ! à demi nu sous ses guenilles, noir et svelte comme un démon, la bouche ouverte, le regard fou… Paul s'était penché vers moi ce soir-là (s'en souvient-il ?) et m'avait dit tout bas :

« Si tu crois qu'il ne m'excite pas plus que Mériem[36] ? »

Dès lors, le désir peut s'exprimer, sinon librement, du moins ouvertement. Aussi Gide introduit-il un second épisode africain où musique et désir homosexuel sont associés. C'est évidemment l'aventure du café où Wilde le mène, et lui fait rencontrer un flûtiste adolescent dont la beauté le bouleverse. C'est là pour lui une scène fondatrice. Cet adolescent qui surgit de la nuit est quasiment une figure rêvée, son apparition est la réalisation d'un désir :

> Et je me laissais assoupir à demi par la torpeur étrange de ce [café], lorsque, dans l'entrebâillement de la porte, apparut un adolescent merveilleux. Il demeura quelque temps, le coude haut levé, appuyé contre le chambranle, se détachant sur un fond de nuit […]. Il sortit de son gilet tunisien une flûte de roseau, dont il commença de jouer exquisement[37].

Comme le jeune percussionniste, il se prénomme Mohammed ; comme Marc de La Nux, il a un regard empreint de mollesse ; et comme celui qui éprouve le désir, l'objet du désir est plongé dans une sorte de torpeur : « Ses grands yeux noirs avaient ce regard langoureux que donne le haschisch. » Gide admire en particulier la virtuosité du joueur de flûte, virtuosité qui n'est qu'une manifestation parmi d'autres d'une relation physique harmonieuse de l'adolescent avec lui-même : « J'admirais l'allongement de ses doigts sur la flûte, la sveltesse de son corps enfantin, la gracilité de ses jambes nues. » Fasciné, transporté par la frêle musique du désir, Gide s'oublie lui-même, il se déprend de sa propre conscience et fait l'expérience quasi mystique du ravissement érotique : « Comme une eau limpide et constante le chant de la flûte coula à travers un extraordinaire silence, et l'on oubliait l'heure, le lieu, qui l'on était et tous les soucis de ce monde[38]. » La conclusion de la scène

36 *Ibid.*, p. 285.

37 Pour cette citation et les suivantes, voir *ibid.*, p. 306-307.

38 Ce motif de l'oubli, du ravissement, de l'abolition de soi et du sentiment de sa propre finitude revient un peu plus loin, toujours associé à la figure du jeune flûtiste (figure qui

est bien connue. À nouveau, le désir fait brutalement irruption dans la langue. Certes, tout à l'heure, Paul chuchotait, et ici Gide trouve à peine le courage de répondre à la question sans détour de Wilde ; et certes, Gide, avant d'oser rapporter la question de Wilde, avant d'introduire cette interrogation presque pornographique dans sa langue et dans son œuvre, a recours à un mot étranger, que bien sûr Wilde a sans doute utilisé, mais qui surtout lui permet de retarder l'échéance. Néanmoins, malgré ces procédés prudents, l'intervention du musicien permet à la langue de dire ce qu'en principe elle tait – à savoir le désir homosexuel dans sa vérité nue :

> Nous sortîmes. Nous fîmes quelques pas dans la ruelle, suivis du hideux guide, et je pensais déjà que là s'achevait la soirée, mais, au premier détour, Wilde s'arrêta, fit tomber sa main énorme sur mon épaule et, penché vers moi, – car il était beaucoup plus grand – à voix basse :
>
> « *Dear*, vous voulez le petit musicien ? »
>
> Oh ! que la ruelle était obscure ! Je crus que le cœur me manquait ; et quel raidissement de courage il fallut pour répondre : « Oui », et de quelle voix étranglée !

Quoique ce soit d'une « voix étranglée », Gide guide ainsi ses lecteurs dans la « ruelle obscure » de son désir éveillé par ces figures de musiciens « exotiques »...

---

s'incarne, en l'occurrence, en Sadek) : « J'ai dit que ma chambre ouvrait de plain-pied sur le dehors. Non loin passait la route de Touggourt, que les Arabes prenaient pour regagner à la nuit leur village. Vers neuf heures, j'entendais à mes volets clos un grattement léger : c'était Sadek, le grand frère d'Athman et quelques autres ; ils enjambaient l'appui de la fenêtre. Il y avait là des sirops et des friandises. Tous, accroupis en cercle, nous écoutions Sadek jouer de la flûte, dans un oubli du temps que je n'ai connu que là-bas » (*ibid.*, *SV*, p. 318).

MUSIQUE ET ENGAGEMENT

Du Congo à l'URSS *via* les Enfers

On l'aura compris, les musiques « exotiques », ou plutôt les musiques non familières qu'il entend lorsqu'il est en voyage, en particulier sur le continent africain, accompagnent l'épanouissement sensuel de Gide : la figure du joueur de flûte, notamment, joue un rôle crucial dans les textes où il évoque, de manière voilée ou explicite, la façon dont il a su se libérer du carcan de la morale sexuelle occidentale de son époque. C'est que l'Afrique, pour lui, est, comme chacun sait, un espace de libération et de découverte aventureuse de soi et des autres, alors que « les préceptes les plus rigides d'une mentalité huguenote qui tenait la chair pour coupable et pour honteux le péché de chair, fût-il en pensée, lui avaient été inculqués par ces femmes exemplaires et sévères qui s'appliquaient à restreindre ses lectures, ses curiosités et jusqu'à son goût passionné de la musique, éloignant de son piano comme dangereuse pour ses nerfs et sa pureté la musique de Chopin[1] ».

Aussi ne faut-il pas s'étonner du fait que *Voyage au Congo* (1927) et *Le Retour du Tchad*[2] (1928), dont pourtant Gide a retiré, on le sait, nombre de passages relevant de la confidence érotique, comptent parmi ses livres où il est le plus question de musique.

Mais bien vite, Gide abandonne, dans le récit de son voyage en Afrique-Équatoriale française, cette quête de jouissances conjointement musicales et sensuelles, pour adopter la posture de l'ethnomusicologue, et prêter véritablement l'oreille aux singularités de l'autre incarné ici par les indigènes, et en particulier par les Massa et les Sara. C'est sa

1 Jacqueline Marc-Chadourne, *André Gide et l'Afrique. Le rôle de l'Afrique dans la vie et l'œuvre de l'écrivain*, Paris, Nizet, 1968, p. 20. On pourra consulter aussi Sidonie Rivalin-Padiou, *André Gide, à corps défendu*, Paris, L'Harmattan, 2002, p. 7.

2 Sur le rapport de Gide aux musiques d'Afrique-Équatoriale française, voir Jocelyn van Tuyl, « Ce "bal" qui n'en est pas un : le discours musical dans le *Voyage au Congo* et *Le Retour du Tchad* », *BAAG*, nº 109, janvier 1996, p. 57-67.

façon à lui d'engager la musique et son discours sur la musique : car on verra dans *Retour de l'URSS* (1936) que toute tentative d'embrigadement « officiel » de la musique lui répugne. Aussi bien avait-il déjà pris ses distances avec l'idée d'engagement artistique avant même son voyage en Union soviétique : en effet, si l'héroïne éponyme de *Perséphone* (1934) hésite encore entre éthique et esthétique, le Gide des *Nouvelles Nourritures* (1935) épouse résolument la cause du particulier contre le collectif, sans que cela suppose pour autant le moindre égoïsme, la musique se voyant assigner la tâche de réveiller la vaillance de tous pour que chacun puisse assumer sa propre singularité.

« DANS LA NUIT TRÈS OBSCURE » : LES DÉMONS DE SAÜL AU CONGO

Dans les premières lignes de son *Voyage au Congo*, Gide convoque – aux côtés d'autres figures d'artistes et d'écrivains classiques qui l'accompagneront dans son périple en Afrique-Équatoriale française, et qui lui serviront de garde-fous dans les moments où il éprouvera la tentation du gouffre – un compositeur qui lui est cher – mais qui bientôt laissera, textuellement du moins, la place à d'autres musiciens, anonymes ceux-là, et *a priori* peu classiques. Cette figure tutélaire, qui se fera néanmoins discrète dans la suite du voyage, c'est Mozart :

> Je reprends, avec délices, depuis la fable I, toutes les fables de La Fontaine[3]. Je ne vois pas trop de quelle qualité l'on pourrait dire qu'il ne fasse preuve. Celui qui sait bien voir peut y trouver trace de tout mais il faut un œil averti, tant la touche, souvent, est légère. C'est un miracle de culture. Sage comme Montaigne, sensible comme Mozart[4].

Dès le début du voyage, par ailleurs, Gide, dont on sait pourtant qu'il n'approuve guère les tentatives synesthésistes, établit des correspondances

3 En 1944, Gide écrira pourtant : « Si je n'avais quitté le piano, mieux vaudrait le *Clavecin* [*sic*] *bien tempéré* que les *Fables* de La Fontaine ; plus proche de la sérénité. » (*J*, II, p. 981, 6 février 1944.)

4 *Voyage au Congo*, *SV*, p. 334, 21 juillet 1925, troisième jour de traversée.

entre ses sensations visuelles et des effets musicaux : « L'immense lumière de ce ciel voilé, comparable au *pianissimo* d'un abondant orchestre[5]. » Un peu plus loin, il reprend une métaphore du même genre, mais mêle cette fois lexique musical et lexique pictural :

> Parfois quelque arbre étrange domine le taillis épais de la rive et fait solo dans la confuse symphonie végétale. Pas une fleur ; aucune note de couleur autre que la verte, un vert égal, très sombre et qui donne à ce paysage une tranquillité solennelle, semblable à celle des oasis monochromes, une noblesse où n'atteint pas la diversité nuancée de nos paysages du Nord[6].

Ces correspondances, il ne les trouve cependant pertinentes que tant que le paysage reste, sinon aimable, du moins *tempéré.* Mais pour peu que la nature donne dans l'immense ou dans le sublime, il juge préférable que l'artiste ne s'en occupe pas. Faisant allusion au dédicataire du *Voyage au Congo*, c'est-à-dire à Joseph Conrad, qu'il considère comme un classique parmi les modernes (et dont bien sûr le *Heart of Darkness* l'accompagne au Congo – même si en l'occurrence c'est de *Typhoon* qu'il est question), Gide s'en prend, sans guère d'aménité, à ceux qui appellent de leurs vœux la venue en Afrique d'un artiste, peintre ou musicien, capable de se mesurer à une nature sauvage, *immodérée.* On comprend par suite que son ambition de voyageur n'est pas immédiatement artistique ; s'il pense d'une certaine façon renaître à lui-même au Congo, ce n'est pas l'inspiration qu'il va chercher en Afrique. Car la matière est bien trop abondante pour ne pas déborder (et par suite déformer) toute œuvre d'art :

> « Et croiriez-vous qu'un pareil spectacle attend encore son peintre ! » s'écrie un des invités, en me regardant. C'est une invite à laquelle je ne répondrai point. L'art comporte une tempérance et répugne à l'énormité. [...] On a blâmé Conrad, dans le *Typhon*, d'avoir escamoté le plus fort de la tempête. Je l'[en] admire au contraire [...]. Mais c'est une commune erreur, de croire que la sublimité de la peinture tient à l'énormité du sujet. Je lis dans le *Bulletin de la Société des recherches congolaises* (n° 2) :
>
> « Ces tornades, dont la violence est extrême, sont [...] la plus belle scène de la nature intertropicale. Et je terminerai en exprimant le regret qu'il ne se soit pas trouvé, parmi les coloniaux, un musicien né pour les traduire en musique. » Regret que nous ne partagerons point[7].

5 *Ibid.*, p. 337, 2 août 1925.
6 *Ibid.*, p. 351, 8 septembre 1925.
7 *Ibid.*, p. 343, 23 août 1925.

Et quand il entend la musique des tam-tams[8], ce que retient Gide, ce n'est pas seulement son caractère absolument neuf, et par suite « déconcertant », pour l'Occidental qu'il est. C'est aussi la structure rythmique[9] qu'il parvient à y déceler, et l'organisation « symphonique[10] » (au sens étymologique du terme) qu'il voit ou qu'il entend se mettre en place ; et surtout, c'est la capacité de cette musique somme toute ordonnée à calmer les ardeurs mystiques déchaînées des indigènes. On pourrait penser que la musique contribue à provoquer les états de transe ; mais aux yeux de Gide, c'est tout le contraire :

> Devant le gîte d'étape de Moussareu, ahurissant tam-tam [...]. D'admirables chants alternés rythment, soutiennent et tempèrent l'enthousiasme et la frénésie du pandémonium. Je n'ai rien vu de plus déconcertant, de plus sauvage. Une sorte de symphonie s'organise ; chœur d'enfants et soliste ; la fin de chaque phrase du soliste se fond dans la reprise du chœur[11].

Toutefois, Gide va peu à peu se laisser déstabiliser jusque dans ses convictions artistiques les plus profondes. Car il arrive que, malgré tout, la musique des tam-tams encourage la frénésie des danseurs. Certes, l'écrivain, alors, montre d'abord de la répugnance pour le spectacle ; mais dans un second temps il cède, sinon à l'admiration, du moins à une forme de fascination. Aussi bien annonçait-il, dans l'*incipit*, que ce voyage était un moyen pour lui de se jeter, « comme Curtius », dans le « gouffre » : et il se laisse en effet tenter parfois par l'« abîme » – par un abîme qui n'est pas seulement celui de l'étranger, mais aussi celui du désir. Car, quand il décrit les danseurs, il évoque des mouvements mécaniques à la fois réglés et disharmonieux, à la fois réguliers et, si l'on

8 « Dès qu'on me parle de nègres, de tam-tam et de bamboulas, je perds tout sens critique », écrivait Gide à Marc-Adolphe Guégan le 8 novembre 1924 (voir *BAAG*, n° 57, janvier 1983, p. 101).

9 Gide admire le sens rythmique de la plupart des ethnies indigènes qu'il rencontre. Un peu plus loin, il note ainsi (et sans doute entre-t-il plus de solidarité que de moquerie dans cette remarque qui vise à discréditer la musique martiale occidentale, et non ses maladroits interprètes africains) : « Curieux, chez ce peuple si sensible au rythme, la déformation caricaturale de nos sonneries militaires. Les notes y sont, mais le rythme en est changé au point de les rendre méconnaissables » (*Voyage au Congo*, *SV*, p. 472, Fort-Archambault, fin décembre 1925 ou début janvier 1926 – Gide « n'inscrit plus les dates »).

10 Un peu plus loin, mais sur le ton de la plaisanterie, il note, à propos d'enfants dont il admire la naïve discipline : « Tous en rang, le sourire aux lèvres, on s'attend à les entendre entonner un chœur de Gounod » (*ibid.*, p. 374-375, 8 octobre 1925).

11 *Ibid.*

nous passe le mot, cacophoniques. Or, on se souviendra que le « tapage » des Démons de Saül prenait l'aspect sonore d'une « musique réglée » :

> Le soir, tam-tam [...]. [R]ien de plus morne et de plus stupide que cette danse, d'un lyrisme que plus rien de spirituel ne soulève. Au son du tambour et de la même phrase musicale, reprise en chœur et inlassablement répétée, tous tournent en formant une vaste ronde, [...] avec une extrême lenteur et un trémoussement rythmique de tout le corps, comme désossé, [...] les bras ballants, la tête indépendante animée d'un mouvement de va-et-vient, comme celle des oiseaux de basse-cour. Telle est l'expression de leur ivresse, la manifestation de leur joie. Au clair de lune, cette obscure cérémonie semble la célébration d'on ne sait quel mystère infernal, que je contemple longuement, sur lequel je me penche comme sur un abîme, comme Antoine sur la bêtise du catoblépas : « Sa stupidité m'attire[12]. »

Ainsi, quoiqu'il juge parfois fort sévèrement les manifestations « artistiques » qu'il croise sur son chemin, Gide laisse ressurgir dans son discours sur la musique africaine ses hantises charnelles. La réapparition des joueurs de flûte, quoiqu'elle prenne des allures parodiques ici, annonce le retour du thème sensuel :

> Le sultan vient nous dire adieu, flanqué de toute sa maisonnée et de son escorte ordinaire. Assez piteux spectacle de cette cour déchue. Quelques joueurs de flûte, survivants derniers de sa splendeur, semblent sortir d'une mascarade. Les flûtes verticales sont ornées de deux ceintures de longs poils, qui s'épanouissent en corolles dès que l'on souffle dans l'instrument[13].

Et peu après, il évoque de jeunes danseurs qui, pour son lecteur fidèle, évoquent à nouveau, mais cette fois irrésistiblement, les Démons de Saül – et ce d'autant plus qu'à la fin de sa description le voyageur parle d'un « démon noir » (qui a pour unique défaut, pour qui aurait voulu établir une équivalence stricte entre les danseurs « tout noirs » et les êtres qui hantent Saül, d'être « grand »). Gide prend le temps de développer une longue *ekphrasis* chorégraphique, et s'intéresse aussi à la musique des trompes qui rythme la danse :

> Ce matin, dès l'éveil, danse des Dakpas. Vingt-huit petits danseurs, de 8 à 13 ans, badigeonnés de blanc de la tête aux pieds ; coiffés d'une sorte de casque

12 *Ibid.*, p. 443, 27 novembre 1925.
13 *Ibid.*, p. 378, 11 octobre 1925.

> que hérissent une quarantaine de dards noirs et rouges ; sur le front une frange de petits anneaux de métal. Chacun tient à la main un fouet fait en jonc et cordes tressées. Certains ont les yeux encerclés d'un maquillage en damier noir et rouge. Une courte jupe en fibre de rafia complète cet accoutrement fantastique. Ils dansent en file indienne, gravement, aux sons de vingt-trois trompes de terre ou de bois d'inégales longueurs (trente centimètres à un mètre cinquante) dont chacune ne peut donner qu'une note. Une autre bande de douze Dakpas, plus âgés, ceux-ci tout noirs, déroule ses évolutions en sens inverse de la première[14].

Cette fois, il s'avoue désarçonné, et ne cherche pas d'autre adjectif pour qualifier la musique qu'il entend que celui d'« étrange » – soit un adjectif qui renvoie à son propre désarroi plutôt qu'aux qualités objectives de la musique :

> Une douzaine de femmes se mêlent bientôt à la danse. Chaque danseur avance à petits pas saccadés qui font tinter les bracelets de ses chevilles. Les joueurs de trompe forment cercle ; au milieu d'eux une vieille femme bat la mesure avec un plumeau de crins noirs. À ses pieds un grand démon noir se tord dans la poussière, en proie à de feintes convulsions, sans cesser de souffler dans sa trompe. Le vacarme est assourdissant, car, dominant le beuglement des trompes, tous, à la seule exception des petits danseurs blancs, chantent, hurlent à tue-tête, inlassablement, un air étrange (que par ailleurs j'ai noté).

Certes, aucun trouble charnel, aucun désir ne s'exprime ici. Mais il ne faut pas négliger le fait que Gide a dû, afin de ne pas discréditer son témoignage social et politique, faire le choix de taire la plupart de ses émotions et de ses aventures sensuelles. Cette censure, d'ailleurs, n'est pas si stricte qu'il ne laisse entendre de temps à autre qu'il est charmé par certaines jeunes créatures qu'il croise sur sa route – et en particulier par un musicien qui, s'il joue d'un instrument à cordes (pincées ou frottées ? c'est ce que Gide ne dit pas) et non d'un instrument à vent, n'en rappelle pas moins les joueurs de flûte nord-africains. Ici, c'est par le biais d'une métonymie – l'instrument pour celui qui en joue – que Gide manifeste sa fascination. Il prend le temps de décrire l'instrument pour compenser le fait qu'il ne nous dise pas grand-chose du musicien (le lecteur ne peut même pas être tout à fait certain que ce dernier fasse partie des êtres « exquis » qu'il évoque juste avant). Peut-être même

14 Pour cette citation et celle qui suit, voir *ibid.*, p. 380, 14 octobre 1925.

l'évocation de la « calebasse » sert-elle de substitut descriptif à une évocation plus charnelle ? Même si cette lecture peut sembler grossière, ce qui est certain, c'est que (malgré encore une fois le caractère comique du passage, Gide prenant soin de rapporter les paroles absurdes qui accompagnent le chant subtil, raffiné presque, du musicien) musique et sensualité sont associées, au moins textuellement :

> Quantité d'enfants ; certains exquis, que nous retenons près de nous. Un joueur d'instrument bizarre : une calebasse, qu'on tient entre les jambes, au milieu d'un bambou, comme un arc tendu sur six (?) cordes. Il chante avec beaucoup de subtilité, de délicatesse, de nuances, ce que notre interprète traduit : « J'ai tellement de chiques dans mon pied, que je ne peux plus marcher[15]. »

Le lien entre musique et sensualité est plus apparent encore dans une note datée du 21 novembre 1925. Gide y évoque à nouveau des danses et la musique qui les accompagne. Il prend la peine de décrire les instruments et leur facture, de dire quelques mots du fonctionnement rythmique des airs qu'il entend (et qu'il juge d'une complexité étonnante), de décrire la disposition des musiciens, et bien sûr de rendre compte des mouvements des danseurs – mouvements qui ne semblent guère lui plaire, alors qu'il semble s'intéresser beaucoup à la musique :

> [R]onde qu'activent deux tambours et trois calebasses sonores, emplies de graines dures, et montées sur un manche court qui permet de les agiter rythmiquement. Rythmes savants, impairs ; groupes de dix battements (cinq plus cinq) puis, sur le même espace de temps, succède un groupe de quatre battements – qu'accompagne une double cloche ou castagnette de métal. Les joueurs d'instruments sont au milieu. Près d'eux un groupe de quatre danseurs forme vis-à-vis, deux à deux. Les gens de la ronde se suivent par rang de taille, les plus grands d'abord, puis les enfants, jusqu'à des tout petits de quatre ou cinq ans ; les femmes suivent. Chacun se trémousse en agitant les épaules, les bras ballants, et progresse très lentement de gauche à droite, à la fois morne et forcené[16].

Mais c'est principalement ce qui suit qui retient l'attention. Car Gide profite de cette séance musicale pour se lier avec quelques enfants. Ce qui frappe, c'est que ces enfants sont textuellement presque invisibles, « Noirs » dans la nuit noire : à nouveau, on pense aux Démons de Saül.

15 *Ibid.*, p. 421-422, 11 novembre 1925.
16 *Ibid.*, p. 434-435.

C'est à peine s'ils sont réels ; ou du moins, leur réalité est haptique plus que visuelle : Gide ne s'occupe pas tant de leur aspect que des contacts furtifs mais troublants qu'il peut avoir avec eux. En somme, cela contribue à les apparenter aux Démons de Saül. Ceux-ci n'ont peut-être pas d'existence visuelle, ils sont invisibles car intimes ; mais ils n'en existent pas moins charnellement, dans la mesure où ils incarnent (idéalement) à la fois les désirs de Saül et les êtres que Saül trouve désirables. En somme, ils sont *ce(ux) qui éveillent les sens de Saül*. De la même manière, les enfants qu'il rencontre à l'occasion de cette séance musicale réveillent (même si c'est en apparence innocemment) les sens de Gide :

> Quand je pose ma main sur l'épaule d'un des enfants, il se détache du cercle et vient se presser contre moi. Des hommes, qui contemplent la danse, voyant cela, en appellent un autre qui vient à mon autre côté. À une suspension de la danse, les deux enfants m'entraînent. Ils resteront assis à terre, près de ma chaise, durant notre repas. Ils voudraient devenir nos boys. D'autres se sont joints à eux. Dans la nuit qui les absorbe, on ne distingue exactement que leurs yeux qui restent fixés sur nous et, quand ils sourient, leurs dents blanches. Si je laisse pendre ma main, ils la saisissent, la pressent contre leur poitrine ou leur visage et la couvrent de baisers[17].

Quand Gide assiste à un tam-tam, il y a toujours parmi la foule des enfants : ce qui en soi n'a rien d'étonnant ; mais ce qui est intéressant, c'est qu'il parle d'eux bien plus que des spectateurs adultes, et presque autant que des musiciens et des danseurs. On peut s'étonner aussi que les enfants assistent à des danses dont, manifestement, certaines sont presque obscènes : « Les porteurs ont organisé un tam-tam ; un danseur soliste excite l'enthousiasme des spectateurs (des enfants en particulier, qui s'empressent) – en imitant, dans une danse extraordinairement stylisée, la poule, la cavale en rut, et je ne sais quels animaux[18]. » Il arrive parfois qu'un mot échappe à Gide, qui en dit plus long qu'il ne voudrait. Le passage qui suit est particulièrement révélateur. D'abord, il y apparaît clairement que la musique appartient, ou peut appartenir à la sphère de l'intime, malgré la situation publique que son exécution suppose ; ensuite, et surtout, on se demande ce que peut être une « danse sans conséquences »... Il y a une sorte de flou, et d'inexactitude lexicale,

17 *Ibid.*
18 *Ibid.*, p. 439-440, 25 novembre 1925.

dans ces lignes, flou et inexactitude qui ne peuvent que surprendre de la part d'un Gide qui maîtrise on ne peut plus précisément l'outil qu'est la langue française. Et c'est précisément là sans doute que se révèle ce qui se joue dans la relation de l'écrivain à la musique :

> Tam-tam intime, hier soir, dans la nuit très obscure, car la lune n'est pas encore levée. Une douzaine de jeunes garçons réunis pour une petite danse sans conséquence. Feux en plein air, devant les cases, au camp des gardes. Prolongation de la soirée[19].

« Dans la nuit très obscure » : la formule recouvre une syllepse sans doute.

GIDE ETHNOMUSICOLOGUE

Très révélatrice également, mais sur un autre plan, est la description que Gide donne d'un tam-tam auquel il assiste chez les Massa. On note certes que les enfants sont les premiers à entrer en scène : « Hier soir, sur notre demande, il y avait eu un vaste tam-tam. L'affluence croissait d'instant en instant. D'abord rien que des enfants ; puis bientôt tous s'en sont mêlés[20]. » Mais Gide apprécie la pureté de la musique, qui n'a rien d'obscène cette fois, et défend donc l'« honneur » des indigènes et de leur musique contre les accusations, absurdes à ses yeux, des Occidentaux, qui n'y voient qu'une incitation à la débauche. Et justement, l'attention qu'il accorde à cette musique révèle le respect qu'il a pour les indigènes, et son désir de se déprendre du regard occidental. Si la musique africaine est par moments pour lui le support de jouissances sensuelles, de telle sorte qu'on pourrait lui reprocher d'adopter la posture du colonisateur avide de profiter des plaisirs « particuliers » que lui permet de goûter l'« innocence » d'un pays « naturel », il est d'autres passages d'où cette dimension est quasiment absente : au contraire, Gide paraît s'y soucier exclusivement de l'autre, qu'il appréhende non comme un objet ou un partenaire de jouissance, mais bien comme une entité étrangère.

19 *Ibid.*, p. 451, 4 décembre 1925.

20 Pour les citations qui suivent dans le corps du texte, voir *Le Retour du Tchad* [1928], *SV*, p. 532-536, fin février 1926.

De plus, il se montre parfois admiratif (mais non à la manière de ces Occidentaux qui s'extasient devant les mœurs « barbares » des « sauvages ») ; il semble en particulier considérer la musique et la danse que pratiquent les Massa comme un art à part entière, fortement structuré (on serait presque tenté de dire : fortement charpenté). Chaque geste y semble volontaire, et le tout est clairement lisible, les Massa ne laissant de place à l'imprécision ni dans leur architecture, ni dans leur musique, ni dans leur danse :

> Cela commença dès notre retour de Pouss, et, du train dont ils y vont, on comprend que ça ne pourra pas durer longtemps. Plus rien de commun avec le lent et morne monôme ou ronde, où certains coloniaux prétendent voir mimer des gestes sexuels, et qui, affirment-ils, se termine toujours en orgie. C'est net, précis, rythmé, comme leurs demeures, comme tout ce que je connais des Massa. Et varié. D'abord une marche très accentuée, un pied, puis l'autre, le talon frappant le sol d'une attaque brève qui secoue très fort les crotales que les femmes attachent au-dessus du mollet. Aucune mollesse. Filles et garçons forment deux monômes séparés évoluant l'un en reflet de l'autre.

Gide se veut aussi précis que les Massa dans la description des instruments de musique[21] dont les indigènes font usage. Scrupuleux, il tient à ne pas ramener l'inconnu au connu, et ne se contente donc pas d'établir des équivalences entre les percussions africaines et les percussions occidentales :

> J'ai dit « crotale » par simplicité ; en réalité ce sont des cornets de jonc treillissé, fermés à la pointe par une natte de fil. La base du cornet est reliée à un disque de bois mince et sonore sur lequel retombent à chaque secousse une poignée de petits graviers encagés. Ce cornet est de proportions à épouser exactement le gras du mollet sur lequel il s'applique.

Le discours, cependant, s'infléchit à un moment donné, et se fait, sinon critique, du moins dubitatif. Car la musique des Massa, que Gide admire parce qu'il la juge d'abord à la fois réglée et contenue (elle n'est,

21 Un peu plus haut, il décrit le petit orchestre qui les accueille, lui et ses compagnons, à Logone-Birni : « On est reçu par un concert de quatre instruments : deux tambours, une sorte de clarinette et une trompette extrêmement longue et mince, qui se démonte : elle rend des beuglements pleins d'harmoniques » (*ibid.*, p. 521, 22 février 1926). Et plus loin, il évoque des instruments à vent, et plus précisément des « trompes [...] composées d'une très longue corne d'antilope qu'une gaine en peau de caïman relie à une embouchure d'ivoire » (*ibid.*, p. 614, 8 avril 1926).

dans un premier temps, que musique), a, comme la musique de nombre de tam-tams auxquels assiste le voyageur, aussi (d'abord peut-être) pour fonction d'accompagner (de susciter ?) l'extase de quelques auditeurs (ou auditrices) plus capables que d'autres de sortir d'eux-mêmes (ou d'elles-mêmes) :

> La danse s'est animée, en changeant d'air. Au clair de lune ce lyrisme devient frénétique, démoniaque. Certaines femmes ont l'air possédées. Une vieille exécute de son côté un solo dans une petite cour. Elle se démène, gesticule, selon le rythme du tam-tam ; un instant se joint à la ronde, puis, tout à coup, cédant au transport, repart dans un espace vide, tombe et continue à danser sur ses genoux. Une toute jeune fille se sépare presque au même moment de la ronde, comme une pierre échappe à la fronde, fait trois bonds en arrière et roule dans la poussière comme un sac. J'attends les secousses, la crise d'hystérie ; mais non : ce n'est plus qu'une masse insensible, sur laquelle je me penche, doutant même si le cœur bat encore, car on ne la voit plus respirer.

Gide, bien entendu, ne saurait esthétiquement approuver de telles manifestations, qui prêtent à la musique un pouvoir métaphysique ou mystique qu'il voudrait lui retirer. Cependant, probablement parce que les Massa lui sont sympathiques, son jugement sur ces manifestations « démoniaque[s] » (le mot fait sens) n'est pas trop sévère. Si les états épileptiques et cataleptiques qu'il observe chez la jeune fille qu'il évoque lui paraissent « effrayants », il n'en admire pas moins la grâce que peut conserver cette créature au milieu des transes les plus violentes. Et cette fois, il s'avoue (ou se dit) fasciné non par la « bêtise » que révéleraient ces manifestations mystiques, mais par leur caractère mentalement inaccessible pour un voyageur occidental :

> Un petit cercle se forme ; deux vieux se penchent et font des passes au-dessus d'elle en hurlant je ne sais quels appels ; auxquels elle ne répond point. Mais le tam-tam semble la réveiller ; la voici soudain qui se ranime ; pourtant elle est sans forces, elle se traîne et danse en se traînant, puis retombe définitivement sur le flanc, les bras étendus, les jambes à demi repliées, dans une pose exquise – d'où plus rien ne peut la tirer. Depuis la scène d'exorcisme chez les juives de Biskra que j'ai racontée dans mes feuilles de route, je n'ai rien vu de plus bizarre ni de plus terrifiant.

Ces manifestations mystiques, donc, ne conduisent pas Gide à réviser son jugement sur les Massa. Sa sympathie et son estime pour eux l'incitent bien au contraire à se pencher plus précisément encore sur leur musique. Il s'intéresse notamment à la facture de ce qu'il nommait des « crotales » : « J'ai vu travailler à la confection d'un de ces cornets dont je parlais hier. Un homme assujettissait les extrémités des joncs et fermait la pointe du cornet dans un travail de fil natté. Il procédait avec un poinçon qui soulevait légèrement les autres fils et permettait d'insinuer le fil qui devait relier l'ensemble. » Et surtout, ce qui est bien plus intéressant pour nous, il entreprend d'analyser les airs qu'il entend chez les Massa. Il note les cellules ou les phrases sur quoi est fondée leur musique. Il prend soin d'indiquer non seulement les notes et le rythme, mais aussi les accents, et verse ces notations musicales dans le texte qu'il publie : « Le groupe musical est de douze temps, la première note compte pour deux : les autres sont égales : [suit un exemple musical : do (ronde), ré (blanche), sol (blanche, avec accent), fa (blanche), ré (blanche), do (blanche), la (blanche), sol (blanche), do (blanche), la (blanche), sol (blanche)]. Le premier sol est très accentué, presque crié. » Les indications qu'il donne sont d'une grande précision et d'une grande subtilité. Il indique les nuances, et tente de comprendre le fonctionnement des échelles qui structurent certaines mélodies. Il distingue avec application les échelles les unes des autres, et tente de signaler les notes-clefs. Parfois, cependant, son oreille d'Occidental est déroutée par des intervalles qui ne sont pas ceux sur lesquels toute la musique occidentale tempérée est fondée (à savoir le ton – 9 commas – et le demi-ton – 4,5 commas). Il n'arrive pas même à savoir si ce qui le déroute, c'est un intervalle « non tempéré », ou simplement un son double :

> Une autre danse, sur une mélodie qui prend un autre caractère de ce seul fait que le la est remplacé par un si bémol. Seul le sol supérieur est pur.
>
> Un autre : [suit un exemple musical : un premier groupe de six blanches – ré, mi, ré, do, do, do – triple *forte*, un deuxième groupe de deux blanches – la, si – *pianissimo*, un troisième groupe de quatre blanches – ré, mi, ré, do – triple *forte*] et, encore ici, le si bémol vient remplacer le la, à la seconde partie de la danse – à ce moment le do lui-même est remplacé par un indistinct son intermédiaire ou composé du si bémol et du sol.

Gide reste quelque temps auprès des Massa. C'est l'occasion pour lui d'entendre d'autres tam-tams, et de constater à plusieurs reprises le caractère hautement structuré (et quasi sportif) des danses des indigènes : « Hier soir, de nouveaux tam-tams. Moins nombreux que la veille ; danses aussi étonnantes. Cela dure deux heures, puis en un instant la place se vide et chacun va se coucher. On dirait une séance de gymnastique rythmique. » Mais surtout, le voyageur prend le temps de repenser à ces airs qu'il a tenté de retranscrire, et se convainc qu'en effet les intervalles qui les composent n'ont rien de commun avec les tons et les demi-tons en usage dans la musique occidentale. On s'étonne cependant de l'ampleur de son erreur : car il semble difficile de confondre un intervalle d'une seconde (un demi-ton si la seconde est mineure, un ton si elle est majeure) et la quarte qui sépare la tonique de la « dominante d'en-dessous » (une quarte équivalant, rappelons-le, à deux tons et demi). Gide d'ailleurs est conscient du fait qu'il devrait être en mesure d'être plus précis. Mais, justement, la musique des Massa, si elle est parfaitement structurée rythmiquement, n'est pas précise mélodiquement, les chœurs populaires ne faisant pas l'effort de « s'accorder », ce qui suscite une sorte de brouillard sonore. Cet unisson manqué conduit à la formation d'une sorte de polyphonie. Gide d'ailleurs n'est pas très précis ici, puisqu'il confond polyphonie et harmonie. Toutefois, on croit comprendre que la superposition de ces notes qui devraient être les mêmes, mais qui diffèrent cependant, crée un effet de polyphonie (puisque les voix se superposent sans hiérarchie), mais suscite également des agglomérats harmoniques singulièrement riches. Cette imprécision source de richesse harmonique est sans doute intentionnelle d'ailleurs, puisque les Massa dotent leurs instruments d'accessoires qui empêchent la formation d'une note aux contours précis :

> En y repensant cette nuit, il me semble que j'ai mal noté l'air d'hier et que les intervalles sont plus larges que nos tons, de sorte qu'entre le do et la dominante d'en dessous, il n'y ait qu'*une note.* Il peut paraître monstrueux que je n'en sois pas certain. Mais qu'on s'imagine cet air gueulé par cent personnes dont *aucune ne donne la note exacte.* C'est comme une ligne principale qu'on tâche de discerner entre maints petits traits. L'effet est prodigieux et donne une impression polyphonique, de richesse harmonique. Le même besoin leur fait mettre des perles aux griffes de métal de leurs petits « pianos » : horreur du son net, besoin de le troubler et de noyer son contour.

Gide, ici, n'est pas loin de se comporter en ethnomusicologue[22]. André Souris rend d'ailleurs hommage à sa méticulosité et à sa clairvoyance : « Dans les civilisations archaïques[23], la musique surgit dans un foisonnement de voix multiples. Dès l'origine, elle prolifère dans un désordre de forêt vierge. André Gide a noté avec exactitude ce phénomène dans son *Retour du Tchad*[24]. »

De la même manière, plus loin, Gide va s'intéresser passionnément à un chant que des Sara improvisent (ou dont ils improvisent les paroles) en son honneur, ou plus exactement pour accompagner musicalement l'un des épisodes du voyage. Certes, comme plus haut il parlait de « crotales » ou de « pianos » (avec des guillemets toutefois, pour marquer ce que pouvait avoir de réducteur cette assimilation d'un instrument étranger à un instrument familier), il va faire allusion ici à un compositeur « occidental » – à savoir Stravinski. Mais précisément, Stravinski fait partie de ces compositeurs russes qui, puisant dans un folklore « asiatique[25] », renouvellent en profondeur l'inspiration de la musique occidentale. En outre, Gide ne compare pas le chant des pagayeurs indigènes à du Stravinski[26] ; il se contente de juger qu'ils eussent pu être une source d'inspiration pour le compositeur :

---

22 Parfois, Gide étudie véritablement les pratiques musicales des indigènes en ethnographe. C'est le cas, notamment, quand il décrit une cérémonie funéraire et les manifestations musicales qui l'accompagnent : « Au premier village où nous nous sommes arrêtés après Abba (n'était-ce pas déjà Barbaza ?), très grand, très important et que je décrivais tout à l'heure, nous avons été attirés par des chants. C'étaient des chants funèbres. Nous avons pénétré dans un de ces enclos, minuscule agglomération de quatre à six huttes, subdivision du grand village. Une vieille femme était morte. Il y avait là ses enfants, ses parents, ses amis. Tous exhalaient leur douleur en un chant rythmé, une sorte de psalmodie. On nous présente le fils, un grand homme déjà âgé lui-même ; sa face était ruisselante de larmes ; tandis que nous le saluions, il ne s'arrêta pas de chanter en pleurant ou de pleurer en chantant, avec force sanglots coupant la mélopée. » (*Voyage au Congo*, p. 439-440, 25 novembre 1925.)

23 Bien entendu, le lexique a évolué depuis.

24 André Souris, *Lyre à double tranchant, écrits sur la musique*, Liège, Mardaga, 2000, p. 71.

25 Voir plus bas dans ce chapitre le début de la section relative au *Retour de l'URSS*.

26 Plus loin, il notera encore, associant cette fois le nom de Stravinski à celui d'un écrivain avec qui il entretient des relations pour le moins ambiguës, la cordialité cédant souvent le pas à l'agressivité : « Parler aussi des énormes figures fantastiques, complètement recouvertes d'algues noires (on ne sait quel est le devant, le derrière) à crêtes de porc-épic, à voix de guignol. Terreur panique des femmes et des enfants. Je me prête au jeu, à la frénétique joie de chacun et cours chercher protection dans les bras du chef, lorsque je vois s'approcher de moi le plus petit, qu'on dit être le plus terrible ; il tient une petite hachette de bois à la main, qu'il brandit et agite avec des gestes d'insecte. Je lui fais

> Tandis que j'essaie de dormir, mes pagayeurs d'arrière – six Sara que nous avions déjà à l'aller (ceux d'avant, cinq, sont des gens de Moosgoum) commencent un chant des paroles que me traduit Adoum :
>
> *Le Gouverneur, il est malade.*
> *Ramons, ramons pour aller plus vite que la maladie,*
> *L'amener jusqu'au médecin de Logone,*
>
> qui est bien le chant le plus extraordinaire que j'aie entendu dans ce pays. Ah ! que Stravinski ne put-il l'entendre[27] !

Puis vient une *ekphrasis* musicale particulièrement intéressante, dans la mesure où Gide fournit des indications à la fois de structure et de nuances. Ce chant est résolument polyphonique, et, d'après la description formelle qu'il en donne, il semble pertinent de le comparer, comme il le fait, à un canon. Par ailleurs, il remarque encore une fois que les sons ne sont jamais précis, les chanteurs semblant créer intentionnellement un effet de flou sonore. Selon le voyageur, cela témoigne du fait que certaines valeurs musicales en vigueur en Occident (à commencer par celle de justesse) n'ont pas cours en Afrique. Par suite, il semble évident que ce discours ethnomusicologique est doté d'une dimension discrètement politique :

> C'est une longue phrase, gueulée d'abord et qui s'achève presque en *pianissimo*, mais chantée comme en canon, de manière que le *fortissimo* de certains coïncide avec le *pianissimo* des autres, celui-ci formant comme une basse murmurée. – Les notes ne sont jamais *exactement* données (ce qui fait qu'il est extrêmement difficile de noter l'air) ; pas plus qu'en anglais il n'est de voyelles *pures.* Très difficile à comprendre pour nos oreilles septentrionales qui attachent tant de prix à la *justesse* du son. Ici la voix n'est jamais juste.

À quoi il faut ajouter le génie de la variation dont font preuve les chanteurs indigènes. On appréciera la comparaison (qui semble tout à fait pertinente) avec les procédés poétiques et sonores pratiqués par Péguy dans ses « tapisseries » (dont on sait pourtant que Gide ne les appréciait guère). Les Sara, comme, *mutatis mutandis*, Péguy, maîtrisent l'art du

---

remettre un matabiche de 5 francs, pour partager avec les autres, mais, très conscient de son rôle de père Ubu, il déclare vouloir garder le billet "pour lui tout seul". Féroce et mystérieux. Extrêmement réussi. Ravirait Stravinski ou Cocteau. » (*Le Retour du Tchad*, *SV*, p. 601, 2 avril 1926.)

27 Pour cette citation du *Retour du Tchad* et les suivantes, voir *ibid.*, p. 540-542.

piétinement. Mais ce qui intéresse plus encore, c'est les circonstances (ou le contexte, si l'on préfère) du chant, qui doit être suscité par une activité elle-même rythmique. Le chant a besoin d'un environnement propice, lui-même déjà partiellement musical, pour naître. Il se nourrit du rythme des rames, et contribue à le nourrir, ou du moins à encourager l'effort des pagayeurs-musiciens :

> De plus, lorsque l'un chante do ré, l'autre chante ré do. Certains font des variantes. Sur six, chacun chante une chose un peu différente, sans qu'il y ait précisément des « parties ». Mais cela fait une sorte d'épaisseur harmonique des plus étranges. La même phrase – presque la même (avec le petit changement parfois, à la Péguy) se répète inlassablement un quart d'heure durant, une demi-heure. Parfois ils semblent se griser de ce chant, à tue-tête ; ils rament alors avec emportement, fureur. [...] Comment ai-je pu dire que les Sara ne chantaient pas ? (À noter pourtant qu'ils ne chantent jamais lorsqu'ils se servent de la perche, mais seulement pour accompagner le mouvement *régulier* des rames.)

En outre, Gide apprécie la richesse du répertoire des Sara. Si chaque chant peut sembler répétitif (quoiqu'il ne soit jamais monotone, et qu'il soit très complexe), les différents chants des Sara se ressemblent fort peu. Gide, s'il en profite pour dénigrer la musique populaire telle que la pratiquent les Occidentaux, reprend en revanche la comparaison qu'il avait déjà esquissée un peu plus haut (quoique indirectement) entre les folklores africains et les musiques traditionnelles de Russie. Toutefois, ce sont les effets respectifs de ces deux types de chants, et sans doute aussi les circonstances de leur production, qu'il compare, non les chants eux-mêmes. Car il tient à préciser que les chants des Sara lui paraissent absolument inouïs, et incomparables : « Nos chants populaires, près de ceux-ci, paraissent grossiers, pauvres, simplets, rudimentaires. Ce matin, dans la baleinière de Marc, j'écoute le chœur de ses Sara – très différent de celui que chantaient les miens hier. Cela ne rappelle rien. Aussi bouleversant, plus peut-être, que les chants des bateliers russes. » Malgré les différences qu'il note entre les différents chants des Sara, Gide relève aussi des similitudes, qui lui paraissent significatives. La plupart du temps, les chants polyphoniques d'Afrique-Équatoriale française (et pas uniquement ceux des Sara) reprennent la forme de ce qu'en Occident on nomme le canon. Cette manière de tuilage semble caractéristique au voyageur, et l'émeut. Ici, toutefois, il n'est pas sûr que le chant qu'il décrit soit strictement polyphonique, puisqu'il semblerait qu'il y ait un soliste d'une part, un chœur d'autre part :

> Cela commence *pianissimo*, un murmure, comme pour s'essayer – et assez longtemps ils ne chantent qu'à demi-voix – particulièrement le soliste. Comme toujours en A.-É.F., le chœur n'attend pas que la phrase du soliste soit achevée, mais broche sur la dernière et même parfois l'avant-dernière note. L'effet est saisissant.

Une fois de plus, Gide souligne le caractère volontairement imprécis du chant, en particulier de celui du « soliste » (notons qu'il s'agit là d'une catégorie musicale occidentale, supposant une hiérarchie qui peut-être n'a pas cours en Afrique). C'est l'occasion pour le voyageur de prendre à nouveau ses distances avec les valeurs esthétiques imposées par les institutions qui se sont approprié la musique en Occident – à commencer, bien entendu, par le Conservatoire de Paris. Ce qui frappe Gide, c'est la variété de timbres dont fait preuve le chanteur :

> Peu à peu, comme pris de confiance, ils s'animent. Le soliste a une voix admirable, de qualité toute différente de celle que nous exigeons au Conservatoire ; une voix qui parfois semble étranglée par les larmes – et parfois plus près du sanglot que du chant – avec de brusques accents *rauques et comme désaccordés.* Puis, soudain, ensuite, quelques notes très douces, d'une suavité déconcertante.

Qu'il y ait une dimension politique dans son discours, cela ne fait pas de doute, puisqu'après ces remarques qui relativisent les valeurs musicales occidentales, et avant d'autres remarques de même sorte, Gide prend le soin de retranscrire les paroles que ce chant accompagne – paroles de colonisés qui, quoiqu'ils soient encore soumis à la volonté du colonisateur, non seulement se réjouissent que leur sort soit plus doux que par le passé, mais ont même le sentiment d'être déjà, sinon entièrement, du moins suffisamment, affranchis :

> La phrase du chœur (traduction d'Adoum) :
>
> *Nous ne sommes plus emmenés comme captifs*
> *Nous sommes libres de circuler dans le pays*
> *D'acheter des boubous et des fardas.*
> *Les Blancs commandent le pays et ils sont bons.*
>
> Le reste est improvisé au fur et à mesure par le soliste.

Cette créativité dans les paroles, dans la mélodie et surtout dans l'harmonie étonne Gide, qui se montre admiratif, et qui tente d'inventer de nouvelles catégories pour penser ces polyphonies – lesquelles n'ont rien de commun avec celles d'Occident, dans la mesure où elles ne sont pas tant fondées sur la superposition de voix constamment situées à des intervalles plus ou moins consonants que sur le principe de l'imprécision des notes, qui fait qu'une seule voix en devient plusieurs, et que toute monophonie devient polyphonie. Gide doute d'ailleurs qu'il soit possible (du moins avec les outils d'écriture musicale que se sont donnés les Occidentaux) de transcrire de tels chants :

> L'invention rythmique et mélodique est prodigieuse – (et comme naïve) mais que dire de l'harmonique ! car c'est ici surtout qu'est ma surprise. Je croyais tous ces chants monophoniques. Et on leur a fait cette réputation, car jamais de « chants à la tierce ou à la sixte ». Mais cette polyphonie par élargissement et écrasement du son[28], est si désorientante pour nos oreilles septentrionales, que je doute qu'on la puisse noter avec nos moyens graphiques.

Gide développe ensuite une métaphore végétale pour rendre compte de l'entrelacement des voix dans cette polyphonie déroutante : « L'attaque du refrain se fait à la fois sur plusieurs notes. Certaines voix montent, d'autres descendent. On dirait des lianes autour de la tige principale, épousant sa courbe mais sans la suivre exactement. On dirait un tronc de ficus. »

Il est des chants, cependant, qui enthousiasment moins Gide. Le 16 mars 1926, il assiste à un tam-tam qui ne suscite guère son admiration. Le voyageur semble traverser une crise de lassitude. Sa propre posture d'ethnomusicographe dilettante lui semble affectée : « Hier, à la nuit tombée, les sons d'un tam-tam, à quelque 100 mètres du poste. Je m'y rends [...] La curiosité qui m'attire là-bas n'est pas bien forte. [...] Je

28 Cette notation posera un problème à la traductrice de Gide, Dorothy Bussy, ce qui sera l'occasion pour lui de préciser ce qu'il veut dire ici : « Non, élargissement et écrasement n'est pas du tout rendu par *flattening and sharpening*. Je veux dire simplement qu'au lieu de donner une note pure et juste, ils l'écrasent, les uns chantant un peu au dessus, les autres un peu au dessous, sans donner du reste, précisément, le *flat* ou le *sharp*. C'est simplement une note plus... épaisse que la note juste. » (André Gide, Dorothy Bussy, *Correspondance*, t. I : *1918-1931*, Paris, Gallimard, 1979-1982, p. 169-172, lettre du 30 juin 1928.)

m'invente un devoir professionnel d'observateur[29]... » Même l'intimité qui s'est établie entre lui et les petits indigènes ne semble plus guère le toucher. Il semble en proie, déjà, à ce qui sera le grand démon de sa vieillesse : l'anorexie[30]. L'obscurité où se perdent les figures, au lieu de leur prêter du mystère, et de les transformer en démons familiers, leur ôte au contraire tout intérêt. Gide est maussade, et juge médiocres les musiciens qu'il écoute. Les transes épileptiques des auditeurs l'agacent, et ce d'autant plus qu'elles ne semblent guère justifiées par la faiblesse de la musique. Cette fois, la petite fille qu'il voit se démener ne lui semble nullement gracieuse :

> À présent, chacun me connaît dans le village et le tam-tam ne s'interrompt point à mon approche. Quelques enfants s'empressent vers moi ; mais il fait si sombre que je ne reconnais personne. C'est tout au plus si je puis distinguer dans la nuit le groupe des danseurs noirs. Ils ne sont qu'une quarantaine, qui chantent assez mal et se trémoussent un peu confusément, au son d'un unique tambour. Un petit tam-tam de famille. Se peut-il que cette médiocre excitation suffise à provoquer les spasmes, la frénésie, la crise de cinq personnes, durant le court temps que je suis demeuré [...] ? Ah ! le triste, le hideux spectacle. Un tout jeune et frêle corps (au luisant des perles de ceinture je reconnais une fillette), se roule dans la poussière, avec des gémissements, une plainte d'animal blessé.

Ces lignes, et celles qui suivent, pourraient paraître peu intéressantes, et peu significatives, dans la mesure où ce qu'elles révèlent

29 Pour cette citation et les suivantes, voir *Le Retour du Tchad*, *SV*, p. 574-575, 17 mars 1926.

30 À vrai dire, Gide connaît des crises d'anorexie culturelle et « ethnologique » dès sa jeunesse. En témoigne une lettre à Henri de Régnier envoyée de Biskra le 11 février 1895. Certes, il reconnaît l'intérêt objectif des scènes qu'il observe : « Je viens de voir passer [...] un très étrange et beau cortège. Une musique toute de gros tambours et de timbales m'attirait ; c'était une fête des nègres et tous les noirs d'un petit village s'étaient rangés comme pour une procession religieuse. Quatre tambours ouvraient la marche, puis venait après eux un bouc noir que deux enfants maintenaient par les cornes ; ce bouc était couvert de soies écarlates et vertes ; des bracelets de métal aux pendeloques de corail étaient passés comme des boucles à ses oreilles. Et ce cortège passait étrangement sans chant de voix ou de flûtes ; seul le bruit des tambours frappés rythmait la marche et les danses et levait cette trépidation pathétique qui m'avait d'abord attiré. » Mais, même s'il dit à plusieurs reprises avoir été « attiré » par cette procession, il ne se sent plus capable de s'intéresser vraiment à de tels spectacles : « Dans trois jours on égorge le bouc ; nouvelles fêtes ; j'irai. Irai-je ? Est-ce que ça vous intéresse, tout ça ? Moi plus du tout. Est-ce ça qu'on appelle vieillir ? Je ne m'intéresse plus aux choses. » (André Gide, Henri de Régnier, *op. cit.*, p. 178-182.)

avant tout, c'est la fatigue et, osons cette expression presque triviale, la mauvaise humeur du voyageur. Agacé, il ne consent plus à rien admirer. Certains mots qui lui échappent méritent néanmoins de retenir l'attention. Gide, qui juge d'ailleurs peu sincères, peu *subies*, ces transes, évoque les exorcistes qui travaillent à chasser les démons des corps de ces femmes et de ces hommes dont les membres se tordent. Or précisément, peut-être est-ce cette volonté de bannir les démons, des démons intimes que, pour son compte, il a fini par apprivoiser à demi, et pour lesquels surtout il s'est pris d'affection, qui lui déplaît. C'est ce que suggèrent, quoique discrètement, les phrases suivantes : « On dirait qu'ils y mettent une sorte de complaisance, que cet état de transe est celui qu'ils souhaitent d'obtenir et qu'ils s'efforcent de provoquer. La danse n'a donc ici (et n'avait à Mala) nullement le caractère qu'elle avait ailleurs. Cela semble un exercice hygiénique, anti-démoniaque. »

Toujours est-il que, malgré cette maussaderie finale, due probablement à la fatigue accumulée tout au long du voyage, Gide se comporte généralement en auditeur attentif des polyphonies africaines. Si, durant les premières semaines, il associe encore musique et jouissances sensuelles, cette attitude initiale, dont on pourrait juger qu'elle est celle d'un colonisateur qui vient exploiter à sa façon les peuples d'Afrique-Équatoriale française, laisse bientôt la place (au moins dans le texte) à une posture tout à fait différente, quasi ethnographique. Aussi bien son grand voyage africain marque-t-il un tournant majeur dans la vie et dans la pensée de Gide, qui se découvre ce que l'on peut légitimement appeler une vocation sociale. Il semble donc pertinent, malgré les années (et les publications de Gide) qui séparent les deux voyages et les deux diptyques, d'étudier consécutivement le *Voyage au Congo* et *Le Retour du Tchad* d'une part et le *Retour de l'URSS* (1936) et ses *Retouches* (1937) d'autre part.

LA MUSIQUE AU PAYS DES SOVIETS

S'ils ne font pas partie de ceux qu'il fréquente quotidiennement, les musiciens russes ont néanmoins su séduire Gide. Citons par exemple cette note diaristique du 20 mai 1906 : « Admirable concert de musique russe (grand Opéra) [...]. Rimski et Moussorgsky[31]. » En 1910, il juge « prodigieux[32] » le spectacle offert par les *Ballets russes* dans *L'Oiseau de feu*. Et après la guerre, en 1921, il dénigre le ballet de Satie, *Parade*, pour faire par contraste l'éloge des *Contes russes* de Liadov :

> Avant mon départ, été voir *Parade* – dont on ne sait ce qu'il faut admirer le plus : prétention ou pauvreté. Cocteau se promène dans la coulisse, où je vais le voir ; vieilli, contracté, douloureux. Il sait bien que les décors, les costumes sont de Picasso, que la musique est de Satie, mais il doute si Picasso et Satie ne sont pas de lui.
>
> Les *Contes russes* [Liadov] m'ont ravi[33].

Or, ce qui lui plaît dans les œuvres des compositeurs russes (et en particulier chez Borodine), c'est leur aspect *asiatique* et folklorique :

> [Q]uel ravissement sans mélange nous réservait *Le Prince Igor* ! Je ne sais si, depuis les chœurs du théâtre égyptien de l'Exposition, nous avions goûté plus étrange émotion musicale ; celle du premier chœur de Borodine la rappelait et l'égalait ; un chœur que toute la désolation du désert et de la steppe habite, et, semble-t-il, devait habiter de tout temps. Enthousiasmantes encore dans *Le Prince Igor* les danses nationales sur des airs populaires, et particulièrement le pas des archers... Mais qui dira jamais suffisamment ce que la musique russe doit à son folklore et au voisinage de « la langoureuse Asie[34]... » !

Manifestement, la jouissance musicale que goûte Gide en écoutant *Le Prince Igor* est indissociable du plaisir qu'il éprouve en contemplant les corps, sinon désirables, du moins vigoureux des danseurs dont la musique de Borodine rythme les mouvements. Et l'on appréciera aussi la comparaison (impressionniste d'un point de vue ethnomusicologique,

31 *J*, I, p. 570, 20 mai 1906.
32 André Gide-Jacques Rivière, *op. cit.*, p. 125-126. Lettre du 21 juin 1910.
33 *J*, I, p. 1116, 1er janvier 1921.
34 « Les représentations russes au Châtelet » [*La NRF*, juillet 1909], *EC*, p. 189-190.

mais révélatrice d'un point de vue psychanalytique) entre musique égyptienne (donc « africaine ») et musique russe (donc « asiatique »)...

Certes, malgré ce goût pour la musique russe, il est somme toute assez peu question de musique dans *Retour de l'URSS* – et moins encore dans les *Retouches*. Mais la façon dont Gide en parle en dit long sur sa résolution (peut-être à demi inconsciente d'ailleurs) d'aborder différemment la musique. La première mention de la musique dans *Retour de l'URSS* est ainsi précédée d'un long développement sur la pureté (on serait presque tenté d'écrire : sur la chasteté) des jeunes gens russes qui se réunissent dans les « parcs de culture ». Gide passe en revue toutes les formes, de la plus triviale à la plus légère, de corruption amoureuse : pas une, dit-il, n'a cours ici. Ces jeux, ces danses, ces séances musicales sont au-dessus de tout soupçon : jamais ils ne servent de prétexte à des *tentatives amoureuses*. Ces lignes étonnent sous la plume d'un Gide qui, certes, ne fut jamais ami de la basse concupiscence, mais qui, toutefois, adopte rarement ce ton presque moralisateur :

> Les « parcs de culture » où ils s'assemblent au soir, la journée de travail achevée, sont d'incontestables réussites ; entre tous, celui de Moscou.
>
> [...] Dans cette foule de jeunes gens, hommes et femmes, partout le sérieux, la décence, pas le moindre soupçon de rigolade bête ou vulgaire, de gaudriole, de grivoiserie, ni même de flirt. On respire partout une sorte de ferveur joyeuse. Ici, des jeux sont organisés, là, des danses ; d'ordinaire un animateur ou une animatrice y préside et les règle, et tout se passe avec un ordre parfait. D'immenses rondes se forment où chacun pourrait prendre part ; mais les spectateurs sont toujours beaucoup plus nombreux que les danseurs. Puis ce sont des danses et des chants populaires, soutenus et accompagnés le plus souvent par un simple accordéon[35].

Moraliste (sinon moralisateur), Gide le reste durant tout son récit, et en particulier quand il évoque les komsomols musiciens qu'il rencontre dans un train. Avant d'évoquer les chants et les danses dont l'ont gratifié ces compagnons d'un voyage, il prend soin de faire l'éloge du komsomol, qui a toujours le souci de sa propre utilité, mais sans jamais mettre en scène sa propre vertu :

> Car un vrai komsomol, toujours tendu vers le service, juge tout d'après son utilité. Oh ! Sans pédanterie, du reste, et cette discussion même, coupée de

35 *Retour de l'URSS*, *SV*, p. 754.

rires, était un jeu. Mais, comme l'air respirable manquait un peu dans leur wagon, nous invitâmes une dizaine d'entre eux à passer dans le nôtre, où la soirée se prolongea dans des chants et même des danses populaires que la dimension du salon permettait. Cette soirée restera pour mes compagnons et pour moi l'un des meilleurs souvenirs du voyage[36].

Mozart accueillait le lecteur au seuil du *Voyage au Congo*. Gide le convoque à nouveau dans *Retour de l'URSS*. Car ses voyages et les expériences musicales qu'il a pu faire en Afrique et en URSS ne l'ont pas écarté des valeurs esthétiques qui ont toujours été les siennes. C'est l'art de la mesure qu'il admire encore par-dessus tout. Et seule cette pondération suprême justifie qu'on se risque à proposer une comparaison intermédiale, afin de rendre compte de la communauté spirituelle et poétique qui peut unir un monument, un poème, une symphonie. Quand il contemple les créations les plus irréprochables du classicisme, l'esprit se récrée et se recrée :

Ce que j'admire en Leningrad, c'est Saint-Pétersbourg. Je ne connais pas de ville plus belle ; pas de plus harmonieuses fiançailles de la pierre, du métal et de l'eau. On la dirait rêvée par Pouchkine ou par Baudelaire. Parfois, aussi, elle rappelle des peintures de Chirico. Les monuments y sont de proportions parfaites, comme les thèmes dans une *Symphonie* de Mozart. « Là tout n'est qu'ordre et beauté. » L'esprit s'y meut avec aisance et joie[37].

Mais ce ton laudatif, Gide le quitte bien vite. On remarque d'ailleurs que ces compliments s'adressent à la Saint-Pétersbourg pré-soviétique. Car il n'est pas dupe du discours des interlocuteurs que le régime a choisis pour lui ; et il sait qu'on ne lui montre pas tout. Toutefois, il doit parfois reconnaître que le discours de propagande ne ment pas. Ainsi, quand l'URSS se targue d'avoir les meilleurs musiciens au monde, quoique cette prétention lui semble quelque peu risible, elle ne lui paraît pas tout à fait illégitime (il eût pu, cependant, s'aviser de ceci, que cette suprématie des instrumentistes russes était bien plus ancienne que l'URSS, à laquelle elle a d'ailleurs survécu) :

[U]n enfant de treize ans [...] me guide à travers le parc [du camp modèle d'Artek]. Il récite : [...] « Vous entendrez tout à l'heure un enfant de treize

36 *Ibid.*, p. 758.
37 *Ibid.*, p. 759-760.

> ans, qui sera le meilleur violoniste du monde. Son talent a déjà été tellement apprécié chez nous qu'on lui a fait cadeau d'un violon historique, d'un violon d'un fabricant de violons d'autrefois très célèbre. [...] J'entendis, peu après, ce petit prodige exécuter sur son Stradivarius du Paganini, puis un pot-pourri de Gounod – et dois reconnaître qu'il est stupéfiant[38].

Mais le plus intéressant, en matière de musique, reste le dialogue entre Gide et « X... » sur l'esthétique soviétique. Gide prend résolument le parti de la dissonance et de l'abstraction contre la consonance et la facilité mélodique que le régime, soucieux que les compositeurs « d'État » produisent des œuvres accessibles et conformes (autant que faire se peut dans un art non mimétique) au dogme du réalisme socialiste, veut imposer à la musique. À vrai dire, il trouve affligeants et tristement anachroniques les reproches que l'on fait à certains musiciens jugés trop audacieux. En somme, il reproche au régime soviétique d'encourager les médiocres, et de ne jamais « parier sur le génie ». Au contraire, c'est aux jugements esthétiques les plus grossiers que les autorités font confiance. Et ce qui surprend l'écrivain (qui, dans ce passage précis, ne tient peut-être pas assez compte de l'autocensure qu'était obligé de s'imposer son interlocuteur), c'est que les esprits les plus subtils consentent à se soumettre à cette esthétique, et à en véhiculer les valeurs :

> « Vous comprenez, m'expliqua X..., ce n'était plus du tout cela que le public réclamait ; plus du tout cela que nous voulons aujourd'hui. Il avait donné précédemment un ballet très remarquable et très remarqué. » (« Il », c'était Chostakovitch, dont certains me parlaient avec cette sorte d'éloges que l'on n'accorde qu'aux génies.) « Mais que voulez-vous que le peuple fasse d'un opéra dont, en sortant, il ne peut fredonner aucun air ? »
>
> (Quoi ! c'est donc là qu'ils en étaient ! Et pourtant X..., artiste lui-même, et fort cultivé, ne m'avait tenu jusqu'alors que des propos intelligents.) « Ce qu'il nous faut aujourd'hui, ce sont des œuvres que tout le monde puisse comprendre, et tout de suite. Si Chostakovitch ne le sent pas de lui-même, on le lui fera bien sentir en ne l'écoutant même plus[39]. »

Comme il se doit, Gide mobilise ici l'exemple de Beethoven. Cette fois, ce n'est pas Berlioz qu'il cite, mais le compositeur allemand lui-même, qui, dans une lettre à Goethe, se plaint de ne pas être compris alors même qu'il pense s'être surpassé. Gide rappelle que les voies de la

38 *Ibid.*, p. 769.
39 *Ibid.*, p. 780-781.

réception sont impénétrables ; et que condamner un compositeur parce qu'il n'est pas immédiatement compris du grand public, c'est prendre le risque de jeter un génie dans les oubliettes de la mémoire artistique. On sent bien d'ailleurs qu'il pense aussi à lui-même, qui n'eut d'abord que quelques lecteurs, avant de devenir, pour quelque temps du moins, l'un des héros étrangers du peuple russe :

> Je protestai que les œuvres parfois les plus belles, et même celles qui sont appelées à devenir les plus populaires, ont pu n'être goûtées d'abord que par un très petit nombre de gens ; que Beethoven lui-même… Et, lui tendant un livre que précisément j'avais sur moi : Tenez, lisez ceci :
>
> « [...] Moi aussi, il y a plusieurs années, j'ai donné un concert à Berlin. Je m'y suis livré tout entier, et je pensais être arrivé vraiment à quelque chose ; j'escomptais donc un réel succès. Mais voyez : lorsque j'avais réalisé le meilleur de mon inspiration – pas le plus léger signe d'approbation[40]. »

Au fond, Gide, ici, dialogue avec lui-même. Il s'est jeté, à corps perdu, dans le communisme afin d'assouvir une soif d'action sociale d'autant plus vive qu'elle s'est éveillée ou manifestée tard. Il a donc tenté, quoique modérément, de soumettre sa parole littéraire à un projet éthique et politique : sans renoncer à ses idées esthétiques, il a tenté de s'engager, et d'engager surtout sa plume. Mais il doit bien constater, en URSS, que l'engagement ne vaut rien à l'art ; et que, du point de vue de l'éthique ou de la politique, tout souci esthétique est jugé superflu, voire malvenu :

> X… m'accorda qu'en URSS un Beethoven aurait eu bien du mal à se relever d'un tel insuccès. « Voyez-vous, continua-t-il, un artiste, chez nous, a d'abord à être dans la ligne. Les plus beaux dons, sinon, seront considérés comme du "formalisme". Oui, c'est le mot que nous avons trouvé pour désigner tout ce que nous ne nous soucions pas de voir ou d'entendre. Nous voulons créer un art nouveau, digne du grand peuple que nous sommes. L'art, aujourd'hui, doit être populaire, ou n'être pas. »

Cet art du fond qui condamne la forme dès qu'elle se soucie de valoir pour elle-même, ou dès qu'elle complique la tâche herméneutique du récepteur moyen, Gide ne saurait le trouver à son goût. Il n'a jamais écrit sur commande (du moins pas dans le sens politique du terme), et

40 *Ibid.*

surtout ne s'est jamais soucié de flatter la paresse de ses lecteurs. Aussi sa condamnation des valeurs esthétiques en vigueur en URSS est-elle sans appel : « Vous contraindrez tous vos artistes au conformisme, lui dis-je, et les meilleurs, ceux qui ne consentiront pas à avilir leur art ou seulement à le courber, vous les réduirez au silence. La culture que vous prétendez servir, illustrer, défendre, vous honnira. » Alors qu'il avait cru découvrir, au cours de son voyage en Afrique-Équatoriale française, la nécessité d'une approche sociale du monde d'une part et de l'art d'autre part, Gide se rend compte, alors qu'il voyage en URSS, que cette éthique qu'il a tenté de s'imposer se retourne contre elle-même, et que, loin de travailler à libérer l'homme, elle a pour seul effet d'embrigader l'art – en particulier musical, comme en témoigne la référence à Chostakovitch.

ÉTHIQUE *VS* ESTHÉTIQUE

Cette oscillation entre éthique et esthétique était déjà présente, *mutatis mutandis*, dans *Perséphone*[41] (1934 pour la première représentation). On l'a dit, après les travaux de Tamara Levitz notamment, il ne reste plus grand-chose à écrire de *Perséphone*. Nous voudrions cependant faire quelques remarques sur la présence de la musique dans les mots mêmes qui composent le « livret » (les guillemets s'imposent) de Gide. La musique, dès l'abord, apparaît dans *Perséphone* comme la clef d'une ouverture accrue au monde. Que cette ouverture soit d'ordre intime ou social, que la trajectoire de Perséphone soit synonyme d'une libération des désirs ou d'une découverte de l'autre et de sa souffrance – que Gide parle d'homosexualité ou de colonisation dans son texte, ce qui ne fait pas de doute, c'est que la musique accompagne une découverte aventureuse, et une prise de parole de ce qui, généralement, se tait (et est tu) :

PERSÉPHONE (*parlé*)
Je t'écoute de tout mon cœur,
Chant du premier matin du monde[42].

41 Sur le difficile dialogue entre Gide et Stravinski, voir l'introduction.
42 *Perséphone*, *RR*, II, p. 718.

Perséphone, sans doute aucun, est une figure de la transgression. Et l'on ne peut qu'approuver Tamara Levitz quand elle la compare à Antigone[43]. Perséphone est une figure inquiète – plus encore, elle est une figure qui insinue l'inquiétude dans l'économie sociale dans laquelle elle évolue. On est d'ailleurs tenté de considérer que, musicalement, l'orchestre joue le rôle du chœur, Gide prenant soin de rédiger la didascalie musicale suivante : « Le chœur a entouré attentivement Perséphone et s'est penché anxieusement vers elle. Une inquiétude inconnue s'est glissée dans l'orchestre qui jusqu'alors exprimait une pure joie[44]. » S'il tient tant à ce que Stravinski suive les indications musicales (pourtant peu développées) qu'il a glissées dans son texte, c'est parce que ces notations (on pensera par exemple à la « grande plainte [qui] envahit l'orchestre[45] » au moment où Perséphone cueille le narcisse ; ou encore à cette indication qui accompagne la « renaissance » de Perséphone : « C'est à partir d'ici que la musique commence le long *crescendo*, ou éclaircissement – enfin la montée qui doit se poursuivre jusqu'à la fin de ce tableau et amener la solennité joyeuse du tableau suivant[46] ») sont *socialement* éloquentes : elles en disent long sur la façon dont le Gide d'alors aborde et pense le rapport entre individu et multitude. De l'importance des notations relatives à la musique orchestrale, on peut d'ailleurs se convaincre en lisant, par exemple, les premières versions de *Proserpine*, où il écrit entre autres ceci : « La musique, jusqu'alors idyllique, se pénètre d'une inquiétude inconnue. Une sorte d'interrogation s'éveille en Proserpine… » L'équivalence entre orchestre et chœur *terrestre* n'est cependant pas encore établie dans la toute première version. Certes, l'orchestre, le plus souvent, exprime musicalement et transforme en symptômes sonores les émotions du chœur des nymphes, qui, à certains égards, semblent être celles du chœur tout court. Gide note ainsi, au moment où Proserpine goûte à la grenade : « Éclat désespéré et déchirement de l'orchestre, chœur désolé des nymphes[47]. » Et certes, il dissocie radicalement musique terrestre et musique infernale :

43 Sur Antigone, voir notamment Tamara Levitz, *op. cit.*, p. 420-421.
44 *Perséphone*, *RR*, II, p. 719.
45 *Ibid.*, p. 720.
46 *Ibid.*, p. 726.
47 *Proserpine* II, *RR*, II, p. 743.

> Peut-être une mise en scène habile présenterait-elle imprécisément la vision de Proserpine, mais c'est avant tout affaire à la musique de l'exprimer ; tout ce qui est des Enfers relevant d'un mode spécial, et réservant le pathétique humain et « de plein air » à ce qui appartient à la terre[48] [...].

Mais précisément, cette dissociation suppose que la musique n'est pas exclue des Enfers. Et Gide charge l'orchestre d'exprimer les mouvements intimes de tous les personnages, y compris des âmes qui peuplent les Enfers : « Les groupes d'âmes qui circulent au bord du fleuve Léthé sont insatisfaites [...]. La musique peut se prêter admirablement à exprimer leur inquiétude vague[49]. »

Dans la deuxième version de *Proserpine*, il n'en va pas différemment : les Danaïdes, ainsi, « font en quelque sorte partie du décor et constituent un [...] chœur sans paroles, auquel le chœur des nymphes répondra[50] ». On remarquera toutefois que Gide fait dans l'ensemble du chant un attribut des groupes, des personnages collectifs : « Sans doute le chant [...] sera-t-il réservé [au chœur des nymphes], et le rôle de Proserpine restera-t-il parlé[51]. » Il est vrai que, d'après les indications musicales des deux versions de *Proserpine*, il est possible parfois d'entendre « une voix » singulière « perdue dans la symphonie[52] ». Il est vrai aussi que les états d'esprit de Proserpine peuvent influer sur le discours orchestral qu'imagine Gide, qui, dans la première version, note par exemple, quand Proserpine réapparaît en reine pacifiée des Enfers : « Si la musique reprend motifs ou thèmes du premier acte [...], c'est, calmée et purifiée, avec une solennité toute nouvelle ; plus aucune sentimentalité dans Proserpine[53]. » De la même manière, au début de la seconde version, il écrit ceci : « L'orchestre à ce moment traduit l'inquiétude naissante de Proserpine qui [...] s'agenouille et se penche vers le narcisse[54]. » Il n'en demeure pas moins que, dans l'ensemble, la musique traduit ou dépeint des paysages psychiques collectifs. D'ailleurs, dans les deux versions de *Proserpine*, Gide note que le seul « personnage chantant », à savoir Eurydice, « pourrait être au besoin

48 *Proserpine* I, *RR*, II, p. 737.
49 *Ibid.*, p. 734.
50 *Proserpine* II, *RR*, II, p. 742.
51 *Proserpine* I, *RR*, II, p. 734.
52 *Proserpine* II, *RR*, II, p. 743.
53 *Proserpine* I, *RR*, II, p. 738.
54 *Proserpine* II, *RR*, II, p. 741.

supprimé[55] ». Tout cela suggère que la musique se situe du côté du collectif et de la loi, quand la parole prend le parti de l'individu et de la transgression. En outre, l'orchestre semble d'autant plus aisément exprimer les sentiments de Proserpine que ces sentiments vont dans le sens d'un regret des choses terrestres. En témoigne cette indication musicale : « Le regret de la terre emplit le cœur de Proserpine, sentiment tout humain qui s'est insinué dans l'orchestre dès l'instant où la grenade a été détachée de l'arbre par Mercure[56]. »

Qu'il y ait continuité entre les deux versions de *Proserpine* d'une part et *Perséphone* d'autre part, c'est donc incontestable. On peut souligner néanmoins quelques points de rupture, la pensée de Gide semblant avoir considérablement évolué entre 1909 et 1934. Ainsi, dans la première version de *Proserpine*, le chant a le pouvoir d'apaiser les âmes souffrantes : « Eurydice [...] peint la lamentable insatisfaction de tous les habitants des Enfers, mais elle attend Orphée dont le geste saura fixer le geste des Ombres ; toutes les Ombres expriment après elle cette attente du chant où elles trouveront leur repos[57]. » La musique, ici, s'apparente donc à une panacée... À moins qu'il ne faille comprendre cette attente du repos comme une démission et une soumission, la musique se situant alors à nouveau du côté de la loi. Dans la deuxième version de *Proserpine*, en tout cas, Gide mobilise la notion d'harmonie, dont on a vu le rôle régulateur qu'elle jouait dans *Les Faux-Monnayeurs* : « Orphée tout vivant doit venir et tout fixer dans l'harmonie[58]. » Que la musique soit du côté de la règle, c'est ce que suggère aussi cette didascalie mi-scénique, mi-musicale de la première version, où non seulement la musique accompagne les travaux *réguliers* de Triptolème et le retour au bercail d'Eurydice, mais où, en outre, se mêle à cette musique de la loi collective le chant « consolateur » d'Orphée, qui se superpose en quelque sorte à celui du chœur :

> Ce gonflement et cet éclaircissement plutôt que ce *crescendo* de la musique amène insensiblement le second acte, dont un prélude évoquera le paysage durant le changement de décor.
>
> [...]

55 Voir *RR*, II, p. 733 et p. 740.

56 *Proserpine* II, *RR*, II, p. 743-744.

57 *Proserpine* I, *RR*, II, p. 735.

58 *Proserpine* II, *RR*, II, p. 742.

> Assez longue partie de symphonie durant que Triptolème laboure. On le voit revenir sur la scène par intervalles, à chaque extrémité de sillon. Cérès l'encourage. Au troisième retour de Triptolème l'on voit Proserpine confuse s'avancer vers Cérès, qui tient le milieu de la scène, à la rencontre de Triptolème. Cérès les unit. Refleurissement de toute la terre dans la pleine lumière. C'est ici sans doute que pourra intervenir Orphée dont le chant pathétique, entendu d'abord à travers le chœur, puis interrompant celui-ci, inclinera de nouveau l'attention de Proserpine vers Eurydice et les Enfers[59].

Dans la deuxième version de même, l'union de Perséphone et de Triptolème est saluée par une « [s]ymphonie glorieuse et joyeuse dans l'orchestre[60] ». Sans compter que le texte (lacunaire, bien entendu) de cette même deuxième version s'achève sur la notation suivante : « Apothéose glorieuse et danses pacifiées des ombres[61]. » Certes, cette pacification a son origine dans le fait que Proserpine a accepté d'être la reine des Enfers ; mais précisément, ce dénouement est ambigu : car si Proserpine semble prendre définitivement le parti des ombres, c'est-à-dire des exclus et des laissés-pour-compte, elle prend aussi celui de la royauté, c'est-à-dire de la règle et de la loi.

Toujours est-il que, dans *Perséphone*, la musique, qui d'abord est associée à un mouvement d'ouverture heureuse sur le monde, est ensuite quelque peu discréditée par ces propos du personnage éponyme :

> *Nymphes, mes sœurs, mes compagnes charmantes,*
> *Comment pourrais-je avec vous, désormais,*
> *Rire et chanter, insouciante,*
> *À présent que j'ai vu, à présent que je sais*
> *Qu'un peuple insatisfait souffre et vit dans l'attente*[62].

Si la sensibilité musicale n'est pas condamnable en soi, elle demeure cependant purement esthétique : or, on sait que le Gide de l'époque, soudain sensible aux problèmes éthiques et sociaux qui l'environnent, s'interroge sur les limites de la posture esthétique qui a jusqu'à présent été la sienne face au monde. La gratuité esthétique qu'il défendait dans *Corydon* ne lui semble plus une réponse suffisante à ce que l'on pourrait appeler le *problème de l'autre*, ou le *problème des autres*. Aussi, quand

59 *Proserpine* I, *RR*, II, p. 737-738.
60 *Proserpine* II, *RR*, II, p. 745.
61 *Ibid.*
62 *Perséphone*, *RR*, II, p. 720.

Perséphone soudain est confrontée au chœur des ombres, la musique se tait-elle : « Silence dans l'orchestre[63]. » Une didascalie musicale similaire était d'ailleurs déjà présente dans la seconde version de *Proserpine*, où Gide imaginait un « [s]ilence subit dans l'orchestre » au moment où Proserpine cueillait le narcisse. Ce silence, c'est bien sûr celui qu'impose Perséphone au chœur « terrestre » en prêtant l'oreille aux voix des exclus, aux voix de ceux que personne n'écoute ; mais c'est aussi le silence de l'esthétique qui laisse la place à l'éthique, le silence des sons auxquels se substitue le sens : en d'autres termes, Gide découvre qu'il peut, qu'il doit y avoir une parole engagée.

Une autre didascalie musicale intéressante est celle-ci : « Rythme accéléré de la musique, ironique et stridente au moment où Mercure, selon le chant d'Eumolpe, bondit pour s'emparer de la grenade[64]. » Or, cette intensification de la musique coïncide avec une sorte de revirement, non pas moral certes, mais sentimental chez Perséphone, qui soudain se souvient avec nostalgie du pays qu'elle a abandonné pour rejoindre les ombres. Il n'est pas exclu que Gide figure ici sa propre oscillation entre éthique et esthétique, entre parole engagée et parole littéraire. Mais Perséphone, en contemplant le narcisse, constate que le riant pays qu'elle a quitté s'est dépouillé de ses charmants atours. Or, l'aspect funèbre qu'a pris la terre est associé à la disparition de toute musique :

> *Où donc avez-vous fui, parfums, chansons, escortes*
> *De l'amour ?... Je ne vois rien que des choses mortes.*
> *Les prés vides de fleurs et les champs sans moissons*
> *Racontent le regret des riantes saisons.*
> *Plus, au penchant des monts, les flûtes bucoliques*
> *N'occupent les bosquets de leurs claires musiques.*
> *De tout semble couler un lent gémissement*[65]
> *Car tout espère en vain le retour du printemps.*
> *Alternons les accents de nos voix affligées*[66].

Cette association entre mort et silence n'a rien, bien entendu, de très original. On a vu toutefois, en analysant *Les Faux-Monnayeurs*, que Gide

63 *Ibid.*, p. 723.

64 *Ibid.*, p. 724.

65 Ces trois derniers vers sont déjà présents mot pour mot dans la première version de *Proserpine* (*RR*, II, p. 735-736).

66 *Perséphone*, *RR*, II, p. 725.

la pensait de manière peu ordinaire : car, aux yeux de La Pérouse du moins, le silence que l'on goûte en mourant, ou en tout cas en mourant à soi-même, n'a rien de redoutable ; au contraire, il signifie que le Diable (ou les démons) s'est (ou se sont) tu(s). Deux interprétations de la situation de Perséphone se proposent donc : soit l'esthétique, l'éloquente esthétique se situe du côté du Diable, du Diable indifférent au sort des exclus (qui, du fait du silence qui leur est imposé, se situeraient du côté de Dieu – ce qui serait conforme à la morale biblique qui dit que les derniers seront les premiers) ; soit, tout compte fait, Perséphone ferait l'éloge de l'esthétique contre l'éthique, de la jouissance contre le devoir. Mais cette seconde interprétation supposerait que ce soit du côté de la terre, et non du monde souterrain, que se réalisent les désirs de Perséphone ; que ce soit en jouissant des plaisirs terrestres que Perséphone se comporte en figure transgressive : or, précisément, Tamara Levitz a établi (et il semble peu pertinent de la contredire) que le voyage souterrain de Perséphone figurait une découverte aventureuse du désir homosexuel. Ce qui ne fait pas de doute, c'est que la musique apparaît une fois de plus ambivalente : si, manifestement, elle se situe globalement du côté de la loi qui d'une part censure les désirs et d'autre part réduit au silence les exclus, les opprimés et les laissés-pour-compte, c'est cependant à un désir musical ou musicalisé de la terre et de ses plaisirs que Perséphone semble par moments en proie.

UNE MUSIQUE PERFORMATIVE

Les Nouvelles Nourritures (1935) s'inscrivent, du point de vue du discours sur la musique, dans la continuité immédiate de *Perséphone*. Certains vers sont même communs aux deux textes :

> *La brise vagabonde*
> *A caressé les fleurs.*
> *Je t'écoute de tout mon cœur,*
> *Chant du premier matin du monde*[67].

67 *Les Nouvelles Nourritures*, *RR*, II, p. 749.

Plusieurs lecteurs – et non des moindres – ont d'ailleurs salué *Les Nouvelles Nourritures* comme un texte musical dans son essence : Jean Schlumberger[68], Jacques-Émile Blanche[69] et Henri Bergson[70] parlent tous trois d'un « hymne à la joie » – la formule deviendra d'ailleurs un lieu commun critique pour parler des *Nouvelles Nourritures*. Mais cet « hymne à la joie » fait sa place à l'inquiétude (Jacques-Émile Blanche écrit d'ailleurs à Gide que son livre est « aussi triste que [le] final de la *IXe Symphonie* »). À nouveau, Gide fait le lien entre mort et silence : mais cette fois, si le silence s'installe, ce n'est pas parce que le Diable ou les démons se taisent, mais parce que le défunt n'est plus en mesure d'entendre. C'est ce qui appert de cette dédicace posthume par anticipation : « Toi qui viendras lorsque je n'entendrai plus les bruits de la terre et que mes lèvres ne boiront plus sa rosée – toi qui, plus tard, peut-être me liras – c'est pour toi que j'écris ces pages[71]. »

Gide, un peu plus loin, précisera le rôle qu'il assigne à la musique dans la vision cosmogonique qui est la sienne. Du primesautier chaos originel naissent des lois qui n'ont rien de contraignant, puisqu'elles ne viennent pas de l'extérieur organiser le jaillissement de vie : tout au contraire, c'est la vie qui semble, progressivement, s'informer d'elle-même. C'est un rythme d'abord qui naît de ce travail d'agencement spontané de la vie, de ses phénomènes, de ses manifestations. Puis c'est une forme mélodique que prend cette vie joyeuse (ou cette joie vivante) qui s'auto-célèbre :

> Une éparse joie baigne la terre, et que la terre exsude à l'appel du soleil – comme elle fait cette atmosphère émue où l'élément déjà prend vie et, soumis encore, échappe à la rigueur première… On voit des complexités ravissantes naître de l'enchevêtrement des lois : saisons ; agitation des marées ; distraction, puis retour en ruissellement, des vapeurs ; tranquille alternance des jours ; retours périodiques des vents ; tout ce qui s'anime déjà, un rythme harmonieux le balance. Tout se prépare à l'organisation de la joie et que voici bientôt qui prend vie, qui palpite inconsidérément dans la feuille, qui prend nom, se divise et devient parfum dans la fleur, saveur dans le fruit, conscience et voix dans l'oiseau.

68 Voir André Gide, Jean Schlumberger, *op. cit.*, p. 870-871. Lettre de Jean Schlumberger, 8 novembre 1935.

69 Voir André Gide, Jacques-Émile Blanche, *Correspondance (1892-1939)*, Paris, Gallimard, 1979, p. 295-297. Lettre de Jacques-Émile Blanche, 8 novembre 1935.

70 Lettre d'Henri Bergson datée du 9 novembre 1935, conservée à la bibliothèque littéraire Jacques-Doucet.

71 *Les Nouvelles Nourritures*, *RR*, II, p. 749.

La musique, sous sa forme mélodique, serait donc, plutôt qu'un phénomène esthétique, la jouissance esthétique elle-même ; ou plus exactement encore, la musique n'est ni le phénomène issu de l'objet, ni la jouissance échue au sujet : elle est la jouissance faite objet, la jouissance objective, le caractère objectivement « jouissible », si l'on nous passe ce néologisme, de l'objet qui procure la jouissance au sujet. C'est ce qui appert des lignes suivantes : « Tout aime d'être et tout être se réjouit. C'est de la joie que tu appelles fruit quand elle se fait succulence ; et, quand elle se fait chant, oiseau. »

Parmi les oiseaux, il en est un en particulier qui est cher à Gide : c'est « [l]e ramier qui exulte parmi les branches[72] ». On sait la charge érotique que Gide investit dans la « figure » du ramier. Aussi ne s'étonne-t-on pas de lire, dans *Les Nouvelles Nourritures* : « Par le chant de l'oiseau, mon amour prend voix[73]. » C'est d'ailleurs l'acte d'écriture lui-même qui sera bientôt érotisé. De même que celui qui parle (qui se confond sans doute assez strictement avec Gide) dans *Les Nouvelles Nourritures* tente, sinon de retenir captif ou de domestiquer, du moins d'apprivoiser momentanément l'oiseau sauvage qu'est le ramier, de même l'écrivain s'attache à faire entrer, sans le dénaturer pour autant, l'autre, l'étranger, dans son écriture. Les mots tendent à se faire roucoulement, roucoulement amoureux bien sûr, mais pas tant roucoulement de l'amant que roucoulement de l'aimé :

> *Je ne saisirai plus les mots que par les ailes. Est-ce toi, ramier de ma joie ? Ah ! vers le ciel, ne t'envole pas encore. Ici, pose ; repose-toi.*
>
> *Je suis couché contre la terre. Près de moi, la branche, chargée de fruits éclatants, ploie jusqu'à l'herbe ; elle touche l'herbe ; elle frôle et caresse le plus tendre épi du gazon. Le poids d'un roucoulement la balance*[74].

Les sons prennent à nouveau le pas sur les sens, et Gide, après avoir éprouvé la tentation d'accorder la priorité à l'éthique sur l'esthétique, revient à une pratique strictement poétique de la parole[75]. Car toute tentative de persuader, de convaincre ou de séduire équivaut à un

72 *Ibid.*, p. 750.
73 *Ibid.*, p. 752.
74 *Ibid.*
75 C'est donc dès avant le voyage en URSS que Gide reprend ses distances avec l'idée d'un art engagé.

embrigadement, non tant d'ailleurs du locuteur ou du récepteur, que des mots eux-mêmes : « Je rêve à de nouvelles harmonies. Un art des mots, plus subtil et plus franc ; sans rhétorique ; et qui ne cherche à rien prouver[76]. » On a vu que l'harmonie apparaissait, dans *Les Faux-Monnayeurs*, ou plus exactement dans les fragments préparatoires des *Faux-Monnayeurs*, comme une hypostase musicale de ce que sont, dans le domaine social, les règles ou les normes. Chercher de « nouvelles harmonies », dès lors, est un acte de transgression. Gide réaffirme la primauté de l'individu, d'un individu libéré des phobies et de toute espèce de timidité : « Âme naturellement joyeuse, ne redoute plus rien de ce qui pourrait ternir la limpidité de ton chant[77]. » En somme, l'imaginaire de la relation entre individu et environnement social qui sous-tend de telles envolées n'a rien de nouveau : l'individu doit revenir à sa nature originellement joyeuse, originellement harmonieuse (pour ne pas dire mélodieuse), par delà les interdits et les censures. L'ordre cosmique spontané que Gide décrivait est d'ailleurs un fait subjectif au moins autant qu'objectif. C'est en l'homme et pour l'homme que tout s'organise et prend forme. Et c'est en des termes à la fois mathématiques et musicaux que Gide évoque cet ordonnancement : il parle de « nombre » et d'« harmonie ».

Il ne faudrait pas pour autant penser qu'il se positionne en subjectiviste. On l'a vu plus haut, il ne fait l'éloge ni de l'objet ni du sujet, mais de ce qui en l'objet se dispose pour le sujet. Et c'est de cet apprêt que naît l'harmonie – ou plutôt, l'harmonie n'est rien d'autre que cet apprêt :

> Mais, plutôt encore, c'est dans le cerveau de l'homme que tout l'épars prend nombre ; car sons, couleurs, parfums, n'existent que dans leur relation avec l'homme ; et l'aurore la plus suave, le chant du vent le plus mélodieux, et les reflets du ciel sur les eaux, et les frémissements des ondes, ne sont que vains propos en l'air, tant que non recueillis par l'homme et aussi longtemps que les sens de l'homme n'en ont point fait de l'harmonie[78].

Gide reconnaît d'ailleurs que la théorie de « l'harmonie du nombre[79] » lui a servi quelque temps de théologie, avant qu'il n'ait eu le courage de renoncer définitivement à s'occuper de Dieu : par suite, et quoique

76 *Les Nouvelles Nourritures*, *RR*, II, p. 753.
77 *Ibid.*, p. 754.
78 *Ibid.*, p. 769.
79 *Ibid.*, p. 771.

l'écrivain ait cessé rapidement d'y chercher un substitut divin, on peut affirmer sans craindre de forcer le trait que la notion d'harmonie – mais d'harmonie singulière – est la clef de voûte de la cosmogonie gidienne. Et cette quête d'harmonie équivaut à une *quête de joie* quelque peu spinoziste :

> Pour moi qui toujours préférai Bach et Mozart à Beethoven, je tiens pour impie le vers de Musset [...] : « Les plus désespérés sont les chants les plus beaux », et n'admets pas que l'homme sous les coups de l'adversité se laisse abattre. Oui, je sais qu'il entre là-dedans plus de résolution que d'abandon au naturel. Je sais que Prométhée souffre, enchaîné sur le Caucase, et que le Christ meurt crucifié, l'un et l'autre pour avoir aimé les hommes. Je sais que, seul parmi les demi-dieux, Hercule garde sur son front le souci d'avoir triomphé des monstres, des hydres, de toutes ces forces affreuses qui maintenaient l'humanité courbée. Je sais qu'il est bien des dragons à vaincre [...]... Mais il y a, dans le renoncement à la joie, de la faillite et comme une sorte d'abdication, de lâcheté[80].

Ce parti-pris, toutefois, ne trahirait-il pas une forme d'égoïsme, une volonté délibérée de ne pas tenir compte de la souffrance et du mal – volonté qui serait d'autant moins excusable que Gide vient d'avoir l'occasion de mesurer l'ampleur et la profondeur de la souffrance humaine ? Mais précisément non. De même que Perséphone hésitait entre le royaume des ombres et la terre, qu'elle hésitait entre devoir et jouissance, tentant de concilier éthique et esthétique, de même Gide voudrait pouvoir atteindre la joie à travers la tristesse, et la communion avec l'autre à travers une expérience, non pas solitaire, mais singulière de la suavité du monde :

> *Tu n'auras pas raison de moi, tristesse ! J'écoute un chant suave à travers les lamentations, les sanglots. Un chant dont j'invente à mon gré les paroles, qui raffermit mon cœur lorsque je le sens près de céder. Un chant que j'emplis de ton nom, camarade, et d'un appel à ceux qui d'un cœur vaillant répondront*[81] [...].

Dès 1900, en réaction au livre de Max Stirner, *L'Unique et sa propriété*, pour lequel il n'avait que mépris, Gide décrivait le grand artiste comme une personnalité incomparable, mais dévouée ; un grand écrivain, un grand musicien, un grand philosophe, un grand politique même, se

80 *Ibid.*, p. 778.
81 *Ibid.*, p. 790.

devait selon lui de consacrer sa vigueur constitutive à une cause universelle, et d'insuffler sa force singulière à ses camarades de lutte. En 1900 déjà, donc, Gide tentait de concilier culte de l'individu (mais non du moi) et « communisme » (nous utilisons ici le mot dans le sens, très particulier, que Gide lui prêtait) :

> Mais c'est qu'il faudrait mieux s'entendre et ne pas illustrer *L'Unique et sa propriété* avec l'image d'un Goethe, d'un Beethoven, d'un Balzac, d'un Nietzsche ou d'un Napoléon (ces grandes et admirables figures furent admirablement dévouées à quelque grande idée projetée devant eux, au-dessus d'eux[82]) [...].

En somme, Gide fait le pari de la joie, il pratique un optimisme, non pas naturel, mais délibéré, et promeut par suite une musique à laquelle il prête un pouvoir non mimétique ou expressif, mais performatif : à la musique, le Gide des *Nouvelles Nourritures* ne demande pas de peindre ou d'exprimer la souffrance des hommes, mais au contraire de réveiller leur vaillance, afin qu'ensemble ils œuvrent à un monde meilleur. La musique, donc, naîtrait d'une joie délibérément singulière, vivrait d'une lutte collective, pour mourir peut-être d'avoir triomphé – l'harmonie finale étant, si du moins l'on en croit *Les Faux-Monnayeurs*, équivalente, aux oreilles des hommes en tout cas, à un vaste silence.

82 « Lettre à Angèle, XII » [*L'Ermitage*, janvier 1900], *EC*, p. 72.

SILENCES DE CHOPIN

Saisissant le prétexte de la réédition augmentée des *Notes sur Chopin* en 1948, nous terminerons notre essai en analysant le rapport de Gide à Chopin tel qu'il se dessine dans les textes que l'écrivain consacre au compositeur. Là aussi, on le verra, le silence – un silence éloquent – joue un rôle prépondérant.

Ce que nous voudrions essayer de comprendre ici, c'est ce qui se joue dans ce que Gide écrit de Chopin, qui fut une figure aussi essentielle pour sa vie spirituelle que, par exemple, Dostoïevski. Dans une lettre datée du 21 avril 1924, Gide confiait d'ailleurs à Guy de Pourtalès : « Gallimard vous a dit vrai ; je prépare un livre sur Chopin (qui devra faire pendant à mon *Dostoïevski*), mais ce n'est pas précisément une biographie, et peut-être ne fera-t-il pas double emploi avec le vôtre[1]. » Et quelque vingt-cinq ans plus tard, ce rapprochement (qui n'est pas une comparaison, signalons-le) entre Chopin et Dostoïevski[2] ressurgira

1 Voir *BAAG*, nº 62, avril 1984, p. 301.

2 Gide aime aussi à comparer Dostoïevski à Beethoven – alors même que son admiration pour le compositeur allemand est nettement moins franche que celle qu'il porte à l'écrivain russe. Ce sont les réceptions respectives des deux artistes, longtemps incompris, et dont les œuvres les plus hautes sont aussi les plus exigeantes, et donc les plus décriées, qui lui paraissent comparables : « Cette prudence était, penseront certains, nécessaire, comme peut-être il avait été nécessaire d'habituer le public à la *Symphonie pastorale*, de l'acclimater lentement, avant de lui servir la *Symphonie avec chœurs.* S'il fut bon d'attarder et de limiter les premières curiosités aux *Pauvres Gens*, à *La Maison des morts*, et à *Crime et Châtiment*, il est temps aujourd'hui que le lecteur affronte les grandes œuvres : *L'Idiot*, *Les Possédés*, et surtout *Les Frères Karamazov.* » En outre, Beethoven et Dostoïevski ont en commun de n'avoir pas connu d'affaiblissement sénile. Au contraire, chacune de leurs œuvres est plus radicale, moins complaisante que la précédente : « Il était de ces rares génies qui s'avancent d'œuvre en œuvre, par une sorte de progression continue, jusqu'à ce que la mort les vienne brusquement interrompre. Aucun fléchissement dans cette fougueuse vieillesse, non plus que dans celle de Rembrandt ou de Beethoven à qui je me plais à le comparer. » (« *Les Frères Karamazov* » [*Le Figaro*, 4 avril 1911], *EC*, p. 493.) En revanche, Gide ne peut accepter que l'on rapproche, comme le fait Suarès, Dostoïevki du compositeur qui tombe dans tous les travers que Chopin sait éviter : « Il est monstrueux d'écarter Dostoïevski de Nietzsche pour le rapprocher

dans une lettre à Edward Sackville-West, où Gide évoque son désir inassouvi de donner une série de conférences sur Chopin, série analogue à celle qu'il donna sur l'écrivain russe au Vieux-Colombier[3]. Sans oublier ces lignes d'*Ainsi soit-il* où, à nouveau, le compositeur et le romancier sont réunis *via* l'évocation d'un de leurs détracteurs communs, André Suarès :

> Est-il besoin de dire que nul n'était mieux qualifié pour apprécier Chopin que Suarès, et pour parler de lui avec une autorité magistrale ? Mais il ne l'avait pas découvert. Il apparaissait même dans ces quelques pages véhémentes et insensées qu'il venait de livrer au public, qu'il ne connaissait de lui que juste ce qu'il fallait pour fournir à sa violence un aliment de mauvais aloi. Nul doute qu'il n'eût reconnu son erreur ainsi qu'il avait fait à l'égard de Dostoïevski[4] [...].

Or, d'après David H. Walker, Dostoïevski fit partie, aux côtés notamment de Nietzsche, de Lautréamont et de Blake, de ceux à qui Gide confia le soin d'explorer à sa place les sombres abysses de l'âme humaine[5]. Chopin joua-t-il aussi, pour lui, le rôle d'ambassadeur auprès des puissances obscures ? C'est la question à laquelle nous tenterons ici de répondre. Ce qui ne fait pas de doute, c'est que cette prédilection passionnée surprend de la part d'un écrivain dont la modération, en matière de critique, fut l'une des principales vertus : Gide a beau s'en

---

de... Wagner ! » (*J*, I, p. 747, 2 juillet 1913.) – Sur le triangle Chopin-Nietzsche-Gide, voir Maja Vukušic Zorica, « "Bez glazbe, život bi bio pogreška" – Chopin kod Gidea, Sartrea, Nietzschea i Barthesa », *KnJ, Iževna smotra, Časopis za svjetsku knJ, Iževnost*, n°s 157-158, 2010, p. 51-60. On pourra consulter aussi Ernő László Kiss, *Gide et Nietzsche*, Debrecen, Bertók, 1936. – Et sur le *triumvirat* anachronique Chopin-Gide-Barthes, on consultera avec profit l'article de Roman Wald Lasowski, « Écriture et piano. Gide, Barthes, Chopin », dans Raphaël Célis (dir.), *Littérature et musique*, Bruxelles, Facultés universitaires Saint-Louis, 2001, p. 161-171 ; et Christian Doumet, « Gide, Barthes : musique », dans Robert Kopp et Peter Schnyder (dir.), *André Gide et la tentation de la modernité*, Paris, Gallimard, 2002, p. 431-449.

3 « Lettre à Edward Sackville-West, 16 décembre 1948 », *BAAG*, n° 58, avril 1983, p. 265.

4 *Ainsi soit-il ou Les jeux sont faits*, *SV*, p. 1014-1015.

5 Voir David H. Walker, « La goutte, la vague et la mer. Substance et formes du moi gidien », dans Jean-Michel Wittmann (dir.), *Gide ou l'identité en question*, *op. cit.*, p. 19-38 ; mais aussi Carl Vikner, « Gide et Dostoïevsky. Esquisse de la psychologie d'André Gide », *Orbis Litterarum*, 1960, p. 143-173 ; et Jean-Michel Wittmann, « L'autoportrait comme art de l'oblique : Gide face à ses modèles (Dostoïevski, Stendhal) », dans Sandrine Lascaux et Yves Ouallet (dir.), *Autoportrait et altérité*, Mont-Saint-Aignan, Presses Universitaires de Rouen et du Havre, 2014, p. 23-31.

expliquer abondamment, en particulier dans ses *Notes sur Chopin* (1931 pour la première version[6], publiée dans *La Revue musicale*), on n'en conserve pas moins le sentiment que quelque chose d'obscur se joue dans cette communion entre l'écrivain et le compositeur.

Le Chopin de Gide[7], on l'aura compris, n'est pas celui des virtuoses[8] : « Chopin se tient aussi près de l'art que loin de la virtuosité[9] », écrit le diariste en 1911. Il n'a pas de mots assez durs pour vilipender l'inintelligence de ceux qui, non contents de rendre Chopin « brillant », en font en outre un compositeur excessivement sensible ou langoureux : « TSF de la Tour Eiffel. Une virtuose inconnue (de moi) vient estropier le dix-septième *Prélude* de Chopin. Se peut-il que certains se pâment là-dessus ? Je n'y vois plus que vulgarité presque hideuse, affectation et sentimentalisme niais[10]. » En somme, « Gide ne cesse de répéter son désir d'être le pianiste[11] et l'exégète idéal de Chopin, et refuse [...]

6 Après avoir rêvé sans l'écrire à un livre sur Chopin et Schumann dès les années 1890, Gide confiera en 1931 à *La Revue musicale* la première version de ses *Notes sur Chopin*. Une version intermédiaire de l'opuscule, quelque peu remaniée, paraît ensuite en 1939 dans le tome XV des *Œuvres complètes*. Puis la version « définitive », augmentée de fragments du *Journal* et d'extraits de partitions, est publiée par L'Arche en 1948. Enfin, en 2010, Gallimard republie les *Notes sur Chopin* : c'est cette dernière édition que nous citons. – Citons ici une lettre de Gide à Georges Jean-Aubry, qui, en 1909, tentait de le convaincre d'écrire une « étude sur Chopin » : « Oui certes, cela me sourirait fort, – mais, pour faire cette étude sur Chopin excellente autant que je la voudrais, il me faudrait beaucoup plus de loisirs que ceux dont je peux disposer acturellement. Précisément parce que le sujet : *Chopin* me tient à cœur entre tous et parce que la façon dont je le vois est en opposition parfaite avec celle dont on le voit généralement, – je ne me pardonnerais pas de le gâcher » (lettre du 27 janvier 1909, voir *Interférences*, n° 13, janvier-juin 1981, p. 75-76).

7 On pourra consulter à ce propos Bernard Métayer, « Gide et Chopin », *BAAG*, n° 85, janvier 1990, p. 65-92.

8 Voir Giancarlo Franceschetti, « André Gide Esegeta di Chopin », *Aevum*, vol. 37, n° 1-2, janvier-avril 1963, p. 170-186, p. 172.

9 André Gide, Jacques Rivière, *op. cit.*, p. 175-176. Lettre du 23 janvier 1911.

10 *J*, II, p. 95, 5 novembre 1928.

11 D'une façon générale, rares sont les pianistes que Gide apprécie. Wanda Landowska fait partie de ceux-là : « J'ai le cœur tout remis en place et regonflé par l'admirable *Concerto* en ré majeur de Mozart admirablement interprété par Wanda Landowska, dont la radio vient de me permettre d'entendre l'enregistrement » (*J*, II, p. 712, 13 juillet 1940). Mais l'interprétation de Chopin reste le critère suprême pour lui : « Je pars ce soir pour Mont-de-Marsan (2 jours chez Francis Planté avec Mozart et Chopin) [...]. Si je connaissais Francis Planté un peu plus, je vous proposerais de m'y rejoindre une après-midi – mais ça se retrouvera – surtout si je l'entends jouer Chopin à peu près à ma convenance » (André Gide, Jacques Rivière, *op. cit.*, p. 445-446, lettre du 12 avril 1914).

la virtuosité et l'effet[12] ». Aussi, même si l'écrivain reçut quelques soutiens (parmi lesquels ceux de Nadia Boulanger[13], de François-Paul Alibert[14] et des époux Challaye[15]), et même s'il se vit offrir en 1950 la présidence de la Société Internationale Chopin qui devait « tenir ses assises à Taormina[16] », ses *Notes sur Chopin* lui valurent-elles d'abord des inimitiés – à commencer par celles d'André Suarès, d'Igor Stravinski et de Julien Benda[17].

Mais qu'a de particulier le Chopin de Gide ? Le premier constat que l'on peut faire, c'est que Gide présente Chopin comme un modèle esthétique : « Il n'[...]est pas de musicien plus parfait[18] » que lui. Rien d'étonnant à cela, puisqu'il prête à l'auteur des *Ballades* et des *Scherzos* un

12 Maja Vukušic Zorica, « Le piano touchant/touché : l'instrument du contretemps chez Gide, le cas du *Journal* et des *Notes sur Chopin* », *Studia romanica et anglica zagrebiensia*, n° 55, 2010, p. 79-102, p. 79. Du même auteur, voir aussi *André Gide : les gestes d'amour et l'amour des gestes*, Paris, Orizons, 2013.

13 Voir *J*, II, p. 638-639, 8 janvier 1939 ; mais aussi Maria van Rysselberghe, *Les Cahiers de la Petite Dame*, t. II : *1929-1937*, Paris, Gallimard, 1974, p. 118. Selon Maria van Rysselberghe, Nadia Boulanger désire « beaucoup rencontrer Gide, à cause des pages qu'il a écrites sur Chopin ».

14 Le 4 janvier 1949, Alibert écrit à Gide : « Heureusement, me reste cette impression qui ne s'efface jamais, c'est-à-dire le goût absolu, fondamental de Chopin, et aussi la certitude que je ne l'ai jamais entendu jouer comme il l'aurait fallu, c'est-à-dire de la façon la plus simple et la plus coulante, au lieu que la plupart de ses interprètes (je parle de ceux que j'ai entendus, et ils sont rares) l'interprétaient en prenant des temps et avec des intervalles d'affèterie et de frénésie qui me rendaient d'instinct leur jeu insupportable » (André Gide, François-Paul Alibert, *op. cit.*, p. 449).

15 Le 4 janvier 1932, Félicien Challaye écrit à Gide : « Ma femme [...] me dit qu'elle a été tout heureuse de trouver sous votre plume des sentiments qu'elle a éprouvés elle-même, à propos de Chopin et de ses interprètes » (lettre conservée à la bibliothèque littéraire Jacques-Doucet).

16 Voir une lettre de Gide à Pierre Herbart datée du 13 avril 1950, et conservée dans les archives de la Fondation Catherine Gide.

17 Et pourtant, Gide estime qu'il eût pu s'entendre avec Benda : « Je me souviens en particulier d'un déjeuner chez lady Rothermere, qui s'occupait alors, avec T. S. Eliot, du *Criterion*, Benda et moi nous étions voisins de table. Il me sembla (je croyais) m'entendre si bien avec lui ! Nous parlions tous deux, comme en *a parte*, de Péguy d'abord, puis de Chopin. Ah ! combien tout ce qu'il disait de la musique en général, de celle de Chopin en particulier, me paraissait intelligent, juste, et sensible et sensé ! C'est en me souvenant de cet entretien que j'écrivis, beaucoup plus tard : "Comme Chopin par les notes, il faut se laisser guider par les mots... etc.", phrase dont il fait arme aujourd'hui contre moi, affectant d'y voir un aveu de je ne sais quoi de détestable ; car il ne prend plaisir qu'à s'opposer » (*J*, II, p. 1052, 6 janvier 1948). – Pour le dossier de presse des *Notes sur Chopin*, voir le *BAAG*, n° 163, juillet 2009, p. 415, et n° 166, avril 2010, p. 251.

18 *Notes sur Chopin*, *op. cit.*, p. 37.

classicisme[19] qui répond point par point à ses exigences esthétiques. Mais ce classicisme de Chopin est-il objectif ? En partie, sans doute – mais en partie seulement : car Gide néglige sciemment, et ouvertement, « l'apport romantique[20] » qui constitue l'un des ingrédients majeurs de l'esthétique chopinienne. De ce constat naît une première question : pourquoi Gide se refuse-t-il à prendre en considération le romantisme historique aussi bien qu'esthétique de Chopin ? Et par ailleurs, qu'est-ce que ce classicisme que Gide prête à Chopin : est-ce une esthétique anhistorique, ou au contraire une éthique située dans le temps historique et indissociable du XIXe siècle, une sorte de posture puritaine qui se serait développée en réaction aux excès d'un romantisme qui n'hésite pas à laisser parler le « moi », ce qui ne pouvait qu'effrayer un Gide toujours hésitant au moment de laisser s'exprimer ses démons intimes ?

Il nous semble que le meilleur moyen de répondre à la seconde question est de commencer par répondre à la première. C'est donc en fonction de cette première question – pourquoi Gide fait-il de Chopin un pur classique, au mépris de toute vraisemblance historique et esthétique ? – que nous avons organisé notre propos dans ce dernier chapitre. Nous tenterons tout d'abord d'analyser la façon dont Gide se sert du prétexte que constitue Chopin pour formaliser sa propre esthétique – une esthétique à la fois classique et située historiquement, dans la mesure où elle est essentiellement anti-wagnérienne. Nous essaierons ensuite de montrer comment Gide invente un *ethos* classique qu'il prétend chopinien, alors qu'en réalité il est avant tout… gidien. Enfin, nous nous attacherons à défendre cette idée, que Gide élabore (et prête à Chopin) cette contraignante posture d'artiste classique *pour ne pas dire* ce qui agite vraiment son esprit comme sa chair. Cela ferait de son classicisme une posture à la fois atemporelle et située historiquement, puisque, selon notre hypothèse, il tenterait de se réfugier dans un *ethos* classique apparemment anhistorique pour résister au mouvement de libération expressive du moi qui coïncide avec le triomphe du romantisme.

19 Voir Ke Liu, *La Posture littéraire d'André Gide : posture classique et jeu sur la posture*, Thèse de doctorat, Université de Pékin, 2007, p. 11.

20 *J*, II, p. 638, janvier 1939. « L'écrivain a rappelé qu'il fallait renoncer au premier mouvement, aux émotions toutes faites. Il appelle cette discipline de soi "vaincre le romantisme intérieur". Aller au-delà de la réaction première : il se définit comme un classique », écrit Peter Schnyder (*Permanence d'André Gide*, *op. cit.*, p. 10).

UN CLASSICISME NÉGATIF

Gide, donc, refuse de prendre en considération les aspects romantiques de l'œuvre de Chopin. C'est ce que notait Pierre Meylan en 1952 déjà dans un article sur « Gide pianiste » : « On est bien obligé de constater [que Gide] méconnaît un des aspects les plus romantiques de Chopin, le Chopin épique, celui des *Ballades* et des *Polonaises*. C'est que ce Chopin-là est le plus anti-classique qui soit[21]. » C'est là une remarque tout à fait pertinente, même si l'écrivain ne méprise pas tant que cela les *Ballades*[22]. On peut, bien entendu, fournir une explication « politique » très simple à cette insensibilité de Gide aux œuvres favorites de ceux qui firent de Chopin l'artiste polonais « national » par excellence : il demeure longtemps un écrivain individualiste (quoique non égoïste), et quand, enfin, il décide de faire entrer dans sa littérature des préoccupations sociales et politiques (avec *Corydon*, puis avec les deux diptyques africain – *Voyage au Congo*, *Le Retour du Tchad* – et soviétique – *Retour de l'URSS*, *Retouches à mon « Retour de l'URSS »*), ce n'est certainement pas pour alimenter les récits « épiques » dominants. Mais les enjeux de cette sélection qu'il opère dans l'œuvre de Chopin sont loin d'être purement politiques – ce qui s'y joue est avant tout, à notre avis, de l'ordre de l'autocensure intime.

N'anticipons pas toutefois, et traitons d'abord la question du point de vue esthétique. Si Gide présente Chopin comme un classique, c'est avant tout parce qu'à ses yeux, il a le mérite de ne pas tomber dans les travers d'une époque qui montre trop de goût pour le pathétique[23] – en d'autres termes, le classicisme du Chopin de Gide se définit *en négatif*, et surtout *en situation* : loin d'ignorer la modernité romantique, Chopin lutterait avec elle, pour en canaliser les débordements tout en

---

21 Pierre Meylan, « André Gide, pianiste », dans *Les Écrivains et la Musique*, t. II, Lausanne, Éditions du Cervin, 1952, p. 62-78, p. 72.

22 Gide écrit ainsi dans son *Journal*, en date du 30 octobre 1927 : « Qu'Alibert était charmant hier lorsqu'il s'écriait : "Je donnerais toutes les *Symphonies* de Beethoven, tu m'entends bien : toutes les *Symphonies*, pour une seule *Ballade* de Chopin" » (*J*, II, p. 54).

23 « J'arrive à supprimer de mon jeu (au piano) les *crescendos*. Certes il en faut dans Beethoven ; il n'y en a pas dans le clavecin de Bach ; et Chopin s'en passe, avantageusement. Il y a des *forte* et des *piano* ; ce n'est pas la même chose. Antipathétique », note Gide le 21 juin 1930 (*J*, II, p. 205).

en respectant l'élan vital. Derrière l'inévitable vernis romantique dont doit être rendu responsable le siècle où naquit le compositeur, ce que l'on découvre donc dans les *Scherzi*, dans les *Préludes*, dans les *Études*, c'est le représentant d'un art classique spécifiquement français[24] de la mesure et de la pondération[25].

Pour Gide, il y a deux sortes d'artistes – les enfants de Clytemnestre et ceux d'Hélène, ceux qui se soumettent aux puissances de la passion et ceux qui révèrent la beauté. C'est ce qu'il explique dans une lettre à André Rouveyre datée du 11 avril 1928 :

24 Sur Chopin comme compositeur « français », voir entre autres Maria van Rysselberghe, *Les Cahiers de la Petite Dame*, t. III : *1937-1945*, Paris, Gallimard, 1975, p. 125. – En réponse à une enquête sur le romantisme et le classicisme menée par la revue *La Renaissance politique, littéraire et artistique*, Gide répondait d'ailleurs en 1921 : « Je ne pense pas que les questions que vous me posez [...] puissent être comprises ailleurs qu'en France, la patrie et le dernier refuge du classicisme. Et pourtant, en France même, y eut-il jamais plus grands représentants du classicisme que Raphaël, Goethe ou Mozart. » (« Réponse à l'enquête sur le romantisme et le classicisme » [*La Renaissance politique, littéraire et artistique*, 8 janvier 1921], *EC*, p. 279.) On voit donc qu'il relativise le caractère spécifiquement français du classicisme : ce n'est que sur le plan théorique qu'on peut faire du classicisme l'apanage de la France. En outre, dans un « Billet à Angèle » publié quelque deux mois plus tard, Gide soulignera le caractère fort peu classique de nombres de chefs-d'œuvre littéraires français. Ce sera l'occasion pour lui de prendre ses distances avec son propre amour du classicisme : « Cette classification n'a de raison d'être qu'en France ; et, même en France, quoi de moins classique souvent que Pascal, que Rabelais, que Villon. Ni Shakespeare, ni Michel-Ange, ni Beethoven, ni Dostoïevski, ni Rembrandt, ni même Dante (je ne cite que les plus grands), ne sont classiques. » (« Billet à Angèle (mars 1921) » [*La NRF*, mars 1921], *EC*, p. 282.) Gide, cependant, est, on le sait, esthétiquement anti-allemand ; et l'art français – qu'il soit classique ou moderne – lui semble la meilleure arme au service de la lutte patriotique : « C'est une lâche erreur de croire que nous ne pouvons lutter contre l'Allemagne qu'en nous retranchant dans notre passé : Rimbaud, Debussy, Cézanne même, peuvent ne ressembler en rien au passé de notre tradition sans cesser pour cela d'être français ; ils peuvent différer de tout ce qui a représenté la France jusqu'aujourd'hui et exprimer la France. Si la France n'est plus capable de nouveauté, pour quoi serait-ce qu'elle lutte ? » (*J*, I, p. 895, 8 octobre 1914.) En dehors de la querelle entre « anciens » et « modernes » qui sous-tend ces déclarations, ce qui frappe, c'est le postulat selon lequel il faut lutter *artistiquement* contre l'Allemagne à tout prix. Sur le sujet, on consultera avec profit Hans T. Siepe et Raimund Theis (dir.), *André Gide und Deutschland / André Gide et l'Allemagne*, Düsseldorf, Droste Verlag, 1992. Gide, pourtant, se méfie des tentatives de récupération à la Barrès : « Barrès (dont je lis en ce moment *Mes Cahiers*, second volume, avec une exaspération assidue) semble s'être inquiété des origines paternelles nancéennes de Chopin. (J'ai écrit quelques pages là-dessus qu'il faut que je retrouve et développe.) Il signale le fait (p. 182), puis l'abandonne aussitôt. Quel admirable démenti à toutes ses théories ! Et de même Claude Gelée, dit *le Lorrain* ! » (*J*, II, p. 205, 22 juin 1930.)

25 Voir Joachim Sistig, « La topographie esthétique de l'univers musical gidien », dans Greta Komur-Thilloy et Pierre Thilloy (dir.), *op. cit.*, p. 21-36.

> Léda pondit deux œufs. L'un contenait Castor, l'autre Pollux. Mais l'un contenait aussi Clytemnestre ; l'autre, pareillement gémellé, contenait, avec Castor, Hélène. Partant de ce renseignement, je me plus à imaginer qu'il restait à chacun de ces deux frères quelque chose de ce confinement, l'un avec la passion – Clytemnestre ; l'autre avec Hélène – la beauté. [...] J'imaginais le poète-artiste, docilement soumis à leur double influence, sentir se conjuguer en lui les rayons de ces deux astres opposés. [...] Ceux qui, comme Goethe ou Racine, se tiennent équidistants de Pollux et de Castor sont très rares[26].

Or Chopin, pour lui, descend d'Hélène (et si lui-même hésite un temps entre ces deux généalogies, dans les *Notes sur Chopin*, il semble avoir pris résolument le parti de se ranger lui aussi parmi les héritiers d'Hélène) :

> Certains se tiennent si près de l'un des deux jumeaux, qu'ils en viennent à méconnaître l'autre et professent pour lui grand mépris, sans trop comprendre ou s'avouer qu'ils perdraient d'un coup toute valeur s'ils n'en étaient plus du tout éclairés. De là ces deux cohortes, que d'autres appelleront des « familles d'esprits ». Je ne sais trop dans laquelle me ranger ; dans celle où je reconnais Apollinaire, près de Villon, de Verlaine, de Schumann, de Musset, de Heine, et de Delacroix, ou dans celle où, près de Vinci, de Poe, de Baudelaire, de Gautier, d'Ingres, de Bach et de Chopin (n'en déplaise à Guy de Pourtalès), vient se ranger l'admirable Paul Valéry.

Poe, Baudelaire, Chopin : les « classiques » dont se réclame Gide n'ont rien d'académique, et, comme l'a noté Éric Marty, son classicisme n'est nullement une « esthétique d'anthologie » – au contraire, c'est « une notion vivante, une pensée d'avenir[27] ». Pour Gide, chaque « génie » invente de nouvelles voies esthétiques, renouvelant ainsi en profondeur l'art qu'il pratique, le forçant à sortir de lui-même (les lignes qui suivent, d'ailleurs, ont une tonalité presque existentialiste) :

> Après un Jean-Sébastien Bach, on pense : telle est la musique ; survient un Beethoven, un Mozart, après lesquels on peut encore dire : Voilà donc la musique – à moins que, déjà prévenu, l'on ne pense : Qu'est-ce que la musique ? et que l'on ne comprenne enfin que la musique n'est ni Bach, ni Mozart, ni Beethoven ; que chacun d'eux ne saurait limiter que lui-même et que la musique, pour continuer d'être, doit être sans cesse autre chose que ce qu'elle n'était que par eux.

---

26 Pour cette citation et celle qui suit, voir André Gide, André Rouveyre, *Correspondance (1909-1951)*, Paris, Mercure de France, 1967, p. 108-109. Lettre du 11 avril 1928.

27 Éric Marty, « Gide et les "classiques" », 2005, en ligne : <www.fabula.org/atelier.php?Gide_et_les_%22classiques%22>, consulté le 15 octobre 2018.

Le classicisme, dès lors, s'il est imitation des grands du passé, n'est qu'une coquille vide : « Cependant, méconnaissant [...] que l'artiste de génie n'indique la direction que de lui-même, [...] certains pensent découvrir d'après lui quelque secret du beau, quelque recette [...]. C'est par eux que la forme d'un maître devient formule[28]. » Le classicisme de Gide, et par suite celui de son Chopin, ne saurait donc se définir par rapport au passé. Il n'est pas fidélité à une esthétique caduque ; il s'apparente plutôt à un refus d'épouser les défauts de l'époque – et bien entendu, le classicisme que Gide prête à Chopin est – on l'a dit – d'abord et avant tout fondé sur un rejet profond de la prolixité wagnérienne[29] :

> Celui que je veux opposer à Wagner[30], ce n'est point Bizet, comme Nietzsche se plaisait à faire et non sans malignité, mais Chopin. Et si l'on m'objecte qu'il y a disproportion ridicule avec la masse énorme de Wagner, et qu'à côté de son œuvre gigantesque l'œuvre de Chopin paraît incomparablement menue, je répondrai que c'est par là précisément que je les veux opposer d'abord[31].

Gide, donc, vilipende l'« énormité[32] » wagnérienne pour mieux célébrer l'économie des moyens esthétiques propre à Chopin, dont l'œuvre « *remains discreet, classical*[33] ». Au contraire de Wagner, qui développe ses œuvres au-delà de toute mesure, Chopin « n'a souci, semble-t-il, que de rétrécir des limites, de réduire à l'indispensable les moyens d'expression[34] », écrit Gide, dont on a ici l'impression très nette qu'il

---

28 « Les limites de l'art » [*L'Ermitage*, août 1901], *EC*, p. 419-420.

29 Voir Maja Vukušic Zorica, « La musique est une "bonne métaphore" : le Chopin de Gide, anti-Wagner et anti-wagnérien », dans Nathalie Vincent-Arnaud et Frédéric Sounac (dir.), *op. cit.*

30 Sur le sujet, voir entre autres Dirk Hoeges, « *Pro* Chopin, *contra* Wagner : André Gide und die Musik », dans Hans T. Siepe et Raimund Theis (dir.), *op. cit.*, p. 58-65, p. 63. Pourtant, dans une note du *Journal* datée du 11 mars 1889, le très jeune Gide établit une équivalence entre les vertus de la musique de Chopin et celles des œuvres de Schumann et de Wagner : « Mme Essipoff joue Chopin sans clair de lune : rien que de la finesse. Brandoukoff a un jeu qui vous fait frissonner le cœur [...]. Il est aussi certaines sonorités étranges de Wagner ou de Schumann qui semblent vous découvrir je ne sais quels mondes inconnus, de sorte qu'on a presque peur » (*J*, I, p. 51-52).

31 *Notes sur Chopin*, p. 36.

32 *Ibid.*, p. 37. C'est aussi par opposition à l'énormité wagnérienne que Gide aime Mozart : « Mozart est le musicien dont l'époque nous a le plus éloignés : il ne parle qu'à demi-mot et le public n'entend plus que des cris » (*J*, I p. 665, 1er décembre 1910).

33 Voir Collectif, *André Gide, Pianist*, London, Adam, 1986, p. 54. Nous traduisons : « demeure discrète, classique ».

34 *Notes sur Chopin*, *op. cit.*, p. 37.

parle de lui-même. On est par conséquent tenté de dire que l'écrivain a besoin de deux intermédiaires (Wagner et Chopin), ou d'une double intercession critique (l'une dépréciative, l'autre laudative), pour s'atteindre lui-même – puisqu'il considère Chopin comme un *alter ego*, et qu'il eût pu dire : « Frédéric Chopin, c'est moi ! » D'où cette question : pourquoi ce besoin de *critiquer* d'abord, et ensuite de *se comparer* (ou de parler *de soi-même comme d'un autre*, pour détourner la formule de Ricœur) ? Il nous semble que justement, cela prouve que Gide, quand il définit son esthétique par le truchement de celle de Chopin, *résiste à quelque chose* – et ce quelque chose, c'est lui-même, c'est sa propre singularité, ce qui expliquerait ce besoin de faire comme si son esthétique n'avait rien d'idiosyncrasique, comme si elle était une donnée impersonnelle partagée par tous les classiques.

FAIRE TAIRE LE CHOPIN ROMANTIQUE

Et pourtant, Gide, tout en s'identifiant à un classicisme qui se situe au-delà de la personnalité, n'accepte pas de se renoncer entièrement. Au contraire, on dirait que ce qui unit les classiques, c'est qu'ils sont inimitables, irréductibles – c'est, si l'on veut, une sorte de singularité non personnelle. Chopin, tout le premier, est unique aux yeux de Gide – témoin cette appréciation extraite d'une lettre à Pierre Louÿs datée du 11 décembre 1894 : « [Chopin] a une force d'originalité[35] que je ne trouve chez aucun autre. – Quelle *indépendance* dans ses modulations[36] ! ! » On mentionnera aussi cette remarque tirée des *Notes sur Chopin*, où Gide revient à cette idée que le compositeur polonais est un artiste différent de tous les autres, et ce jusque dans le lexique qu'il emploie : « *Sfogato*, inscrit-il : aucun autre musicien a-t-il jamais usé de ce mot[37] [...] ? »

35 Ce terme d'« originalité » retient évidemment l'attention. « Les *Notes sur Chopin* (1948), tout comme les nombreuses allusions à la musique confiées au *Journal*, laissent percer la pensée critique de l'écrivain, son originalité », note Peter Schnyder (*Pré-textes : André Gide et la tentation de la critique*, Paris, L'Harmattan, 2001, p. 7). Cette convergence lexicale entre un auteur et son exégète n'est pas anodine.

36 Voir *BAAG*, n° 38, avril 1978, p. 98.

37 *Notes sur Chopin*, *op. cit.*, p. 46.

Aux yeux de Gide, nul ne peut être comparé à Chopin[38] ; et pourtant, il aime à faire le parallèle entre le compositeur et un écrivain qu'il admire également – à savoir Baudelaire. Cette comparaison revient sans cesse sous sa plume[39], et il en est d'ailleurs conscient :

> J'ai souvent entendu rapprocher Beethoven de Michel-Ange, Mozart du Corrège, de Giorgione, etc. Encore que ces comparaisons entre des artistes d'un art différent me semblent assez vaines, je ne puis me retenir de remarquer combien souvent s'appliquent également à Baudelaire les remarques que je puis faire au sujet de Chopin, et réciproquement. De sorte que, déjà plusieurs fois, parlant de Chopin, le nom de Baudelaire est venu tout naturellement sous ma plume[40].

À l'évidence, on peut dire que « Chopin et Baudelaire suivent, selon Gide, le même chemin créatif[41] » ; et tous deux sont incomparables à ses yeux : « Chopin n'est pas un musicien parmi les autres et la grande erreur des interprètes, c'est de le traiter comme un autre compositeur, alors qu'il apporte en musique quelque chose de foncièrement différent – ainsi que Baudelaire en poésie[42] », écrit-il à Maurice Ohana dans une lettre datée des premiers jours de juillet 1946. Les deux artistes se ressemblent en ceci, que la « rhétorique », la « déclamation[43] » et le « développement oratoire[44] » leur sont étrangers. Dès l'époque

38 On pourrait citer aussi cette note du *Journal* : « Pour Beethoven, assurément la *quantité* de son importe ; pour Chopin seulement la *qualité* (*pianissimo* dans la *Barcarolle*). Pas de diamant plus limpide. Pas de perle de plus belle eau » (*J*, I, p. 759, feuillets 1913).

39 Pour l'anecdote, on rappellera qu'en 1944, Gide écrit à Simenon : « Vous vivez sur une fausse réputation (tout comme Baudelaire, ou Chopin) » (André Gide, Georges Simenon, *Correspondance : 1938-1950*, Paris, Omnibus, 1999, p. 68-71, lettre du 11 décembre 1944). Il est d'ailleurs significatif que ce soit par ailleurs à Victor Hugo que Gide compare Schumann : « Le *Ende vom Lied* de Schumann m'a fait une impression profonde qui me durera longtemps. C'est le chant de mort du bonheur, tout joyeux encore comme par souvenir, mais plein de larmes naissantes à la vue de l'avenir. Comme en voyant un coucher de soleil – l'œil garde encore longtemps la vision de sa splendeur qui illumine l'obscurité – rien ne m'a si bien montré la fuite irrémédiable des jours heureux. N'est-ce pas là l'idée de Victor Hugo dans les *Adieux de l'hôtesse arabe* ? » (*J*, I, p. 37, 29 octobre 1888.)

40 *Notes sur Chopin*, *op. cit.*, p. 41.

41 Joseph Acquisto, « La musique du désir et de la pureté. Gide face à Chopin et Baudelaire », *BAAG*, n° 157, janvier 2008, p. 19-32, p. 20.

42 Voir *BAAG*, n° 71, juillet 1986, p. 27.

43 Sur l'aversion de Gide à l'endroit des déclamateurs, voir Maria van Rysselberghe, *op. cit.*, t. III, p. 364.

44 *Notes sur Chopin*, *op. cit.*, p. 44. Voir aussi *J*, I, p. 889-890, 25 septembre 1914 : « J'admire combien déjà certains (Debussy, Stravinski surtout) étaient parvenus à reculer dans le

d'André Walter, d'ailleurs, « [l]es soirs d'été, c'était avec Chopin, Baudelaire[45]... »

Mais c'est aussi du côté de l'interprétation et de la réception que, selon Gide, l'analogie entre Chopin et Baudelaire se justifie : « Avez-vous parfois entendu des acteurs déclamer du Baudelaire comme ils feraient du Casimir Delavigne ? Eux jouent Chopin comme si c'était du Liszt[46]. » Dès 1910, il notait ceci dans un article intitulé « Baudelaire et M. Faguet » : « Ces qualités secrètes sont ce qui fait paraître l'œuvre d'abord incertaine un peu, trouble parfois, mystérieuse, inquiétante pour ceux qui prétendent découvrir d'un coup tout "ce que l'auteur a voulu dire", énigmatique enfin et lâchons le mot affreux : "*malsaine*" ! » ; et il ajoutait en note : « J'admire que ce soit le même mot dont également on s'est le plus servi pour qualifier – disqualifier – la musique de Chopin, dont la perfection précisément présente avec celle des poèmes de Baudelaire de si subtils et constants rapports[47]. » Mais qui est ce « on » ? C'est, d'abord et avant tout, la mère de Gide, comme en témoignent, en des termes très proches, d'une part telle page de *Si le grain ne meurt* (« Ma mère tenait la musique de Chopin pour "malsaine[48]" »), d'autre part les propos que Gide tient à la jeune pianiste Annick Morice dans le film de Marc Allégret, *Avec André Gide*[49] : « Gide a peut-être opté pour la musique de Chopin parce que sa mère, dit-il, la lui défendait[50]. » Il y a donc des enjeux intimes dans l'enthousiasme de Gide pour Chopin : en défendant le compositeur et Baudelaire contre un « on » obtus, il se défend lui-même, contre sa propre mère.

Bref, quand il défend Chopin, Gide ne fait rien d'autre que de développer un plaidoyer *pro domo*. Mais il ne se contente pas d'établir une équivalence entre sa personne et celle de Chopin ; il affirme aussi,

passé les sonorités précédentes jusqu'à ne plus nous laisser émouvoir que par les accents uniquement sincères et complètement exempts de rhétorique. De même en littérature, tout développement oratoire... »

45 *Cahiers d'André Walter*, *RR*, I, p. 32.

46 *Notes sur Chopin*, *op. cit.*, p. 38. Gide a « horreur » de Liszt et de son « côté *faire valoir* », écrit Maria van Rysselberghe (*op. cit.*, t. III, p. 365).

47 « Baudelaire et M. Faguet » [1910], *EC*, p. 248.

48 Voir le long passage sur l'éducation musicale du jeune Gide dans *Si le grain ne meurt*, *SV*, p. 182-191.

49 Voir Marc Allégret, *Avec André Gide*, 1 : 20 : 20.

50 Daniel Moutote, *André Gide : esthétique de la création littéraire*, Paris, Champion, 1993, p. 147.

d'une certaine façon, l'identité entre sa figure d'*auteur* et la figure du compositeur. Il écrit en effet qu'« [i]l n'y a que Chopin qu'on trahisse, qu'on puisse profondément, intimement, totalement dénaturer », et dont on puisse, aussi, « fausse[r] [la] signification[51] ». Le verbe « dénaturer » est évidemment lourd de connotations – mais nous y reviendrons. Nous aimerions nous arrêter d'abord sur un autre terme surprenant : celui de « signification ». Qu'est-ce que la « signification » d'une œuvre musicale ? On comprend bien ici que Gide, en faisant le portrait de Chopin en artiste irréductible, fait en réalité son propre éloge, puisqu'il mobilise une notion qui a un sens en littérature, mais qui n'en a guère en musique[52]. D'ailleurs, nombre de passages du *Journal* et nombre de lettres montrent qu'il n'est pas loin de se confondre, *en tant que créateur*, avec Chopin[53]. Prenons telle lettre adressée à sa mère, et datée du 13 janvier 1895 : « Aujourd'hui, temps subitement tiède et mou ; ce temps fait mes délices ; *j'ai envie de récrire les œuvres complètes de Chopin*[54]. » Ou telle autre, écrite quelque cinquante ans plus tard, le 24 septembre 1946 plus précisément, et adressée à Roger Martin du Gard : « Tout mon effort, aussi bien dans l'exécution, au piano, des œuvres de Chopin, que dans l'écriture, est d'obtenir une sorte de *legato*[55]. » On dirait que pour Gide, écrire et *jouer Chopin*, c'est tout un.

---

51 *Notes sur Chopin*, *op. cit.*, p. 42. Gide tient à marquer sa « désapprobation des virtuoses qui jouent de manière à se faire valoir eux-mêmes aux dépens du maître qu'ils interprètent » (*J*, II, p. 906, février 1943).

52 Une autre notion complexe, celle-là ambivalente, à la fois littéraire et musicale, est celle d'interprétation : « J'étais arrivé à jouer très bien ce *Nocturne* ; un de ceux qui prêtent le plus à la mésinterprétation » (*J*, II, p. 637, 7 janvier 1939). Sur la notion d'interprétation, voir François Bompaire, « De la musique à l'ironie, et retour. Interprétation musicale et interprétation textuelle dans l'œuvre d'André Gide », dans Greta Komur-Thilloy et Pierre Thilloy (dir.), *op. cit.*, p. 175-194.

53 Certains lecteurs de Gide, d'ailleurs, trouvent ses œuvres chopiniennes dans leur conception : « Je viens d'achever la lecture de ce petit livre si dense que vous appelez *L'École des femmes*. [...] [Q]ui sait si vous n'avez pas atteint au centre même de votre art, qui est d'ouvrir votre sujet à la Chopin, en frappant tout droit la note la plus attendue, mais en lui donnant aussi, sans qu'il y paraisse, tout le poids qu'elle est capable de supporter. Il y a longtemps que je me plais à vous comparer à Chopin sans bien comprendre pourquoi. Cette "ballade" d'un si poignant accent, d'un flux de joie et d'un reflux de douleur si tranquillement humains me l'a révélé » (Guy de Pourtalès, *Correspondances*, Genève, Slatkine, 2010, t. II, p. 511-512. Lettre de Guy de Pourtalès, 19 mai 1929).

54 André Gide, *Correspondance avec sa mère*, *op. cit.*, p. 563. Lettre du 13 janvier 1895.

55 André Gide, Roger Martin du Gard, *Correspondance*, t. II, Paris, Gallimard, 1968, p. 353. Lettre du 24 septembre 1946.

Entre son travail littéraire de créateur et son travail musical d'interprète, Gide (qui, dans un feuillet daté de 1894, plaçait Chopin dans la liste des « personnalités » d'artistes dont il estimait que s'était « formée[56] » sa propre personnalité d'auteur) ne fait pas toujours le départ. On pourra citer encore cette lettre à Félix Bertaux, du 2 mai 1920, où il insiste sur l'unanimité de pensée entre lui-même et le compositeur : « Chopin [...] prétendait (et je l'avais découvert de mon côté) que (pour *sa* musique du moins) le *pianissimo* pouvait, indifféremment, remplacer le *fortissimo*[57]. » Sans oublier telle lettre à Georges Jean-Aubry, où s'avouent des rêves d'ingérence auctoriale : « Il me serait indispensable de voir quelques-uns, tout au moins, de ses manuscrits, – certaines "indications" restant pour moi d'authenticité très suspecte (*id est* : *agitato* au premier *Prélude*[58]... ?) »

D'où l'hypothèse que nous voudrions défendre : plus encore peut-être qu'une commune esthétique, ce qui rapproche le Chopin de Gide et la figure de lui-même que Gide construit, c'est une certaine posture d'auteur, ou de créateur. Quand il parle de sa propre expérience d'interprète de Chopin, et quand il parle en particulier de ses difficultés à jouer Chopin en public, il laisse entendre que l'œuvre du compositeur, quoique destinée à être entendue du public, est constitutivement intime ; et dans le même temps, en se peignant en pianiste incapable de jouer devant quelque auditoire que ce soit, il laisse deviner que lui-même est un auteur constitutivement intime, que sa propre œuvre n'est pas faite pour être exposée. Il est évidemment exact de noter que, « pour Gide, jouer du piano est toujours resté une activité solitaire[59] » ; ou que « *his preference for private practice over performance* [...] *points to a desire for a solitary* [...] *command of the artistic material*[60] ». Mais il y a une part de mise en scène dans cette insistance sur son incapacité à jouer en public. Il y

56 *J*, I, p. 196, feuillets 1894.

57 André Gide, Félix Bertaux, *Correspondance (1911-1948)*, Lyon, Centre d'études gidiennes, 1995, p. 20-21. Lettre du 2 mai 1920.

58 Voir *Interférences*, n° 13, janvier-juin 1981, p. 75-76. Lettre du 27 janvier 1909.

59 Elaine Cancalon, « Piano *forte* : le piano dans l'œuvre de Gide », dans Jean-Yves Debreuille et Pierre Masson (dir.), *Lectures d'André Gide. Hommage à Claude Martin*, *op. cit.*, p. 150.

60 Naomi Catherine Ardley, « André Gide, the Piano, and Writing : Keys to a Creative Symbiosis », *Forum for Modern Language Studies*, vol. 47, n° 3, juillet 2011, p. 275-288, p. 275. Nous traduisons : « Son goût pour la pratique privée, qu'il préfère à la performance publique [...], signale un désir de gouverner de façon solitaire [...] la matière artistique. »

a, en somme, bien plus qu'un aveu « référentiel », il y a un « message », à la fois esthétique et éthique (ou social) dans les récits qu'il donne de ses échecs publics. Si Chopin, son Chopin, ne doit pas être entendu, c'est peut-être parce qu'il est inavouable – mais, là encore, n'anticipons pas. Ce qui est évident en tout cas, c'est que pour Gide, Chopin est un compositeur qu'il est bon de *réduire au silence.*

On se souvient, dans les *Notes sur Chopin*, de l'éloge[61] du père abbé du Mont-Cassin[62], qui précisément comprend Chopin parce qu'il ne le joue pas, se contentant de le lire silencieusement – ce qui prouve encore une fois que Gide opère un syncrétisme entre la figure de musicien de Chopin et sa propre figure d'écrivain :

> Lire [...] la musique silencieusement et l'entendre en imagination, savez-vous que c'est une joie parfaite ? Oui, lorsque je dois rester couché, ainsi qu'il m'arrive souvent, ce ne sont pas les Pères de l'Église ou d'autres livres que je me fais apporter, mais des cahiers de musique [...]. Et que croyez-vous que je me fasse apporter ainsi ?... Non, ce n'est point Bach ; ce n'est même pas Mozart... C'est Chopin. [...] C'est la plus pure des musiques[63].

Cet éloge de la lecture silencieuse, cependant, est quelque peu déconcertant. Car, comme le note Nikol Dziub,

> les mots que Gide prête au père abbé du Mont-Cassin, et dont il laisse entendre qu'il les reprendrait volontiers à son compte, sont d'autant plus étonnants que l'auteur des *Notes sur Chopin* [...] n'a pas coutume de confondre la musique et les autres arts. [...] Il est [...] surprenant que Gide prétende retirer à la musique ce qui lui appartient en propre – le son, le son audible, et non simplement intériorisé[64].

61 « Ma plus grande émotion a peut-être été d'entendre le père abbé parler de Chopin ; pour la première fois j'en entendais *bien* parler ! Cet admirable vieillard, qui, paraît-il, a été un excellent exécutant, se fait apporter, souvent encore, pour les lire, les cahiers qu'il ne peut plus jouer », écrit Gide à Maurice Denis en avril 1909 (voir André Gide, Maurice Denis, *Correspondance : 1892-1945*, Paris, Gallimard, 2006, p. 295).

62 « Bien souvent je pense à ce que vous m'avez dit sur Chopin – j'entendais l'autre jour Selva jouer la *Polonaise fantaisie*. Je crois qu'elle aurait été digne de la jouer devant le moine du couvent d'Italie dont vous me parliez – j'ai parfois un désir aigu de ce livre que je souhaiterais tant vous voir achever », écrit d'ailleurs Darius Milhaud à Gide en janvier 1916 (voir *Adam*, n°s 468-480, 1988, p. 67-68).

63 *Notes sur Chopin*, *op. cit.*, p. 35.

64 Nikol Dziub, « La musique réduite au silence : Chopin chez deux écrivains ukrainiens (Lessia Oukraïnka, Maxime Rylski) », dans Peter Schnyder et Augustin Voegele (dir.), *Écrire avec Chopin*, Paris, Champion, 2020, p. 111.

Gide, en effet, semble ici *se trahir*, c'est-à-dire à la fois se contredire et se dévoiler : lui qui méprise toute forme de *paragone*[65] et qui exècre l'idée même d'une synthèse des arts semble opérer un syncrétisme entre musique et littérature, et ce parce qu'il a irrésistiblement besoin d'imposer silence à ce qui se manifeste dans la musique de Chopin telle qu'il la voit – une musique qu'il désire garder absolument « pure » pour ne pas prendre conscience de ses propres « impuretés ». Tout fonctionne comme s'il s'efforçait d'aimer Chopin en écrivain plus qu'en musicien (car on ne saurait donner tort à Yvonne Lefébure lorsqu'elle affirme que, quand Gide « parle de musique, ce n'est pas seulement en écrivain mais en musicien, et en pianiste[66] » – seulement, il ne veut pas laisser s'exprimer librement *le musicien que donc il est*).

Mais ce n'est pas seulement parce que le silence est plus proche de la littérature (écrite) que de la musique que ce geste qui consiste à faire taire la musique de Chopin surprend. C'est aussi parce que Gide se considère (on l'a dit déjà) comme le meilleur interprète du compositeur polonais : pourquoi dès lors (si l'on exclut l'hypothèse, peut-être pertinente, mais décevante, du trac[67]) ne pas se produire devant un public, fût-il restreint ? Dans une note diaristique datée du 8 février 1934, il affirme que nul ne peut l'égaler dans Chopin. C'est l'occasion aussi pour lui de réaffirmer la parenté esthétique entre Chopin et Baudelaire (il mobilise d'ailleurs pour ce faire une catégorie littéraire plutôt que musicale – n'en déplaise à Berlioz –, le fantastique) ; et de rappeler que l'interprète doit à Chopin de jouer ses œuvres comme si elles le désarçonnaient à chaque instant (ce que savait si bien faire Anton Rubinstein) :

> Parlons plus simplement : d'autres, et en grand nombre, jouent et joueront Bach aussi bien et même beaucoup mieux que moi. Il n'y faut pas tant de malice. Pour Chopin, c'est une autre affaire – il y fallait une compréhension

65 Même si parler de la musique ne lui semble pas une entreprise tout à fait absurde, ce qui suppose une certaine proximité entre musique et littérature : « Pour *Chopin*. La peinture est, il me semble, plus distante de la littérature, que la musique. Et sans doute est-il moins malaisé de parler d'une symphonie, que d'un tableau » (*J*, I, p. 1257, 3 octobre 1924). Cette réflexion ne sera pas reprise dans les *Notes sur Chopin*.

66 Yvonne Lefébure, « André Gide interprète de Chopin », *Contrepoint*, n° 6, 1949, p. 34-42, p. 34.

67 On négligera aussi l'hypothèse de la discrétion, malgré cette remarque du *Journal* : « C'est beaucoup, c'est surtout la crainte de gêner les voisins qui m'a fait abandonner l'étude du piano » (*J*, II, p. 1057, 13 janvier 1948).

> particulière que je ne vois pas que puisse avoir un musicien qui ne serait pas surtout un artiste. [...] Il n'est pas jusqu'à ce certain sens du fantastique, par quoi il ne rejoigne également Baudelaire. [...]
>
> Ils ne savent pas le jouer. Ils faussent l'intonation même de sa voix. Ils se lancent dans un poème de Chopin comme des gens qui seraient d'avance parfaitement sûrs de leur affaire. Il y faudrait du doute, de la surprise, du tremblement[68] [...].

S'il est très sévère à l'égard de la plupart des pianistes, Gide, en revanche, se donne à plusieurs reprises des *satisfecit* dans son *Journal* : « Première et troisième *Ballades* de Chopin que je commence à jouer comme je veux ; comme je crois qu'elles doivent être jouées[69] » (6 janvier 1911) ; « Après quelques heures d'étude, j'arrive encore à jouer de manière à me satisfaire, et même à être charmé comme je le suis rarement au concert[70] » (20 septembre 1928) ; « perfectionné (et vraiment pu mener à perfection) plusieurs *Études* et *Préludes*[71] » (2 décembre 1929) ; « Ai pu mener à perfection sept des *Nocturnes* de Chopin[72] » (25 avril 1931).

Parfois même, Gide se vante auprès de ses amis d'être le maître inégalable de l'interprétation chopinienne. Il s'en veut d'ailleurs de la fatuité[73]

---

68 *J*, II, p. 451-452, 8 février 1934.

69 *J*, I, p. 671, 6 janvier 1911.

70 *J*, II, p. 89-90, 20 septembre 1928.

71 *Ibid.*, p. 172, 2 décembre 1929.

72 *Ibid.*, p. 270, 25 avril 1931.

73 Il se flatte aussi d'être un excellent professeur de piano, et de donner aux quelques « élèves » dont il s'occupe des leçons qui valent, ou peu s'en faut, celles de son maître Marc de La Nux : « Albert [Démarest] me demanda si je pensais pouvoir [...] donner des leçons à ma cousine et lui transmettre quelque reflet de [l']excellent enseignement [de Marc de La Nux] [...]. Je commençai tout aussitôt, gonflé par l'importance de mon rôle [...]. Ces leçons bi-hebdomadaires, auxquelles, durant deux ans, je mis un point d'honneur à ne point manquer, me furent de profit aussi grand qu'à mon élève, dont par la suite le vieux père de La Nux s'occupa directement. Si j'avais à gagner ma vie, je me ferais professeur ; professeur de piano, de préférence ; j'ai la passion de l'enseignement et, pour peu que l'élève en vaille la peine, une patience à toute épreuve. J'en fis plus d'une fois l'expérience et j'ai cette fatuité de croire que mes leçons valaient celles des maîtres les meilleurs » (*Si le grain ne meurt*, *SV*, p. 237). Gide n'est d'ailleurs pas toujours tendre dans ses jugements sur sa petite élève : « Antoinette [...] joue très acceptablement la *Grande Fugue* en *A moll*, mais fort médiocrement une *Étude* de Saint-Saëns » (*J*, I, p. 343, 7 février 1902). De l'amour de Gide pour l'exercice de la pédagogie musicale témoignent certaines pages du *Journal*. Citons par exemple ces lignes datées du 5 octobre 1914, où il évoque les leçons quotidiennes qu'il donne à Françoise Dorny : « Chaque jour je fais travailler Françoise deux heures ; j'aimerais lui apprendre à étudier seule. Les principales difficultés (j'allais dire : les seules) que je rencontre avec elle, sont dues à de mauvaises habitudes prises précédemment ; celle,

qu'il montre en de certaines occasions : en octobre 1929, il se reproche par exemple, après un entretien avec Charles Du Bos, d'avoir « exagéré la prévalence de [s]on exécution sur celle de Cortot[74] » (qui est l'une de

en particulier, de ne jamais donner à chaque note la plénitude de sa valeur, de sorte qu'elle ne cède qu'à la suivante. Elle joue en mesure, mais ne garde pas les notes frappées. Je lui fais étudier, en raison de cela, la première des *Fuguettes* de Haendel, exigeant la liaison parfaite de chaque note à la suivante et le maintien des blanches et des rondes à travers les noires » (*J*, I, p. 875, 5 octobre 1914). On voit que Gide a des idées fort précises (et bien arrêtées) en matière de pédagogie pianistique, et que, comme son maître Marc de La Nux, il est à la fois sévère (car il n'est pas loin de vouloir (re)dresser musicalement son élève) et « libéral », puisqu'il a pour objectif de forcer sa protégée à conquérir l'indépendance musicale. Joachim Sistig résume ainsi l'expérience pédagogique de Gide en matière de musique : « Sa première élève fut Antoinette, la fille de son cousin Albert Démarest, à l'époque où il recevait encore lui-même ses cours chez Marc de La Nux. Gide prenait très au serieux ces leçons [...]. Plus tard, ce fut au tour d'autres enfants d'amis ou de membres de sa famille de recevoir ses leçons : citons Françoise Gilbert (1914), la fille de Valentine Rondeaux et de Marcel Gilbert, son neveu Jacques Drouin (1916) (alias "Jean T."), ou encore le fils de ce dernier, Michel Drouin (1948) – sans oublier la fille du peintre Jean Vanden Eeckhoudt, qu'il mentionne dans sa correspondance avec Roger Martin du Gard [mais aussi dans une lettre à Marc Allégret du 10 mars 1921 (André Gide, Marc Allégret, *op. cit.*, t. II, p. 409-412) : "Je vais chaque jour donner une leçon de piano à la jeune Vanden Eeckhoudt – qui est charmante"]. Gide prépare ses élèves à l'autonomie, il enseigne une méthode que ses élèves sauront appliquer ensuite à d'autres pièces, suivant le principe du respect de la partition et de l'œuvre » (Joachim Sistig, « Pratique pianistique et réflexion esthétique chez André Gide », dans Peter Schnyder et Augustin Voegele (dir.), *op. cit.*, p. 162). Sur Gide professeur de piano, et en particulier sur les leçons à Françoise Dorny, mais aussi sur celles, solfégiques plutôt, données à Jacques Drouin, on pourra aussi consulter Daniel Moutote, *op. cit.*, p. 419. Mentionnons également les souvenirs de Michel Drouin : « Or Gide a d'excellentes bases, forgées dès l'enfance et perfectionnées par Marc de La Nux et par la pratique du piano à quatre mains, ou par les leçons données à la fille d'Albert Démarest, à sa nièce Françoise Dorny, ou à mon père à Cuverville, [...] ou à moi-même au Vaneau » (Michel Drouin, « André Gide et la tonalité », *BAAG*, n° 149, janvier 2006, p. 7-18, p. 12). Sans oublier, bien sûr, le chapitre fort intéressant que Max Marchand consacre à « L'Enseignement de la musique » dans son essai intitulé *Le Complexe pédagogique et didactique d'André Gide* (Paris, Foulque, 1954, p. 185-196, p. 185). Les *Notes sur Chopin*, d'ailleurs, « sont en grande partie assimilables à un cours d'interprétation », comme l'a finement remarqué Roger Delage (« André Gide et la musique », *BAAG*, n° 39, juillet 1978, p. 13-28, p. 26).

74 *J*, II, p. 160, 30 octobre 1929. Sur Cortot, voir également *J*, II, p. 816-817, 15 mai 1942 : « La *Sonate à Kreutzer* (sur disques) exécutée par Thibaud et Cortot. Série de faux départs et de paliers (dans le premier mouvement, du moins). Trop de nuances » ; mais aussi, mais surtout *J*, II, p. 160, 30 octobre 1929 : « Disque de Cortot : *Préludes* de Chopin. Sensualité absente ; en tiennent lieu grâce et sentimentalité. Consternation. Qui ne connaîtrait déjà le cœur exquis de ces *Préludes*, je le mets bien au défi d'en découvrir rien dans ce jeu (quelques-uns exceptés). » Ce passage fait partie des rares où Gide évoque ouvertement la *sensualité* de la musique de Chopin. Il le fait également, mais sur le mode de la parodie la plus grossière, dans cette didascalie de la farce des *Caves du Vatican* : « *Carola* [la prostituée

ses victimes favorites, avec Arthur Rubinstein[75]). Toutefois, il n'est pas toujours aussi sévère avec lui-même. Dans une lettre à François-Paul Alibert datée de janvier 1936, il évoque « telles œuvres de Chopin qui [lui] sont particulièrement chères – et que, il y a quelques années, [il] jouai[t] mieux que personne [...] et de la manière qu'il [lui] paraît que Chopin eût aimé être récité[76] ». Ce dernier segment retient l'attention (et ce d'autant plus qu'au terme musical qu'on attend, Gide substitue un terme qu'on applique d'ordinaire à la poésie, ou au théâtre – « récité ») : il n'est pas loin d'affirmer que, quand il parvient à jouer Chopin comme il le souhaite, c'est comme si l'on entendait Chopin par lui-même... Il ne disait d'ailleurs pas autre chose dans une note de son *Journal* rédigée le 20 mai 1933 :

> je sais qu'une douzaine au moins (artistes et autres) reconnaissent avoir été [...] initiés par moi à la musique de Chopin qui d'abord, et ne la

des *Caves*] *se retire après une caresse quasi maternelle* [à Fleurissoire]. *Sitôt qu'elle est sortie, Fleurissoire se précipite sur la porte qu'il ferme à double tour et commence à se dévêtir. Il disparaît derrière le rideau de l'alcôve. Carola rouvre la porte presque aussitôt, et se glisse à son tour derrière le rideau. Obscurité.* Nocturne *de Chopin en mi bémol* » (*Les Caves du Vatican, farce*, *RR*, II, p. 1081). Nous reviendrons sur les questions soulevées par ces quelques passages où Gide évoque plus ouvertement le potentiel charnel voire érotique de la musique de Chopin dans la conclusion de ce chapitre. – Signalons ici pour l'anecdote que Gide participa activement au choix des musiques pour la représentation de sa farce à la Comédie-Française en 1950 : « La première scène (du miracle) est trop brève, il faut trouver le moyen de l'étaler davantage – en se servant de la musique – et je continue à croire que le choix de la *Marche turque* de Mozart est excellent » (lettre à Jean Meyer du 30 mars 1950, voir *BAAG*, n° 138, avril 2003, p. 251-253).

75 L'inimitié entre Gide et Arthur Rubinstein est (quasi) personnelle : « Je vous enverrai prochainement le long compte rendu qu'Arthur Rubinstein a consacré à vos *Notes sur Chopin* dans le *New York Times*, où il a pris pour lui tout ce que vous dites des virtuoses », écrit Justin O'Brien à Gide dans une lettre datée du 26 octobre 1949 (André Gide, Justin O'Brien, *op. cit.*, p. 78). Une quinzaine de jours plus tard, Gide écrit à Saint-John Perse : « L'on m'a communiqué, de plusieurs points, un article vengeur de Rubinstein. Parbleu !... D'autre part, invité à ouvrir le "disque d'honneur" à la mémoire de Chopin, la radio m'a fait entendre hier quelques enregistrements de nos virtuoses les plus célèbres, afin que je choisisse les morceaux qui devraient suivre ma courte allocution. Cortot, Brailowsky, Casadesus, Dinu Lipatti... mieux vaut présenter un ou plusieurs enregistrements de Rubinstein, précisément, en exemple de ce que je combats » (voir Saint-John Perse, *Œuvres complètes*, Paris, Gallimard, « Bibliothèque de la Pléiade », 1972, p. 1300). Pour la version française de l'article de Rubinstein, voir Arthur Rubinstein et Gérard Bauër, « Chopin, André Gide et Arthur Rubinstein », *Le Figaro Littéraire*, 11 octobre 1952, en ligne : <www.cervantesvirtual.com/obra-visor/chopin-andre-gide-et-arthur-rubinstein/html/>, consulté le 3 août 2019.

76 André Gide, François-Paul Alibert, *op. cit.*, p. 401. Lettre de janvier 1936.

> connaissant que par les concerts et qu'à travers les virtuoses, professaient à son endroit les mêmes sentiments que Suarès [...]. J'ai cette fatuité de croire que Suarès lui-même se fût laisser révéler Chopin, qu'il semble bien ne pas connaître, ne même pas soupçonner, s'il avait pu m'entendre jouer, certains bons jours, la *Sonate* en si b mineur par exemple [...], le *Scherzo* en si mineur, tels *Préludes*, tels *Nocturnes* ou telles *Études*, et la *Barcarolle* – sans connaître l'exécutant[77] [...].

Le diariste ne semble plus se contenter de se comparer à Chopin ; il s'identifie à lui, et prétend presque l'incarner : « La musique s'incarne dans l'interprète, elle prend chair[78]. » D'où peut-être ces remarques d'un Gide quelque peu paranoïaque qui, quand Suarès attaque Chopin, a le sentiment (peut-être pas tout à fait faux[79], mais tout de même excessif) que c'est uniquement lui qui est visé : « Dans *Les Nouvelles littéraires* d'hier, éreintement de Chopin par Suarès [...]. [C]ertaines flèches [...] sont lancées non tant contre Chopin directement, que contre mes pages de *La Revue musicale*[80]. »

Bref, Gide devrait, pour mieux défendre Chopin, le jouer en public. Mais son Chopin idéal, il ne semble pas capable[81] – pas désireux non plus – de le révéler au public[82]. Mieux encore : son amour pour Chopin paraît

77 *J*, II, p. 412-413, 20 mai 1933.

78 Anne-Claire Gignoux, « Les figures de l'interprète dans *Si le grain ne meurt* d'André Gide », dans Nathalie Vincent-Arnaud et Frédéric Sounac (dir.), *op. cit.*

79 Il a en effet des raisons objectives de penser que c'est à lui autant qu'à Chopin que Suarès s'attaque : « J'ai enfin pu prendre connaissance de l'interview de Suarès, parue dans *Les Marges* avant l'article explicatif. Il y dit qu'il ne déteste pas Chopin, mais qu'il a été exaspéré de m'entendre comparer Chopin à Goethe ! À quel point la passion peut l'aveugler... Il n'est pas une fois question de Goethe dans mes *Notes sur Chopin* » (*J*, II, p. 416, 6 juin 1933).

80 *Ibid.*, p. 355, 5 mars 1932. Gide se montre d'ailleurs quelque peu rancunier après cet épisode, comme en témoignent, malgré lui, certaines lignes d'*Ainsi soit-il* : « Telle lettre que Massot me montra marquait même un désir de renouer avec moi des relations qu'il avait fâcheusement interrompues. Ce fut mon tour de redouter cette rencontre ; il me parut que Suarès, même assagi, ne pourrait oublier (j'allais dire : ne pourrait me pardonner) certain article haineux et d'une effroyable injustice, qu'il n'avait pu se retenir d'écrire récemment contre Chopin, sitôt après la publication de mes *Notes* dans *La Revue musicale* » (*Ainsi soit-il ou Les jeux sont faits*, SV, p. 1014-1015).

81 « Devant Mathilde, de nouveau, cette même paralysie m'a pris, qui me fige, au piano, chaque fois que je me sens écouté. Ma mémoire même trébuche dès les premières mesures du morceau que je sais le mieux. [...] L'autre jour, devant Darius Milhaud, pareille inhibition lorsque je voulus lui indiquer le passage du *Scherzo* de Chopin auquel mes notes faisaient allusion », écrit Gide le 23 janvier 1917 (*J*, I, p. 1022).

82 Ce n'est pas seulement Chopin cependant que Gide n'arrive pas à jouer en public. La moindre présence à ses côtés le bride, même s'il ne s'agit pas de donner une œuvre *in*

l'avoir confirmé dans sa phobie du public. C'est ce qui appert de cette remarque datée du 29 septembre 1931 : « Du temps que j'admirais encore Delacroix, la lecture de son *Journal* a été une grande déconvenue. Pas plus dans son style que dans son art, il ne parvient à être tout à fait près de lui-même, comme font Baudelaire, Stendhal[83] ou Chopin, qu'il savait pourtant admirer[84]. » Ce que suggèrent ces lignes, c'est que c'est entre soi et soi que se joue l'œuvre d'art. Et si Gide se compare implicitement à un Chopin qui lui est plus qu'un compagnon de route, c'est sans doute précisément parce que, quand il joue Chopin, il a le sentiment de se trouver seul à seul avec son *alter ego.*

Gide, pourtant, donne parfois quelques œuvres de Chopin en public. En 1914, il joue la *Sonate* en si mineur, la première *Ballade*, le *Scherzo* en si mineur et des *Préludes* chez les Blanche : c'est un échec. Il note dans son *Journal* : « J'aurais voulu que Jacques-Émile Blanche pût [...] entendre [la *Ballade*] à Cuverville, certains jours, quand je la joue comme il faut[85]. » La scène se répète plus d'une fois. Le 12 novembre 1915, Gide raconte un autre épisode :

> On m'a demandé de me mettre au piano, avec une insistance qui rendait mon refus très difficile. Mme Edwards [c'est-à-dire Misia Sert], pour m'encourager, s'est assise devant un cahier de Chopin et a joué quelques *Mazurkas*, avec fluidité, charme, mais à la manière artiste, avec ce *tempo rubato* qui me déplaît si fort, ou, pour parler plus exactement : sans plus tenir aucun compte de la mesure, et avec des accents subits, des sursauts, des effets, beaucoup plus propres à faire valoir le tempérament de l'exécutant que l'excellence du morceau. [...] Les Philippe Berthelot partis, je voulus m'éclipser à leur suite, mais, comme il pleuvait à torrents, Mme Edwards voulut me faire chercher une voiture et m'entraîna en attendant vers le piano de l'autre pièce[86] [...].

---

extenso, mais simplement de la travailler : « J'ai tâché ce matin d'étudier mon piano, mais le sentiment de la présence de nos hôtes m'empêche ; en vain je lutte contre cette absurde gêne que rien ne justifie et que j'ai connue de tout temps ; rien à faire ; ce n'est pas seulement une paralysie musculaire, c'est une inhibition de toutes mes facultés » (*J*, I, p. 790-791, 17 juin 1914). On dirait d'ailleurs que ce « trac » où il entre sans doute une part d'autocensure s'aggrave avec le temps : « La conscience d'être écouté m'est devenue insupportable », note-t-il dans son *Journal* en février 1943 (*J*, II, p. 905-906).

83 On pourra consulter l'article très intéressant de James T. Day, « Gide, Stendhal et la sensibilité musicale », *BAAG*, n° 109, janvier 1996, p. 47-56.

84 *J*, II, p. 311, 29 septembre 1931.

85 *J*, I, p. 817, 27 juillet 1914.

86 Pour cette citation et celle qui suit, voir *ibid.*, p. 904, 12 novembre 1915.

Ce qui se passe alors, c'est que Gide, pour protéger son Chopin du voyeurisme auditif du public, imite celui de Madame Edwards – c'est-à-dire un Chopin qui, apparemment, n'a plus rien de *singulier*, un Chopin courant, le Chopin de tous :

> Je commençai le *Prélude* en mi bémol majeur ; mais, de même qu'il m'advient, causant avec un Anglais, de prendre l'accent anglais, j'adoptai, par politesse, ce même *tempo rubato* que Mme Edwards avait pris tout à l'heure, et m'arrêtai après douze mesures d'agonie.

Mais il se pourrait bien que ce procédé se retourne contre lui. On remarquera en effet qu'il parle des « accents subits », des « sursauts » qui font « valoir le tempérament de l'exécutant » plutôt que « l'excellence du morceau ». Ce qu'il avoue entre les lignes, c'est qu'en adoptant le Chopin de Madame Edwards, il adopte non pas tant le Chopin d'un(e) autre, qu'un Chopin romantique qui laisse apparaître les tensions[87] qui agitent l'âme (voire le corps) de l'interprète – tensions qui sont hautement personnelles… Et ce serait donc bien pour résister à un romantisme dont le vice principal serait d'avoir libéré le discours du moi[88] qu'il s'abriterait derrière un classicisme synonyme d'impersonnalité. Le mot « agonie », d'ailleurs, fait pleinement sens ici : Gide lutte contre l'indiscret Chopin romantique – et sort en apparence vainqueur de cette lutte, puisqu'en s'arrêtant au bout de douze mesures, il le réduit au silence…

---

87 « [I]l faut combattre ce qui pourrait nuire à la pureté de la ligne, en premier lieu l'émotion, le sentiment qui ne doit jamais guider l'artiste. Spontanément le nom de Chopin vient sous sa plume », note Joanna Zurowska (« Gide et Chopin », dans *Chopin et les Lettres*, Varsovie, Centre de civilisation française, 1991, p. 119-125, p. 121).

88 Ce qui fait dire à Daniel Moutote que, bien souvent, chez Gide, « la musique sert à l'ascèse du moi » (*op. cit.*, p. 309).

AU-DELÀ DU REFOULEMENT ET DE LA SUBLIMATION : GIDE AU-DESSUS DE LA MÊLÉE

Ce qui nous amène à la question des liens que l'on peut dessiner entre la posture de Gide à l'égard de sa figure d'artiste et sa posture à l'égard de son propre statut d'être désirant. Il semble évident que pour lui, imposer à Chopin une discipline classique, c'est l'empêcher de déployer toutes ses vertus expressives, et de dévoiler ainsi ce que son interprète préfère garder secret. On pensera ici à la remarque particulièrement pertinente de Michael Lucey, qui écrit que, « *produced within the classical writing so quintessentially Gidean,* [*the*] *experience and expression of sexuality exceeds the classical writing as it exceeds Gide*[89] ». On ne saurait mieux dire : Gide, en se faisant classique, essaie de faire taire son corps, et il est parfaitement exact d'affirmer que « c'est sur la notion du non-dit[90] » que se fonde la vision gidienne du classicisme, ou encore de soutenir que Gide « attribue au classicisme des qualités [...] morales[91] ». Le classicisme est un véritable garde-fou moral pour Gide, qui s'en sert pour s'empêcher, au moins en apparence, de céder à la tentation de la transgression – de telle façon qu'on est tenté de renverser la sentence de Michel Murat, et de dire que Gide « est [moderne ou romantique] par ce qu'il est, tout en étant [classique] par ce qu'il fait[92] ».

Plus encore que Chopin, c'est donc l'interprète de Chopin qu'il faut réduire au silence : c'est pourquoi Gide évoque la figure du musicien silencieux qu'est le père abbé du Mont-Cassin, et c'est pourquoi lui-même, qui n'a pas l'excuse de l'épuisement physique pour ne plus jouer de piano, aime que la musique de Chopin « soit dite à demi-voix,

89 Michael Lucey, *Gide's Bent : Sexuality, Politics, Writing*, Oxford, Oxford University Press, 1995, p. 216. Nous traduisons : « produites dans le cadre de l'écriture classique si typiquement gidienne, l'expérience et l'expression de la sexualité débordent l'écriture classique comme elles débordent Gide ».

90 David Steel, « Silences et non-dits dans l'écriture de Gide », dans Alain Goulet, Claude Martin et Pierre Masson (dir.), *L'Écriture d'André Gide*, vol. 2 : *Méthodes et discours*, Paris, Minard, 1999, p. 206.

91 Yaël Dagan, La NRF, *entre guerre et paix : 1914-1925*, Paris, Tallandier, 2008, p. 290.

92 Michel Murat, « Gide ou "le meilleur représentant du classicisme" », *Revue d'histoire littéraire de la France*, n° 107, 2007, p. 313-330, en ligne : <www.cairn.info/revue-d-histoire-litteraire-de-la-france-2007-2-page-313.htm>, consulté le 19 juin 2019.

presque à voix basse[93] » – la limite de ce *decrescendo* étant à l'évidence le silence. Il n'est d'ailleurs pas du tout anodin que Gide, quand il s'en prend à Wagner, affirme avoir sa « personne » comme son « œuvre » « en horreur[94] » : ce qui lui répugne, c'est justement le lien trop évident entre la personne et l'œuvre du compositeur.

Certes, on pourrait nous répondre que Gide dénonce l'« insincérité » de Wagner et de ses épigones, au premier rang desquels Richard Strauss[95]. Et on pourrait nous rétorquer aussi qu'il écrit dans les *Notes sur Chopin* : « Je songe à ce "ton de confessionnal" que Laforgue louait chez Baudelaire[96]. » Mais la sincérité que promeut Gide n'est absolument pas synonyme d'épanchements : pour reprendre des catégories jakobsoniennes, elle est poétique, et non pas expressive. Quand il parle du « ton de confessionnal », le mot le plus important, c'est le mot « ton » : ce qui compte, ce n'est pas le « fond », c'est la forme, c'est l'aspect esthétique du discours – murmuré, quasiment silencieux – de la confession. Daniel Moutote résume très bien cela dans une formule qui a l'air contradictoire, mais qui ne l'est nullement : « La sincérité artistique est une [...] expression [...] de la vertu de réserve », qui constitue l'« une des principales de l'harmonieux faisceau de vertus » en quoi consiste le classicisme gidien[97]. On pourrait dire, en quelque sorte, que Gide tente de sublimer ce qui l'agite en le déplaçant vers la sphère esthétique : il évite d'exprimer ses désirs en leur faisant subir un traitement esthétique – d'où la légitimité, malgré tout, de l'emploi du mot « sincérité ».

D'ailleurs, le fait que Gide se serve de l'esthétique classique comme d'un canal de dérivation qui lui permet de réprimer les pulsions qui l'agitent, ou plus exactement de refouler ces pulsions tout en les sublimant, est déjà évident dans une note du *Journal* datée du 21 septembre 1893. Cette note n'est pas relative à Chopin, mais à Mozart[98] – ce qui est

93 *Notes sur Chopin*, *op. cit.*, p. 42.

94 Nous citons ici la réponse de Gide à une enquête du *Berliner Tageblatt*, réponse que l'écrivain recopie dans son *Journal* en date du 25 janvier 1908. Voir *J*, I, p. 587-588.

95 Voir une note du *Journal* datée du 22 mai 1906, *J*, I, p. 570-571.

96 *Notes sur Chopin*, *op. cit.*, p. 43.

97 Daniel Moutote, *Réflexions sur* Les Faux-Monnayeurs, Paris, Champion, 1990, p. 79.

98 Comme le souligne Catharine Savage Brosman, « *[t]hroughout his long career as a listener and performer of music, André. Gide displayed an enduring interest in the music of Mozart, particularly his piano music ; he* [...] *attributed to it, moreover, esthetic qualities which are related to his own artistic and moral ideals* » (Catharine Savage Brosman, « Gide and Mozart », *Australian Journal of French Studies*, vol. 14, n° 2, 1977, p. 72-87, p. 72). Nous traduisons : « Tout au

intéressant pour plus d'une raison : d'abord, Mozart est un classique, au sens strict du terme ; ensuite, il est opposé à Schumann comme Chopin le sera plus tard[99] ; enfin, dans les *Notes sur Chopin*, Gide écrira que Chopin

long de sa carrière d'auditeur et d'interprète, Gide a montré un intérêt constant pour la musique de Mozart, et en particulier pour ses œuvres pour piano ; il lui attribuait, de plus, des qualités esthétiques qui ne sont pas sans rapport avec ses propres idéaux artistiques et moraux. » – On pourra consulter aussi Dominique Arot, « Mauriac, Gide et Mozart : un art de vivre », dans Caroline Casseville et Martine Sagaert (dir.), *Gide chez Mauriac*, Bordeaux, Confluences, 2012, p. 59-75. Dans le même volume, il faudra lire aussi la belle étude de Peter Schnyder, « André Gide et la musique. Quelques réflexions », p. 41-58.

99 Gide écrit en effet dans les *Notes sur Chopin* : « Mes *Notes sur Chopin*, je les annonçais déjà en 1892, il y a bientôt quarante ans de cela. Il est vrai que j'annonçais alors : *Notes sur Schumann et Chopin.* Aujourd'hui, l'accolement de ces deux noms me cause un malaise comparable à celui que Nietzsche disait éprouver devant : "Goethe et Schiller". Dans ce temps, il me semblait que, sur Schumann aussi, il y aurait beaucoup à dire ; mais qui m'a paru de moins en moins important » (p. 39). Dans la première version de ses *Notes*, il va même jusqu'à se montrer méprisant à l'égard de Schumann : il affirme ainsi que « ses harmonies sont d'une banalité navrante », et « ses modulations d'une écœurante vulgarité » (voir p. 153). Il regrette cependant cette phrase avant même qu'elle soit imprimée dans *La Revue musicale*, et note ceci dans son *Journal* en date du 18 décembre 1931 : « Malgré sa promesse, Prunières n'a pas supprimé, dans une note au sujet de Schumann, la phrase excessive : "ses modulations d'une écœurante vulgarité" » (*J*, II, p. 330). Mais il maintiendra dans les éditions suivantes le passage où il compare la merveilleuse « joie » de Chopin à « la gaieté un peu sommaire et vulgaire de Schumann » (p. 46). C'est d'autant plus curieux qu'en 1928, il se reprochait déjà sa sévérité excessive à l'égard de Schumann : « Il est vrai, cette musique est d'une absence d'art presque totale, d'une sorte d'ingéniosité un peu sommaire, mais qui laisse paraître une inspiration vraiment jaillissante et une ferveur très authentique. La qualité de l'âme est un peu vulgaire, mais l'âme est malgré tout charmante, profondément ouverte à la sympathie et d'une sincérité parfaite. Wagner prend un air de faiseur, près de lui. » (*J*, II, p. 90, 25 septembre 1928.) Et l'on peut véritablement dire que, dans un premier temps, le jeune Gide confond Chopin et Schumann dans une même admiration. En témoigne telle note du *Journal* : « Joué du Schumann et du Chopin à Pierre Louis ; joué jusqu'au soir » (*J*, I, p. 163, mai 1893). Schumann accompagne ses rêveries de jeune homme nourri, il faut le dire, de clichés romantiques : « Dans les rumeurs de la ville en fête, nous nous ferions suivre d'une douzaine d'autres gondoles. Dans la nôtre et dans les deux suivantes des violons, des violoncelles et des guitares et jusqu'au lever du soleil nous chanterions des sérénades aux étoiles. Tu prendrais ton violon, moi mon violoncelle, [...] nous ne jouerions que des choses exquises, les *Papillons* de Schumann, son *Carnaval*, que j'ai toujours rêvé d'entendre à Venise » (*J*, I, p. 61, Mi-Carême 1889). En 1891, dans une lettre à Paul Valéry, il classe Schumann, aux côtés de Delacroix et de Poe, parmi « les grands » (André Gide, Paul Valéry, *op. cit.*, p. 76-79, lettre du 7 mars 1891). En 1892, dans une lettre au même datée d'août, il défend résolument Schumann contre ses détracteurs : « N'écoute jamais les imbéciles qui te diront que Schumann est un médiocre, et dis-leur qu'ils n'y ont rien compris. J'y trouve toujours de nouvelles choses ; c'est un éducateur prodigieux. C'est un volontaire ; un *compositeur*, il a l'inspiration arithmétique et folle. Il est comme il faut être » (*ibid.*, p. 169-170 – on aura remarqué qu'il dira très exactement le contaire quelque trente-cinq

atteint parfois à une « félicité » qui « rejoint celle de Mozart[100] ». Voici donc cette note diaristique en quelque sorte prémonitoire :

> La joie de Mozart : une joie qu'on sent durable ; la joie de Schumann est fébrile et qu'on sent qui vient entre deux sanglots. La joie de Mozart est faite de sérénité ; et la phrase de sa musique est comme une tranquille pensée ; sa simplicité n'est que de la pureté ; c'est une chose cristalline ; toutes les émotions s'y jouent, mais comme déjà célestement transposées[101].

Ces derniers mots – « célestement transposées[102] » – constituent une description figurale particulièrement efficace du mécanisme de la sublimation. Or, pour Gide, et malgré qu'il en ait, la musique de Chopin est une musique qui incarne charnellement les émotions (c'est-à-dire les mouvements de l'âme et du corps) bien plus qu'elle ne les transpose célestement. C'est là sans doute l'origine de sa haine pour les virtuoses : s'il les exècre ainsi, ce n'est pas parce qu'à cause d'eux, on pourrait prendre Chopin pour un « fournisseur de brillants morceaux à effets[103] » ; mais

---

ans plus tard). Pourtant, quelques mois plus tôt, le 9 mars 1892, il écrivait déjà à Albert Mockel : « Oui, peut-être avez-vous pourtant un peu raison pour Schumann. Cela me désole : c'était une de mes premières amitiés. Je l'aimais passionnément à l'âge où l'on aime le mieux. Ceux que nous admirons pendant notre jeunesse devraient pouvoir grandir comme nous grandissons nous-mêmes » (André Gide, Albert Mockel, *op. cit.*, p. 59-64). Jusque dans les dernières années de sa vie, néanmoins, il gardera pour le compositeur une certaine tendresse : « Schumann avait cette ironie, avec ou sans Heine, et j'aime le titre qu'il donne à l'une de ses *Scènes d'enfants* : *Fast zu ernst* ! » (« *Le Voyage en Orient* de H. Hesse » [1947], *EC*, p. 798). Pierre Brunel a résumé de manière fort pertinente l'évolution du rapport de Gide à Schumann : « Très tôt, dès 1892, Gide a eu le projet de *Notes sur Schumann et Chopin*. Puis il a refusé d'accoler les deux noms, Schumann lui est apparu de moins en moins important, et au "poète" Schumann il a préféré définitivement "l'artiste" Chopin – l'artiste, c'est-à-dire celui qui ne part pas de ses émotions pour les exprimer en notes, mais qui part des notes pour exprimer ses émotions » (Pierre Brunel, *Basso continuo. Musique et littérature mêlées*, Paris, Presses Universitaires de France, 2001, p. 91). Schumann, en somme, « est le seul compositeur au sujet duquel il manifeste une hésitation : le seul qu'il ne se décide ni à rejeter, ni à admettre » (Georges Jean-Aubry, *André Gide et la musique*, *op. cit.*, p. 10).

100 *Notes sur Chopin*, *op. cit.*, p. 46.

101 *J*, I, p. 175, 21 septembre 1893.

102 Gide reproche par ailleurs à la musique de Beethoven de ne pas être purement spirituelle… On sent dans ces mots rapportés par Maria van Rysselberghe qu'il craint les musiques qui le troublent : « J'y suis, j'ai trouvé ce que je n'aime pas dans Beethoven : c'est l'introducteur du physiologique dans la musique – cela ne se passe plus uniquement dans le spirituel, il veut vous prendre aux entrailles » (Maria van Rysselberghe, *op. cit.*, t. II, p. 139).

103 *Notes sur Chopin*, *op. cit.*, p. 43.

parce qu'ils exhibent ce qu'il voudrait cacher. Révélatrice est la citation des *Illuminations* rimbaldiennes qu'il mobilise dans les *Notes sur Chopin* : la musique de Chopin, « comme le chant de l'oiseau de Rimbaud, "vous arrête et vous fait rougir[104]" ». « Vous fait rougir » : tout est dit – mais par la bouche d'un autre.

C'est donc un acte de censure que de vouloir faire de Chopin un classique ; et on ne peut que donner raison à Maja Vukušic Zorica quand elle affirme que le Chopin de Gide « est à la fois romantique et classique[105] » : romantique dans ce qu'il est (un compositeur qui trahit l'inavouable vérité intime de son interprète), mais classique dans ce qui en est fait (un artiste singulier certes, mais dont la singularité doit demeurer non personnelle).

Nous voici donc en mesure de répondre aux deux questions que nous avons posées au début de ce chapitre : si Gide fait de Chopin un classique, c'est pour le faire taire, et pour se faire taire lui-même, au moins publiquement, en tant qu'être désirant ; et son classicisme est bien un classicisme en situation. Certes, il laisse entendre, en creux, que le classicisme est une esthétique impersonnelle, et on pourrait donc penser que c'est par conséquent une esthétique anhistorique – mais en réalité, non : cette « impersonnalité », ou plutôt cette singularité non personnelle dont il fait l'éloge est une réponse, clairement située dans l'histoire esthétique, à la révolution romantique qui fait entrer le moi et l'expressivité dans le domaine de l'art.

Toutefois, certains propos de Gide ne vont pas exactement dans le sens de ces conclusions – et nous aimerions donc terminer sur une sorte de palinodie en examinant quelques textes qui fonctionnent comme des contre-exemples.

En 1899, Gide envoie une lettre à Pierre Louÿs, où il imagine un texte qu'il pourrait consacrer à Chopin et George Sand. Manifestement, il a compris que la musique de Chopin n'était pas sans rapport avec la chose amoureuse, mais il fait comme s'il s'agissait de la chose amoureuse sous une forme très modérément charnelle, et surtout sous une forme « avouable » : « J'y pourrai dire (sans rien d'historique) les nuits étranges qu'auraient pu avoir George Sand et Chopin à Majorque, près

---

104 *Ibid.*

105 Maja Vukušic Zorica, « Gide et Chopin – le parfait écrivain devrait être musicien », *BAAG*, n° 176, octobre 2012, p. 309-352, p. 309.

du piano, à jouer les *Préludes* et toutes les sensations, tous les émois qui les auraient pu secouer[106]. » Ce qui est admirable ici, c'est l'épanorthose : après avoir évoqué les « sensations » des artistes-amants, Gide se corrige de lui-même pour parler de leurs « émois ». Mais cette censure vient trop tard pour être tout à fait sincère…

En mars 1900, par ailleurs, il envoie à Henri Ghéon une lettre où il semble sur le point de s'avouer à lui-même (et d'avouer à l'un des rares correspondants épistolaires devant qui il peut se montrer sans masque ni fard) que les délices qu'il goûte en écoutant de la musique ont à faire avec la chose amoureuse. Il raconte en effet comment il a entendu, à Pau, un inconnu jouer du piano – et en particulier des œuvres de Chopin –, et comment cette rencontre purement auditive l'a troublé :

> Un jeune Anglais, dans la chambre à côté de la mienne, commença de jouer du piano ; je dis « un jeune homme » non parce que j'appris par la suite qu'il n'avait pas 20 ans, mais parce que, à sa façon de jouer, je devinai qu'il devait être exquis – c'est comme ça. Il joua une *Sonate* de Beethoven, une *Novelette* de Schumann et deux *Nocturnes* de Chopin ; il joua admirablement ; quatre fois je suis sorti de ma chambre, affolé, pour frapper à la porte de la sienne. Quelle lâcheté me retint[107] ?

Plusieurs termes retiennent ici l'attention : l'adjectif « exquis », appliqué à ce « jeune homme » inconnu ; l'adjectif « affolé », que Gide s'applique à lui-même, et que rien dans ce récit d'un souvenir musical ne semble préparer ou justifier ; et enfin le mot « lâcheté », qui suggère qu'il recule devant lui-même, et devant surtout la réalisation (il faudrait presque dire l'*incarnation*) d'une rencontre qui, tant qu'elle demeure musicale, reste en apparence pure de tout commerce avec la chair. Certes, il a recours à un processus de sublimation, mais moins vigoureux et moins rigoureux qu'ailleurs : d'une part, il n'est pas prophylactique, puisque Gide cède d'abord à l'élan qui le pousse vers l'interprète, et ne recule qu'au dernier moment (la scène se répétant qui plus est) ; d'autre part, il est actif, non pas tant dans le récit lui-même, que dans la scène racontée. On a donc, dès 1900, un demi-aveu qui vient affaiblir nos conclusions fondées sur le postulat d'une autocensure très stricte.

---

106 Voir *BAAG*, n° 166, avril 2010, p. 172.

107 André Gide, Henri Ghéon, *op. cit.*, p. 268. Lettre du 7 mars 1900.

Citons également un récit diaristique de 1904 où Chopin est associé à plusieurs éléments-clefs de l'imaginaire érotique de Gide (notamment le café – même s'il n'est pas nord-africain ici – et la figure du jeune Arabe). Qui lit le début de ce passage ne s'attend pas à voir surgir le nom de Chopin :

> Après avoir conduit le petit Paul à la gare je revins sur les quais [...]. Deux orchestres, l'un devant le théâtre, l'autre [...] sur la terrasse de deux cafés, confondaient presque leur musique [...]. [V]int à passer un Arabe ; je le suivis ; au détour de la rue l'abordai. Il était grand, bien mis, jeune, admirable. [...]. La conversation tarissant je le quittai lui donnant dix sous. Son remerciement me séduisit au point que je ne pus cesser de le suivre. Je le vis brusquement entrer dans une sorte de bar très éclairé, où longtemps j'hésitai devant la porte [...]. De l'intérieur du bar des éclats de valse giclaient. Je n'étais pas bien sûr que l'Arabe fut entré dans ce bar ; ou peut-être plutôt dans le petit café voisin où claironnait un phonographe. Enfin pourtant j'entrai dans le premier[108].

Et cependant, dans ces lignes où se dessine un lien métonymique entre musique et ivresse, la musique du compositeur polonais va venir voisiner (textuellement comme contextuellement) avec ces musiques triviales semblables à celles qui troublèrent (si l'on en croit ses mémoires) la pureté esthétique comme éthique du jeune Gide :

> Oui, l'Arabe était là, il plaisantait avec les femmes ; sa grâce, son aisance étaient de la séduction la plus grande. Je le regardais sans grand désir peut-être mais inlassablement. Des Anglais entrèrent, point vieux, point laids, point déplaisants. Un petit verre de bénédictine acheva de me griser. Un Anglais se mit au piano, joua quelques *Valses*, puis un *Nocturne* de Chopin [...] ; [...] quelle bonne soirée je passai là !

On remarquera qu'à nouveau un Anglais se met au piano pour jouer un *Nocturne* : coïncidence sans doute, mais qui mérite d'être relevée, d'autant que dans le passage du *Journal* où il évoque la séance musicale avec Misia Sert, Gide compare son mimétisme musical au réflexe qui lui fait prendre un « accent anglais » en présence d'un Anglais...

Notre contre-exemple suivant sera une note diaristique datée du printemps 1910. Gide y raconte une visite de l'Albaicín, à Grenade, et le nom de Chopin surgit là où on ne l'aurait en aucune façon attendu :

---

108 Pour cette citation et celle qui suit, voir *J*, I, p. 429, Rouen, soir du 20 août 1904.

> C'était, la nuit, dans une vaste salle d'auberge, un garçon bohémien qui chantait ; un chœur, à demi-voix, d'hommes et de femmes, puis de subites pauses, coupaient ce chant haletant, excessif, douloureux, où l'on sentait son âme, à chaque défaut de souffle, expirer. L'on eût dit une première ébauche de la dernière *Ballade* de Chopin ; mais cela restait comme en marge de la musique ; non pas espagnol, mais gitan, irréductiblement. Pour réentendre ce chant, ah ! j'eusse traversé trois Espagnes[109].

On s'étonne de voir Gide rapprocher la musique de Chopin d'un chant à l'évidence expressif, puisqu'il est « haletant, excessif, douloureux ». Mais surtout, il est flagrant que ce qui l'émeut, autant que le chant, c'est le chanteur : il semble appliquer à son récit un coefficient de déformation métonymique qui lui permet de sublimer son trouble, en en déplaçant l'objet. Cela confirme en apparence notre idée selon laquelle le geste qui consiste à faire taire l'interprète et à n'écouter que la voix de l'œuvre devenue en quelque sorte acousmatique relève à la fois du refoulement et de la sublimation. Et l'on comprend alors ce que Gide veut dire, ou plutôt ce qui se dit sans que Gide le veuille peut-être, quand il emploie le verbe « dénaturer » : les séduisants virtuoses qui « dénaturent » Chopin ne l'altèrent pas ; au contraire, ils lui permettent de s'égaler à ce qu'il est à la fois *pour* Gide et *malgré* Gide – l'incarnation même d'un désir que l'époque considérait encore comme « dénaturé ». Ce passage où Gide rencontre en Andalousie un Chopin bohémien, *marginal*, semble donc aller dans le sens de ce que nous avons essayé de montrer – à ceci près, et c'est fondamental, que Gide, malgré le recours à la métonymie sublimatoire, ne s'y censure pas aussi strictement qu'ailleurs, puisqu'il avoue son trouble, même s'il refuse d'en reconnaître lucidement l'origine.

C'est en 1910 également que paraît l'article intitulé « Baudelaire et M. Faguet », que nous citions plus haut. Et de ces lignes nous aimerions proposer à présent une nouvelle lecture. « Une œuvre ne survit que par des qualités profondes ; ces qualités secrètes sont ce qui fait paraître l'œuvre d'abord incertaine un peu, trouble parfois, mystérieuse, inquiétante pour ceux qui prétendent découvrir d'un coup tout "ce que l'auteur a voulu dire", énigmatique enfin et lâchons le mot affreux : "*malsaine*" ! », écrit Gide. Ce mot de « malsaine », qu'il met en italique, retient l'attention :

109 *J*, I, p. 631, printemps 1910.

certes, il ne reprend pas à son compte le jugement du public ; mais il admire d'autant plus Chopin et Baudelaire que leurs œuvres ont paru malsaines au public[110]. En d'autres termes, il met l'accent sur la *singularité*, au sens éthique et non pas seulement esthétique du terme, de leurs œuvres. Et surtout, il n'hésite pas à affirmer bien haut que l'art de la discrétion propre à Chopin comme à Baudelaire est peut-être aussi un art du secret, puisqu'il exprime son admiration pour des œuvres qui ne révèlent pas immédiatement l'intention de l'auteur. Donc, faire l'éloge de la discrétion ne veut pas toujours dire, pour lui, faire taire le singulier en le réduisant à une donnée esthétique, puisqu'ici il n'hésite pas à *dénoncer* le secret.

C'est pourquoi il n'est pas certain que l'esthétique classique soit toujours pour Gide un moyen de dissimuler les émois de sa chair, et de les refouler en les sublimant. Une autre hypothèse peut être avancée. Certes, il fait subir à ses désirs un traitement esthétique et non pas expressif : mais est-ce vraiment pour les empêcher de s'exprimer ? Peut-être est-ce au contraire parce qu'ils appellent un tel traitement ; parce que le désir homosexuel, ou plus précisément pédérastique, tel que le conçoit et que l'éprouve Gide est en lui-même un fait esthétique. On se souviendra ici de deux phrases-clefs de *Corydon.* D'abord cette citation de Goethe empruntée aux *Entretiens avec le chancelier de Muller* : « D'après la pure règle esthétique, le corps de l'homme [est] plus beau et, de beaucoup, plus parfait[111] [que celui de la femme]. » Ensuite la maxime affirmant que « ne peut être asservi à la finalité esthétique que ce qui échappe à l'asservissement utilitaire[112] ». Si ces derniers mots, à l'évidence, font allusion à la fonction de procréation, on ne peut s'empêcher de songer aussi à ces artistes romantiques qui se voulurent utiles, ou qui voulurent que leur art s'engage dans le siècle et fasse œuvre utile. Pour Gide, faire de Chopin un classique pourrait donc avoir une tout autre vertu que de le faire taire, et de faire taire son interprète : on peut penser que c'est au contraire pour lui une façon de promouvoir une esthétique

110 Gide écrit également dans les *Notes sur Chopin* (*op. cit.*, p. 45) que le compositeur polonais, « dans l'histoire de la musique, tient à peu près la place (et joue le rôle) de Baudelaire dans l'histoire de la poésie, incompris d'abord l'un comme l'autre et pour de semblables raisons ».

111 *Corydon*, p. 96.

112 *Ibid.*, p. 54-55.

classique ouvertement quoique discrètement homosexuelle qui aurait pour vertu de préserver l'art de toute forme d'utilité, de le soumettre à une discipline anhistorique qui endiguerait ses désirs (romantiques) d'engagement, ou si l'on préfère de l'élever *au-dessus de la mêlée* – celle des corps comme celle du siècle.

« L'INSONDABLE DANS LA CLARTÉ »

Conclusion

Des *Cahiers d'André Walter* à la dernière édition des *Notes sur Chopin* se dessine ainsi un parcours au tracé assez net, assez peu sinueux somme toute, malgré les contradictions qui organisent dialectiquement le rapport de Gide à la musique.

Dès ses premières tentatives d'écriture, Gide, qui se masque encore derrière un demi-pseudonyme (voire un demi-hétéronyme, car André Walter est un personnage partiellement indépendant malgré son identité avec son créateur), accepte que la musique le mène sur la voie de la chair, tout en lui demandant de soutenir sa ferveur religieuse, et de le protéger même parfois de la tentation – ces premières contradictions, on l'aura compris, ayant une valeur quasi programmatique : jusqu'au bout, la musique se situera, dans son œuvre, en porte-à-faux, entre norme et transgression, entre règle et siècle, entre loi et infraction. Mais ce n'est pas là tout ce qui importe dans l'œuvre d'André Walter – ce qui compte aussi, c'est le rôle que le jeune poète-diariste fait jouer à la musique dans l'écriture : la musique, d'une certaine façon, lui permet d'introduire dans l'écriture, mais sur le mode, sinon du non-dit, du moins de la prétérition, le thème du désir.

La musique, donc, a partie liée à la fois avec le réel le plus incarné (celui des corps désirants et désirables), et avec l'irréel (celui de l'idéal qui retient le jeune homme, qui l'encourage à résister aux tentations). Dans les œuvres symbolistes que constituent *Le Traité du Narcisse* et *Le Voyage d'Urien* de même, musique et irréel apparaissent indissociables : mais l'irréel, cette fois, c'est celui du mirage – comme si la musique se faisait complice des rêveries chimériques de l'écrivain symboliste. Signalons toutefois que, dans *Le Voyage d'Urien*, l'un des mirages musicaux qu'évoque Gide est celui des sirènes : mirage charnellement troublant, et qui par suite, malgré son irréalité *objective*, invite le *sujet* à découvrir son propre corps. Puis viendront *La Tentative amoureuse*, qui, comme son titre le laisse deviner, rappelle l'écrivain et ses lecteurs au sentiment de la réalité ; et, surtout, *Paludes* et *El Hadj*, deux textes bien différents l'un de l'autre, certes, mais où Gide défend une même éthique de la dissonance : il convient de ne pas hurler avec la meute, de ne pas chanter avec le chœur – et ce souci de l'authenticité *singulière* écarte définitivement l'écrivain des vains songes de sa première jeunesse, pour lui enseigner à jouir des *nourritures terrestres*, en particulier musicales.

C'est donc une singularité incarnée qui commence à s'affirmer, et qui va s'accuser de plus en plus nettement dans *Philoctète*, *Le Prométhée mal enchaîné*, *Le Roi Candaule*, *L'Immoraliste* et *Saül* – autant d'œuvres qui préfigurent les interrogations qui se formuleront, plus tard, dans *Perséphone*. Gide, dans *Philoctète* (comme d'ailleurs dans *El Hadj*), impose à la musique une éthique de l'écart : le musicien, s'il veut être digne de ce nom ou de ce titre, doit accepter une forme d'exil social (la même morale se retrouvant, *mutatis mutandis*, dans *Le Prométhée* et dans *Le Roi Candaule*). C'est qu'aussi bien la musique qu'on entend dans les œuvres de Gide ne saurait s'afficher, ne saurait être écoutée par tous : c'est la musique inavouable des démons et des désirs. Témoin le surgissement du chant de flûte si troublant dans *L'Immoraliste* ; et la musique cacophonique et pourtant réglée des Démons qui hantent le misérable roi Saül, amoureux de David le harpiste. Là encore, toutefois, que ce soit dans *Le Roi Candaule* ou dans *Saül*, à côté de la musique clandestine des pulsions, il est une autre musique, régulière celle-là, qui ressemble à certains égards au surmoi qui tente de contrecarrer les entreprises subversives du ça.

Il est difficile de dire, d'ailleurs, si Gide prend le parti du surmoi ou du ça, de la règle ou du dérèglement, du renoncement ou de la revendication. Quand il met en scène le dialogue entre musique et foi – que ce soit avec la figure de la pieuse Alissa dans *La Porte étroite* ou avec celle du pasteur de *La Symphonie pastorale* –, c'est toujours sur le mode de l'ambiguïté : on ne sait trop si la musique induit en tentation, ou si au contraire elle retient sur la pente du « péché »… Et ce n'est certes pas la sotie éminemment ironique que constituent *Les Caves du Vatican* qui aidera le lecteur à trancher : car, si le thème de la musique y est lié au motif de la gratuité, c'est sur le ton de la parodie, de telle sorte qu'on ne sait si le discours du narrateur est approbateur ou réprobateur – ni l'un ni l'autre sans doute…

La lecture des *Faux-Monnayeurs*, si elle offre plus de matière à la réflexion de celui qui s'intéresse au discours gidien sur la musique, n'est guère plus éclairante. Certes, il semblerait que Gide y fasse l'éloge d'un hypotexte musical qui se situe, formellement, du côté de la contrainte la plus rigide – à savoir, bien entendu, *L'Art de la fugue* de Bach. Mais, en contrepoint de l'éloge, se développe également un discours critique – comme si Bach lui-même devait être soupçonné de faire partie de la confrérie des faux-monnayeurs... Ce qui est certain, c'est que la polyphonie humaine sonne aux oreilles de La Pérouse – parangon, en apparence, de vertu musicale, mais parangon déchu, parangon *sorti de ses gonds* mentaux – comme une cacophonie. Et le brave musicien de faire l'éloge du silence, dont il estime qu'il est la seule manifestation (négative, apophatique) de Dieu sur Terre... Seulement, il se trouve que le lecteur est bien tenté de penser que si La Pérouse aime tant le silence, c'est qu'il le protège de la petite musique du démon, du « grignotement » des pulsions qui le travaillent, lui qui semble en proie à un complexe d'Œdipe pédérastique. Et quand Édouard, double impuissant de l'auteur, rêve d'écrire à la manière de Jean-Sébastien Bach, on se demande si, en recourant de la sorte à un hypotexte pour ainsi dire *inhumain*, il ne tente pas lui aussi de fuir (de fuguer ?) devant *l'homme que donc il est.*

Après *Les Faux-Monnayeurs* viennent, dans l'ordre de publication, les mémoires de Gide, qui permettent au lecteur de remonter à l'origine des névroses musicales de l'écrivain. On découvre en effet un enfant forcé, pour avoir accès à un monde musical qui lui est interdit, de se placer dans la position du voyeur. Dès lors, la musique est un objet de désir clandestin, et l'occasion d'une transgression – les premiers souvenirs musicaux de Gide sont d'ailleurs tous plus ou moins obscurément sensuels. Parmi les figures qui accompagnent l'initiation de Gide à la musique, deux comptent particulièrement : celle de son cousin Albert Démarest, de vingt ans son aîné, et qui joue donc auprès de lui le rôle d'une sorte d'oncle (et l'on sait combien est chargée érotiquement la relation oncle/neveu dans l'œuvre comme dans la vie de Gide – ce qui résulte d'ailleurs peut-être de la déformation d'un schéma traumatique originel où l'oncle était en fait une tante tentatrice) ; et celle, bien sûr, de Marc de La Nux, figure de tuteur dont on ne saurait dire qu'elle est trouble, bien sûr, mais dont l'identité avec le troublant La Pérouse des *Faux-Monnayeurs* éveille tout de même un doute dans l'esprit du lecteur. La musique, en tout cas, devient un objet érotique pour Gide, qui, en Afrique du Nord, accepte de reconnaître pour ce qu'elles sont – à savoir des objets de désir – les figures musicales qui l'*inquiètent*, à commencer par celle du joueur de flûte.

C'est que l'Afrique est pour lui une terre d'émancipation. Et pourtant, dans son récit de voyage en Afrique-Équatoriale française, le thème du plaisir va laisser la place à celui du devoir : le voyageur apprend à ne plus considérer l'autre exotique comme un simple objet de désir et de jouissance, et à écouter sa voix, notamment musicale – d'où la posture d'ethnomusicologue qu'il épouse par moments. Il prête une oreille scrupuleusement attentive aux chants des Massa et des Sara – chants réputés monophoniques, mais dans lesquels il décèle une polyphonie étrange qui l'amène à dépasser les catégories techniques et conceptuelles de la musique occidentale, dont il découvre qu'elles ne sont pas universellement valables. C'est là cependant le point extrême de son engagement en matière de musique : il n'ira pas plus loin, même si dans *Perséphone*, il figurera discrètement l'hésitation de la musique (et de l'art en général) entre éthique et esthétique. Dès *Les Nouvelles Nourritures*, il réaffirme la nécessité d'un art absolument indépendant, résolument singulier – mais non sans vertus sociales, puisqu'il doit donner à chacun la force de réaliser pleinement sa propre personnalité. Aussi bien Gide pourra-t-il constater en URSS les méfaits de tout embrigadement sur un art qui, dès lors qu'il doit répondre aux attentes d'une esthétique officielle, se trouve considérablement appauvri.

Gide, donc, tient la musique à l'écart de toute politique, mais sans pour autant la priver de tout pouvoir d'action sociale. Et l'on peut même, d'une certaine manière, considérer qu'il la met au service de la cause homosexuelle – ce qui ne signifie en aucune façon qu'il la détourne de sa nature esthétique propre, l'homosexualité pédérastique telle qu'il la voit et la vit relevant justement de l'esthétique autant que de l'éthique. Dans la plupart des textes qu'il consacre à Chopin, et tout particulièrement dans les *Notes sur Chopin*, on remarque en effet qu'il insiste à la fois sur le classicisme du compositeur et sur la nécessité, pour son interprète, de se garder de l'écueil de la virtuosité, pour mieux s'effacer, pour mieux se taire – seule la voix de l'œuvre devant être audible. Cette volonté de réduire le musicien – compositeur ou interprète – au silence, et de transformer par suite l'œuvre en phénomène acousmatique, en objet increé, peut être interprétée comme un geste de refoulement (Gide fait taire ses passions, ses pulsions) et de sublimation (il transpose, il déplace ce qui l'inquiète dans le domaine esthétique). Mais on peut aller encore plus loin, et considérer que cette primauté, ou plutôt cette exclusivité de l'esthétique ne résulte pas d'un déplacement sublimatoire, car la pédérastie est en elle-même un fait esthétique : imposer à la musique de Chopin de n'être qu'esthétique, et d'éviter le *pathos* romantique que l'on confond trop souvent avec l'expression (sincère ou non) des passions du moi, ce ne serait donc pas, pour Gide, se faire taire, mais au contraire laisser parler discrètement (avec la discrétion qui leur est propre, qui leur est constitutive) ses passions pédérastiques.

Dès lors, le classicisme que Gide admire chez Chopin notamment, mais aussi chez Mozart, serait une voie d'accès au gouffre, au même titre que les obscurs tourments d'un Dostoïevski ou d'un Blake ; de telle sorte que le lien fraternel unissant Castor et Pollux serait restauré. Et l'on songera ici à tel feuillet diaristique de 1918, où Gide affirme (selon une logique qui n'est pas sans rappeler celle de la *Lettre volée* de Poe) que la lumière dissimule aussi bien que l'ombre, et qu'elle cache autant qu'elle révèle :

> Toutes les grandes œuvres d'art sont d'assez difficile accès. Le lecteur qui les croit aisées, c'est qu'il n'a pas su pénétrer au cœur de l'œuvre. Ce cœur mystérieux, nul besoin d'obscurité pour le défendre contre une approche trop effrontée ; la clarté y suffit aussi bien. La très grande clarté, comme il advient souvent pour nos plus belles œuvres françaises, de Rameau, de Molière ou de Poussin, est, pour défendre une œuvre, la plus spécieuse ceinture ; on en vient à douter qu'il y ait là quelque secret ; il semble qu'on en touche le fond d'abord. Mais on y revient dix ans après et l'on entre plus avant encore[1].

On est tenté de prendre ces lignes comme un avertissement aux lecteurs, à qui Gide conseillerait de revenir encore et encore à ses œuvres, y compris à celles qui sont en apparence les plus limpides… Et l'on est tenté surtout de s'autoriser de ces lignes pour affirmer que le classicisme qu'il prône en musique couvre d'un voile lumineux les tourments esthétiques les plus douloureux et (à l'époque où il écrivait) les moins avouables. Car il est des gouffres dont l'obscurité n'est pas manifeste, des abîmes radieux en apparence, des précipices que ne signale aucune

1 *J*, I, p. 1081, feuillets 1918.

défaillance de la lumière ; ou si l'on préfère, pour reprendre les admirables mots de Gide sur Pouchkine, Raphaël et Mozart, il y a, à côté du « mystère » que l'« imagination prête à l'ombre », des « profondeurs » plus abyssales encore – celles que l'on explore lorsque l'on rencontre « l'insondable dans la clarté[2] ».

2 « Billet à Angèle (février 1937) », *EC*, p. 301. Voir aussi *J*, I, p. 1188, 5 septembre 1922 : « Si l'on ne fait point ressortir la perfection de Racine, la rareté de son orchestre, tout comme celui de Mozart, peut sembler de la pauvreté. »

BIBLIOGRAPHIE

ŒUVRES ET TEXTES DE GIDE

CORPUS

GIDE, André, *Corydon*, Paris, Gallimard, 1924.

GIDE, André, *Essais critiques*, Paris, Gallimard, « Bibliothèque de la Pléiade », 1999.

GIDE, André, *Journal*, t. I : *1887-1925*, Paris, Gallimard, « Bibliothèque de la Pléiade », 1996.

GIDE, André, *Journal*, t. II : *1926-1950*, Paris, Gallimard, « Bibliothèque de la Pléiade », 1997.

GIDE, André, *Le Ramier*, Paris, Gallimard, 2004.

GIDE, André, *Notes sur Chopin*, Paris, Gallimard, 2010.

GIDE, André, *Romans et récits, œuvres lyriques et dramatiques*, t. I, Paris, Gallimard, « Bibliothèque de la Pléiade », 2009.

GIDE, André, *Romans et récits, œuvres lyriques et dramatiques*, t. II, Paris, Gallimard, « Bibliothèque de la Pléiade », 2009.

GIDE, André, *Souvenirs et voyages*, Paris, Gallimard, « Bibliothèque de la Pléiade », 2001.

CORRESPONDANCES CITÉES

COCTEAU, Jean, *Lettres à André Gide, avec quelques réponses d'André Gide*, Paris, La Table ronde, 1970.

GIDE, André, *Correspondance avec sa mère*, Paris, Gallimard, 1988.

GIDE, André, *L'Enfance de l'art* : *correspondances avec Élie Allégret (1886-1896)*, Paris, Gallimard, 1998.

GIDE, André, *Lettres à Raymond Bonheur*, Neuchâtel et Paris, Ides et Calendes, 1946.

GIDE, André et ALIBERT, François-Paul, *Correspondance*, Lyon, Presses Universitaires de Lyon, 1982.

GIDE, André et ALLÉGRET, Marc, *Correspondance (1917-1949)*, Paris, Gallimard, 2005.

GIDE, André et BLANCHE, Jacques-Émile, *Correspondance (1892-1939)*, Paris, Gallimard, 1979.

GIDE, André et BUSSY, Dorothy, *Correspondance (1918-1931)*, 3 volumes, Paris, Gallimard, 1979-1982.

GIDE, André et CLAUDEL, Paul, *Correspondance (1899-1926)*, Paris, Gallimard, 1949.

GIDE, André et COPEAU, Jacques, *Correspondance (1902-1949)*, 2 volumes, Paris, Gallimard, 1987-1988.

GIDE, André et DENIS, Maurice, *Correspondance (1892-1945)*, Paris, Gallimard, 2006.

GIDE, André et DU BOS, Charles, *Lettres de Charles Du Bos et réponses d'André Gide*, Paris, Corrêa, 1950.

GIDE, André et GHÉON, Henri, *Correspondance*, 2 volumes, Paris, Gallimard, 1976.

GIDE, André et JAMMES, Francis, *Correspondance (1893-1938)*, Paris, Gallimard, 1948.

GIDE, André et MARTIN DU GARD, Roger, *Correspondance*, 2 volumes, Paris, Gallimard, 1968.

GIDE, André et MOCKEL, Albert, *Correspondance (1891-1938)*, Genève, Droz, 1975.

GIDE, André et O'BRIEN, Justin, *Correspondance*, Lyon, Centre d'études gidiennes, 1979.

GIDE, André et OHANA, Maurice, « Correspondance », *BAAG*, n° 71, juillet 1986.

GIDE, André et RÉGNIER, Henri de, *Correspondance*, Lyon, Presses Universitaires de Lyon, 1997.

GIDE, André et RIVIÈRE, Jacques, *Correspondance*, Paris, Gallimard, 1998.

GIDE, André et RUYTERS, André, *Correspondance*, Lyon, Presses Universitaires de Lyon, 1990.

GIDE, André et RYSSELBERGHE, Maria van, *Correspondance (1899-1950)*, Paris, Gallimard, 2016.

GIDE, André et SCHLUMBERGER, Jean, *Correspondance (1901-1950)*, Paris, Gallimard, 1993.

GIDE, André et SIMENON, Georges, *Correspondance (1938-1950)*, Paris, Omnibus, 1999.

GIDE, André et VALÉRY, Paul, *Correspondance (1890-1942)*, Paris, Gallimard, 2009.

GIDE, André, LOUŸS, Pierre et VALÉRY, Paul, *Correspondances à trois voix (1988-1920)*, Paris, Gallimard, 2004.

LITTÉRATURE SECONDAIRE

ÉTUDES SUR GIDE ET LA MUSIQUE

ACQUISTO, Joseph, « La musique du désir et de la pureté. Gide face à Chopin et Baudelaire », *BAAG*, n° 157, janvier 2008, p. 19-32.

ALBRECHT, Florent, *Gide et l'écriture de la musique*, Mémoire de maîtrise, Université Paris-Est, 1998.

ALOS-VICENS, Claude, *Gide et la musique*, Thèse de doctorat, Université de Montpellier, 1980.

Anonyme, « Gide et la musique : propos radiophoniques », *BAAG*, nos 201-202, printemps 2019, p. 33-42.

Anonyme, *Perséphone : An Interpretation by Igor Stravinsky and André Gide*, Université de Manchester, 2000, en ligne : <www.musicteachers.co.uk/resources/stravpers.pdf>, consulté le 21 juillet 2019.

ARDLEY, Naomi Catherine, « André Gide, the Piano, and Writing : Keys to a Creative Symbiosis », *Forum for Modern Language Studies*, vol. 47, n° 3, juillet 2011, p. 275-288.

AROT, Dominique, « Mauriac, Gide et Mozart : un art de vivre », dans Caroline Casseville et Martine Sagaert (dir.), *Gide chez Mauriac*, Bordeaux, Confluences, 2012, p. 59-75.

BARBU, Carmen M., *The Will to Harmony : Music in the Novels of André Gide, Aldous Huxley and Thomas Mann*, Thèse de doctorat, University of Western Ontario, 2007.

BAYER, Francis, « André Gide et Maurice Ohana », *BAAG*, n° 71, juillet 1986, p. 9-24.

BOULESTEIX, Frédéric, « Définies, différées ou différentes : lecture flottante de quelques musiques gidiennes », *BAAG*, n° 109, janvier 1996, p. 69-85.

BRUNEL, Pierre, « Gide et Chopin », dans *Basso continuo. Musique et littérature mêlées*, Paris, Presses Universitaires de France, 2001, p. 87-99.

BURGUIÈRE, Paul et MICHAUD, Guy, « L'Art de la fugue », *Dialogues*, n° 2, janvier 1951, p. 49-61.

CANCALON, Elaine, « Piano *forte* : le piano dans l'œuvre de Gide », dans Jean-Yves Debreuille et Pierre Masson (dir.), *Lectures d'André Gide. Hommage à Claude Martin*, Lyon, Presses Universitaires de Lyon, 1994, p. 149-159.

CANCALON, Elaine, « L'écriture gidienne, ou comment mettre la musique sous rature », *BAAG*, n° 109, janvier 1996, p. 9-14.

CARR, Maureen A., *Multiple Masks : Neoclassicism in Stravinsky's Works on Greek Subjects*, Lincoln, University of Nebraska Press, 2002.

CIHOLAS, Karin Nordenhaug, *Gide's Art of the Fugue : A Thematic Study of* Les Faux-Monnayeurs, Chapel Hill, University of North Carolina Press, 1974.

CLAUDE, Jean, « *Proserpine* 1909 », *BAAG*, n° 54, avril 1982, p. 251-268.

CLAUDE, Jean, « Autour de *Perséphone* », *BAAG*, n° 73, janvier 1987, p. 23-55.

CLAUDE, Jean, « Gide et les artistes, *Antoine et Cléopâtre* 1917-1920 », *BAAG*, n° 158, avril 2008, p. 149-208.

CLAUDE, Jean, « *Perséphone*, ou l'auteur trahi ? », dans Pascal Lecroart (dir.), *Ida Rubinstein. Une utopie de la synthèse des arts à l'épreuve de la scène*, Besançon, Presses Universitaires de Franche-Comté, 2008, p. 213-233.

Collectif, *André Gide, Pianist*, London, ADAM, 1986.

Collectif, « Dossier de presse des *Notes sur Chopin* », *BAAG*, n° 163, juillet 2009, p. 415 ; et n° 166, avril 2010, p. 251.

CORTOT, Pierre, « Entre romantisme et classicisme : place d'André Gide dans l'inspiration de Milhaud, prolongement de l'idéalisation féminine », dans *Darius Milhaud et les poètes. Musique, musicologie et arts de la scène*, Thèse de doctorat, Paris, EHESS, 2003, p. 261-322.

COSTE, Claude, « L'Art de la fugue », dans Hélène Baty-Delalande (dir.), *Relectures. André Gide,* Les Faux-Monnayeurs, Saint-Cyr-sur-Loire, Publie.net, 2013.

DAY, James T., « Gide, Stendhal et la sensibilité musicale », *BAAG*, n° 109, janvier 1996, p. 47-56.

DELAGE, Roger, « André Gide et la musique », *BAAG*, n° 39, juillet 1978, p. 13-28.

DEMELLO, George, *André Gide et la musique*, Mémoire de licence, University of Massachusetts, 1954.

DOUMET, Christian, « Gide, Barthes : musique », dans Robert Kopp et Peter Schnyder (dir.), *André Gide et la tentation de la modernité*, Paris, Gallimard, 2002, p. 431-449.

DROUIN, Michel, « André Gide et la tonalité », *BAAG*, n° 149, janvier 2006, p. 7-18.

FARAGHER, Martha Jean, *The Influence of Music on the Life and Works of André Gide*, Mémoire de maîtrise, University of Kansas, 1949.

FÖRSTER, Andreas, *Die Musik in Gides* Pastoralsymphonie, München, GRIN Verlag, 2005, en ligne : <www.grin.com/document/109816>, consulté le 22 décembre 2017.

FRANCESCHETTI, Giancarlo, « André Gide Esegeta di Chopin », *Aevum*, vol. 37, n°s 1-2, janvier-avril 1963, p. 170-186.

GENOVA, Pamela A., « L'Orphée mal enchaîné : André Gide et la polémique de la musique », *BAAG*, n°s 131-132, juillet-octobre 2001, p. 459-472.

GIGNOUX, Anne-Claire, « André Gide et la description musicale », dans Francis Buil, Belén Hernández Marzal et Paloma Otaola (dir.), *Musique et littérature au XXe siècle*, Lyon, Éditions de l'Université Lyon 3, 2011, p. 45-56.

GIGNOUX, Anne-Claire, « Les figures de l'interprète dans *Si le grain ne meurt* d'André Gide », dans Nathalie Vincent-Arnaud et Frédéric Sounac (dir.), *Figure(s) du musicien. Corps, gestes, instruments en texte*, 2017, en ligne : <www.fabula.org/colloques/document4026.php>, consulté le 21 décembre 2017.

GRANGER, Jean-Claude, *Gide et la musique*, Mémoire de licence, Université de Genève, 1987.

GUILLOU, Jean, « Analyse musicale des *Faux-Monnayeurs* d'André Gide », dans *La Musique et le Geste*, Paris, Beauchesne 2012.

HANFT, Andrea M., *André Gide, Igor Strawinsky :* Perséphone. *Von der Idee zum vollendeten Werk bei Betrachtung der verschiedenen Denkweisen von Schriftsteller und Komponist*, Frankfurt am Main, Peter Lang, 2015.

HECKMANN, Yvonne, « Mondes centrifuges – l'écriture contrapuntique d'André Gide et d'Aldous Huxley », *Comparaisons*, n° 1, 2017, en ligne : <www.comparaisons.uha.fr/index.php/CCM/article/view/10/9>, consulté le 6 février 2018.

HOEGES, Dirk, « *Pro* Chopin, *contra* Wagner : André Gide und die Musik », dans Hans T. Siepe et Raimund Theis (dir.), *André Gide und Deutschland*, Düsseldorf, Droste Verlag, 1992, p. 58-65.

JEAN-AUBRY, Georges, *André Gide et la musique*, Paris, Éditions de la Revue musicale, 1945.

KOMUR-THILLOY, Greta et THILLOY, Pierre (dir.), *André Gide ou l'art de la fugue*, Paris, Classiques Garnier, 2017.

LE BRAS, Yvon, « Musique et écriture dans *La Symphonie pastorale* », *BAAG*, n° 109, janvier 1996, p. 41-46.

LEFÉBURE, Yvonne, « André Gide interprète de Chopin », *Contrepoint*, n° 6, 1949, p. 34-42.

LEVITZ, Tamara, *Modernist Mysteries :* Perséphone, Oxford, Oxford University Press, 2012.

MARCHAND, Max, « L'enseignement de la musique », dans *Le Complexe pédagogique et didactique d'André Gide*, Paris, Foulque, 1954, p. 185-196.

MASSON, Pierre, « Les *Notes sur Chopin*, ou le livre impossible d'André Gide », *BAAG*, n° 166, avril 2010, p. 161-182.

MÉTAYER, Bernard, « Gide et Chopin », *BAAG*, n° 85, janvier 1990, p. 65-92.

MEYLAN, Pierre, « André Gide, pianiste », dans *Les Écrivains et la musique*, vol. 2, Lausanne, Éditions du Cervin, 1952, p. 62-78.

MOLER, Penna Rankin, *The Music of* Les Cahiers d'André Walter *: its Sources and its Germinal Role in the Fiction of André Gide*, Thèse de doctorat, University of Kansas, 1976.

MOTTINO, Susana, *La Musique dans l'œuvre de Gide et dans celle de Marcel Proust*, Thèse de doctorat, Université Paris III, 1993.

MOUTOTE, Daniel, « La musique », dans *André Gide : esthétique de la création littéraire*, Paris, Champion, 1993, p. 35-41.

MOUTOTE, Daniel, « Gide, Valéry et la musique », *BAAG*, n° 112, octobre 1996, p. 392-410.

NEELY, Robert Thomas, *André Gide and Music*, Mémoire de maîtrise, University of Colorado, 1957.

OLIVER, Andrew, « Son, sonorité, musique dans *L'Immoraliste* », *BAAG*, n° 109, janvier 1996, p. 29-39.

OPIELA-MROZIK, Anna, « Entre jeu et écriture : la technique chopinienne de Gide », dans Peter Schnyder et Augustin Voegele (dir.), *Écrire avec Chopin*, Paris, Honoré Champion, 2020, p. 139-150.

PALA BERDEJO, Dolores, « André Gide et la musique », *Bulletin de l'Institut français en Espagne*, n° 58, avril-mai 1952, p. 65-68.

POLLARD, Patrick, « *Sit Tityrus Orpheus* : Gide et la musique », *BAAG*, n° 85, janvier 1990, p. 17-64.

PUTNAM, Walter, « *Si le grain ne meurt* : une vie réglée comme du papier à musique », *BAAG*, n° 109, janvier 1996, p. 15-20.

RUBINSTEIN, Arthur et BAUËR, Gérard, « Chopin, André Gide et Arthur Rubinstein », *Le Figaro Littéraire*, 11 octobre 1952, disponible en ligne : <www.cervantesvirtual.com/obra-visor/chopin-andre-gide-et-arthur-rubinstein/html/>, consulté le 3 août 2019.

SAINT-PULGENT, Maryvonne de, « Les Treilles, Gide et la musique », *BAAG*, nos 195-196, automne 2017, p. 109-122.

SAINT-PULGENT, Maryvonne de, « Gide et la musique de son temps : essai d'interprétation à partir du fonds Gide de la Fondation des Treilles », en ligne : <www.les-treilles.com/wp-content/uploads/2017/10/Intervention_MSP_4emes_journ%C3%A9es_Catherine_Gide.pdf>, consulté le 6 août 2019.

SAVAGE BROSMAN, Catharine, « Gide and Mozart », *Australian Journal of French Studies*, vol. 14, n° 2, 1977, p. 72-87.

SCHNYDER, Peter, « André Gide – piano, musique, culture », *Les Cahiers du Littoral*, n° 6 : « Musiques dans le contexte européen », 2007, p. 177-192.

SCHNYDER, Peter, « André Gide et la musique. Quelques réflexions », dans Caroline Casseville et Martine Sagaert (dir.), *Gide chez Mauriac*, Bordeaux, Confluences, 2012, p. 41-58.

SCHNYDER, Peter, « Gide et la musique dans *Les Faux-Monnayeurs* », dans Frank Lestringant (dir.), *Lectures des* Faux-Monnayeurs, Rennes, Presses Universitaires de Rennes, 2012, p. 129-140.

SISTIG, Joachim, *André Gide : die Rolle der Musik in Leben und Werk*, Essen, Die Blaue Eule, 1994.

SISTIG, Joachim, « Pratique pianistique et réflexion esthétique chez André Gide », dans Peter Schnyder et Augustin Voegele (dir.), *Écrire avec Chopin*, Paris, Honoré Champion, 2020, p. 151-166.

SLECHTA, Joseph Austin, *An Analysis of Musical Elements in Gide's* Les Faux-Monnayeurs, Mémoire de maîtrise, Tulane University, 1957.

SLECHTA, Joseph Austin, *The "Transposition" of Music in Gide's* Les Faux-Monnayeurs, Thèse de doctorat, Tulane University, 1959.

SOMMER, Uwe, *Alexander Zemlinskys Oper* Der König Kandaules *: Analyse und Deutung*, München, Edition Text + Kritik, 1996.

SOPENA, Federico, « Beethoven, Gide : Dos Centenarios », *Revista de Occidente*, vol. 9, nº 95, janvier 1971, p. 94-104.

SPACAGNA, Antoine, « Présence de la musique dans *Les Nourritures terrestres* », *BAAG*, nº 109, janvier 1996, p. 21-28.

TROTTIER, Danick, « *Les Faux-Monnayeurs* d'André Gide : les traces d'un discours sur la musique », dans Sylvain Caron, Michel Duchesneau et François de Médicis (dir.), *Musique et modernité en France (1900-1945)*, Montréal, Presses de l'Université de Montréal, 2006, p. 301-336.

TOUDOIRE-SURLAPIERRE, Frédérique, « "Il y a un Gide intime qu'on ne connaît pas. Coupez." », dans Jean-Michel Wittmann (dir.), *Gide ou l'identité en question*, Paris, Classiques Garnier, 2017, p. 77-100.

TUYL, Jocelyn van, « Ce "bal" qui n'en est pas un : le discours musical dans le *Voyage au Congo* et *Le Retour du Tchad* », BAAG, nº 109, janvier 1996, p. 57-67.

VISELLI, Antonio, « Fuir la complétude ou le métarécit intermédial des *Faux-Monnayeurs* », *Voix plurielles*, vol. 11, nº 2, 2014, p. 53-63.

VOEGELE, Augustin, *Le Chopin d'André Gide, CD* accompagné d'un livret, Fondation Catherine Gide, 2019.

VUKUŠIC ZORICA, Maja, « "Bez glazbe, život bi bio pogreška" – Chopin kod Gidea, Sartrea, Nietzschea i Barthesa », *Književna smotra, Časopis za svjetsku književnost*, nºs 157-158, 2010, p. 51-60.

VUKUŠIC ZORICA, Maja, « Le piano touchant/touché : l'instrument du contretemps chez Gide, le cas du *Journal* et des *Notes sur Chopin* », *Studia romanica et anglica zagrebiensia*, nº 55, 2010, p. 79-102.

VUKUŠIC ZORICA, Maja, « Gide et Chopin – le parfait écrivain devrait être musicien », *BAAG*, nº 176, octobre 2012, p. 309-352.

VUKUŠIC ZORICA, Maja, *André Gide : les gestes d'amour et l'amour des gestes*, Paris, Orizons, 2013.

VUKUŠIC ZORICA, Maja, « La musique est une "bonne métaphore" : le Chopin de Gide, anti-Wagner et anti-wagnérien », dans Nathalie Vincent-Arnaud et Frédéric Sounac (dir.), *Figure(s) du musicien. Corps, gestes, instruments en texte*, 2017, en ligne : <www.fabula.org/colloques/document4055.php>, consulté le 21 décembre 2017.

WALD LASOWSKI, Aliocha, « André Gide au piano », *Europe*, vol. 90, n° 995, mars 2012, p. 309-317.

WALD LASOWSKI, Aliocha, *Le Jeu des ritournelles*, Paris, Gallimard, 2017.

WALD LASOWSKI, Roman, « Écriture et piano. Gide, Barthes, Chopin », dans Raphaël Célis (dir.), *Littérature et musique*, Bruxelles, Facultés universitaires Saint-Louis, 2001, p. 161-171.

YEOLAND, Rosemary Hamilton, *Le Rapport entre la musique et l'éveil de la spiritualité et de la sensualité chez André Gide*, Mémoire de licence, Université de Tasmanie, 1999.

ZUROWSKA, Joanna, « Gide et Chopin », dans *Chopin et les Lettres*, Varsovie, Centre de civilisation française, 1991, p. 119-125.

ÉTUDES ET TÉMOIGNAGES SUR GIDE (DIVERS)

ALLÉGRET, Marc, *Avec André Gide*, film documentaire, 1952.

BERTRAND, Stéphanie, « "Je ne suis pas pareil aux autres" : le "je" gidien, entre désir de singularité et tentation de banalité », *BAAG*, n°s 177-178, janvier 2013, p. 133-143.

BOISDEFFRE, Pierre de, *Vie d'André Gide, 1869-1951*, t. I : *André Gide avant la fondation de* La Nouvelle Revue française, Paris, Hachette, 1970.

CLAUDE, Jean, *André Gide et le théâtre*, 2 tomes, Paris, Gallimard, 1992.

CÔTÉ-OSTIGUY, Catherine, *André Gide et la quête du roman : la poursuite d'un idéal romanesque depuis* Paludes *jusqu'aux* Faux-Monnayeurs, Mémoire de master, Montréal, Université McGill, 2013.

DAGAN, Yaël, La NRF, *entre guerre et paix : 1914-1925*, Paris, Tallandier, 2008.

DEBREUILLE, Jean-Yves, « La psychanalyse en question dans *Les Faux-Monnayeurs* », *Semen*, n° 9, 1994, en ligne : <https://journals.openedition.org/semen/3166>, consulté le 31 juillet 2019.

DÉCAUDIN, Michel, *La Crise des valeurs symbolistes : vingt ans de poésie française, 1895-1914*, Genève, Slatkine, 1981.

DELAY, Jean, *La Jeunesse d'André Gide*, 2 tomes, Paris, Gallimard, 1956.

DUROSAY, Daniel, « Gide homosexuel : l'acrobate », *Littératures contemporaines*, n° 7, 1999, p. 55-85.

FILLAUDEAU, Bertrand, *L'Univers ludique d'André Gide : les soties*, Paris, Corti, 1985.

GEERTS, Walter, *Le Silence sonore : la poétique du premier Gide, entre intertexte et métatexte*, Namur, Presses Universitaires de Namur, 1992.

GOULET, Alain, *Fiction et vie sociale dans l'œuvre d'André Gide*, Paris, Minard, 1986.

GOULET, Alain, « Gide et la chasse au "brillant" », dans *La Littérature et le brillant. En l'honneur de Pierre Malandain*, Arras, Artois Presses Université, 2002, p. 231-240.

GOULET, Alain et MAILLARD, Claude, « Gide et Freud, et après… Gide dans l'*Almanach der Psychoanalyse* 1930 », *BAAG*, n° 157, janvier 2008, p. 33-48.

GOULET, Alain, MARTIN, Claude et MASSON, Pierre (dir.), *L'Écriture d'André Gide*, t. II *: méthodes et discours*, Paris, Minard, 1999.

HELLEBOIS, Philippe, *Lacan lecteur de Gide*, Paris, Michèle, 2011.

KEYPOUR, Nasser David, *André Gide : écriture et réversibilité dans* Les Faux-Monnayeurs, Montréal, Presses de l'Université de Montréal, 1980.

KISS, Ernő László, *Gide et Nietzsche*, Debrecen, Bertók, 1936.

LACAN, Jacques, « Jeunesse de Gide ou la lettre et le désir », *Critique*, n° 131, avril 1958, p. 291-315.

LE BERTRE, Annie, *Le Thème du bâtard et de l'enfant prodigue dans l'œuvre de Gide*, Thèse de doctorat, Université de Nice, 1973.

LÉONARD, Martine, *André Gide ou l'ironie de l'écriture*, Montréal, Presses de l'Université de Montréal, 1976.

LÉONARD, Martine, « André Gide et la mise en scène textuelle », *Études françaises*, n° 14, 1978, p. 47-64.

LESTRINGANT, Frank, *André Gide l'inquiéteur*, 2 tomes, Paris, Flammarion, 2011-2012.

LIU, Ke, *La Posture littéraire d'André Gide : posture classique et jeu sur la posture*, Thèse de doctorat, Université de Pékin, 2007.

LUCEY, Michael, *Gide's Bent : Sexuality, Politics, Writing*, Oxford, Oxford University Press, 1995.

MARC-CHADOURNE, Jacqueline, *André Gide et l'Afrique. Le rôle de l'Afrique dans la vie et l'œuvre de l'écrivain*, Paris, Nizet, 1968.

MARTIN, Claude, *La Maturité d'André Gide, de* Paludes *à* L'Immoraliste, Paris, Klincksieck, 1977.

MARTY, Éric, *L'Écriture du jour : le* Journal *d'André Gide*, Paris, Seuil, 1985.

MARTY, Éric, *André Gide, qui êtes-vous ? Avec les entretiens André Gide-Jean Amrouche*, Paris, La Manufacture, 1987.

MARTY, Éric, « Gide et les "classiques" », 2005, en ligne : <www.fabula.org/atelier.php?Gide_et_les_%22classiques%22>, consulté le 15 octobre 2018.

MASSON, Pierre, *Lire* Les Faux-Monnayeurs *de Gide*, Paris, Dunod, 1994.

MASSON, Pierre, *Les Sept Vies d'André Gide*, Paris, Classiques Garnier, 2016.

MASSON, Pierre, « André Gide et le théâtre : la mise en scène d'un rapport », dans Robert Kopp et Peter Schnyder (dir.), *Gide, Copeau, Schlumberger. L'Art de la mise en scène*, Paris, Gallimard, 2017, p. 17-38.

MICHAUD, Guy, « La genèse de l'œuvre littéraire : Gide et Mallarmé », *Cahiers de l'Association internationale des études françaises*, n° 3-5, 1953, p. 239-251.

MORII, Ryo, *André Gide, une œuvre à l'épreuve de l'économie*, Paris, Classiques Garnier, 2017.

MOUTOTE, Daniel, *Réflexions sur* Les Faux-Monnayeurs, Paris, Champion, 1990.

MOUTOTE, Daniel, *Le* Journal *de Gide et les problèmes du Moi (1889-1925)*, Genève, Slatkine, 1998.

MURAT, Michel, « Gide ou "le meilleur représentant du classicisme" », *Revue d'histoire littéraire de la France*, n° 107, 2007, p. 313-330, en ligne : <www.cairn.info/revue-d-histoire-litteraire-de-la-france-2007-2-page-313.htm>, consulté le 19 juin 2019.

PERRIER, Jean-Claude, *André Gide ou la tentation nomade*, Paris, Flammarion, 2011.

PETCOFF, Christine, *André Gide et les beaux-arts*, Mémoire de master, Montréal, Université McGill, 1984.

POLLARD, Patrick, *André Gide : Homosexual Moralist*, New Haven : Yale University Press, 1991.

POLLARD, Patrick, « *Le Roi Candaule* et Œdipe : l'importance des sources », dans Peter Schnyder et Martine Sagaert (dir.), *Actualités d'André Gide*, Paris, Champion, 2012, p. 75-86.

PRINCE, Gérald, « Personnages-romanciers dans *Les Faux-Monnayeurs* », *French Studies*, vol. 25, n° 1, 1971, p. 47-52.

REVEL-MOUROZ, Marianne, « Mise en abyme du regard du romancier sur l'amitié », dans Franck Évrard (dir.), *Analyses et réflexions sur Gide,* Les Faux-Monnayeurs, Paris, Ellipses, 2001, p. 57-63.

RIVALIN-PADIOU, Sidonie, *André Gide, à corps défendu*, Paris, L'Harmattan, 2002.

ROUART, Marie-France, « Gide, *Les Faux-Monnayeurs* : le bâtard ou le monde comme quête », dans *Les Structures de l'aliénation*, Paris, Publibook, 2008, p. 87-112.

RYSSELBERGHE, Maria van, *Les Cahiers de la Petite Dame*, t. I : *1918-1929*, Paris, Gallimard, 1973.

RYSSELBERGHE, Maria van, *Les Cahiers de la Petite Dame*, t. II : *1929-1937*, Paris, Gallimard, 1974.

RYSSELBERGHE, Maria van, *Les Cahiers de la Petite Dame*, t. III : *1937-1945*, Paris, Gallimard, 1975.

RYSSELBERGHE, Maria van, *Les Cahiers de la Petite Dame*, t. IV : *1945-1951*, Paris, Gallimard, 1975.

SCHNYDER, Peter, *Pré-textes : André Gide et la tentation de la critique*, Paris, L'Harmattan, 2001.

SCHNYDER, Peter, *Permanence d'André Gide. Écriture, littérature, culture*, Paris, L'Harmattan, 2007.

SCHNYDER, Peter, « D'une langue l'autre. André Gide traducteur : entre théorie et pratique », dans Peter Schnyder et Martine Sagaert (dir.), *André Gide : l'écriture vive*, Pessac, Presses Universitaires de Bordeaux, 2008, p. 65-79.

SEGAL, Naomi (dir.), *Le Désir à l'œuvre. André Gide à Cambridge*, Amsterdam, Rodopi, 2000.

SIEPE, Hans T. et THEIS, Raimund (dir.), *André Gide und Deutschland / André Gide et l'Allemagne*, Düsseldorf, Droste Verlag, 1992.

STEEL, David, *Le Thème de l'enfance dans l'œuvre d'André Gide*, Thèse de doctorat, Université Paris VII, 1974.

STEEL, David, « Gide et Freud », *Revue d'histoire littéraire de la France*, janvier-février 1977, p. 48-74.

STEEL, David, « Gide lecteur de Freud », *Littératures contemporaines*, n° 7, 1999, p. 15-36.

STEEL, David, « Antécédents gidiens. Mathilde Rondeaux-Lucile Bucolin : mythe d'une naissance, naissance d'un mythe », *BAAG*, n° 146, avril 2005, p. 7-12.

TRAVERS DE FAULTRIER, Sandra, « La longueur de temps qu'il a fallu à l'homme pour élaborer l'homme », dans Pierre Masson et Serge Cabioc'h (dir.), *Gide aux miroirs : le roman du XX*e *siècle. Mélanges offerts à Alain Goulet*, Caen, Centre de recherche Textes, Histoire, Langages, Université de Caen Basse-Normandie, 2002, p. 51-60.

VIKNER, Carl, « Gide et Dostoïevsky. Esquisse de la psychologie d'André Gide », *Orbis Litterarum*, 1960, p. 143-173.

WALD LASOWSKI, Roman, « *La Symphonie pastorale* », *Littérature*, n° 54, 1984, p. 100-120.

WALKER, David H., « L'écriture et le réel dans les fictions d'André Gide », dans Jean Bessière (dir.), *Roman, réalités, réalismes*, Paris, Presses Universitaires de France, 1989, p. 121-136.

WALKER, David H. et SAVAGE BROSMAN, Catharine (dir.), *Retour aux* Nourritures terrestres, Leiden, Brill, 1998.

WALKER, David H., « La goutte, la vague et la mer. Substance et formes du moi gidien », dans Jean-Michel Wittmann (dir.), *Gide ou l'identité en question*, Paris, Classiques Garnier, 2017, p. 19-38.

WITTMANN, Jean-Michel, « Écriture de soi et sacrifice du moi », dans Jean Claude et Pierre Masson (dir.), *André Gide et l'écriture de soi*, Lyon, Presses Universitaires de Lyon, 2002, p. 55-72.

WITTMANN, Jean-Michel, « *La Porte étroite* et la question de la "sainteté" en art », *BAAG*, n° 164, octobre 2009, p. 501-512.

WITTMANN, Jean-Michel, « André Gide et Jean-Baptiste ou le portrait de l'artiste en précurseur », Liana Nissim et Alessandra Preda (dir.), *La Figure de Jean-Baptiste dans les Lettres françaises*, Milano, Cisalpino, 2012, p. 265-275.

WITTMANN, Jean-Michel, « L'autoportrait comme art de l'oblique : Gide face à ses modèles (Dostoïevski, Stendhal) », dans Sandrine Lascaux et Yves Ouallet (dir.), *Autoportrait et altérité*, Mont-Saint-Aignan, Presses Universitaires de Rouen et du Havre, 2014, p. 23-31.

WITTMANN, Jean-Michel, « Gide (André) et Freud », dans *Dictionnaire Freud*, Paris, Robert Laffont, 2015, p. 385-388.

WITTMANN, Jean-Michel, « L'artiste et le "devoir absolu d'être un saint" : Gide face au soleil de Claudel », *Bulletin de la Société Paul Claudel*, n° 215, 2015, p. 57-69.

ÉTUDES SUR LES RELATIONS ENTRE LITTÉRATURE ET MUSIQUE

ARROYAS, Frédérique, *La Lecture musico-littéraire : à l'écoute de* Passacaille *de R. Pinget et de* Fugue *de R. Lapone*, Montréal, Presses de l'Université de Montréal, 2001.

BACKES, Jean-Louis, *Musique et littérature. Essai de poétique comparée*, Paris, Presses Universitaires de France, 1994.

BACKES, Jean-Louis, COSTE, Claude et PISTONE, Danièle, *Littérature et musique dans la France contemporaine*, Strasbourg, Presses Universitaires de Strasbourg, 2001.

BARONI, Raphaël et CORBELLARI, Alain (dir.), *Cahiers de narratologie*, n° 21 : « Rencontre de narrativités : perspectives sur l'intrigue musicale », 2011, en ligne : http://narratologie.revues.org/6390, consulté le 7 août 2018.

BROWN, Calvin S., *Music and Literature. A Comparison of the Arts*, Athens, The University of Georgia Press, 1948.

BRUGIERE, Bernard, LEMARDELEY, Marie-Christine et TOPIA, André, *L'Art dans l'art. Littérature, musique et arts visuels*, Paris, Presses Universitaires de la Sorbonne Nouvelle, 2000.

BRUNEL, Pierre, *Les Arpèges composés. Musique et littérature*, Paris, Klincksieck, 1997.

BRUNEL, Pierre, *Aimer Chopin*, Paris, Presses Universitaires de France, 1999.

COSTE, Claude, *Les Malheurs d'Orphée : littérature et musique au XXe siècle*, Paris, L'Improviste, 2003.

CUPERS, Jean-Louis, *Euterpe et Harpocrate ou le défi littéraire de la musique. Aspects méthodologiques de l'approche musico-littéraire*, Bruxelles, Facultés universitaires Saint-Louis, 1988.

DENIZEAU, Gérard, *Le Dialogue des arts. Architecture, peinture, sculpture, littérature, musique*, Paris, Larousse, 2008.

DETHURENS, Pascal (dir.), *Musique et littérature au XXe siècle*, Strasbourg, Presses Universitaires de Strasbourg, 1998.

DIDIER, Béatrice, *Enserrer la musique dans le filet des mots*, Paris, Hermann, 2018.

DONINGTON, Robert, *Opera and its Symbols : the Unity of Words, Music, and Staging*, New Haven, Yale University Press, 1990.

DZIUB, Nikol, « La musique réduite au silence : Chopin chez deux écrivains ukrainiens (Lessia Oukraïnka, Maxime Rylski) », dans Peter Schnyder et Augustin Voegele (dir.), *Écrire avec Chopin*, Paris, Honoré Champion, 2020, p. 111-122.

ESCAL, Françoise, *Contrepoints. Musique et littérature*, Paris, Klincksieck, 1990.

GIGNOUX, Anne-Claire, « Linguistique, rhétorique, stylistique, musique », *Musurgia*, vol. 23, n° 1, 2016, p. 5-10.

GUICHARD, Léon, *La Musique et les Lettres en France au temps du wagnérisme*, Paris, Presses Universitaires de France, 1963.

JAMAIN, Claude, *Idée de la voix : études sur le lyrisme occidental*, Rennes, Presses Universitaires de Rennes, 2004.

LOCATELLI, Aude, *La Lyre, la Plume et le Temps. Figures de musiciens dans le* Bildungsroman, Tübingen, Niemeyer, 1998.

LOCATELLI, Aude, *Littérature et musique au XXe siècle*, Paris, Presses Universitaires de France, 2001.

PICARD, Timothée, *L'Art total. Grandeur et misère d'une utopie (autour de Wagner)*, Rennes, Presses Universitaires de Rennes, 2006.

PIETTE, Isabelle, *Littérature et musique. Contribution à une orientation théorique*, Namur, Presses Universitaires de Namur, 1987.

PISTONE, Danièle, *Le Piano dans la littérature française*, Paris, Champion, 1975.

RUWET, Nicolas, *Langage, musique, poésie*, Paris, Seuil, 1972.

SABATIER, François, *La Musique dans la prose française des Lumières à Marcel Proust*, Paris, Fayard, 2004.

SOURIS, André, *Lyre à double tranchant. Écrits sur la musique*, Liège, Mardaga, 2000.

VUONG, Hoa Hoi, *Musiques de roman. Proust, Mann, Joyce*, Oxford, Peter Lang, 2003.

WOLF, Werner (dir.), *Word and Music Studies : Defining the Field*, Amsterdam/Atlanta, Rodopi, 1999.

INDEX DES NOMS

INDEX DES ŒUVRES ET ARTICLES D'ANDRÉ GIDE

TABLE DES MATIÈRES

IMPRIM'VERT®

Achevé d'imprimer par Corlet Numéric,
Z.A. Charles Tellier, Condé-en-Normandie (Calvados), en septembre 2020
N° d'impression : 167885 - dépôt légal : septembre 2020
Imprimé en France